EDITION '84

DIE POSITIVEN UTOPIEN

1

Wie George Orwells »1984« Maßstäbe für die Anti-Utopie setzte, legt die Edition '84 beispielhafte, herausragende neue Werke der positiven Utopie dem deutschen Leser vor. Alle Facetten dieser Literaturgattung sind in der Edition '84 vertreten: Roman, Story, Kurz-Kurzgeschichte; deutsche, englische, amerikanische und auch chinesische Autoren; Klassiker und Newcomer. – Hohe Qualität, dieses Gütesiegel war bei der Auswahl der Einzelbände immer oberster Grundsatz.

Mit den 12 Bänden der Edition '84 wird das gesamte Spectrum positiver Utopien abgedeckt und durch repräsentative Werke ein Überblick über das derzeitige Schaffen der berühmtesten Autoren auf diesem Literaturgebiet gegeben.

Dieser Band: Innerhalb der Edition '84 steht dieser Roman für die ›mainstream‹-Utopie – eine Autorin der sogenannten »Hochliteratur« mit ihrem ersten utopischen Roman. Weiterhin zeigt dieser Band einen neueren Trend innerhalb der utopischen Literatur auf: Zunehmend schreiben auch Frauen phantastische Literatur.

Autorin: geboren 1945 in Auckland, Neuseeland. Kindheit und Jugend in England. Auswanderung zusammen mit ihrer Familie nach Canada. Pauline Gedge lebt heute mit ihren zwei Söhnen in Edgerton, Alberta (Canada).
Ihr erster Roman »Child of the Morning« (1977) gewann den kanadischen Literaturpreis. Unter dem deutschen Titel »Die Herrin vom Nil« wurde dieser historische Roman sowohl als gebundenes Buch im Rowohlt-Verlag wie auch in allen Bertelsmann-Buchklubs ein großer Erfolg.
Ihr zweiter Roman »The Eagle and the Raven« (1978), wieder ein historischer Roman, gewann den französischen Literaturpreis.

Literaturpreise: Alberta Novel Award (Canada) • Jean Boujassy Preis (Frankreich) verliehen durch die Société des gens de lettres de France

Buch: In den frühesten Jahren der Geschichte des Universums hat sich der Weltenschöpfer, der allmächtige Urheber allen Lebens, gegen seine Geschöpfe mit unerklärlicher Heimtücke gerichtet. Einer nach dem anderen der regierenden Sonnengebieter wurde wegen verbotenen Wissens gestürzt. Die schreckliche Strafe für ihre Verbrechen ist Isolierung – die Tore, die ihre Welten mit denen des übrigen Kosmos verbinden, werden geschlossen. Die unsterblichen Sonnenmenschen sind dazu verurteilt, mit ihren Untertanen in einer Ewigkeit von Einsamkeit dahinzusiechen.

Pressestimmen zu diesem Buch: »... danach hat die Literatur seit einigen Jahren gestrebt.« (Calgary Herald) • »Interessanter als alles, was in diesem Jahr erschien.« (Fantasy Newsletter) • »Durch ihren dritten, mit Spannung erwarteten Roman, reiht sich Pauline Gedge mit Ursula Le Guin in die erste Garde phantastischer Autoren ein.« (The Dial Press) • »... gepackt von der detaillierten Beschreibung einer Welt, die phantastisch ist und doch innerhalb der Grenzen der selbstgesteckten Hypothese glaubhaft und aus einem Guß bleibt. Jedes Teil fügt sich in den Gesamtkosmos ein ...« (Vancouver Sun) • »Welch großartige, packende und bis ins letzte Detail befriedigende Vision!« (Toronto Globe) • »Gerade der Übergang von einstigen farbigen Paradiesen zum grauen menschlichen Tagesdasein macht die Kraft dieses Buches aus.« (Book World)

PAULINE GEDGE

DURCH MICH GEHT MAN HINEIN ZU WELTEN DER TRAUER

Roman

Deutsche Erstveröffentlichung

Wilhelm Goldmann Verlag

Aus dem Amerikanischen übertragen von Sylvia Pukallus
Titel der Originalausgabe: Stargate
Originalverlage: Macmillan, Toronto · The Dial Press, New York · Penguin Books, London

Made in Germany · 3/84 · 1. Auflage · 1110

Umschlagentwurf: Design Team München
Umschlagillustration: Leo + Diane Dillon/Agt. Schlück, Garbsen
Satz: IBV Lichtsatz KG, Berlin
Druck: Elsnerdruck GmbH, Berlin
Verlagsnummer: 8401
Lektorat: Ingrid Petersen/Peter Wilfert
Herstellung: Peter Papenbrok
ISBN 3-442-08401-6

TEIL 1

1

Ixelion trat durch den Bogen seines Tores, wobei er den Kasten fest umschlossen hielt, und die Wachen mit ihren Silberstäben und den Schuppenkappen grüßten ihn leise und ehrerbietig. Er lächelte sie kurz abwesend an und schritt an ihnen vorüber. Dann ging er den höherliegenden Fußweg entlang, der nun von dem Feuer erhellt wurde, das durch seine bleiche Haut flutete und Spiegellichter auf die gesprenkelte Oberfläche des Flusses warf, der durch den Tunnel strömte. Ixel, die Strahlende, dachte er mit aufkeimender Erleichterung. Ixel, die Reine. Nirgendwo im All gibt es Gewässer, die denen meiner Welt gleichen. Es kommt mir vor, als wäre ich auf einer langen, gefährlichen Reise gewesen und erschöpft und verändert davon zurückgekehrt. Aber das kann natürlich nicht sein. Du veränderst dich. Ich nicht. Zu seiner Rechten und Linken wölbte sich der Felsentunnel und warf das beständige, leise Rauschen des fließenden Wassers zurück. Beim Gehen streifte er die vertrauten Gewölbe, die seine Finger einluden, im gleichen, majestätischen Tempo wie der Fluß selbst über sie hinwegzustreichen. Er beugte sich hinab und sah sein vom Wasser in Fragmente zerrissenes Abbild. Wie zur Beruhigung streckte er seine Hand aus und spreizte die Finger, um die zarten, schimmernden Schwimmhäute dazwischen zu sehen. Dann ging er weiter, bis er ans Ende des Tunnels kam, wo der Fluß heraussprudelte, um sich wie weit ausgebreitete, verdrehte Stränge über das blütenschwere Land zu legen. Hier setzte er sich einen Augenblick nieder, benetzte seine Füße, schloß die Augen und sog die feuchte Kühle ein. Sie hat ihn mir aufgedrängt, dachte er. Ich wollte ihn nicht haben. Vor Abscheu schaudernd schlug Ixelion die Augen auf und schaute hinab auf den hellblauen Holzkasten, und dessen winzige Goldrillen warfen ihm blendend sein eigenes Feuer zurück. Jetzt nicht, dachte er und stand auf. Jetzt will ich nur nach Hause gehen.

Er machte einen Bogen um den dichten, reglosen Wald, aus dessen feuchten Stämmen und triefenden Blättern allgegenwärtiger Dunst hervorsickerte. Bald konnte er die Zinnen seines Palastes erkennen, die hoch emporragten, um sich im Grau des schweren Himmels zu verlieren. Als er zu der Auffahrt kam, über die sich ein anderer Fluß ergoß, stieß er auf eine Gruppe seiner Leute, die aus dem Wald mit Netzen voller Blumen über den Schultern auftauchten. Als sie ihn erblickten, kamen sie auf ihn zugelaufen, riefen ihn mit ihren fröhlichen, hohen Stimmen, und bald war er umringt von kühlen, nackten Leibern und fragenden Augen.

»Sonnengebieter! Es ist der Sonnengebieter! Ixelion ist zurückgekehrt!«

Er blieb stehen, als sie die Hände ausstreckten, um ihn zu berühren, und schloß unbewußt beide Arme um den Kasten, damit sie ihn nicht streiften.

»Du warst viele Jahre fort, Sonnengebieter«, sprach einer von ihnen, als sie alle ein wenig zurückgetreten waren und ihn betrachteten. »Schau. Mein Sohn ist dem Wasser entstiegen!«

Ixelion beugte sich hinab und legte seine Hand auf die Schulter des Jungen. »Und hast du das Fischejagen ganz aufgegeben«, fragte er ernst, »nun, da du deinen Schwanz abgelegt hast?«

Der Junge lachte. »Nein, Sonnengebieter. Die Fische sammeln sich noch jeden Morgen am Strand hinter unserem Haus. Sie wären enttäuscht, wenn ich sie nicht verscheuchen würde.«

»Die Sonne hat geschmollt, als du fort warst«, bemerkte eine Frau. »Wir haben nicht einmal ihr Gesicht zu sehen bekommen.«

Ixelion unterhielt sich noch einen Augenblick mit ihnen und verabschiedete sich dann, worauf sie sogleich ihre Netze aufhoben und ihn alleine ließen. Er schritt die Auffahrt hinan, überquerte den Vorplatz und trat ins grüne Dämmerlicht der Eingangshalle. Die Wasser aus den vielen Brunnen des Raumes plätscherten in Becken, die ineinander übergingen, und ergossen sich schließlich durch den Türrahmen, so daß es laut von der nebelumhangenen Decke widerhallte; durch die Gänge sprudelte knöcheltief noch mehr Wasser. Er ging durch die Halle, trat durch den Wasserfall, der durch die Balustraden von weit oben liegenden Balkonen stürzte, stieg Treppen hinauf und gelangte schließlich in einen Raum, wo eine Wand zu den Baumwipfeln des Waldes hin und zu dem Ozean jenseits völlig offen war. Der Fluß, der den Hügel, auf dem der Palast erbaut war, hinabsprudelte, war umgeleitet worden, um das große, rechteckige Becken zu füllen, das fast die gesamte Bodenfläche des Raumes einnahm. Er ergoß sich an der einen Wand, wühlte die ansonsten stille Oberfläche des Beckens auf und floß auf der anderen Seite wieder ab, um sich durch einen Spalt im Boden in die darunterliegende Halle zu winden. Ixelion hielt inne. Kein Geräusch erschallte in seinem riesigen Haus als nur die Stimme des Wassers, das tröpfelte, plätscherte, strömte, um sich selbst herumwirbelte und vor sich hinsang auf seinem Weg von der Turmspitze bis zum Boden, wo es dann hinaussickerte in den Wald. Ixelion ging um das Becken herum und stellte sich an das Fenster, das so breit war, daß viele Armspannen es nicht messen konnten. Der Himmel stieß auf den Wald, vermischte sich damit und sickerte als Nebel zur Erde. Die Luft war ruhig. Kein Wind zitterte jemals in den Sümpfen oder kräuselte die Meere von Ixel. Niemals hatte die Sonne unverhüllt auf die Kristallkuppeln geschienen, unter denen die Menschen lebten oder ihre weiße Haut aufwärmten.

»Ich bin zurück, meine Schwester, ich bin zu Hause«, sprach er leise zu seiner Sonne. Für einen Augenblick wurde er in einen schwachen Schimmer verschwommenen Goldes getaucht, der durch den leichten Regen drang, der eingesetzt hatte. Dann schlossen sich schon wieder die Nebel, und Ixelion verließ seinen Platz am Fenster.

In einer Ecke des Zimmers befand sich eine Truhe, hergestellt aus den pink-, blau- und mauvegetönten Muscheln, die an Ixels Stränden lagen. Er trat heran, hob den Deckel und legte den Kasten, den Falia ihm aufgezwungen hatte, vorsichtig hinein. Heute abend werde ich Fallans Geschichte aufschlagen, schwor er sich und liebkoste das warme, trockene Healiholz, wobei seine Finger die goldene Maserung nachzogen. Heute abend werde ich zu Falia gehen. Und wirst du auch jenes andere, Verbotene betrachten, fragte prompt eine zweite Stimme in seinem Innern. Rasch schloß er die Truhe. Er trat an das Becken heran, tauchte hinein, schwamm von einem Ende zum anderen und zurück und ließ das kühle, schlüpfrige Grün seinen Mund füllen und wie eine zärtliche Hand über seine Haut streichen. Er konnte nicht vergessen, wie die Erde von Fallan vor ihm, dem Fremdartigen zurückgewichen war, vor ihm, der unversehrt war und nicht an einen Ort von Tod und Zerfall gehörte. Falias Berührung hatte ihn besudelt, und er wollte die Verwesung von seinem Körper waschen. Doch das klare Wasser von Ixel vermochte nicht, die Bilder aus seinem Denken wegzuspülen. Schließlich stieg er aus dem Becken, ging in die Halle hinab und hinaus in den Regen.

Er schlug den Weg in den Wald ein, wo seine Füße in das durchweichte Grün sanken. Er schüttelte sein schweres, feuchtes Haar zurück und hob das Gesicht, so daß die breiten, triefenden Blätter es streifen konnten. Unterwegs pflückte er Blumen für Sillix, Sterne und Diamanten, Ellipsen, Halbmonde und Kreise, die sich von der Wurzel bis zu den Blütenblättern drehten. Stöckchen und Fäden waren in sie verflochten, die Blumen waren wie Augen und beschuppt wie Fische, allesamt duft- und farblos, doch in der Vielfalt ihrer Formen von einzigartiger Schönheit. Sie wuchsen überall: auf den Baumstämmen, am Boden, mitten in den Flüssen, wo sie sich unter Wasser an den Schlamm und an das Grundgestein klammerten. Ixelion wußte, daß Sillix mit Blumen nichts anfangen konnte, doch es war eine Höflichkeit, eine Geste, die er zu schätzen wissen würde.

Er trat aus dem Wald, ging am Meeresufer entlang, der einzigen Stelle, an der nichts wuchs, und stieg dann über Krebse und Büschel schwarzen Tangs. Aus den durchscheinenden Kristallkuppeln am Ufer entlang kamen Menschen. Kinder liefen auf ihn zu, um seine Hand zu halten. Die Erwachsenen winkten und grüßten ihn, und ihre runden, pupillenlosen Augen glänzten.

»Sonnengebieter!« riefen sie. »Ixel ist seelenlos, wenn du fort bist. Willkommen daheim! Sahst du auf deinen Reisen einen Botschafter? Einer kam, um Grenix zu holen, und auch Lanix hat seine letzte Reise durch das Tor angetreten. Hat der Weltenschöpfer etwas Neues vollbracht?« Sie waren so versessen auf Neuigkeiten wie immer, und obgleich er ihnen Antworten zurief, als er an ihren Türen vorüberkam, ignorierte er die letzte Frage. Der Weltenschöpfer würde nie mehr etwas Neues schaffen. Er raste und wütete nun durch das Universum und brüllte allem, was er geschaffen hatte, seinen Haß entgegen. Er schleuderte seine Boshaftigkeit gegen jene Welten, die noch in seinem ersten Licht erstrahlten und raubte jenen die Kraft, die er unter seine gewaltigen schwarzen Schwingen geschart hatte. Aber Ixel wird er nicht bekommen, dachte Ixelion leidenschaftlich, als er sich vom Strand entfernte und sich Sillixens Türe näherte. Niemals! Nicht mein freundliches, neugieriges Volk. Nur über meine Leiche. Verblüfft blieb er auf der Schwelle stehen. Meine Leiche? Wie komme ich dazu, etwas Derartiges in Erwägung zu ziehen? Ich kann nicht sterben, bevor meine Sonne und ich am Ende der Zeiten verglühen. Plötzlich spürte er wieder den Kasten aus Haeliholz in seinen Händen und ließ ihn mit einem Aufschrei fallen. Doch als er hinabschaute, sah er die Blumen, die er gepflückt hatte, vor seinen Füßen verstreut liegen. Er bückte sich, um sie aufzuheben, als Sillix erschien und sich ernst verbeugte.

»Du bist also zurückgekehrt, Sonnengebieter.« Er lächelte. »Das ist sehr gut. Tritt ein.«

Ixelion ging voran, dann drehte er sich um und legte ihm die Blumen in den Arm. »Diesmal habe ich dir kein Geschenk von einer anderen Welt mitgebracht, Sillix«, sagte er. »Ich habe keine Orte besucht, an denen Glück herrschte.«

Sillix' Stirn umwölkte sich. »Gibt es Orte ohne Lachen, Ixelion? Wie eigentümlich, daß der Weltenschöpfer Wesen geschaffen haben sollte, die nicht lachen können. Ich danke dir für die Blumen. Das Geschenk deiner Anwesenheit wäre genug gewesen. Bitte nimm Platz.«

Sillix' Zuhause bestand aus einem einzigen Raum aus grüngetöntem Kristall, den man auf Lix aus dem Felsen gehauen und glatt wie Glas poliert hatte. Direkt vor der Tür befand sich eine kleine Feuergrube, wo Sillix sich seinen Fisch und Tang zubereitete. Dicht über Bodennähe lief rund um die Kuppel eine Fensterreihe. Im Innern erstreckte sich darunter eine kreisrunde Bank, so daß der Bewohner des Hauses sitzen konnte, wo er wollte, und von überall einen Ausblick aufs Meer oder den Fluß hatte, wo sie geboren waren und die ersten zehn Jahre ihres langen Lebens zubrachten.

Ixelion saß am Fensterplatz. Sillex ließ sich auf den Boden sinken, steckte seine mit Schwimmhäuten versehenen Füße unter sich und hielt den Blick auf seinen Herrn gerichtet. Irgend etwas an Ixelion war anders. Sein meergrünes Haar lag in Wellen um die schmalen Schultern. Der lange, zarte Körper erfüllte den Raum nach wie vor mit schwach goldenem Licht, und die Augen flossen über vom Sein der Sonne, des Wassers und aller Lebewesen. Sillix konnte nicht in Worte kleiden, was seiner Ansicht nach von Ixelion ausging, so daß er schließlich im Geiste die Sache abtat. Es ist drei Jahre her, dachte er. So lange habe ich ihn nicht gesehen, und selbstverständlich hat in dieser Zeit ein Wandel in mir stattgefunden. Er kann sich niemals verändern. Er hat in diesem Hause mit meinen Vorfahren zusammengesessen, mit jedem von ihnen, seit der Weltenschöpfer das Volk von Ixel ins Leben gerufen hat. Selbst davor hatte er alleine existiert als Herr der Gewässer. Ixelion fühlte die kurze Musterung und lächelte.

»Sind die Fische immer noch reichlich, Sillix? Bleiben die Flüsse sauber und wachsen die Wälder?«

»Alles ist gut, Herr. Warum sollte es auch nicht so sein? Neue Häuser sind errichtet worden, denn es gibt so viele Kinder, und im vergangenen Jahr hat eine Gruppe von Flußbewohnern die Reise zur anderen Seite angetreten.«

»Auf der anderen Seite gibt es weniger Wasser, kleinere Bäume, mehr Gras und stärkeres Sonnenlicht. Hast du ihnen das gesagt?«

»Das habe ich, aber sie wollten trotzdem hingehen. Sie sind jung, Ixelion, und voller Abenteuerlust, und die Gebiete auf der anderen Seite liegen unberührt da und warten darauf, daß wir uns dort ausbreiten.«

»Ich bin sehr froh, Sillix«, erklärte Ixelion mit einem Lächeln. »Als ich am Anfang hier mit dem Weltenschöpfer umherspazierte, erzählte er mir, wie es auf dieser Welt zu einer langsamen Entwicklung käme und wieviel Zeit verginge, ehe die Menschheit sich vermehren würde. Nun sind die Menschen bereit, sie zu erforschen und zu verändern.«

»Das ist sehr gut«, antwortete Sillix, und Ixelion wiederholte traurig: »Ja, das ist sehr gut.«

Nach einer Weile des Schweigens, in der Sillix wieder seinen Herrn genau betrachtete, senkte er seinen Blick und fragte leise: »Wo ist der Weltenschöpfer, Ixelion? Schafft er noch? Hat er das All verlassen? Warum hat er Ixel nicht wieder besucht?«

Ixelion warf einen raschen Blick auf den graziösen, gesenkten Kopf und die geschmeidigen zusammengepreßten Hände mit den Schwimmhäuten. Früher hätte er Sillix die Wahrheit gesagt. Damals hätte er den Unterschied von Wahrheit und Unwahrheit nicht gekannt, so wie Sillix ihn heute noch nicht kannte. Das war zu Zeiten, als der Weltenschöpfer noch seinen Vorsitz im Rat eingenommen hatte, bevor er zum Zerstörer geworden war, als es noch keine Lügen gegeben hatte, im gesamten All nicht. Selbst heute noch, das war Ixelion klar, nach so viel Zerstörung und Verwüstung bestand die größte Schwäche des Sonnenvolkes im Unterscheiden von Wahrheit und Lüge. Es wurde ihnen langsam klarer, doch diese Klarheit war selbst nur ein bescheidener Anfang auf dem Weg zum schwarzen Feuer. Um eine Lüge zu erkennen, dachte er, müssen wir wissen, was es heißt, ein Lügner zu sein.

»Der Weltenschöpfer erschafft nichts mehr«, entgegnete er schließlich. »Er hat das Universum nicht verlassen. Vielleicht kehrt er eines Tages nach Ixel zurück.« Und das alles stimmt, dachte Ixelion, als er sich erhob. Es war wahr und unvorstellbar schrecklich. »Ich werde dich freudig empfangen, wann immer du kommen wirst, um mit mir zu sprechen«, schloß er. »Meine Hallen sind dir nicht verschlossen.« Er hob die Sonnenscheibe von seiner Brust und hielt sie von sich, und Sillix küßte sie. Ixelion umarmte ihn und ging im zunehmenden Dämmerlicht des Abends am Strand entlang zurück. Immer noch fiel Regen. Er streckte ihm beim Gehen die Arme entgegen, und bis er an seinem Palast ankam, war völlige Dunkelheit hereingebrochen.

Das Wasser floß weiter durch seine luftigen Zimmer, die nun von dicken Strahlen gelben Lichts erleuchtet wurden, die seine Sonne ihm zurückgelassen hatte. Sie vermischten sich mit dem Dunst, der sich weit über ihm zusammenzog, brachte Regenbogen in den schäumenden Kaskaden hervor und verwandelte die Fontänen in Juwelen, die sich wie kristallene Haeliblumen ausbreiteten und wie erlöschende Sterne zu Boden fielen. Ixelion schritt langsam zwischen ihnen hindurch und dachte an seine Sterblichen, die tief unter das wärmere Meer auf der anderen Seite tauchten, unter einer wohltuenden Sonne saßen, die nicht länger in Nebel gehüllt war, und ihre Füße auf trockenes Land setzten. Er stieg die Treppe hinauf, ging um das Becken herum und blieb eine lange Weile stehen, den Blick in die Nacht hinaus gerichtet. Obwohl er die Dunkelheit nicht durchdringen konnte, wußte er, daß Wald, Sumpf und Strand einsam dalagen und seine Leute unter dem Wasser hausten, von unmerklichen Strömungen geschaukelt, und die Stunden verschliefen. Er bescherte uns eine freundliche Zeit, dachte Ixelion. Eine milde, angenehme Zeit. Er ließ seine Gedanken zu Nahem und Fernem schweifen, als seine Augen blicklos in die Nacht schauten, doch jenseits der Träume wartete die Truhe und in ihr der Kasten. Schließlich kehrte er dem Fenster den Rücken zu und ging zur Ecke. Er hob den Deckel, nahm das Kästchen heraus und trug es in ein tiefer im Palastinnern liegendes Zimmer. Sonnenlicht überflutete die Kristallwände, und das einzige Wasser strömte als kleines Rinnsal über die Schwelle. Er setzte sich in seinen Sessel und war sich wie nie zuvor der zudringlichen Stimme des Palastes bewußt. Der Kasten war mit einer Kupferschließe verriegelt, jedoch nicht verschlossen, so daß er ihn öffnen und den Deckel aufklappen konnte. Für eine Sekunde verdüsterte sich das Licht im Raum. Ixelion blickte erschrocken auf, und sein Herz schlug plötzlich gegen seine Brust. Doch bald umgab ihn wieder der warme Schein. Was verleitet dich zu der Annahme, du wärest stark genug, flüsterte etwas in seinem Innern. Welcher Wahnsinn hat dich befallen? Er schaute in den Kasten hinein.

Darin lag ein dickes, in Leder gebundenes und mit Goldlettern beschriftetes Buch. Ixelion nahm es heraus und schloß rasch den Deckel, denn unter dem Buch hatte er ein stumpfes, metallisches Glänzen gesehen. Sein Herz hatte einen Sprung getan. Noch nicht, dachte er. Noch nicht? Niemals! Ich werde eine Weile auf Fallan leben, und dann werde ich das Ding unberührt zu Janthis bringen. Das Buch war schwer. Seine Hand strich liebevoll und wehmütig über den weichen Einband und die schimmernden Buchstaben. *Die Annalen von Fallan,* las er, *Eine Geschichte von Fallan und ihren Welten von der Zeit der*

Schöpfung an. Ixelion schlug es auf, und eine Woge verstummten Gelächters und verlorener Unschuld, zerschlagener Träume und vereitelter Hoffnungen schlug ihm mit Falias eckiger, roter Handschrift entgegen. Sie hatte in der Umgangssprache geschrieben, wie das Gesetz es vorschrieb. *Vor den Anfängen war der Gesetzesmacher,* las er. *Und der Gesetzesmacher rief den Weltenschöpfer ins Leben und befahl ihm, gemäß seiner Natur zu erschaffen. Und der Weltenschöpfer schuf die Welten...* Ixelion konnte nicht weiterlesen. Er blätterte die Seiten durch, alles tat ihm weh vor Traurigkeit. Das erste Kapitel war ihm wohlbekannt. Die Annalen jedes Sonnensystems begannen mit den gleichen Worten. Er wollte sie nicht wiedersehen, nicht in Falias Handschrift in Rot auf gelbem Pergament. Er seufzte, lehnte sich zurück, schloß die Augen und faßte nach seiner Sonnenscheibe. Ich werde zurückgehen und den Kummer meines letzten Besuches noch einmal erleben, dachte er verschwommen. Dann befand er sich bereits in Trance und hielt die Annalen in einer schlaffen Hand, der Kasten stand zu seinen Füßen.

*

Auf Ixel ging die Sonne auf und unter, die Menschen schwammen und fischten, und endloser Regen fiel herab. Doch Ixelion befand sich wieder auf Fallan und schritt auf die einsame Treppenflucht zu, die zu Faliás Palast weit oben hinaufführte. Es war Mittag, doch die Sonnenstrahlen lagen rot und unheilvoll über dem baumlosen Land. Sie stießen durch die versengten Silbergräser, wandelten sich zu stumpfem Ocker und trafen auf die schwarz verfaulende Ernte auf den Feldern. Flüchtige Schatten bewegten sich am Rande seines Blickfeldes, und er zwang sich, den Kopf zu drehen. Eine Reihe menschenähnlicher Gestalten verschwand über dem Kamm des nächsten Hügels. In ihren Armen und über ihre Schultern geschleudert glänzten stumpf abgetrennte Gliedmaßen wie dicke Stengel scheußlicher Blumen. Sie bemerkten Ixelion nicht. Er wandte den Blick ab und beschleunigte seinen Schritt.

Als er die Stufen hinaufzusteigen begann, vernahm er hinter sich ein gedämpftes Dröhnen, und er drehte sich unwillkürlich um. Am ebenen Horizont flackerte orangerotes Feuer auf; davor zeichneten sich die Umrisse von Reitern ab, die mit erhobenen Lanzen auf und ab ritten, schwarze Männer auf schwarzen Pferden, die wie Tiere im Jagdfieber schrien. Der Wind trug schwaches Jammern und Wehklagen heran, in das sich scharfer Brandgeruch mischte. Und in dem allen hing der gleiche, kalte Hauch des Todes. Er machte abrupt kehrt, trat dort vorsichtig auf, wo die Stufen zerfallen oder gesprungen waren, während eine Hand zu dem farblosen Schmuckstück auf seiner Brust fuhr. Ein Gefühl von Beklemmung schien aus den beiden großen Torbogen des Palastes in die Düsternis über ihm zu sickern. »Ich bin kein Richter, ich bin ein Bewahrer«, flüsterte er, als er durch sie hindurchtrat. »Ich bin kein Gesetzesmacher, sondern ausführendes Organ.« In der Halle herrschte tödliche Stille. Ixelion durchquerte sie, flüsterte immer noch vor sich hin und hielt den Kristall umschlossen. Bis er an die gegenüberliegende Seite und an Falias Steinthron vorübergekommen war, wußte er, daß er wieder er selbst war, geschützt gegen den Zerfall um sich her und unversehrbar für jede lauernde Saat von Zügellosigkeit. Er erklomm die schwarz eingesunkenen Stufen hinter dem Thron. Über dem ersten Stockwerk wurden die Hallen kleiner und irgendwie heller, so als hafte den Wänden noch etwas von dem Wirbel von Falias Quecksilberpersönlichkeit an und als hinge das auch noch in der modrigen Luft. Er ging von Zimmer zu Zimmer, erklomm weitere Stufen und suchte rasch und methodisch. Er hielt nie inne und suchte nach ihrem Echo in seinem Denken. Er wußte, daß sie nicht mehr in der Lage wäre, ihn zu rufen.

Schließlich fand er sie in dem kleinen achteckigen Zimmer, das die unzähligen Reihen ihres Palastes krönte. Er trat durch den Türbogen und sah sie reglos gegenüber in einem hochlehnigen hölzernen Sessel sitzen. Ihre Umrisse waren schwarz und silbern vor ihrer Sonne, die durch die weitere Steinöffnung des Fensters hereinzusickern schien. Wind wühlte in ihrem Haar und seufzte leise in den kahlen Ecken des Raumes. Ixelion schaute sich um, doch es gab nichts weiter zu sehen als einen grauschimmernden Steinboden, Steinwände bar jeden Schmucks, eine nun mit Rissen durchzogene gewölbte Decke, durch welche Staub eindrang, und Falia auf ihrem Thron. Er ging näher auf sie zu. Ihre Hände lagen in ihrem Schoß gefaltet, und unter ihnen konnte Ixelion ein Behältnis ausmachen. Langsam beugte er sich hinab, als ein Duft davon emporstieg, ein schwachsüßer Hauch. Es war ein großer Kasten aus hellblauem Holz mit winzigen, goldenen Rillen, der sich unter seinen Händen warm anfühlte. Haeliholz. Nun erinnerte er sich daran, daß er es einstmals vor langer, langer Zeit bewundert hatte. Sie hatte ihm damals erzählt, Danarion hätte es ihr nach irgendeinem Ratstreffen auf Danar geschenkt, als er und sie unter blühenden Haelibäumen spazierengingen. Ixelion hockte sich vor ihr nieder, hob eine ihrer schlaffen Hände auf und strich über ihre kalten Fingerspitzen.

»Falia«, befahl er leise, »komm her.« Sie rührte sich nicht, und er wiederholte die Worte langsam, nachdrücklich, wobei er immer noch ihre Hand hielt. Ihre Füße waren von einem Staubfilm überzogen, Staub lag auf ihren Schultern und auf ihrem Kopf. »Komm«, sagte er ein drittes Mal. »Ixelion ist da. Er möchte mit dir sprechen.« Nach langer Zeit zitterte ihre Hand, und sie entzog sie seiner Umklammerung. Dann holte sie tief und bebend Luft und blinzelte. Ihr Kopf rollte zurück gegen die aus Holz geschnitzte Lehne des Sessels. Ihre Schultern sackten herab, und die Hand, die er gehalten hatte, flatterte besorgt über den Kasten in ihrem Schoß, so als fürchtete sie, er könnte nicht mehr dasein. Ixelion erhob sich, schaute auf sie hinab, ließ ihr Zeit, die letzten Schritte in die Gegenwart zu tun, und dann ergriff er wieder das Wort: »Falia, steh auf. Komm ans Fenster.«

Sie drückte das Kästchen an ihre Brust, erhob sich steif und drehte sich zu ihm um. Selbst im herrschenden Dämmerlicht konnte er den Glanz einer glücklicheren, unschuldigeren Zeit sehen, der langsam hinter ihren grünen Augen im Kampf gegen diesen Tag und diese Stunde erstarb.

»Ixelion«, sagte sie, »wie dunkel es ist! Ist es Nacht?« Als sie ihn anschaute, erlosch das sanfte Feuer ihres Gesichts, und ihre Augen wurden größer. »Nein, nein«, wisperte sie. »Noch nicht. Ich muß noch ein wenig ausruhen. Ich bin erschöpft.«

Er nahm sie beim Arm und zog sie ans Fenster. »Sieh hinab!« befahl er heiser, »und sieh, was du angerichtet hast.« Sein Griff umspannte sie fester. Widerstrebend legte sie eine Hand auf die Steinfassung und lehnte sich hinaus, während sie mit der anderen immer noch das zierliche Kästchen umklammerte. Weit unten, drunten am Boden der Welt erstreckte sich das öde Land in eine Unendlichkeit kalter Dämmerung. Der Himmel war so dunkel, daß die Sterne schon schwach schienen und ihr Licht stärker war als die spärlichen Strahlen der ausgelaugten Sonne. Ixelion wußte, hätte er sie zum gegenüberliegenden Fenster geführt, hätte er ihr die Zerstörung ihrer kriegführenden Sterblichen zeigen können: Feuer vernichtete die Weiden. Mord, Mißtrauen und Verzweiflung herrschten ungehindert zwischen den Armeen. Hier jedoch war ein gewisser Friede, der unangefochtene Friede des Untergangs. Lange Zeit betrachtete sie das Bild und zog sich dann zurück. »Nicht ich habe das getan«, sagte sie. »Wie kannst du mir einen solchen Vorwurf machen? Ich bin nicht wie Kallar und Mallan. Ich habe mich nicht dem schwarzen Feuer ergeben, ich habe mich ihm nicht gebeugt.«

»Aber du hast auch nicht gekämpft. Du gingst fort, Falia, du hast dich in deine Gedankenwelt zurückgezogen. Du hast uns nicht einmal eine Nachricht zukommen lassen, und wir hatten nicht die geringste Ahnung. Wo bist du gewesen?«

Sie schlug eine Hand vor die Augen. »Ich bin alleine in den Bergen unter meiner Sonne umhergewandert zu der Zeit, bevor der Weltenschöpfer die sterblichen Menschen geschaffen hatte.« Die Hand fuhr über ihr Gesicht und fiel dann zurück auf den Kasten. »Ach, Ixelion! Wieviel leichter war das Leben damals, als die Welten heil waren und er liebte, was er geschaffen hatte...«

»Still!« fuhr er sie an. »Nicht hier.«

Sie lächelte schmerzlich, und Ixelion bemerkte, daß in der kurzen Zeit, da sie miteinander gesprochen hatten, winzige Fältchen auf ihrer Haut erschienen waren, die von Anbeginn an glatt und schön gewesen war. Das silberfarbene Haar wies nun eine metallische Stumpfheit auf. Der lange Hals zeigte eine Spur von Schlaffheit um den Kiefer herum, und um die grasgrünen Augen und den weichen Mund hatten sich Säcke gebildet. Er widerstand dem Drang, vor ihr zurückzuweichen und blickte hinaus auf ihre Sonne. Sie folgte seinem Blick, nahm dann unvermittelt wieder auf dem Stuhl Platz und umklammerte das Kästchen.

»Sag mir, Ixelion«, sprach sie zögernd, »welches Jahr haben wir?«

Er war froh, daß er hinter ihr stand. »Ich weiß es nicht«, erwiderte er fest. »Wie konntest du es zulassen, daß dir Derartiges zustößt? Wie lange hast du schon nicht mehr hinausgesehen?«

Sie antwortete ihm leise und hastig, und ihr Blick ruhte auf der gegenüberliegenden Steinwand. »Ich weiß es nicht. Vielleicht sind zweihundert Jahre verstrichen, seit der Händler durch das Tor trat und um eine Unterredung mit mir bat. Er sagte, er handelte mit Bäumen und Früchten und hätte uns Baumsamen mitgebracht. Er gestand auch, daß er mit einem großen, gefährlichen Schatz von Tran davongelaufen war, den er in meine Obhut geben wollte.«

»Tran!« rief Ixelion aus. »Aber das Tor von Tran wurde vor einem Jahrtausend geschlossen!«

Sie nickte. »Ich weiß. Ich war dabei, wir alle waren dabei, als Tranin ins schwarze Feuer hinabstieg. Ich hätte dem Händler gegenüber mißtrauisch sein müssen. Ich hätte ihm befehlen sollen, den Schatz dem Rat zu überbringen. Doch ich war stolz und meiner Sicherheit gewiß. Sollen die anderen fallen, dachte ich. Ich, Falia, bin unbestechlich! Ich nahm ihn aus seinen Händen entgegen und war sogleich von dem Wunsch befallen, ihn für mich selbst zu behalten. Diese übermächtige Gier hätte mich warnen sollen, daß der Atem des Antischöpfers durch mein Tor blies. Doch ich vergaß alles bis auf das Gefühl des Dings unter meinen Fingern. Der Händler lachte mir ins Gesicht, ging und ließ mich damit allein. Ich warf einen Blick hinein und wußte, was es war. Zum erstenmal in meinem Leben hatte ich Angst, und meine Sonne spürte meine Furcht und bebte am Himmel.«

Sie erhob sich plötzlich und schleuderte den Kasten zu Boden. »Verflucht sei der Antischöpfer, seine Selbstsucht und sein Haß! Verflucht sei der Händler, dessen Herz so schwarz war wie sein Schal!«

Sie rang mit sich selbst und hatte beide Hände nun um ihr Halsband gelegt. »Ich hätte das Ding nach Danar bringen und es Janthis geben sollen, sobald ich es erkannt hatte. Statt dessen stieg ich hier herauf und betrachtete es. Je mehr ich davon sah, um so mehr wuchs meine Angst. Häufig floh ich zurück in die Zeit, als meine Sonne und ich noch neu waren. Obgleich ich jedesmal zurückkehrte, war ich infiziert, und Fallan begann mir zu entgleiten. Die Menschen von meinen anderen Planeten fingen an, sich über die Reiter zu beklagen, sagten, ich würde sie begünstigen und ich würde ihnen alles gewähren und daß sie nicht bereit wären zu teilen, weil ich es nicht befehlen würde. Es kam zu Diebstählen und Morden, aber da ich keine Autorität besaß, konnte ich auch kein Urteil fällen. Sie verlangten neue Gesetze, aber welches Recht haben wir, Gesetze zu schaffen? Ich habe nicht gekämpft. Ich suchte keine Hilfe beim Rat, weil ich wußte, Janthis würde die Schließung meines Tores anordnen. Ich schloß meine Halle, kam hier herauf und ging fort. Das ist alles.«

Ixelion wollte sie fragen, worin der Schatz bestand, und plötzlich brannte in ihm der Wunsch, ihn mit eigenen Augen zu sehen. Doch er erkannte diesen Drang als ein fremdes Gefühl, das die dunkle Macht ihm auferlegte, die nun über Fallan hinwegflutete und die ihn ebenfalls zu packen suchte. Es fiel ihm nicht schwer, diesen Wunsch zu erstikken. Ich bin gesund, sagte er sich. Ixel ist gesund. So werden wir auf ewig bleiben. Er ging herum, um ihr ins Gesicht zu sehen und streckte ihr seine Hand entgegen, doch sie schaute mit flehenden Augen zu ihm empor.

»Noch einmal, Ixelion, ich bitte dich. Kehr noch einmal mit mir zurück zu den Tagen, an denen wir beide vor meinem Palast zu sitzen pflegten, während unter uns die Reiter vorüberzogen und der Wind nach frischem Wachstum roch.« Er hätte sie gerne noch einmal in jenen Zeiten besucht, als sie unverändert und schön gewesen war. Aber er schüttelte den Kopf, gab ihr die Hand und zog sie hoch.

»Nein, Falia«, sagte er hart »Die Zeit auf Fallan ist nun in den Händen des Antischöpfers. Sie ist zu einer Falle geworden, eine Einladung in die Illusion, wie du sehr wohl weißt. Die Mitglieder des Rates warten am Tor auf dich, und du hast eine Entscheidung zu treffen. Wir müssen jetzt gehen.«

Diesmal protestierte sie nicht wieder, sondern hob den Kasten auf, erhob sich ohne ein Wort und ging voran aus dem eiskalten Raum. Sie huschte vor ihm die Treppen hinab durch eine Halle, die zu einem größeren Raum führte. Mit ihrem silbernen Haar, das noch schwach vom vergehenden Licht ihrer Sonne erstrahlte, teilte sie die Finsternis. Er holte sie ein, als sie die gewölbeartige Halle durchschritt, wo einst ihre Reiter auf und ab stolziert waren, wo sie an den Abenden Licht und Wärme von ihrer Sonne spendete und den weiten Raum mit Freude erfüllte; gemeinsam gelangten sie schließlich zu dem Bogenpaar, den grauen Stufen und der Ebene dahinter. Sie trat durch die Torbögen hinaus, drehte sich um und berührte dreimal die Erde zwischen ihnen. »Das Siegel ist erbrochen«, sprach sie sanft und kaum hörbar. »Laß die Sterblichen hier wieder ohne Angst einhergehen. Die Gemächer sind leer.«

Ixelion sah, daß sie sich nicht aufrichten konnte, als sie sich zu erheben versuchte. Er wurde von Mitleid verzehrt, in das sich Schrecken mischte angesichts des unausweichlichen, raschen Alterungsprozesses, der sich an ihr vollzog, so als hätte aller Glanz, der auf ewig der ihre hätte sein sollen, auf einmal alle Substanz verloren und wäre zu nicht mehr als einem Traum geworden.

Auf halbem Wege die Stufen hinab sank sie auf einen Stein nieder. »Ich muß ein Weilchen ausruhen, Ixelion«, bat sie. »Ein gewaltiges Gewicht in mir zieht mich zu Boden. Ich vermag es nicht zu tragen.« Wortlos nahm auch er Platz, legte seine Arme um sie und schloß die Augen, damit er nicht sehen mußte, damit er die Feindseligkeit um sie her auszuschließen vermochte, die mit jeder verstreichenden Sekunde spürbarer wurde. Auch er fühlte sie, die Sekunden, die zart wie fallende Federn auf ihn herabregneten, um ihn herschwebten und nach einer Möglichkeit suchten, in ihn einzudringen und ihn zu verändern. Seine Unsterblichkeit wirkte hier angreifbar wie eine dünne Eisdecke, die schnell zerbrechen konnte. Er fühlte die Augen des Antischöpfers auf sich, auf sich ganz alleine gerichtet, gierige Augen, so kalt wie die Berührung des schwarzen Feuers, auf der Suche nach einem Makel in ihm, anhand dessen er ihn und Ixel vernichten konnte. Wir flogen auf den Solarwinden mit dir, der du uns einst geschaffen hast, und wir verehrten dich. Warum betrachtest du uns nun voller Haß? Du hast uns das Herz gebrochen, uns allen.

»Erhebe dich, Falia«, sagte er in drängendem Ton und half ihr beim

Aufstehen. »Ich kann nicht länger bleiben.«

Die goldenen Venen auf ihrer Hand sah man durch die durchscheinende Haut der alten Frau, und ihr Mund war eine runzlige, alte Frucht. »Bitte, Ixelion«, sagte sie und hielt ihm den Kasten hin, »nimm das und bring es Janthis an meiner Stelle. Ich kann die Schmach, es ihm selbst zu überreichen, nicht ertragen. Darin befinden sich die Aufzeichnungen meiner Welten vom Anbeginn an. Sorge dafür, daß sie in das Buch des Gewesenen geschrieben werden. Außerdem...« Ihre Stimme wurde zu einem schwankenden Lufthauch. »Außerdem enthält es das Ding, das der Rat bewachen muß. Sag Janthis, daß er es in keinem Falle öffnen darf.«

Sie gingen weiter, und am Fuße der Treppe hielt sie ihn nochmals an. Arme wie Stöcke und geschwollene Finger stießen nach ihm und schütteres weißes Haar hing büschelweise von ihrem immer kahler werdenden Schädel.

»Ich habe dir nicht alles gesagt«, flüsterte sie. »Der Händler kehrte wieder und verlangte den Schatz von mir. Er behauptete, ich wäre kein würdiger Bewahrer, er hätte sich anders besonnen und wollte ihn wiederhaben. Und er lachte die ganze Zeit dabei.« Unter Mühen hob sie den Kopf und schaute über ihn hinweg in die Tiefen ihrer verblassenden Sonne. »Ich habe das Gesetz gebrochen. Ich habe ihn ermordet. Ich redete mir ein, daß ich recht täte damit, weil der Schatz bei mir sicherer war als in seinen verräterischen Händen. Doch jetzt weiß ich, daß ich ihn tötete, weil ich den Schatz für mich selbst haben wollte.«

Er wußte nichts darauf zu sagen und wandte sich von ihr ab und dem Tunnel zu. Er überquerte die weitgefächerten Straßen, die sich vom Tunneleingang aus über die schweigenden Ebenen verzweigten; er wußte, daß sie ihm folgte, doch er wollte nicht mehr neben ihr gehen und auch nicht mit ihr sprechen. Er trat ohne das leiseste Zittern vom Dämmerlicht Fallans in die absolute Finsternis des Tunnels. Augenblicke später schlurfte Falia hinter ihm. Der Weg zum Tor war auf dieser Welt nicht von dicken, reich geschnitzten Bögen und strahlend hell erleuchteten Gängen geschmückt. Der Tunnel bestand aus nackter Erde, die durch rohe Holzbalken abgestützt war, welche man zu Beginn von Shol gebracht hatte. Boden und Wände wiesen keinerlei Verzierung auf. Die Fackeln, die einst den Weg des Reisenden erhellt hatten, waren schon vor langer Zeit erloschen. Die Wachen, die sie gewartet und das Kommen und Gehen des Volkes beobachtet hatten, waren längst tot, ahnungslos niedergemacht, als die Eindringlinge von Schwesterplaneten sich durch das Tor ergossen hatten. Ixelion ging weiter. Der Boden war eben und die Luft sehr still. Der Gang wies keine Kurven auf. Lange bevor er zu seinen Gefährten gelangte, konnte er schon den schwachen Lichterkranz erkennen, der sie umgab, das Sonnenlicht, das durch ihre Adern floß und durch ihre Haut pulsierte wie einst auch bei Falia. Er drehte sich um. Sie war dicht hinter ihm. Ihre Hände lagen flach auf ihrer Halskette, Kopf und Schultern waren gesenkt, und ihr weißes Haar bildete nur einen verschwommenen Fleck über dem Schatten, den sie darstellte. Als er sich wieder umdrehte, konnte er den hohen Bogen erkennen und dahinter den schwarzen Himmel, an dem die Gestirne blinkten. Seine Augen suchten seine eigene Sonne, weiß und strahlend und Ixel und Lix als zwei funkelnde Stecknadelköpfe daneben. Weiter entfernt lag Ghakazians Sonne mit ihrer Krone von Satelliten und Sholias Zwillingssonnen im Netz ihrer Planeten wie vielfacettierte Kristalle. Danarions Sonne war nur als Nebel weit draußen im Raum zu erkennen, so daß Ixelion sie kaum sehen konnte. Am Fuße des Bogens und direkt dahinter auf einem Ausläufer Fallans, der sich über einen Abgrund erschreckenden Nichts zu strecken schien, hatten sich die Ratsmitglieder versammelt. Sie rührten sich nicht, als er durch den Torbogen schritt und auf sie zutrat. Ein Botschafter war ebenfalls anwesend. Er stand ein wenig abseits in sein beständig wechselndes Spektrum regenbogenfarbenen Lichts gehüllt, das zuckte und sich wand, so als habe es zu kämpfen, sich an Fallans Atmosphäre zu halten. Einen Hauch warmen Dufts verströmte er, so daß Ixelions Nasenflügel kitzelten, als er sich tief verbeugte und dann zu Janthis gerichtet sprach:

»Ich fand sie in ihrem Zimmer, wo sie in der Vergangenheit spazierenging. Sie hat sich nicht ergeben. Sie lief einfach fort, weil sie Angst hatte.«

Die Augen der Gesellschaft wanderten von ihm fort zum Tunnel. Falia stand nun da, stützte sich mit einer fahlen Hand gegen die Wand und bemuhte sich um eine aufrechte Haltung. Stolz lag plötzlich auf dem zerfurchten Gesicht, und sie ließ ihren Blick bewußt langsam von einem zum anderen schweifen und blickte einem jeden in die Augen. Ghakazian starrte ausdruckslos zurück, die mit Armreifen geschmückten Arme über der braunen Brust verschränkt, und sein langes, dunkelbraunes Haar wehte im Durchzug, der hoch unterm Gewölbe des Tunnels sich regte. Lediglich seine Flügel verrieten sein Unbehagen, flatterten zuckend, öffneten sich, um den Bogengang zu streifen und schlossen sich wieder. Sholia hielt die Hände auf dem Rücken, ihre Finger zupften nervös an ihrem tiefgoldenen Haar, das fast bis zum Boden herabfiel, und ihre Furcht war greifbar. Danarion beobachtete Falia mit offenem Mitleid, als wäre sie eins mit ihren

Sterblichen, die nun alle gefangen und verdammt waren. Falia reckte sich und trat Janthis gegenüber. Noch ehe sie sprechen konnte, hob er die Hand.

»Du hast die Wahl, Falia, und obgleich du sie kennst, bin ich verpflichtet, sie dir ins Gedächtnis zurückzurufen. Du kannst hier bei deinem Volk bleiben und zusehen, welche Wiedergutmachung du zu leisten vermagst, oder du kannst nach Danar zurückkehren und dich von dort aus dem Urteil der Botschafter unterwerfen. Wofür entscheidest du dich?«

»Ich habe mein Volk verraten«, antwortete sie sogleich. »Nicht aus Korruptheit, sondern aus Feigheit. Ich habe mich dem Antischöpfer nicht gebeugt, doch ich leistete ihm auch keinen Widerstand. Ich lief fort. Ich bin ebenso schuldig wie Malan und Kallar, und die Botschafter werden mich nicht schonen. Sie sind gerecht, doch sie tragen auch keine Barmherzigkeit in sich. Sie werden mich zum Tode verurteilen.« Die Worte erfüllten sie mit solchem Entsetzen, daß sie gegen die Wand schwankte. »Ich kann nicht wiedergutmachen, was ich getan habe«, fuhr sie zitternd fort, »aber ich kann zugrunde gehen mit jenen, die mich verehrten und mir vertrauten. Ich werde bleiben.«

Janthis nickte. »Nun gut. Deine Halskette.«

Mit bebenden Fingern zog sie sie über den Kopf, küßte sie und händigte sie ihm aus. In dem Augenblick, da sie ihrem Griff entglitt, flakkerte der tief im Innern der polierten Scheibe lauernde Funke noch einmal zu strahlendem Glanz auf, ehe er endgültig erlosch. Ein stecknadelkopfgroßer roter Punkt schimmerte noch eine Weile weiter, doch auch er verdüsterte sich schnell. Das Halsband lag nun wie ein kalter, feuchter Stein in Janthis Hand, der ihn an Danarion weiterreichte.

»Möchtest du dein Tor selbst schließen, Falia?« erkundigte Janthis sich sanft. Sie nickte dumpf, ihr Gesicht war so weiß wie ihr Haar. »Lebe wohl. Wir werden dich nicht vergessen. Wir werden in der Vergangenheit, wo keine Trauer herrscht, mit dir sprechen.«

Niemand sonst ergriff das Wort. Nach einem kurzen Augenblick stieß Falia sich von der Wand ab, hob beide Arme und streckte sie mit nach unten gewandten Handflächen empor. Mit einer langsamen, mühevollen Bewegung drehte sie sie nach außen. Die Gesellschaft empfand den Druck der ihr noch innewohnenden Macht, und der steinerne Torbogen begann zu ächzen.

»Ich schließe das Tor von Fallan«, rief sie. »Von nun an soll weder ein Sterblicher noch Unsterblicher, weder Schöpfer, noch Botschafter noch ein anderes Wesen, hierzu mehr Zutritt finden. Die Sterne sind dem Volk von Fallan verwehrt, und Fallan ist den Völkern der Sterne verwehrt.« Ihre Arme wurden steifer. Der sie umrahmende Stein krächzte und fing zu zittern an, und Risse begannen, ihn zu durchlaufen. Er schien mit vielen Stimmen zu protestieren, und ein milchig grauer Nebel begann, sich zwischen Boden und Dach zu sammeln. Jene, die zuschauten, sahen ein Pferd mit gestrecktem Hals, weißgeränderten Augen und geblähten Nüstern auf sich zu galoppieren. Nebel benetzte die zuckenden Flanken und fiel von der wehenden Mähne. Es donnerte durch die Bögen, kam jedoch nicht näher. Seine mächtigen Schultern bebten unter der Anstrengung seines Flugs, doch unter ihm hatte die Erde sich aufgelöst und ließ nur dicke Wolken zurück, so daß es nicht weiterkam. Falias Mut ließ nach, doch nur für eine Sekunde. »Schließe!« brüllte sie. »Ich, Falia, erteile dir den Befehl! Dein Dienst hat ein Ende!« Die rasende Gangart des Pferdes verlangsamte sich, es hob den Kopf und erstarrte. Ein Huf verharrte erhoben in der Luft. Der Nebel verdunkelte sich, wurde dichter und wurde schließlich zu einer Wand aus Fallans Erde, die die schlanken, körnigen Umrisse eines Holzpferdes umschloß, das rot wirkte, so als hätte es schon immer dort gestanden. Falia war verschwunden.

Die anderen warteten schweigend und wagten kaum, sich zu rühren. Bald tauchten zwei Hände auf, noch tiefer eingeritzt in die undurchdringliche Wand, mit nach vorn gewandten Handflächen wie ein mahnendes Zeichen. In jede Handfläche war eine strahlende Sonne gebrannt; zwischen ihnen zeichneten sich die Umrisse von Fallans Sonne, von Fallan selbst und seinen Schwesterplaneten ab. »Es war zu spät«, sagte Sholia matt. »Es ist immer zu spät. Jedesmal hoffe ich, es wäre das letzte Mal, und immer wieder ist ein anderer Sonnengebieter gezwungen, sich in seinem Schmerz selbst zu verurteilen.«

»Wo ist der Gesetzesmacher?« murmelte Ghakazian verärgert. »Warum unternimmt er nichts?« Er drehte sich zu den unsichtbaren Korridoren um, lehnte sich hinaus und spreizte langsam die Flügel. »Ich gehe nach Ghaka zurück«, erklärte er knapp und stürzte sich, ohne ihnen Lebewohl zu sagen, mit raschelndem, dunklem Gefieder und einem Schwall warmer Luft davon. Sie hörten ihn noch einmal nach seiner Sonne rufen, dann verschwand er. Der Botschafter war, nachdem er seine Pflicht als Zeuge bei der Torschließung erfüllt hatte, so schnell gegangen, wie er gekommen war, und ließ ein Gefühl der Erleichterung zurück.

Janthis wandte sich an Ixelion. »Die Aufzeichnungen«, sagte er. »Hat sie sie dir gegeben?«

Plötzlich erinnerte sich Ixelion an das Kästchen, das er noch immer festhielt. Die Aufzeichnungen und etwas anderes. Ein Schatz. Ein Gegenstand der Zerstörung. Er wollte Janthis den Kasten übergeben, doch unerklärlicherweise umspannten seine Finger ihn nur noch fester. Ich werde ihn für eine Nacht zu mir nach Hause mitnehmen und mich ebenso wie sie, zu ihrem Gedenken damit hinsetzen, dachte er bei sich. Ich werde ihn in den Armen halten und zu Fallan im dicht bestirnten Himmel emporblicken. Ich werde zu dem Tag zurückwandern, da wir beisammen auf ihrer Steintreppe saßen und so glücklich über belanglose Dinge plauderten. Widerstrebend nickte er Janthis zu.

»Ich habe sie. Ich würde sie gerne lesen, bevor ich sie zum Rat bringe. Ist es gestattet?«

Janthis betrachtete lange den Kasten, den Ixelion nun in seinen Armen hielt, und erteilte schließlich seine Zustimmung. »Vernachlässige nicht dein Volk, während du trauerst, Ixelion«, warnte er. »Vergiß nicht, wenn eine Nacht in deinem Palast auch langsam verstreicht, die Jahre auf deiner Welt fliegen rasch dahin.«

Ixelion warf ihm einen scharfen Blick zu. »Das weiß ich seit langer Zeit«, antwortete er. »Warum sprichst du zu mir wie zu einem Sterblichen?«

Für einen Augenblick trat Verzweiflung in Janthis' dunkle Augen. »Ich habe Angst«, erwiderte er einfach, als er sich wieder fing und Ixelion entschuldigend zulächelte. »Geht alle nach Hause. Die Gefahr wurde noch einmal abgewendet.«

*

Ixelion schlug die Augen auf. Flüchtig hing Janthis' Gesicht vor ihm in dem düsteren Raum, die Lippen noch halb zum Sprechen geöffnet, doch dann war da nichts mehr als das endlose Strömen und Rauschen des Wassers, und seine Hände strichen liebevoll über die Annalen. Sie hätte den Schatz von dem Händler entgegennehmen und damit zu Janthis laufen sollen, dachte er. Weshalb dieses plötzliche Bedürfnis, ihn zu betrachten, die Selbstsucht und schließlich das schlimmste Vergehen? Doch der gleiche Drang wuchs nun in ihm selbst an wie schon zuvor in jenem eigentümlichen Augenblick, da sie von jenem Ding gesprochen hatte. Er wußte, daß er nie wieder mit ihr wie an jenem letzten Tag sprechen durfte. Er fühlte sich schwach und irgendwie ausgezehrt, als er das Kästchen aus seinem Schoß hob und an seine Wange drückte. Falia. Das monotone Geplätscher seiner Wasserfälle und Bäche vermischte sich mit dem Taumel der Sehnsucht, die immer noch an ihm zerrte. Plötzlich wollte er aufstehen und rufen: »Aufhören! Kein

Wasser mehr! Schenkt mir Ruhe!«, als könnte er damit den Wunsch ersticken, wenn es ihm nur gelänge, die Geräusche des Wassers zu unterbinden. Er wußte, daß ein Ratstreffen unmittelbar bevorstand. Er würde eingeladen werden, und bis dahin brauchte er nur die Annalen und das andere Ding in seine Truhe zu stellen und den Deckel fest zu verschließen. Ich muß die Annalen in den Holzkasten legen, dachte er plötzlich. Jemand muß ihn am Tor zu Fallan in meinen Händen gesehen haben. Ich würde ihn gerne behalten. Er ist so schön, so warm und trocken. Doch um das Kästchen zu behalten, muß ich erst den Schatz herausnehmen. Sein Rückgrat schien sich wie von selbst zu beugen, seine Hände griffen zitternd hinab. Dann wurde ihm klar, was er tat. Er sprang auf, ließ mit abgewandtem Gesicht die Jahrbücher in den Kasten fallen, schloß den Deckel und die Spange. Ich spiele mit dem Tod, dachte er entsetzt. Er schritt in den Raum mit den drei Wänden, schleuderte das Kästchen in die Truhe und tauchte in die wogende Kühle des Beckens. Ich werde mehr Zeit mit Sillix zubringen, gelobte er. Ich werde nicht alleine sein. Er schwamm mit entschlossenen Zügen und verbot sich, den anderen Gedanken an die Oberfläche gelangen zu lassen, der hinter dem Bild von Sillix schwebte.

Sillix wird mich vor mir selbst schützen.

Sillix wird mich vor der Einsamkeit bewahren.

2

Danarion schritt langsam unter den weit ausladenden Haelibäumen einher, deren Blätter schläfrig über ihm flüsterten und deren rote, klebrige Knospen einen Duft verströmten, der den restlichen Tag auf seinem Körper und in seinen Nasenflügeln haften bleiben würde. Zehn düstere und dumpfe Jahre waren auf Fallan verstrichen, seit sein Tor geschlossen worden war. Doch auf Danar war erst ein Winter vergangen, und nun hatte der Frühling eingesetzt. Die endlosen Wälder loderten gelb, und die Corionen dösten berauscht vom Geruch der aufspringenden Blüten. Die Menschen blieben auf, bis tief hinein in die milden, süßen Nächte, unwillens, sich der Bewußtlosigkeit hinzugeben und einen Augenblick der Entfaltung dieser Jahreszeit zu versäumen. Grüne und blaue Vögel folgten ihm, zwitscherten ausgelassen um seinen Kopf und streiften sorglos seine Schultern. Ab und zu sang er völlig abwesend mit ihnen, seinen Blick auf die Füße geheftet. Falias kalte Halskette lag in seiner Hand. Sie war eine Last der Sorge und war das einzige Zeichen von Furcht und Scheitern auf Danar, und obgleich sie seine Finger beleidigte und ihn mit Ekel erfüllte, trug er sie mit bewußter Sorgfalt. Die Kette selbst war nicht abstoßend. Die besten Kunsthandwerker auf Shol hatten sie ebenso wie alle anderen angefertigt mit allem Geschick und dem ganzen, feinen Auge, das sie besaßen. Sie war ebenso überwältigend gelungen wie des Weltenschöpfers Gewebe des Sternenglanzes. Feine Goldglieder, mit Perlen und mit Lixkristallen verbunden, führten um den Hals. An zwei gazefeinen Goldgeflechten hing die Sonnenscheibe in einem Strahlenkranz des blassen, funkelnden Gesteins, der Ixels einzigen Reichtum darstellte. Jede Kette war anders, denn die Handwerker hatten dazu etwas von der Welt jedes einzelnen verwandt. Bei Falias Halsband bestanden die Kettenglieder aus winzigen Pferden, wobei das Auge jedes Tieres aus grünen Smaragdsplittern bestand und die zuckenden Schweife silbern gestromt waren. Der Weltenschöpfer hatte jeder Kette mit wohlwollenden Sprüchen Macht verliehen. Die Macht zu erhalten, auszulegen und weiterzuentwickeln, die Macht zu Frieden und Ordnung. Doch keine Macht um zu heilen, dachte Danarion finster. Warum hätte er uns das schenken sollen? In jenen Tagen gab es keine Verletzungen. Nun jedoch schmerzte ihn die Halskette, verflochten wie sie war in Schnüre von Tücke und Korruption, und er beschleunigte seinen Schritt. Auf ein Wort von ihm zogen die schnatternden Vögel davon und schwebten einen Augenblick über ihm, ehe sie im Laubwerk der Bäume verschwanden. Er nahm die letzte Kurve, die ihn an den Rand des Waldes und an die dahinterliegende Stadt bringen würde.

Auf halbem Wege hielt er inne. Ein Corion lag auf dem Pfad und versperrte seinen Weg. Die Sonne sprenkelte sein goldenes Fell. Er war genüßlich ausgestreckt. Seine langkralligen Glieder lagen locker im Gras. Den geflochtenen Schwanz hatte er am Rücken hochgelegt, die Haube grüner Federn auf seinem Kopf war so eng angeschmiegt, daß sie sich um seine spitzen Ohren und unter seinem Kinn kringelten. Danarion zögerte, mußte lächeln, und sein Herz fühlte sich plötzlich erleichtert beim Anblick des großen Tieres, das sich so lässig wohl fühlte und so keinerlei Notwendigkeit irgendeiner Besorgnis empfand. Der Corion seufzte, so daß sich seine kräftigen Rippen hoben und senkten und öffnete träge ein azurblaues Auge. Er seufzte nochmals demonstrativ, und die schwarze Zunge schoß hervor, um die pelzige und gefiederte Nase zu erkunden. Dabei waren nun seine scharfen weißen Zähne zu sehen. Er gähnte mit offenkundig leichtem Ärger und hob den Kopf.

»Du bist das also, Danarion«, sagte er mit einer Stimme so voll und dunkel wie die Wurzeln der Bäume, die sich weit unter ihm eingruben.

»Ich nehme an, du möchtest, daß ich dir Platz mache, damit du an mir vorbeikommst.«

Danarion trat zu ihm und verbeugte sich leicht. Man hatte keine Furcht vor einem Corion, zollte ihm jedoch Respekt, betrachtete ihn mit Ehrfurcht und sprach ihn höflich an, denn seine Würde und Selbstbeherrschung erforderten eine bestimmte Art des Herangehens. Danarion hätte schon immer gerne einmal seine Arme um einen Corion schlingen und sein Gesicht in dessen warmen Pelz vergraben mögen. Doch er war niemals dazu aufgefordert worden, und das würde sich vermutlich auch in Zukunft nicht ändern.

»Ich würde es mir nicht einfallen lassen, dich zu stören, Storn«, antwortete er. »Ich kann einen Bogen um dich machen, wenn es dir nicht nach Aufstehen zumute ist.«

»Natürlich ist mir nicht nach Aufstehen zumute«, entgegnete Storn mit einem dröhnenden Lachen. »Aber für dich, Sonnengebieter, werde ich mich von diesem gemütlichen Ruheplatz erheben. Was für ein Tag!« Der Corion schüttelte sich mühelos auf seine Hinterbacken und beugte seine zerknitterten, grünen Schwingen an. »Ich werde mir nie klar darüber, ob ich die Tage der Knospen und Gerüche oder die Zeit der Erntefeuer lieber mag. Gehst du heute zum Rat?«

»Das habe ich vor.«

»Du tust mir leid. Es ist ein viel zu prächtiger Morgen, um sich mit irgendwelchen Gedanken zu befassen. Ich komme selbst gerade von Yantar zurück, wo ich die hohen Dornenhaine besucht habe. Sie stehen in Blüte, die ganzen Berge sind weiß überdeckt. Sehr hübsch. Am Tor war allerhand los. Viele Leute kommen nach Danar, um die blühenden Haelibäume zu erleben.« Der Corion zwinkerte Danarion plötzlich verschwörerisch zu, und seine Kopffedern stellten sich auf. »Du warst im letzten Herbst lange Zeit fort und Janthis ebenfalls. Wäre es möglich, daß eine neue Welt in der Mache ist?«

Danarion schüttelte den Kopf. Traurigkeit erfüllte ihn wieder, und seine Kehle schwoll vor Schuldbewußtsein an. Er antwortete so ruhig, wie er nur konnte. »Leider entsteht keine neue Welt im All, Storn, Janthis und ich waren auf Fallan.«

»Oh«, meinte Storn enttäuscht. »Damit wäre mein Interesse an der Angelegenheit dahin.« Er unterdrückte ein weiteres Gähnen. »Zweifellos ist Fallan für seine Bewohner wunderschön, doch ich bin mit Danar ganz glücklich. Was hast du denn in deiner Hand?«

Danarion wehrte Storn vorsichtig ab. »Das ist eine Sache für den Rat«, erklärte er in einem Ton, der eindeutig jede weitere Frage verbot.

»Aha«, bemerkte Storn. »Ich erwähnte es nur, weil es riecht.« Seine Federn glätteten und hoben sich wieder, und der Schwanz ringelte sich straffer auf, als das Geschöpf nach dem richtigen Wort suchte, um zu beschreiben, was seine Nüstern ihm über das Ding, das Danarion so fest umklammert hielt, verrieten.

»Es riecht... fremdartig.«

»Es ist auch fremdartig«, schloß Danarion das Gespräch und verbeugte sich wieder. »Entschuldige, daß ich dich in deiner Ruhe gestört habe, Storn. Mein Haus steht dir immer offen.«

Der Corion schaute ihm einen Augenblick lang nach, doch bald drang erneut die Wärme der Sonne und der schwere Duft der Haeliknospen in sein Inneres, so daß er die Augen schloß, ins hohe Gras glitt und sogleich wieder träumte. Der nächste Reisende auf dem Pfad müßte einen Umweg unter den Bäumen entlang machen, denn Storn würde sich heute für niemanden mehr rühren.

Danarion erklomm die steilen Straßen der Stadt, doch er blieb nicht stehen, um Tuche zu befühlen oder den Blick über die Schmuckauslagen der Juweliere schweifen zu lassen wie gewöhnlich. Flink bewegte er sich zwischen den leichtgebauten Holzhäusern, deren geschnitzte Wände im Sonnenlicht in gedämpftem Blau schimmerten, daß die Maserungen und Astknoten golden funkelten. Er schaute weder links noch rechts nach den Torbögen, die Vorübergehende in Innenhöfe voller Obstbäume einluden, wo Kinder im Schatten umherliefen oder das Geplätscher und Funkeln von Brunnen herrschte. Einmal blieb er stehen, um einen Handkarren voll mit dicken, purpurnen Gemüsen vorbeizulassen. Er wurde von vier jungen Männern gezogen, die kurze, blaue Sommertuniken trugen und ihn lachend im Vorübergehen grüßten. Ein junger Corion ritt oben auf der Ladung; sein Schwanz ruhte neben seinen Pranken, das gesprenkelte, goldene Fell und die grünen Federn glänzten, und er neigte ernst den Kopf in Danarions Richtung. Er ging weiter, überquerte einen in schläfriges Sonnenlicht getauchten menschenleeren Platz und schritt rasch an einer Gruppe von zwei sitzenden Männern und einer Frau vorüber, die ihre Augen geschlossen und ihre Hände ineinander verwoben hielten. Dann gelangte er schließlich zu dem Baumkranz, der die Sterblichen vom Gebiet der Sonnengebieter trennte.

Er betrat den goldenen Schatten des Zeitwaldes, wo nichts lebte außer den Bäumen selbst. Einen Augenblick spürte er sie um sich streichen wie eine leichte Bö, wo der schnelle Verlauf der sterblichen Zeit an seinen Fersen zerrte und ihm der majestätische, langsame Gang seiner eigenen mächtigen Zeit entgegenflutete. Den Sterblichen war weder der Zutritt zu dem Wald noch zu den mächtigen zinnenbewehrten Türmen jener Stadt innerhalb einer Stadt, die sich dahinter erhob, verboten. Doch nur wenige Sterbliche entschieden sich für diesen Weg zum Tor. Der Wald war zu still, zu sehr im Bann eines unbekannten Geheimnisses, das ihnen Dinge zuraunte, zu deren Verständnis sie nicht geschaffen waren.

Nun konnte er den Fuß der Treppe zwischen den bläulichen Stämmen und den flatternden Blättern erkennen, und sein Blick schweifte weiter nach oben. Ein Turm überragte den nächsten, Mauern gingen in Mauern über, Gebäudeflügel erstreckten sich zu weiteren Türmen und weiteren Mauern: Der Palast auf Danar war eine aus grauem Stein gehauene Stadt, geplant vom Anbeginn an als Angelpunkt des Universums. Shol saß im Zentrum dieses Universums. Doch Danar war der Tagungsort des Rates gewesen, seit der Weltenschöpfer Danarion und dessen Sonne ins Leben gerufen hatte.

Danarion hatte sich an den Aufstieg der Stufen zu Danars Tor gemacht, fünfhundert hier, fünfhundert auf der anderen Seite des Palastes, ein Schritt für jeden Sonnengebieter im Universum, ein Name tief in jede Stufe eingeritzt. Einmal waren diese Stufen ständig mit dem Gewicht unsterblicher Füße belastet gewesen, und wenn der Abend hereinbrach und die Sonnenmenschen hinauf- und hinabstiegen, erzeugte das ein Bild wie von zur Erde gefallener Sterne. Nun waren diese strahlenden Wesen nur noch in den Fels geprägte Namen. Nur fünf waren verblieben. Die übrigen dienten dem schwarzen Feuer hinter geschlossenenen Toren oder hatten gekämpft, bis ihre Sonnen explodierten, oder waren im Palast der Botschafter verschwunden. Die Namen, die unter Danarions Füßen hinwegglitten, beschworen jeder ein Gesicht herauf, eine Welt, etwas Einzigartiges, das niemals zu ersetzen wäre. Die Zeit war verstrichen und konnte nicht zurückgedreht werden. Mallan, Kallar, Firor, Nagerix, Sigrandor, Falia...

Danarion gelangte zum ersten Treppenabsatz. Hier saßen zwei Corionen Wache, einer zu jeder Seite der silbergemusterten Steine. Sie hatten die Augen streng über die Baumwipfel hinweg gerichtet und die Münder fest geschlossen mit gestellten Kämmen und gespannten Flügeln. Wäre da nicht das sanfte Heben und Senken ihrer Brüste gewesen, hätte man sie selbst für steinern halten können. Danarion störte ihre Wachsamkeit nicht. Er stieg weiter und gelangte auf den Vorplatz, der ebenfalls von einer Reihe Corionen bewacht war. Er ging sofort durch den Bogen hindurch und in die leere Eingangshalle, aus der sein trauriger Schritt widerhallte, hinüber in einen Innenhof, weiter Treppen hinauf und einen Gang entlang, dessen goldgeschmückte

Wände und kristallgekachelte Böden die Sprache von Feierlichkeit und Macht sprachen. Tausend Sonnenmenschen waren lachend durch die hohen Gänge des Palastes geschlendert. Sie hatten seine steinerne Weite mit Leben und Licht erfüllt, mit hellen Edelsteinen und wehendem Haar, einem Kaleidoskop von Schönheit und Farben, die sich in und aus den Hallen ergossen und unter den flaggengespickten Gewölben. Im Zentrum befand sich die riesige, mit Licht versehene Kupferkuppel, zu der letztendlich jeder Gang führte. Unter ihrer Decke erstreckte sich ein schwarzer Marmortisch, umgeben von tausend Steinsesseln. Auf einem Podium am Kopfende stand der erhobene Thron, in dem nie wieder jemand sitzen würde, und dahinter wie ein fester Strahlenkranz befand sich eine riesenhafte Goldsonne, die in einer großen Kreisbahn über der Wand schwebte. Zur Rechten und Linken unterhalb der Sonne befanden sich Türen. Eine führte in Janthis' Zimmer. Die andere würde nie wieder geöffnet werden. Danarion holte Sholia ein, und als sie ihn kommen hörte, ging sie langsamer und drehte sich lächelnd um; zwei Sonnenscheiben hingen von ihrer fröhlich funkelnden Halskette herab.

»Danarion! Ich ging heute früh in die Stadt. Sie ist groß geworden, seit ich das letzte Mal hier war. Die ganzen von Fallan herbeigeschafften Pferde haben sich über alle Erwartungen hinaus vermehrt. Doch die Fohlen werden wie dein Volk mit goldenen Augen geboren. Hast du das bemerkt?«

Er lachte. »Natürlich habe ich es bemerkt. Wie steht es auf Shol?«

»Unverändert«, antwortete sie ohne Umschweife. Beide wurden wieder ernst und traten von dem Gang auf den schimmernden, schwarzen Boden der Ratshalle. Der große, runde Raum war leer. Sonnenschein ergoß sich in goldenen Strahlen durch die Oberfenster der Kuppel und wurden von der glatten, glasartigen Bodenfläche reflektiert. Vor ihnen stand der Steintisch mit den wartenden, leeren Stühlen. Sie gingen langsam hinter den Reihen entlang. Auf dem Tisch vor jedem Stuhl lagen die Ketten der Abtrünnigen und warfen ihren eigenen Widerschein auf die polierte Tischfläche, so daß jede wie tief in das Schwarz eingesunken wirkte. Danarion brauchte sie nicht zu zählen, denn er war bei der Schließung all jener Tore anwesend gewesen, ebenso wie Sholia. Obwohl er manchmal wie in Trance in den Hallen und Korridoren des Palastes stand und im Geiste wieder Welten beschritt, die seit langem nicht mehr zugänglich und seinem Körper verboten waren, ging er niemals mehr ihre letzten Tage durch.

Es kostete lange Zeit, bis man ans Kopfende des Tisches gelangte. Immer wieder wurde man durch Schatten und Sonne in eine Aura von

Macht gezogen, die immer noch den massiven, höher gestellten Stuhl umgab. Doch schließlich kamen sie an ihre Plätze, setzten sich, schauten die weite Fläche des schimmernden Marmors hinab und in die noch stillen Gewölbe des Raumes. Sholia seufzte, eine Hand an der Kehle, und saß reglos mit geschlossenen Augen und weich umhüllt von ihrem goldenen Haar. Danarion legte Falias Halskette auf den Tisch vor sich, froh, sich ihrer zu entledigen, und wartete. Nun kam auch Ixelion mit raschen Schritten herein. Er begrüßte sie nicht, und sie schauten ihn nicht an. Er schlüpfte auf seinen Stuhl, legte seine Ellbogen auf den Tisch und stützte sein spitzes Kinn in die mit Schwimmhäuten bespannten Hände. Der große, leere Sessel zwang sie in seine brütende Atmosphäre. Mehr als einmal hatte Danarion in seiner Sehnsucht geglaubt, ein Wesen dort sitzen zu sehen, die nebelhaften Umrisse der Gestalt, die er liebte. Doch wenn er seinen Kopf drehte, sah er nichts als dunkle Sterne und Bäume, Gesichter und Tiere, die in stummer Fülle in den massiven Stein geritzt waren.

Er wußte, daß er in jenem Augenblick sein Denken zügeln sollte und die Last der Melancholie abschütteln, die sich einschlich, ohne daß er darüber Gewalt gehabt hätte. Doch er konnte es nicht. Er gestattete sich, in die Vergangenheit zu gleiten, in eine weit zurückliegende Zeit des Friedens, nicht um sie wiederzuerleben, wozu er imstande war, sondern um außerhalb der Szene zu schweben, wie das die Sterblichen taten, wenn sie eine Erinnerung beleben wollten. Er stand hinter seinem eigenen Stuhl, sah sich selbst dasitzen und mit Sigrandor gegenüber sprechen. Sigrandors rubinfarbene Augen funkelten vor Freude, und seine rotgoldenen Flammen flatterten und tanzten über den Tisch wie leibhaftige Kinder. Geplauder und Gelächter erfüllte die Kuppel. Tranin beugte sich zu Falia, deren Silberhaar ihre seidigen, grünen Schultern verbarg, und über ihnen allen kreiste Ghakazian; der Schlag seiner braunen Flügel spendete ihnen Kühle, seine Halskette hing herab, die nackten Glieder hielt er weit gespreizt und wollte sie nicht stillhalten. Janthis hielt seinen Kopf dem Wesen in dem hohen Stuhl zugewandt, und seine Sonnenkugel glänzte in seinen Händen. Und in dem hohen Stuhl saß der Weltenschöpfer mit verschränkten Armen und lächelte beim Anblick des vollen Tisches. Ich muß das lange betrachten, flüsterte es ganz tief in Danarions Denken. Das ist eine Erinnerung, das ist der letzte Tag, da er seinen Platz bei uns einnahm, der letzte Tag, da tausend Sonnengebieter zusammenströmten. Ach, so herrlich bist du doch, so voll des Lichts und der Göttlichkeit! Ich werde niemals jemanden lieben, wie ich dich verehre! Mit vollem Herzen sah er, wie der Weltenschöpfer sich erhob. Sogleich verstummten alle Gespräche und Ghakazian glitt herab, um seinen Platz bei Tisch einzunehmen.

»Nun denn!« hob der Weltenschöpfer an, und seine Stimme vibrierte in ihren Adern wie wilde Musik.

»Ist es gut, all das, was ich geschaffen habe? Ihr, meine Ersten, seid ihr zufrieden?«

»Es ist gut!« riefen sie zurück.

»Und seid ihr glücklich zu wissen, daß ihr mein seid?«

Plötzlich spürte Danarion etwas, eine Veränderung der freundlichen Töne, kaum spürbar und minimal. Sein Herz pochte in seiner Brust, doch in jenen Tagen besaß er nicht die Worte zur Beschreibung jenes Gefühls, das ihn nun durchdrang. Er wandte seinen Blick vom Weltenschöpfer zu Janthis. Kein Lächeln stand mehr in seinem Gesicht, und die Sonnenkugel in seinen Händen schrumpfte zu einem roten Schimmer. Danarion sah wieder zum Weltenschöpfer hin, der immer noch lächelte, doch irgend etwas war in seinen Blick gekrochen, eine Kühle, ein Hauch von Spott. Natürlich sind wir sein, dachte Danarion verwundert. Was meint er damit? Dann überkam ihn Trostlosigkeit. Er wollte seine Arme ausstrecken und wehklagen, ohne zu wissen, warum. Der Weltenschöpfer hob seine Arme, und einen Augenblick kam es Danarion so vor, als ob das Licht, das von seinen Fingern ausging, schwarz flackerte.

»Ihr gehört mir! Ihr und eure Welten seid mein!« sagte der Weltenschöpfer wieder, und Danarion wurde bewußt, daß er nicht mehr sie alle ansprach. Janthis hatte sich nicht gerührt. Sein Blick ruhte auf der Sonnenkugel, wo das Licht kämpfte, um herauszubrechen. Ich verstehe nicht, dachte Danarion, und Liebe und Entsetzen wühlten sein Inneres auf. Ich verstehe nicht...

Eine Tür ging auf, und Janthis trat mit raschen Schritten, die Sonnenkugel in der Hand, zu ihnen. Danarion kehrte mit einem Ruck in seine Gegenwart zurück. Ich verstehe es immer noch nicht, dachte er. Ich wünschte, ich hätte diese Erinnerung nicht zugelassen. Manchmal bilde ich mir ein, ich finde mich mit seinem Verlust ab. Aber das ist nicht wahr, ich sehne mich immer noch nach ihm.

Janthis gelangte an den Fuß des Weltenschöpfer-Throns, setzte sich nieder, legte die erloschene Sonnenkugel vor sich auf den Tisch und lächelte den dreien zu.

»Wo steckt Ghakazian?« fragte er.

»Hier oben!« erscholl Ghakazians Stimme, und sie schauten hinauf. Er hockte auf dem Sims eines der Fenster hoch unter der Kuppel. Dann sprang er unter ihren Augen geschickt ab, spreizte die Flügel und landete hinter seinem Stuhl. »Ich habe euch alle beobachtet«, erklärte er. »Keiner sprach ein Wort, ein so tiefes Schweigen und absolute Stille. Wenn wir Rat halten müssen, dann laßt uns dies rasch tun. Danar im Frühling ist ein Wunder, das keiner versäumen sollte.«

»Wir sind jetzt nur noch wenige«, sprach Sholia ruhig. »Nur noch fünf sind übrig. Wir waren nicht vorsichtig genug.«

»Uns haßte er mehr als alle übrigen«, sagte Janthis unvermittelt. »Wir sind die Produkte seiner ersten Schaffensbegeisterung. Unsere Hingabe an ihn war uneingeschränkt, und wir kannten ihn gut. Trotz unserer Versuche, ihn daran zu hindern, hat er seine Rache am Rest des Universums schnell befriedigt. Uns hat er bis zum Schluß aufbewahrt, um uns mit Genuß zu verschlingen. Firor war eine geringere Beute für ihn als Falia.« Er streckte die Hand aus, und Danarion reichte ihm die Halskette. Einen Augenblick lang drückte er sie mit einem Seufzen an sich, dann stand er auf, trat zu Falias leerem Platz und legte die Kette vorsichtig auf den Tisch. Eine lange Stille trat ein. Ghakazian verlagerte ungeduldig sein Gewicht von einem Bein auf das andere.

»Falia hätte sich entschließen sollen, mit dem Botschafter zu gehen«, sagte er. »Gewiß ist es besser, einem endgültigen Urteil ins Auge zu sehen, eine letzte Chance wahrzunehmen, als auf ewig hinter einem geschlossenen Tor eingemauert zu werden.«

»Vielleicht«, erwiderte Janthis. »Andere haben sich für diesen Weg entschieden. Doch es bedarf großen Muts, den Gesandten des Gesetzesmachers gegenüberzutreten.«

»Der Gesetzesmacher!« spottete Ghakazian. »Ich frage mich allmählich, ob es ihn überhaupt gibt. Keiner von uns hat ihn jemals gesehen. Wir besitzen lediglich das Wort des Weltenschöpfers, daß das Gesetz Empfindungen und uneingeschränkte Macht hat. Ich für meinen Teil bin nicht länger bereit, dem Wort des Weltenschöpfers Gewicht beizumessen.«

»Er erzählte uns dies aber vor dem Fall«, erinnerte ihn Janthis. »Die ersten Kapitel der Annalen wurden am Anbeginn verfaßt, als sterbliches Leben nur in seinem Kopf existierte. Mich schuf er als ersten. Ich bin der Erstgeborene aller Sonnenmenschen, und ich glaube an seine Worte vom Gesetz als einer Persönlichkeit.«

»Warum hilft uns dann der Gesetzesmacher nicht?« drängte Ghakazian. »Warum verändert er nicht seine Gesetze?«

»Er kann kein Gesetz umkehren, ohne seine eigene Natur zu verändern«, antwortete Janthis geduldig. »Das weißt du doch, Ghakazian.«

»Was geschah wirklich zwischen dem Gesetzesmacher und dem

Weltenschöpfer, Janthis?« fragte Sholia. »Was war der Grund, daß der Weltenschöpfer sich gegen uns gewandt hat? Wie kann ein Schöpfer aufhören, das von ihm Geschaffene zu lieben?«

»Er liebt uns immer noch«, Janthis lächelte schief, »doch mit der blinden, eigensüchtigen Liebe, die das Geschaffene verschlingen und es völlig besitzen will. Er weiß, daß er zum Schaffen angehalten wurde und daß er, auch wenn er seine Geschöpfe lieben will, sie doch niemals ganz besitzen konnte. Und das frißt an ihm. Etwas zu schaffen ohne Eigentumsrecht, es zu ersinnen, zu verschmelzen und Kompliziertes einzig und allein für den Gesetzesmacher zu schaffen, trieb ihn letzten Endes dazu, sich abseits zu stellen und all die geschaffenen Welten als seinen Besitz zu beanspruchen. Er möchte alles verstümmeln, da, was er auch sagt oder tut, welche Macht er auch anwendet, ihm niemals alles gehören wird. Er zerstört, damit das Erbe des Gesetzesmachers sinnlos werden soll.«

»Und wegen des Kummers, den seine Liebe ihm bereitet hat«, fügte Danarion rasch hinzu.

Einen Augenblick lang blieben sie alle schweigend sitzen; dann richtete Janthis sich auf. Er nahm seinen Platz wieder ein, und wie immer fuhren seine Hände vor, um die leblose Sonnenkugel zu umschließen.

»Erneut haben wir einen Verlust hinnehmen müssen«, fuhr er fort. »Was sollen wir tun? Es sieht so aus, als käme jede Toresschließung zu spät, doch ich möchte euch auch nur ungern befehlen, eure Tore zuzumachen. Ein so brutales Ende ist meiner Ansicht nach erst zulässig, wenn wir unter so großem Druck stehen, wie etwa vor der endgültigen Auflösung des Alls, wie wir es kennen.«

»Er kennt all unsere Schwächen«, meinte Danarion. »Falia war sanftmütig und kannte nur das Gute. Wie kam es zu ihrem Fall? Was war es, das unaufgefordert durch ihr Tor kroch? Ich verstehe nicht...«

Einmütig drehten sie sich zu Ixelion hin. Er saß noch immer mit in die Hände gestütztem Kinn und starr und blicklos auf den Tisch gerichteten Augen da.

»Ixelion«, stieß Janthis ihn sachte an. »Was hat Falia dir erzählt? Hast du die Aufzeichnungen mitgebracht?«

Ixelion blinzelte, dann lehnte er sich schwer zurück und nahm den Haeliholzkasten von seinem Schoß. Seine Hände zitterten, als er ihn vor Janthis stellte. Danarion warf ihm einen scharfen Blick zu. Irgend etwas bekümmerte Ixelion.

»Das sind sie«, sagte Ixelion. »Ich habe sie gelesen. Es hat den Anschein, als hätte ein Händler etwas Kostbares zu Falia getragen, damit sie es dem Rat brächte. Doch anstatt es nach Danar zu bringen, behielt sie es für sich selbst. So kam es zu ihrem Fall.«

»Was für ein kostbares Ding?« fragte Sholia laut. »Hat sie dir gesagt, worum es sich handelte?«

Ixelion schüttelte den Kopf. »Nein. Ich weiß nicht, was es war.« Und das ist die Wahrheit, dachte er. Ich hob es aus dem Holzkasten. Es war eine flache Eisendose, klein und ohne Verzierungen. Ich habe sie nicht geöffnet. Ich legte sie in meine Truhe, und dort liegt sie immer noch.

Sholia wandte sich an Janthis. »Was könnte es sein? Welchen Schatz gibt es, der einer Welt wie Fallan den Untergang bringen kann?«

Sie hat Angst, dachte Ghakazian, stand von seinem Platz auf und trat neben Janthis' Stuhl. Immer hat sie Angst und beobachtet alles. Als er an ihr vorüberschritt, legte er ihr die Hand auf den Kopf und streichelte zärtlich ihr Haar.

»Die Saat der Korruption mag in eine Welt eindringen und doch dort fruchtlos herumliegen«, meinte Janthis. »Nichts ist von sich aus böse. Doch diese Samen können Wurzeln schlagen und auf einem Boden wachsen, der zu schlicht und naiv ist, um sie als das zu erkennen, was sie sind. Die Tore sind nicht dazu geschaffen, das Böse auszusperren, denn zu jener Zeit hatte das Böse noch keinen Zutritt zum All. Es war das Undenkbare, das völlig Unvorstellbare.« Er öffnete den Kasten und nahm die Annalen von Fallan heraus. »Ich werde studieren, was Falia geschrieben hat, aber wenn du, Ixelion, die Aufzeichnungen gelesen hast und auch keine Antwort weißt, dann bezweifle ich, daß ich dem etwas Weiteres entnehmen kann.«

»Wo befindet sich der Schatz nun?« wollte Danarion wissen. »Blieb er auf Fallan, Ixelion? Was hat Falia damit gemacht?«

Sie richteten alle angespannte, ernste Blicke auf Ixelion. Dies stellte eine neue Bedrohung dar, eine subtile Gefahr, die noch keinem von ihnen begegnet war, eine neue Tücke des Antischöpfers. Ixelion schaute von einem zum anderen, die Hände erhoben, um seine Sonnenscheibe zu umklammern. Hilf mir, flehte er stumm, hilf mir, doch er hatte das Gefühl, als hätte sich eine merkwürdige Mauer zwischen ihn und seine Familie geschoben. Nun war der Zeitpunkt gekommen, ihnen alles zu sagen, mit Worten gegen diese Mauer zu stürmen und wieder eins zu sein mit ihnen. Doch sein fahles Gesicht wurde nur noch weißer und seine Augen umwölkten sich. Noch habe ich nichts getan, erklärte ein Teil seiner selbst hartnäckig. Ich werde es ihnen erzählen. Janthis wird mich nach Ixel begleiten und das Ding fortbringen, und ich werde gerettet sein. Doch zur gleichen Zeit empfand er die Gier in sich wüten wie die Nebel über seinem Ozean, den Drang zu wissen, zu fühlen, zu sehen. Danarion beobachtete ihn aufmerksam und war sich nicht schlüssig, ob Ixelion um Falia trauerte oder von etwas anderem zermürbt wurde. Die Hände mit dem Perlschimmer zitterten auf der schmalen Brust. Dann schluckte Ixelion und antwortete.

»Ich weiß nicht, wo der Schatz ist«, flüsterte er. »Ich glaube, er befindet sich noch auf Fallan.«

Augenblicklich veränderte er sich. Er fühlte tief in sich den ersten wirklichen Wandel, der ihm jemals widerfahren war, und er betrachtete seine Gefährten und sah sie auf eine Weise wie noch nie zuvor. Die erste Lüge, dachte er bei sich, und ihm war übel vor Selbstverachtung. Nimm es zurück. Nimm es fort! Ich will diese Veränderung nicht! Was habe ich getan?

Ruhig, Ixelion, besänftigte ihn eine andere Stimme in seinem Innern. Der Schatz ist sicher auf Ixel. Du brauchst ihn niemals anzuschauen, laß ihn einfach in deiner Truhe liegen. Hast du denn nicht den Rat vor dem Bösen bewahrt? Was, wenn Janthis ihn dir aus den Händen genommen und geöffnet hätte? Dann läge auf ewig nur Finsternis vor euch. Du bist stark, stärker vielleicht als Janthis, dem nicht die Verantwortung für eine Welt aufgebürdet wurde. Sei ruhig!

Ja, bestätigte er sich leidenschaftlich. Ja. So eine kleine Lüge, und so notwendig. Er ließ seine Sonnenscheibe los und setzte sich aufrechter.

»Sie hat es dir nicht gesagt!« rief Ghakazian ungläubig aus. »Dir, Ixelion?«

»Das ist nicht gut«, meinte Janthis ernst. »Ich wünschte, du hättest sie nach dem Verbleib bedrängt, Ixelion. Nun müssen wir weiterleben, ohne zu wissen, ob er auf Fallan entkräftet wurde oder bereits anderswo zu wirken beginnt.« Seine schwarzen Augen glitten über Ixelions Gesicht, ein sinnender Blick, doch er konnte die innere Qual nicht erkennen. Seine Gedanken kreisten um die Neuigkeiten, die Ixelion mitgebracht hatte. Schließlich seufzte er, seine Finger streichelten die Sonnenkugel. »Vielleicht hätte Falia mit ihrer Gier nach dem Ding es dir in jedem Falle verborgen«, schloß er. »Nun liegt es nicht mehr in unserer Macht, es zu finden, also bleibt uns nur die Hoffnung, daß der Schatz auf Fallan verblieben ist.«

Ixelion bewegte sich unruhig, schwankte auf seinem Sitz hin und her und kämmte mit seinen Händen sein langes, grünes Haar. Danarion beobachtete ihn immer noch voller unbestimmter Sorge tief in seinem Innern.

»Gibt es noch etwas zu sagen, Ixelion?« fragte er sanft. Ixelion erstarrte daraufhin unvermittelt und zwang seinen Körper zur Ruhe.

Alles in ihm bebte, drängte nach heftigem Handeln, wollte, daß er aufstand, aus der Halle rannte, irgendwohin lief, nur um Danarions fragenden Augen und der Anwesenheit der anderen zu entfliehen. Sie waren plötzlich zu einem überwältigenden Unbehagen geworden, das ihn umspann, da er in Wahrheit sich von ihnen befreien wollte. Er legte seine Hände aufeinander auf den Tisch und senkte seinen Blick auf sie hinab.

»Nein«, erwiderte er scharf. »Ich wagte es nicht, Falia nach dem kostbaren Ding zu befragen. Bei seiner Erwähnung hätte ich in Gefahr geraten können, und ich zweifelte an meiner Stärke.« Diesmal nur zum Teil eine Lüge, dachte er bei sich, und schon soviel leichter aus meiner Kehle und über meine Lippen gekommen. Ihr alle werdet mir eines Tages noch dankbar sein, daß ich das Ding von eurem Sehen und Sinnen ferngehalten habe. Danarion betrachtete noch einen Augenblick länger den gesenkten Kopf, ehe er sich ratlos zurücklehnte.

Plötzlich ergriff Sholia das Wort. »Könnte der Schatz... *er* sein? Der Antischöpfer selbst? Wäre das für ihn eine Möglichkeit, sich Zutritt zu den Welten zu verschaffen?«

Ihre Frage verblüffte sie. Sie schauten von einem zum anderen, und mit einem Schlage saß die Angst mit ihnen bei Tisch: Ein schwarzer Dunst, der sich schweigend aus den Schatten des Raumes entrollte und zwischen ihnen dahintrieb, darauf wartete, daß sie ihn durch Nasenflügel und Münder einsogen. Selbst hier sind wir nicht mehr völlig sicher, dachte Janthis. Ein noch so geringes Wort, eine noch so zarte Geste kann bereits einen Versuch heraufbeschwören, unsere Unversehrbarkeit anzugreifen. Wir wissen, daß wir an diesem heiligen Ort sicher sind, doch dieses Wissen vermag nicht unser Gefühl der Unsicherheit zu besiegen. Er schaute fest in Sholias Gesicht. »Nein«, sagte er. »Bei aller Verschlagenheit kann er sich in keiner Form mehr durch das Tor einer Welt einschleichen, sofern wir ihn nicht absichtlich oder unbewußt dazu auffordern. Er kann einer nicht gefallenen Welt nicht offen gegenübertreten, denn das wäre zu schmerzlich für ihn. Er kann uns letztendlich nicht entstellen und töten, solange wir es nicht wollen, solange wir uns nicht von seiner Macht beeinflussen lassen. Du hast zulange über die Bedeutung der Angst nachgegrübelt«, schloß er freundlich. »Erfülle dich selbst noch einmal mit der Begeisterung vom Anbeginn der Zeiten und nicht mit ihrem Ende.« Sie nahm den Tadel ohne ein Lächeln hin; ihr Gesicht war weiß, und sie wußte, hätte sie den Zweifel nicht ausgesprochen, hätte er sie alle gequält.

»Warum können wir nicht gegen ihn zum Kampf antreten?« fragte Ghakazian. Seine braunen Augen glühten, und Danarion hieb mit der flachen Hand auf den Tisch.

»Welche Waffen sollen wir denn benutzen?« fuhr er ihn an. »Die Kraft deiner Sonne? Es würde dich schon jedes Gramm deiner Sonnenstärke kosten, den Antischöpfer alleine von deinem Tor zu vertreiben, Ghakazian, und deine Welten verblieben in Finsternis. Du und deine Sonne, ihr würdet sterben. Oder möchtest du dein Volk irgendwie mit Zauberformeln und Bannsprüchen bewaffnen? Dein unschuldiges Volk, das noch niemals eine Lüge vernommen hat, das noch nicht einmal die Bedeutung des Wortes *Mord* kennt? Kannst du dir seine Fassungslosigkeit nicht vorstellen? Warum sollten wir versuchen, unserem Schöpfer ein Leid zuzufügen, werden dich die Menschen fragen, und du wirst ihnen alles erklären? Wenn du das tust, hast du ihm dein Tor schon geöffnet. Solches Wissen für die Sterblichen unserer Sonnensysteme«, und hierbei ließ er seinen Blick schnell über alle schweifen, »würde einen sofortigen und unwiderbringlichen Fall bedeuten. Ihre Kraft liegt in ihrer Unschuld. Ihr helft ihnen nicht, wenn ihr Gedanken an Kampf hätschelt. Wir sind die Kreaturen des Weltenschöpfers, die Produkte eines Geistes von unvorstellbarer Weisheit und Genialität, und selbst die schwachen Abwehrmöglichkeiten, die wir gegen ihn einsetzen könnten, sind sein Werk.«

»Wir sind nicht seine Spielzeuge!« brüllte Ghakazian zurück, wobei sich seine Flügel plötzlich wie eine dunkle Wolke um ihn ausbreiteten. »Der Gesetzesmacher befahl ihm, uns heil und schön zu schaffen! Der Gesetzesmacher befahl ihm dies! Wir sind makellos. Wir werden mit der Wahrheit, der Unversehrtheit und dem Guten gegen ihn antreten!«

Danarion hatte sich erhoben. Seine Hände lagen flach auf der auf seiner Brust leuchtenden Sonnenscheibe, und seine goldenen Augen waren zur Unterstreichung seiner Worte weit aufgerissen. »Wahrheit kennt keine Waffen!« schrie er. »Denk nach, Ghakazian! Schönheit kann nicht kämpfen! Die Dinge, die uns und unsere Sterblichen ausmachen, können nur eine Mauer sein, eine Abwehr gegen das, was ihn ausmacht. Seine Waffen zu ergreifen bedeutet, sein Böses anzunehmen!«

»Hört auf!« schrie Sholia mit zusammengepreßten Augen und auf die Ohren gedrückten Händen. »Oh, hört auf! Ich kann nicht kämpfen. Ich will nicht kämpfen! Ich möchte nur, daß alles so ist, wie es war. Ich möchte, daß er bei uns auf seinem Thron sitzt, ich möchte Falia und Firor wiederhaben. Ich möchte, daß die Vergangenheit sofort wieder Gegenwart ist!«

Danarion ließ sich wieder schwer auf seinen Stuhl fallen. Ixelion hatte sein Gesicht in die Hände vergraben. Ghakazian faltete Flügel und Arme und brummelte vor sich hin. »Der Gesetzesmacher hat das Schließen aller Tore verboten, es sei denn, die dahinter Lebenden würden zu einer Gefahr für die übrigen«, erklärte Janthis nachdrücklich und stand auf. »Er hat sich entschlossen, den Weltenschöpfer nicht zu vernichten. Wenn ihr darüber nachdenkt, werdet ihr verstehen, daß er sonst selbst wie der Antischöpfer geworden wäre, nur um vieles schrecklicher. Er hat uns nicht vergessen, aber seine Zeit ist nicht die unsere, wie die unsere nicht die der Sterblichen ist. Der Rat ist geschlossen. Geht alle nach Hause. Ich werde euch rufen, wenn ich euch brauche.« Rasch drehte er sich um, erklomm die drei Stufen zu dem Podium und verschwand hinter seiner Tür. Ixelion erhob sich sogleich mit seinen klammen Gliedern und abgewandtem Gesicht und floh aus dem Raum. Sholia streckte eine Hand zu Ghakazian empor.

»Komm doch eine kleine Weile mit mir nach Shol«, bat sie ihn leise. »Wir werden an den Docks spazierengehen und zusehen, wie die Schiffe entladen werden.«

Er nickte knapp, und Arm in Arm überquerten sie den schwarzen, glatten Boden, wobei ihre Füße Sterne abdeckten und ihre Schatten über tief in die Oberfläche gelassene Welten dahinstrichen. Nur fünf Systeme wiesen ihnen mit ihrem Schein den Weg und schimmerten in einem weichen, gedämpften Muster beständigen Lichts. Der Rest des Bodens lag in Finsternis.

Danarion blieb eine Weile. Dann lehnte er sich in seinem Sessel zurück und sah zu, wie die Strahlen von Danars Sonne von Weiß in ein fahles Pink übergingen, als die Sonne über den Tisch ihrem Untergang entgegenkroch. Vögel flogen durch die Kuppelfenster hoch oben herein und hinaus. Die riesenhafte Sonne, die an der Wand zu seiner Rechten hinter dem Sessel und dem Thron des Weltenschöpfers hing, zog die Düsternis allmählich selbst an und verblaßte von einem hellen Gold zu einem stumpfen, dunklen Kupferton. Ungeduldig, fast ärgerlich drehte er sich zu ihr um und sprach ein Wort. Daraufhin brach die Oberfläche auf und überflutete den oberen Teil der Halle mit hellen Lichtstrahlen. Ixelion, dachte er. Ixelion. Ich weiß es nicht wirklich. Ich besitze nicht die zynische Leichtigkeit des Antischöpfers beim Weissagen. Ich kann die Saat von etwas, das ich nur in seiner blindwütigen Folgeerscheinung gesehen habe, nicht ertasten. Er wollte mit Janthis sprechen, doch die Tür war fest verschlossen, und aus dem kleinen Raum erklang kein Laut. Er wagte nicht zu klopfen. Was war, wenn ein Botschafter anwesend war? Er stand auf und verließ die Halle mit gekrauster Stirn. Als er sich vor dem Palast auf dem weiten

Vorplatz befand, auf welchen die Sonne ihre myriadenhaft scharlachroten Finger gelegt hatte, hielt er inne. »Kann ich mich hier auf die Treppe zu euch setzen?« fragte er höflich einen aus der langen Reihe der Corionen vor jeder Säule. Als das Wesen mit dem Kopf nickte, ohne ihn dabei anzusehen, sank Danarion neben ihm nieder und ließ den Blick über die Wipfel der tieferliegenden Haelibäume gleiten, deren goldenes Blattwerk nun rötlich angehaucht war. Absichtlich und bewußt sprach er sich im Innern noch einmal die Grenzen seiner Verantwortlichkeiten vor. Er genoß Trost und Glück eines jeden Wortes, und als sie alle zusammenhängend und vernünftig vor ihm defiliert waren, war das Bild von Ixelions Antlitz vor ihm verblaßt. Er schloß die Augen, zog sich ins aufnahmebereite Herz seiner Sonne zurück und verharrte sorglos in ihrer Wärme und ihrem widerspruchslosen Gehorsam.

3

Ixelion rannte aus der Halle, die luftigen Gänge entlang, die sich umständlich dem Vorplatz entgegenwanden. Er gelangte zwischen den Säulen und den reglosen Corionen auf den Vorplatz und sprang die Stufen hinab. Als er das Steinplateau erreichte, das den Absatz auf der langen Treppenflucht bildete, drehte er sich nach links. Dann überquerte er etwas langsamer den breiten Damm, der im Bogen von den Treppen fort und über die tiefer liegenden Gärten führte, um auf die entgegengesetzte Seite des Vorplatzes zu münden. Hier befand sich eine Steintür, doppelt so hoch wie er, die offen war. Sonnenschein fiel in die Dunkelheit dahinter. Zwei phantastisch in die Länge gezogene Corione spreizten ihre Schwingen zu beiden Seiten des Portals. Ihre geschmeidigen Muskeln waren in Stein gehauen und ihre Umrisse goldverziert, während über ihnen eine steinerne Sonne erstrahlte. Ixelion stürzte in den Korridor. Ich muß weg von hier, dachte er. Ich muß nach Hause, ich muß den Inhalt meiner Truhe neben dem Becken bewachen. Was geschieht, wenn Sillix in meiner Abwesenheit mein Zimmer betrat und es fand? Der Gedanke, so irrational und unmöglich er war, entriß ihm einen gedämpften Schrei. Er zwang sich nun, langsamer zu gehen, denn Leute kamen ihm entgegen und verbeugten sich. Es waren Bürger von Danar auf dem Nachhauseweg von Yantar oder Brintar. Sie grüßten ihn respektvoll, und unter größter Anstrengung gelang es ihm, ihre Worte und ihr Lächeln zu erwidern.

Ein Händler kam auf ihn zu, dessen leichter, transparenter Körper ihm einen milchigen Blick auf das verzerrte Fackellicht und verschnörkelte Gitterwerk an der gegenüberliegenden Wand des Tunnels gestattete, ehe er zurückzuckte. Der Händler zog eine Augenbraue hoch und lächelte. Auf seinem Rücken trug er ein Bündel, und um seinen kahlen Kopf war ein bunter Schal geschlungen. Ixelion hielt den Blick abgewandt. Seine Hand streifte über die dichten Skulpturen, die den Durchgang schmückten. Reliefs von Sterblichen von Danar und Shol, schwingenbewehrte Gebieter von Ghaka und seine eigenen, rundäugigen Fischmenschen bevölkerten die Wände, drängten sich an der Decke und reichten einander die Hände, während die Sonnen dazwischen hervorbrachen. Dort stapften auch die Reiter von Fallan in Stein erstarrt, doch nun schienen ihre Hände eine schreckliche Sehnsucht auszudrücken, und ihre Augen und ihr festgefrorenes Lächeln sprachen von Dingen, die sie verloren hatten und niemals wiedererlangen würden.

Nun kam das Tor in Sicht, zu dessen beiden Seiten je ein Corion stand. Dahinter konnte Ixelion das vom kalten Sternenlicht bereifte Dunkel sehen, so als stände er auf Lix und sähe Eis und Kristalle von exotischer Schönheit glitzernd emporragen. Er trat über die Schwelle, aber die Corionen rührten sich nicht. Einen Augenblick lang blieb er stehen und ließ seinen Blick über die Weite des Alls schweifen, den Felsen von Danar unter seinen Füßen; dann sprang er hinab und rief seine Sonne. Trag mich, nimm mich, hol mich, formten seine Lippen. Ich bin verletzt, ich möchte nach Hause. Er spürte ihre Antwort, ein leichtes, forschendes Ziehen, das dann zu einem festeren Griff wurde und schließlich zu einer wild entschlossenen, schützenden Umklammerung, die ihn immer schneller ihrem strahlenden Licht entgegenzog. Einen Augenblick lang sah er sie, eine Feuerbrunst, einen kreisenden Ball sengender Weißglut. Er glaubte, er werfe ihr die Arme entgegen und riefe sie. Doch in den unheimlichen, zeitlosen Grenzen des unsichtbaren Korridors hatte er keine Arme, keinen Mund, keinen Körper, wie er wohl wußte. Ich habe Schmerzen, vertraute er ihr an. Heile mich! Doch er wußte, daß Heilen nicht in der Macht der Sonnen stand wie auch nicht in der seinen.

Dann kam er vor dem Tor zum Stehen. Mit einem Bedauern, wie er es nie gekannt hatte, dachte er an die Nebel Ixels, die seine Sonne verhüllten und ihm ihren Glanz verschleierten. Er trat unter den Bogen, und das Geplätscher des Wassers stieg auf, um ihn erneut zu umfangen.

An der Mündung des Tunnels saß Sillix am Fluß, wo dieser sich in geschmeidigem Fall über einen Steinvorsprung ergoß, und wartete dort auf Ixelion. Regen tröpfelte auf seinen Kopf und rann von seinen Schultern. Als er Ixelion auftauchen sah, erhob er sich, schüttelte die Tropfen ab und warf sein Haar zurück. Ixelion bemerkte kaum, daß Sillix auf ihn zukam, um seinen Arm zu ergreifen.

»Sonnengebieter«, sprach er atemlos. »Oh, gedankt sei dem Weltenschöpfer! Ich warte hier am Tor seit zwei langen Monaten.«

Ixelion blieb stehen, drehte sich um und mußte gegen seine Gereiztheit ankämpfen. »Was gibt es, Sillix? Ich bin in Eile, ich muß sofort zurück zu meinem Palast. Warst du dort in meiner Abwesenheit?« antwortete er grob, so daß Sillix sich erstaunt ein wenig zurückzog.

»Nein, Gebieter, natürlich nicht! Du weißt, daß ich keinen Zutritt habe, wenn du beim Rat bist.«

»Nun, was gibt's denn?«

Sillix' schwimmflossenbewehrte Finger berührten erneut seinen Arm. Es war ein beruhigendes Streicheln, eine prüfende, leichte Liebkosung. »Die Fische sind nicht in Ordnung, Ixelion. Ich kann nicht genau erklären, was ich meine, aber sie werden in den Sand gespült und regen sich nicht mehr. Wir können sie nicht essen. Sie schmecken nicht richtig.«

Ixelion hatte ein Gefühl, als hätte sich eine kühle, fremde Hand um sein Herz gelegt. Rasch ließ er seinen Blick über den geteilten, sich schlängelnden Fluß schweifen, über den nebelumhüllten, blütenübersäten Wald, die Turmspitzen und das eigentümlich stumpfe Blitzen diffusen Lichts auf den halbverdeckten Häusern der Menschen. Seine Augen entdeckten nichts Seltsames, nichts Neues. Doch er war sich einer Veränderung bewußt, als sein Blick zu dem vertrauensvollen, erleichterten Gesicht von Sillix zurückwanderte. Es lag in der Luft, im Wasser, löste sich im Nebel auf und entfaltete sich mit den farblosen, kompliziert gebauten Blüten. Man spürte eine Behäbigkeit, einen Hauch von Erschöpfung. Es lag in ihm selbst. Schrecken erfaßte ihn, wurde eins mit der Veränderung und verwandelte sich in eine neue Empfindung: Verzweiflung. Noch kostete er sie nicht langsam und voller Selbstmitleid aus. Er umging sie vorsichtig in seinem Denken, war mißtrauisch, ängstlich, während Winde von Vergangenheit und Zukunft düster an ihm zerrten. Ich habe nichts getan! protestierte er lautlos. Ich habe den Rat beschützt, ich habe Janthis und die anderen vor der Gefahr der Vernichtung bewahrt! Ich, Ixelion, habe diese große, edle Tat vollbracht.

Plötzlich wurde er sich bewußt, daß er tief in Sillix' Augen sah. »Nun gut«, sagte er unter großer Anstrengung. »Ich werde mitkommen und mir die Fische ansehen. Sie sind krank, Sillix.«

»Krank, Sonnengebieter?«

Ixelion riß seinen Blick von der verständnislosen, dummen Schönheit von Sillix' regenüberströmtem Gesicht. »Zeig sie mir«, befahl er und folgte ihm durch den Wald und zu dem dahinter liegenden Ozean.

Die Fische lagen auf dem breiten Küstenstreifen. Sie waren von der Flut zwischen die wirren Stränge von Algen geworfen worden. Es waren nicht viele verstreute, reglose, glänzende Formen, doch Ixelion konnte sie riechen, schon lange bevor er sich zu ihnen hinabbeugte. Draußen, wo das Meer auf den Strand zuwogte, sah er weitere ruhig, widerstandslos schwimmen, die darauf warteten, ihrerseits ans Ufer geschleudert zu werden. Sillix stand daneben, als Ixelion einen aufhob. Das bleiche Auge zuckte einmal. Der Fisch peitschte in seiner Hand, lag dann reglos und starb. Ixelion legte ihn vorsichtig in den Sand zurück und richtete sich auf.

»Was ist mit den Flüssen?« fragte er barsch.

Sillix trat neben ihn, und Ixelion empfand erneut sein Bedürfnis, berührt und getröstet zu werden. »Die Fische der Flüsse sind wie immer, ebenso die draußen in der Tiefsee, wo mein Sohn taucht. Es sind nur die in Küstennähe, die kleinen. Was sollen wir tun?«

»Vergrabt sie im Sand, so lange, bis die Flut keine mehr heranträgt. Es ist nichts, Sillix, ein Augenblick der Unausgewogenheit, nichts weiter. Habt ihr welche davon gegessen?«

»Wir haben sie gekostet, aber sie schmecken säuerlich. Sind die Algen gut?«

Plötzlich wurde Ixelion von dem Bedürfnis überwältigt, in dies unschuldige Gesicht zu brüllen und den Schrecken in den milden, vertrauensvollen Augen zu sehen. Doch er kämpfte mit zusammengebissenen Zähnen und mit einem auf den Fisch zu seinen Füßen gerichteten Blick gegen seine Panik an.

»Ja, die Algen sind gut«, antwortete er. »Macht nun, was ich dir gesagt habe, und eßt nicht mehr von ihnen. Ich muß gehen.«

Sillix streckte die Hand nach der Sonnenscheibe auf Ixelions Brust, doch dieser hatte sich bereits abgewendet. Sillix' Hand fiel an seine Seite, und er beobachtete, wie Ixelion unter dem triefenden Dach des Waldes verschwand und gelbe Sonnenstrahlen hinter sich herzog.

Das Wasser, das aus den Türen des Palastes sprudelte, war seidig golden und dunkel, und die Halle wurde von einem grünen Schimmer erfüllt. Ixelion stand auf der Schwelle, und es schauderte ihn, als er auf Ixels Stimme lauschte, wie niemals zuvor. Selbst die Nebel murmeln, dachte er bei sich. Die Blumen platzen auf und entfalten laut ihre schlaffen, farblosen Blütenblätter. Die Bäume und Schlingpflanzen saugen sich mit feuchten, gierigen Worten am schwammigen Boden fest. Mein Haar quietscht unter meinen Händen, feucht, schlaff und kalt. Als er so dastand, kam ihm ein Bild in den Sinn. Er sah Sholia, wie sie die weite gepflasterte Straße entlangging, die durch die hohen Gebäude ihrer Stadt zum Hafen führte; er bemerkte, wie ihre Eskorte vor und hinter ihr mitzog und Flaggen trug, auf die man die zwei Sonnen Shols gestickt hatte, und daß der Goldfaden und der blaue Hintergrund blitzten, wenn der Wind sie blähte. Ihr Volk kam herbeigelaufen, und die Menschen verbeugten sich in Verehrung vor ihr. Sie winkte, schritt leicht und langsam dorthin hinab, wo der Ozean saphirfarben und weiß funkelte. Saphir und weiß, dachte Ixelion, als er zu sich kam. Ihre Leute verehren sie, häufen Geschenke vor ihr an, feiern sie mit großen Zeremonien, und doch ist sie nicht mächtiger als ich, ihr Bruder. Das Wasser, das seine Knöchel umspülte, erfüllte ihn plötzlich mit Abscheu, und er schritt weiter und rief: »Licht! Gib mir Licht und Wärme!« Sogleich antwortete seine Sonne. Er lief schnell durch die Halle, die Gänge entlang und die Stufen hinauf, bis er neben seinem Becken hoch über Ixel stand. Draußen jenseits des großen Fensters lag seine Welt in einer Umarmung von Regen und Düsternis umfangen. Ist es noch da? fragte er sich atemlos. Ist es noch sicher? Er ging vorsichtig, wollte nicht etwas Gefährliches, Namenloses aufwühlen, trat an seine Truhe, ließ sich auf seine Knie nieder und hob den Deckel. Sie lag noch da und ruhte arglos im Dunkeln. Es war eine kleine, graue Metalldose mit einem randlosen Deckel an Scharnieren. Lange Zeit betrachtete er sie. Viele Gedanken jagten durch seinen Kopf und hinter ihnen allen stand das wachsende Verlangen, sie zu halten und sie in den Arm zu nehmen. Es war das gleiche Verlangen, das neu und heiß aufgeflackert war, als Falia alles berichtet hatte. Ein Schatz des Todes. Lag denn das Geheimnis des Todes tatsächlich unter seinen Augen?

Schließlich hob er die Hand, und der Deckel der Kiste fiel mit lautem Knall zu. Seufzend stand er auf und ging in das Becken. Das Wasser schloß sich über seinem Kopf wie eine wartende Liebkosung. Er sank auf den Grund und lag mit eingestellter Atmung und offenen Augen auf dem Rücken. Die Hände bewegten sich sachte mit den winzigen Wellen, die der Zustrom des Flusses, der die Wand herabstürzte und in das Becken fiel, verursachte. Er leitete sein Denken nicht, wußte nicht, welche Gedanken er befehligen sollte. Er sah Sillix und den sterbenden Fisch vor sich. Er erkannte Danarions Gesicht, wie dieser ihn am Ratstisch beobachtete. Er betrachtete sich selbst, wie er die Stufen zu Falias Palast erklomm, unversehrt und frei, ungebunden durch Verzweiflung, Begierde oder Zorn. Dann sah er sich wieder herabsteigen mit Falia hinter sich, in seinem Innern bereits den Keim vom Willen des Antischöpfers. Dann befand er sich plötzlich auf Shol, stand am Fuße der Berge, grüne Felder dehnten sich weit um sie heraus und wogten in Wind und Sonnenschein. Sein Haar fühlte sich warm an und wehte locker, seine Füße waren in die Erde eingesunken. Er roch die Trockenheit, die Hitze und die beiden starken Zwillingssonnen, die ungemindert ihr Licht über ihn vergossen. »Oh«, hauchte er und hob Gesicht und Arme in den sengenden, blauen Himmel. »Oh, was für ein Genuß, was für ein unbeschreiblicher Genuß.« Blau und weiß, nicht grau, nicht grau... Ixel war ein feuchter, kalter Traum, der sich in seinem Denken auflöste wie die Nebel seines Planeten. Sholia sollte die Welt mit mir teilen. Sie hat schließlich zwei Sonnen. Ich gehöre nicht auf Ixel, auf diese klägliche Welt, wo ich niemals von Angesicht zu Angesicht meiner Sonne gegenübertreten kann.

Leicht wie eine Blase zog er seine Füße aus der Umklammerung des Bodens und fühlte, als er weiterglitt, wie ihn der Wind mit einem Rausch erfüllte und die Sonne in seinen bleichen Augen glitzerte. Er schwebte über die Felder dem Klippenrand entgegen, von dessen Existenz er irgendwie wußte. Plötzlich lag der Ozean unter ihm, ein Teppich in satten Blau- und Grüntönen, auf dem sich unter seinem erstaunten Blick weiße Schaumkronen kräuselten. Ein Schiff zog am Horizont dahin und erstrahlte weiß, als sein Bug die Wasser teilte und Wind die goldenen Segel blähte. Schwach stieg ein Gesang zu ihm herauf und erweckte in ihm ein mächtiges Sehnen, eine unbestimmte Traurigkeit. Als er gerade näher auf das Schiff zuschweben wollte, kam er wieder zu sich und blickte durch das grünliche Wasser nach oben.

Er erhob sich mit einer ungeschickten, ängstlichen Bewegung. Neid wühlte in seinem Innern, und seine Nasenflügel bebten noch unter Shols süßer, warmer Luft. Ich habe diese Vorstellung nicht heraufbeschworen, dachte er, als er zitternd am Rande des Beckens stand. Woher kam sie dann? Doch er wußte es, er wußte es.

»Genug!« rief er laut. »Ich werde den Schatz nach Danar bringen und dann wieder ich selbst sein. Dann werden die Fische nicht mehr sterben, und jede Veränderung wird sich um mich her und nicht mehr in meinem Innern abspielen.« Er stolperte zu der Truhe, riß sie auf und hob die Dose mit zitternden Fingern heraus. Sie wog schwer in seinen Händen, schwerer, als jemals zuvor; das ständig in dem Raum herrschende Sonnenlicht rief kein Blitzen auf ihrer stumpfen Oberfläche hervor. Es erschien Ixelion, als halte er in seinen Händen etwas völlig Andersartiges, etwas von außerhalb und jenseits des Universums. Es war nicht aufdringlich, wie es so ruhig dalag und darauf wartete, daß er seine Wahl traf.

Aber wenn ich den Schatz nun fortbringe, werde ich nie erfahren, was es eigentlich ist. Ob ich nicht einen Blick darauf werfen kann, nur einen einzigen Blick? Nein! schrie etwas in seinem Innern außer sich vor Angst. Nein, nein! Doch andere Stimmen klagten, Stimmen des Neides und der Lust. Sie lassen dich zu kurz kommen, Ixelion. Du bist der Sonnengebieter einer wertlosen Welt voll einfacher Menschen, weit entfernt von den Wundern Danars und den Reichtümern Shols. Was ist schon der Kristall Lix gegen die duftenden Wälder von Danar und die atemberaubenden Steine und Metalle von Shol? Du bist wertlos für alle bis auf dein einfältiges, dummes Volk, das dich verehrt, weil es es nicht besser weiß. Verdienst du nicht ein wenig Würde? Eine hellere Sonne? Eine trockenere Welt? Mißt Janthis deinen Worten ebensoviel Bedeutung bei wie Ghakazians? Er wand sich unter dem Zugriff der Worte, die in sein Denken geflüstert wurden. Er versuchte, den Aufschrei des Protests dahinter zu vernehmen und standzuhalten, um so die Kraft zu erlangen auszusprechen, was er wohlweislich sagen müßte. Aber er sah einzig und allein das Bild von Shol mit all seinem Pomp vor sich und wie er selbst im vollen, heißen Licht über die Pflanzen dahinglitt.

Taumelnd und mit gesenktem Kopf trat er ans Fenster und sackte auf das Sims, die Dose noch fest in den Händen. Er hob den Kopf und schaute hinaus. Der Abend brach herein. Es kam ihm vor, als sei auf Ixel ständig Abend, da sich die Sonne ständig von der Erde trennte, als prasselte immer Regen, als hinge stets der Nebel in den Bäumen, in den Räumen seines Palasts und in seinem Haar; er malte sich sogar aus, daß er in seinen Körper sickerte und ihn kalt aufschwemmte.

Er versuchte noch einmal, sich zu retten. Er war für seine Welt geschaffen, sagte er sich. Mein Körper ist schmal und geschmeidig wie der eines Fisches. Meine Hände und Füße durchpflügen das Wasser so säuberlich wie die meiner Menschen. Meine Lungen verarbeiten gleichermaßen Wasser und Luft. Ich *bin* Ixel, seine Seele, sein Leben. Ich wurde den Wassern und der Erde angepaßt. Und doch ist dein Blut das königliche Geblüt der Sonne, entgegnete ihm die hartnäckige Stimme flüsternd, und obgleich die Welt Ixel deine Mutter und der Weltenschöpfer dein Vater ist, stellt die Sonne dein anderes Ich dar. Du sehnst dich danach, du verlangst nach ihrer Wärme, du dürstest nach trockenem Land unter deinen Füßen. »Ja«, flüsterte Ixelion zurück. »Das tue ich nun. Früher war ich zufrieden, aber heute nicht mehr. Warum sollte gerade ich von meiner ganzen Familie so benachteiligt werden?«

Er schloß die Augen. Seine Hand fuhr empor, um den Deckel zu ergreifen, hob ihn dann hoch und kippte ihn vorsichtig zurück. Ohne zu sehen ertastete er das Ding, das in der Dose lag. Er fühlte etwas Kühles und darin vielgestaltige Einkerbungen. Er wußte nicht, was er erwartet hatte. Vielleicht einen Ring der Macht oder ein Fläschchen mit einem seltsamen, magischen Elixir. Etwas Gewaltiges, das seine Hände verbrennen oder ihm Wissen ins Gesicht schleudern würde. Aber nicht dieses verwirrende Labyrinth von winzigen Hügeln und Tälern. Mit einem letzten Schaudern schlug er die Augen auf und schaute hinab.

Zuerst konnte er nicht verstehen, was er sah, so einfach war es, so gewöhnlich. Er atmete erleichtert aus und fühlte einen Drang in sich hinauszulachen. Falia hatte ihn aus einem Grund, den nur sie kannte, auf den Arm genommen, ihn belogen. Doch dann formten sich zu seinem Entsetzen die Einkerbungen zu einem Muster. Grauen ergriff ihn, ließ ihm die Haare zu Berge stehen, trocknete seinen Mund aus, und er schlug den Deckel zu und erhob sich. Er warf den Kopf zurück und schrie immer wieder, so daß der Widerhall den Raum mit Todesschmerz erfüllte. Die Sonne verdüsterte sich und kämpfte darum, ihre alte Stärke wiederzuerlangen, doch Ixelion bemerkte es nicht. Er schlug mit der Faust auf den geschlossenen Deckel. »Das doch nicht!« weinte er. »Nein! Nein! Ach, nur das nicht!« Die Worte kamen leise, verkürzt und vermischt mit dem Plätschern der Brunnen zu ihm zurück. Sie glitten die Wände herab und kräuselten das Wasser, das zwischen den Balustraden herabstürzte, um über den Boden der Halle zu fließen und hinaus in den Fluß.

Er stolperte auf die Füße und rannte davon, die Dose mit beiden Händen von sich gestreckt. Er lief hinab zu seiner Halle, durch die Tür in dem Gewölbe, hinaus in die Dunkelheit, immer noch unter Tränen. Er stürmte geradewegs aufs Tor zu, rutschte auf dem feuchten Untergrund, schob blütenbeladene Baumäste mit seinen schmalen Schultern beiseite und patschte den Fluß hinauf bis zu der Stelle, wo dieser von dem fackelerleuchteten Tunnel eingedämmt wurde. Die Wachen sahen ihn kommen und nahmen Haltung an, als das von ihm ausströmende Feuer Hochlichter auf ihre Schuppenkappen warf. Er fuhr wie der Wind und mit vor Entsetzen weit aufgerissenen Augen an ihnen vorüber. Dann hielt er plötzlich auf dem Felsrand von Ixel jenseits des Tores wippend am Rande des Universums inne. Wenn ich es nach Danar bringe, wird es Janthis quälen, bis auch er in Versuchung gerät, die

Dose zu öffnen. Dann wird das Tor auf Danar geschlossen werden müssen, und die Hallen der Sonnengebieter werden uns übrigen für alle Zeiten versagt bleiben, dachte er. Das Risiko ist zu groß. Ich werde die Dose hier auf dem armen, feuchten Ixel behalten, um das der Antischöpfer sich am wenigsten sorgt und auf das sein boshafter Blick nur selten fällt. Auf einmal wich das fieberhafte Entsetzen von Ixelion, und er hatte ein Gefühl, als sei ihm ein gewaltiges Gewicht von den Schultern gerollt. Sein Rücken straffte sich. Langsam machte er durch sein Tor kehrt, ging mit einem erleichterten Lächeln nach Hause, den Schatz unter den Arm geklemmt. Er bemerkte nicht, daß seine Welt düster geworden war, ein beständiges Dunkel wie weiches Zwielicht war hereingebrochen.

Sobald er unter seinem Torbogen hindurchtrat, wußte er, daß er nicht alleine war. Er blieb stehen, seine Finger spannten sich um den Schatz und seine Augen jagten durch die Halle. Doch die Wasser plätscherten ruhig weiter, und die Nebel zogen hoch oben dahin. Stand Sillix im Obersten Zimmer mit neuen Katastrophenmeldungen? Zornig schritt Ixelion durch die Halle und die breiten, wassergefüllten Gänge entlang zu seinem hochgelegenen Zimmer. Er war allein von dem Wunsch beseelt, Sillix und seine Klagen abzutun, um alleine zu sein. Er war so von der Überzeugung beherrscht, Sillix neben seinem Becken vorzufinden, mit einem Schafsgrinsen im Gesicht, daß er ohne jede Vorsicht unter dem triefenden Stein hindurchtrat. Dann blieb er unvermittelt stehen.

Ein Mann stand neben dem Becken. Nein, es war kein Mensch, sondern ein Händler. Ixelion konnte die Umrisse des Fensters und die nieselverhangenen Baumkronen durch den halbtransparenten Körper hindurchschimmern sehen, durch seine langen Arme und Beine. Den schillernden Kopf umschlang ein voluminöser Schal. Dies war das Zeichen der Händler. Mit einem eigentümlichen Sprung seines Herzens sah Ixelion, daß der Schal schwarz war und mit grell orangefarbenen Enden versehen war. Er konnte sich nicht rühren. Er hatte das Gefühl, als wäre er plötzlich eins geworden mit dem Wasser, das um sie beide herumflutete und sprudelte; er schmolz dahin, versickerte in der ziellosen, rastlosen Flut.

»Wer bist du?« krächzte er. »Wie bist du hier hereingekommen? Meine Gemächer sind versiegelt.«

Der Händler beugte seinen Kopf und der lippenlose Mund lächelte kurz. »Ich grüße dich, Ixelion, Sonnengebieter. Wie du siehst, bin ich nur ein einfacher Händler, und als Antwort auf deine zweite Frage, die du selbst solltest beantworten können, erkläre ich dir: keinerlei Siegel vermag mich aufzuhalten. Ich bin kein Sterblicher und kein Unsterblicher.«

»Nun, was willst du?« entgegnete Ixelion scharf, von dem sich die schreckliche Wolke der Furcht langsam ein wenig hob. »Wenn du Kristalle zu anderen Welten schaffen willst, mußt du die Bergarbeiter von Lix aufsuchen.«

Das Lächeln des Händlers wurde breiter. »Ich bin nicht auf der Suche nach Handelsgütern, Sonnengebieter. Ich bin gekommen wegen einer Sache, die dir nicht gehört und die all jenen auf den Sonnen versagt ist. Ich gab sie Falia, damit sie sie dem Rat brächte, doch sie schaffte sie nicht nach Danar, oder, Ixelion? Sie gab sie dir, die verwunschene Falia. Nun werde ich sie selbst zu Janthis bringen.«

Ixelion sog tief und bebend die Luft ein und seine Gedanken rasten. Der Schatz in seinen Händen fühlte sich plötzlich schwer und bitterkalt an, wie schon einmal zuvor an diesem Tag. Er sagte nichts; er war nicht dazu in der Lage. Aber sie ermordete dich doch, dachte er. Sie tötete, sie vernichtete dich, den Händler von Tran.

»Komm«, sprach der Händler munterer, wobei seine Schlitzaugen blitzten. »Gib mir den Schatz, und ich werde mich auf den Weg machen. Ich diene weder dem schwarzen Feuer noch dem Rat. Ich diene nur dem Gesetz, und das Gesetz schreibt fest, daß jenes, das du in deinen Händen hältst, dir bis zum Ende aller Tage versagt bleiben soll.«

Ixelion schluckte, seine Finger spannten sich schützend um die Dose. »Tran«, wisperte er. Der Händler nickte, lächelte wieder und ging im Bogen um das Schwimmbecken, um neben Ixelion stehenzubleiben; sein Körper schillerte wie ein Wasserfall. »Ich trug es aus den Ruinen von Tran«, sagte er. »Ich war in Eile und wußte nicht, ob der Antischöpfer um das Ding wußte, das ich in dem Rauch und Feuer fand. Ich brachte es Falia in der Annahme, in ihren Händen wäre es sicher, denn das Tor zu Fallan stand noch offen. Ich hatte nicht die Absicht, mich von dem schwarzen Feuer verzehren zu lassen.« Sein Lächeln teilte sein Gesicht, und Ixelion verabscheute es plötzlich. »Statt dessen wurde ich von weißem Feuer verzehrt«, kicherte er, »aber ich habe viele Gestalten, Ixelion. Ich bin wie die Botschafter, unverstanden von den Welten, ein Geschöpf des Tiefenraumes, geduldet dank der Arbeit, die ich verrichte, doch weniger geachtet als die Botschafter. Und das zu Recht. Ich sterbe nicht leicht, ebensowenig wie die Sonnengebieter. Ich kann meinen Körper dünn machen, so dünn, daß Feuer durch mich hindurchlodert, oder so dick wie ein Baum, um die Zeit zu überstehen. Ich starb auf Fallan«, höhnte er. »Oh, ja. Ich bin nicht so stark oder so mächtig wie ein Sonnengebieter, aber ich besitze viele Leben. Genug geredet. Gib mir die Kostbarkeit, und ich bin weg.«

Kälte kroch in Ixelions Denken, und er wußte ganz plötzlich, daß er das Ding niemals, niemals hergeben würde. Die Zeit der Entschuldigungen, Dispute, Lügen sich selbst gegenüber war vorbei. Er wollte es, und er würde es um jeden Preis auf Ixel behalten.

»Ich glaube nicht, daß du es zum Rat bringst«, sagte er. »Woher soll ich wissen, daß du nicht vom Antischöpfer kommst, und er es für sich selbst nimmt?«

Der Händler zuckte mit den Schultern. »Und wenn ich vorhätte, es ihm zu geben, was wäre dabei? Ihm ist es nicht verboten. Er hat ein Recht darauf, so wie er ein Anrecht auf dich und die anderen Sonnengebieter hat. Auf alle Kreaturen. Wir sind allesamt sein.«

»Nein. Wir gehören dem Gesetzesmacher.«

»Bah!« Das Lächeln des Händlers war erloschen, Verdrießlichkeit verzerrte sein Gesicht. »Wo steckt er denn dann angesichts eurer ganzen Not? Er ist eine Legende, mehr nicht. Ist es dir jemals in den Sinn gekommen, Sonnengebieter«, spottete er, »daß Janthis euch vielleicht tausend Jahre lang belogen hat? Daß der Weltenschöpfer vielleicht niemals aufhörte, das zu sein, was er war, und Janthis in Wirklichkeit derjenige war, der sich verändert hat und dies vor euch geheimhielt? Warum folgst du ihm wie ein ehrfurchtsvoller Sterblicher? Er lügt euch alle an, er manipuliert euch für seine Absichten. Wie könnte sich der Weltenschöpfer, der mächtiger ist als ihr alle, verändern, ohne euch wiederum zu verändern? Pfui. Ihr Sonnengebieter mit eurer Arroganz und euren kläglichen Spielen von Sonnenmacht! Ihr widert mich an.«

Ixelion versuchte den Zweifel, der mit jedem Wort des Händlers tiefer in sein Denken sickerte, abzuwehren, doch er kannte seine Schwäche, und jedes ihm entgegengeschleuderte Wort riß eine entsprechende Saite in ihm an. Es war wirklich zu spät, dachte er voller Furcht, als er das verzerrte Gesicht vor sich betrachtete. Ich kann niemals umkehren, denn dies würde bedeuten, daß ich nicht mehr bin, wie ich einmal war. Meine Unversehrtheit ist folglich hohl geworden wie eine Schale. Ich weiß nun, was ich getan habe. Schweig, du Narr des schwarzen Feuers. Du hast dein Werk vollbracht. Selbst ohne dich war ich von eigener Hand verurteilt.

»Laß mich dir etwas sagen«, fuhr der Händler ruhig fort. »Ich bin nicht wegen des Schatzes hierhergekommen. Ich wußte, noch ehe ich durch dein Tor trat, daß du ihn mir nicht wiedergeben würdest. Ich diene dem Gesetz, wie ich dir vorhin schon erklärte. Es ist mir so teuer wie nichts anderes. Hör mich an. Der Schatz wird dir sagen, was du tun sollst, und er kann dir dabei helfen. Er ist dir untersagt, aber warum? Weil derjenige, der ihn besitzt, über mehr Macht verfügt als die übrigen. Ich spreche die Wahrheit. Falia öffnete ihn, sah und begriff, doch sie besaß nicht den Mut, ihn sich zunutze zu machen, und so zerstörte er Fallan. *Du* besitzt diese Stärke. *Du* kannst sie nutzen, um den Antischöpfer zu überlisten. Das Gesetz liegt jenseits von Hell und Dunkel, und so mußt du auch sein, wenn du das Universum erretten willst. Besiege den Antischöpfer damit, Ixelion. Setze das Gleichgewicht der Gesetze wieder in Kraft!«

Das Gesetz liegt nicht jenseits von Licht und Dunkel, dachte Ixelion und zwang sein Denken, das Argument des Händlers zu verwerfen, obgleich dies der Anstrengung gleichkam, sich durch Schlamm zu schleppen. Das Gesetz trennt Licht von Dunkel. Der Weltenschöpfer hat sich außerhalb des Lichtes gestellt, und somit außerhalb des Gesetzes. »Gewiß kann der Schatz mir verraten, was ich tun werde, nicht was ich tun soll«, stieß er heiser hervor. Sein Kopf drehte sich, und der Händler nickte spöttisch.

»Die Zeit teilt sich hier, jetzt, in diesem Raum«, erklärte er. »Du mußt den Weg der Zukunft wählen. Vernichtung, Ixelion, oder die Hilfe deines Schatzes?«

»Ich werde ihn zu Janthis bringen«, wiederholte Ixelion starrsinnig und schwach, so daß der Händler lachte.

»Vertraust du ihm so sehr? Oder dir selbst? Gib ihn mir, und ich werde ihn überbringen. Vielleicht Ghakazian oder der wunderschönen Sholia. Sie besitzt tatsächlich die Macht, ihn zu nutzen.«

Das reizte Ixelion. Er sprang auf. »Geh fort!« krächzte er. »Ghakazian, Sholia, wir sind alle gleich.«

»Ach? Tatsächlich?« Und der Händler lief fort, ging lachend über die Wasserflache hinaus aus dem Raum, fort von Ixel. »Beeil dich, Ixelion«, wurde seine Stimme zurückgetragen. »Der Ozean beginnt zu sterben.«

Mit klopfendem Herzen ging Ixelion unsteten Schritts zu seinem Zimmer, wo ein Sessel ihn einlud, sich darauf fallen zu lassen. Na gut, dachte er. Na gut. Ich glaube, ich wußte von dem Augenblick an, da Falia den Haeliholzkasten in meine unschuldigen Hände legte, daß es soweit kommen würde. Mir gehört er. Nicht Ghakazian oder Sholia. *Mir* fiel er zu. Neid stachelte ihn an, und ein Bohren plötzlichen Hasses war in seinem Bewußtsein. Ich werde den Schatz öffnen, ihn kennenlernen und dann kämpfen.

Er schwenkte den Metalldeckel der Dose zurück und hob heraus, was sich im Innern befand. Es war ein Buch, dessen elfenbeinartige Hülle bis auf die eingeprägten Buchstaben des Titels hart und glatt war; Horn oder Bein, nahm Ixelion an, oder aber ein vom Weltenschöpfer besonders geschaffenes Material zur Umhüllung eines so kostbaren Dings. Er blickte hinab auf die verschnörkelten, tief in den Einband gestanzten Buchstaben, die ganz in der Umgangssprache verfaßt waren. Er war ruhig und kalt, nur seine Fingerspitzen prickelten. *Das Buch dessen, was im All sein wird,* las er. Das war alles, und das war genug. Das Buch, das ihnen von Anbeginn an untersagt gewesen war, dessen Verbleib keiner kannte oder zu erfahren sich bemühte. Aber nun... war es wirklich auf Tran gefunden worden, fragte Ixelion sich ehrfürchtig, während er es streichelte. Wurde es aus den Tiefen der Erde emporgeschleudert, als die Vulkane Feuer spieen und die Felsen sich spalteten, um Tranin und seine Sonne zu verschlingen? Oder überreichte der Antischöpfer es dem Händler, um das Chaos über uns alle zu bringen? Es war gleichgültig. Es lag hier unter seinen liebevollen, forschenden Händen, es war unzerstörbar, es war ganz und gar sein. Nun würde er erfahren, was kommen sollte, und diese Macht würde für alle Zeiten sein sein. Er schlug das Buch auf. Die Blätter waren weiß und dünn wie Seide, die Worte winzig und silbern, und plötzlich sprang ihm sein eigener Name zwei-, drei-, viermal entgegen. Begierig begann er zu lesen.

Er las viele Tage und Nächte nach Ixelzeit hindurch. Er bewegte sich nur, um die flüsternden, federleichten Blätter zu wenden, vergaß ganz das langsame Verstreichen seiner eigenen Zeit und das Vorüberfließen der Wochen draußen. Sillix und das Volk hockten die ganze Zeit im Sand und konnten keine Fische mehr eingraben, denn aus den wenigen waren Berge, Mauern, Türme von Gestank und Seuche geworden. Gelegentlich sog er die Luft ein oder stieß einen erstaunten oder verärgerten Ausruf hervor, doch er machte keine Pause. Er begann mit der letzten Seite und wurde sich plötzlich bewußt, daß Sillix mit verschränkten Armen und vor Angst weit aufgerissenen Augen vor ihm stand.

»Was willst du?« schnauzte Ixelion ihn an, ohne aufzublicken, Sillix kam zu ihm gelaufen, fiel auf die Knie und legte seine Hände auf Ixelions Arm.

»Vergib mir, daß ich hierher gekommen bin«, sagte Sillix in hohem, schrillem Ton. »Ich hätte es nicht getan, aber du mußt uns helfen, Sonnengebieter! Alles ist durcheinander und schrecklich. Wir können nicht länger im Meer bleiben, denn es ist dick und schlammig und schadet uns. Es gibt keine Fische mehr, die wir essen könnten. Hilf uns, Ixelion.«

Sogleich wurde Ixelion von Zorn überwältigt. »Steh auf, Sillix!« brüllte er, schob ihn fort und erhob sich selbst. »Siehst du nicht, daß ich mit wichtigen Angelegenheiten beschäftigt bin? Geh fort. Eßt die Blumen. Schlaft in den Flüssen! Aber kommt nicht wieder zu mir!«

Sillix erlangte sein Gleichgewicht wieder und erhob sich erschrokken und entsetzt. »Aber ich liebe dich, Sonnengebieter«, zögerte er mit der Reaktion eines beleidigten Kindes, und Ixelion erstarrte. Er verströmte Licht, und Sillix sah, daß die ihn umtanzenden Flammen schwarze Spitzen hatten.

»Ich will deine Liebe nicht, Sterblicher!« kreischte Ixelion. »Ich will nur deinen Gehorsam! Ich bin hier der Herr!« Er wedelte mit dem Buch in Sillix' Richtung. »Ich werde sie überlisten. Sie wird nicht hierher kommen und mir Ixel nehmen. Es gehört mir! Du gehörst mir! Ihr armen, zaghaften Geschöpfe. Wißt ihr denn nicht, daß euer Schöpfer böse ist, böse, und daß er mit Sholia kommen und versuchen wird, euch zu versklaven? Geh mir aus den Augen. Ich möchte alleine sein!«

Blicklos und entsetzt stolperte und rannte Sillix aus dem Raum, getrieben von den Feuern, die hinter ihm herzüngelten. Ixelion sackte zusammen und schleuderte mit einem letzten Schrei das Buch in eine Ecke, wo es offen liegenblieb und die Blätter im Hauch des fließenden Wassers zitterten. Er begann zu weinen in großen Schluchzern, die Sillix hören konnte, als er fassungslos durch die Halle und hinaus in den Wald lief. Ixelion taumelte durch den Bogen in sein Zimmer und fiel immer noch weinend in sein Becken. Die Wasser zischten, als er versank, und brodelnder Dampf erfüllte den Raum.

4

Sholia, Danarion, Ghakazian und Janthis saßen wartend an dem Ratstisch. Drei Sommer waren nach Danar-Zeit gekommen und vergangen, seit Danarion mit dem Corion Storn unter den frühlingssüßen Haelibäumen gesprochen hatte. Doch den Gebietern, die dasaßen und still auf das glatte Schwarz, auf dem ihre Hände ruhten, starrten, war die Zeit wie im Nu vergangen. Nun herrschte Winter auf Danar. Die Haelibäume ragten blau und unbelaubt in den Himmel, und sie standen bis zu den Knien in den goldenen Fluten der Herbstschauer. Die Corionen hatten sich von den Menschen zurückgezogen in ihre Höhlen am Fuße der Berge, die sich hinter Stadt und Wald erhoben. Dort schliefen sie zusammengekuschelt und träumten von Sonnenschein und Sommergestirnen. Die Sterblichen schürten Feuer in ihren kleinen Öfen, denn dies war die Zeit der Geselligkeit. Es war keine kalte Jahreszeit, aber eine der Ruhe für die Natur, da die Baumsäfte langsamer flossen, das Gras zu wachsen aufhörte und die Vögel in die Stadt flogen, um strahlend bunte Federn auf die Bevölkerung niederregnen zu lassen.

In der Ratshalle legten sich die Nachmittagsschatten lang und düster über den Boden, und keiner hatte die Sonne angerufen, um sie zu vertreiben. Der Wind strich durch die hohen Fenster, säuselte im Gestein und rief leise zu den vier ums Tischende Versammelten hinab. Er wurde jedoch nicht beachtet. Ghakazian plusterte seine Schwingen auf.

»Ruf ihn noch mal, Janthis«, sagte er ruhig, und dieser erhob sich mit einem kleinen Silberhammer in der Hand und trat zu der Sonnenscheibe, die an der Wand hinter ihnen auf und ab kroch. Er ging langsam, wußte er doch in seinem Herzen, daß auch dieser Ruf unbeantwortet bleiben würde. Dann schlug er mit dem Hammer auf die Scheibe, und sogleich begann ein tiefer Ton anzuschwellen, dröhnte in ihren Ohren, hallte über ihren Köpfen in der Kupferkuppel wider und breitete sich aus auf der Suche nach dem Tor; als das Dröhnen nachließ, wußten sie, daß es weit fort auf Ixel Ixelion zu Gehör gelangen würde. Bis das Nachsummen erstarb, hatte Janthis seinen Platz wieder eingenommen. Nun warteten sie eine Weile, ohne einander anzusehen; dann rührte sich Sholia.

»Er kommt nicht«, sagte sie. »Warum? Der Schall würde ihn überall erreichen. Auf Lix, in seinem Becken... Überall.«

Danarion sah, wie seine Finger sich verkrampft ineinanderschoben. Ixelion hatte Sorgen, als ich ihn das letzte Mal sah, dachte er. Er saß da, seine Augen schweiften von uns fort wie die eines gejagten Tieres auf einer sterbenden Welt. Ich hätte ihn nach Ixel begleiten, mit ihm reden sollen. Aber worüber? Sein eigener Blick begegnete Janthis' Resignation, und Janthis fuhr sich mit der Hand über das Gesicht, eine eigentümliche Geste tödlicher Erschöpfung.

»Danarion, Ghakazian«, sagte er. »Geht nach Ixel und sucht ihn. Ich glaube...«

»Was?« schrie Sholia. »Was glaubst du? Doch nicht Ixelion. Das kann nicht sein.«

»Das kann schon sein«, erwiderte Ghakazian scharf, so daß Sholia ganz weiß wurde.

»Er hätte seine Wachsamkeit verdoppelt, nachdem er durch die Ruinen Fallans geschritten ist«, widersprach sie starrköpfig. »Ihr wißt, wie nahe er und Falia sich standen. Gewiß kehrte er nach Ixel mit dem schmerzlichen Bild von ihrem Fall vor Augen zurück, so daß seine Entschlossenheit frei zu bleiben, nur noch verstärkt war!«

»Vielleicht konnte er den Gedanken an die langen Jahre ohne sie nicht ertragen«, wand Ghakazian freundlicher ein. »Er war zu einsam, und Einsamkeit bringt Verzweiflung hervor.«

»Oder vielleicht ist er auch einfach nur in seiner Sonne«, bemerkte Janthis trocken. »Das werden wir nur erfahren, wenn ihr ihn besucht. Sholia und ich werden hier auf euch warten.«

Danarion stand unwillig in dem Bewußtsein auf, an Ixelion gefehlt zu haben und sich selbst Vorwürfe machen zu müssen.

»Stell dich hinter mich«, befahl ihm Ghakazian. »Lege deine Hände auf meine Schultern.«

Danarion tat es, und Ghakazian spreizte seine Flügel. Ohne ein weiteres Wort erhoben sie sich vom Boden des Saales. Danarions Hände umfaßten Ghakazians breite, nackte Schultern, dessen dunkelbraune Haare im Wind wehten und ihm ins Gesicht peitschten. Mit langsamen, trägen Flügelschlägen schwebten sie aus dem Palast. Ghakazian drehte sich links, glitt über den Steinbogen, der zu Danars Tor führte und kam am Ende des Ganges zum Halten. Danarion lockerte seinen Griff, und gemeinsam traten sie unter die steinerne Sonne zwischen den gemeißelten Corionen hindurch und rasch ans Tor. Sie sprangen von Danars Rand in die sternenbestückte Schwärze und riefen im Sturz nach Ixels Sonne. Diese hörte sie und antwortete, zog sie an sich heran, doch lange, ehe sie daran vorüberschossen, fühlten sie das Wanken ihrer Macht. Grauen befiel sie, als sie vor das Tor geschleudert wurden. Die Sonne gab sie frei, und sie schwankten hindurch. Mit fassungslosen Blicken nach beiden Seiten rannten sie immer schneller über den höher liegenden Damm, neben dem der Kanal entlangplätscherte. Am Eingang hatten keine Wachen gestanden. Plötzlich gelangten sie unter Ixels grauen Himmel und blieben stehen, so als hätte sich eine unsichtbare Hand gegen sie erhoben.

»Kannst du sie fühlen?« flüsterte Ghakazian. »Die Zersetzung? Was hat er getan, Danarion?«

»Er hat uns belogen«, antwortete Danarion finster. Sein Körper zuckte vor dem dumpfigen, feindseligen Wachstum unter seinen Füßen und dem toten, stinkenden Dunst, der gierig auf sie zuzutreiben schien, zurück. »Er ist gefallen. Trag mich, Ghakazian. Ich kann das Gehen auf dieser Welt nicht ertragen.«

Gehorsam drehte ihm Ghakazian den Rücken zu, und gemeinsam erhoben sie sich in die schwere Luft. Ghakazians Flügel waren bald durchtränkt von dem Dunst, der sich in ihre Haare legte und ihnen die Rücken hinabrann. Die Flügel warfen ihrerseits einen kalten Schauer ab, als sie einen Bogen über den dichten Wald zogen. Dann drehte Ghakazian und flog rasch auf den mit Eiszinnen bewehrten Palast Ixelions zu. Als sie näher kamen, sahen sie, daß die Schutzsiegel an den Pforten zitterten und die Fenster nicht erleuchtet waren. Ein bitteres, zorniges Gefühl der Niederlage kroch über Danarion hinweg, das ihm vertraut, nur allzu vertraut war. Ghakazian legte seinen Flügel zurück und landete auf der obersten, wasserüberspülten Stufe, wo Danarion widerwillig seine Füße absetzte. Die Stufe biß ihn zurück mit dem kalten Zahn des Verdachts.

»Geh du hinein, Ghakazian«, sagte er rasch. »Ich möchte Sillix finden, solange noch Zeit dazu ist. Beeil dich!« Er rannte die Stufen hinab, kämpfte gegen die erstickende, verzerrte Zeit der Sterblichen, die ihn überall umgab, bereits gleichermaßen Feind der Sterblichen und Unsterblichen und mit der Last des Todes befrachtet.

Er erreichte den Wald und stürzte sich zwischen die triefenden Bäume; sogleich umgab ihn feindselige Wachsamkeit. Seine Hände griffen nach seiner Sonnenscheibe. Man kann mich nicht berühren, solange ich es nicht will, sagte er sich, und ich will es nicht. Laßt mich in Ruhe! Licht strahlte von ihm aus, und das große Auge des Waldes fiel zu. Er lief weiter und war sich plötzlich bewußt, daß er nicht allein war. Schatten huschten von Baum zu Baum und hielten Schritt mit ihm. »Sillix!« rief er. »Komm heraus! Ich bin es, der Sonnengebieter von Danar! Komm heraus!« Doch keine Stimme antwortete ihm, und die Schatten verfolgten ihn weiter im schwarzen Schutz des Waldes.

Schließlich befreite er sich aus der Umklammerung der Bäume und befand sich am Strand, einem schmalen, düsteren Streifen in Grau, der sich in weitem Bogen von ihm wegspannte. Die kalten Dämpfe des reglosen Meeres wehten Verwesungsgeruch in seine Nasenflügel. Er lief am Ufer auf und ab, wo das einzige Licht von den von ihm ausgehenden Strahlen stammte. Doch die kleinen, grünen Kristallkuppeln waren leer. Er bog flußaufwärts ab, nun voller Hast, und plötzlich war Sillix da und hinter ihm sein Volk. Er warf sich in Danarions Arme und klammerte sich keuchend an ihn.

»Danarion, hilf uns, rette uns! Ixelion steht uns nicht mehr bei. Unter den Wassern des Zauberbeckens liegt ein anderer, fremder Ixelion. Das Meer ist tot, und der Fluß stört unseren Schlaf mit einer neuen, bedrohlichen Stimme. Hilf uns!«

Danarion hielt den schlanken, feuchten Körper einen Augenblick, dann trat er zurück, nahm Sillix' Hand und führte ihn zum Meeresufer, fort von der schweigenden Menge, die sie beobachtete. »Hör mich gut an«, sagte er. »Was ich dir sagen muß, bedeutet, zum Schmerz neuen Schmerz hinzuzufügen, für dich ebenso wie für mich. Großes Grauen ist über das All gekommen, Sillix. Euer Gebieter hat ihm viele Jahrhunderte standgehalten, doch nun hat es ihn erfaßt wie bereits zuvor so viele unserer Art. Euer Tor muß geschlossen werden, damit Ixels Schicksal nicht Danar, Ghaka oder Shol mit sich reißt. Ich weiß jetzt noch nicht, ob Ixelion hierbleiben oder mit zu den Botschaftern gehen wird, aber was immer er vorhat, du und deine Leute, ihr müßt diesen Teil Ixels verlassen. Geht auf die andere Seite.«

Sillix' runde, helle Augen blickten fassungslos, ängstlich und um Verständnis bemüht auf Danarion. »Das Tor wird geschlossen werden? Unser Tor? Kein Kristall mehr von Lix?«

Danarion seufzte innerlich, nicht aus Ungeduld, sondern aus Kummer. »Kein Kristall mehr. Nimm dein Volk und geh, Sillix. Lernt, an Land zu schlafen und in den Wäldern Nahrung zu sammeln. Die Flüsse werden nicht sterben, doch sie werden auch nicht mehr auf ewig sauber und frisch fließen. Ihr werdet kämpfen müssen, um sie in Gang zu halten.«

»Und was ist mit dem Weltenschöpfer?« erwiderte Sillix, wobei ein Funken Hoffnung sein Gesicht erhellte. »Geh zu ihm, Danarion, und er wird kommen und Ixel wieder schön machen.«

Danarion schüttelte den Kopf. »Nein, das wird er nicht. Und wenn du hoffst, Sillix, so hoffe, daß er niemals wieder einen Fuß durch euer Tor setzt.«

»Dann ist es also wahr, das Schreckliche, das Ixelion mir erzählt hat«, sprach Sillix leise. Danarion warf ihm einen scharfen Blick zu; in seinen Augen stand eine Frage. »Er sagte, der Weltenschöpfer wäre böse geworden, und er käme zusammen mit Sholia hierher, um uns alle zu versklaven. Was ist ein Sklave, Danarion?«

Danarion trat nahe an Sillix heran und drückte die kalten, schwimmhautbewehrten Finger an seine Wangen. »Tu, wie ich dir geheißen«, sagte er mit brechender Stimme. »Lebe wohl, Wassermann.«

Sillix schwieg. Sein Blick wurde glasig, so intensiv erwog er diesen Rat, dann bückte er sich, küßte Danarions Sonnenscheibe und war im Zwielicht der Bäume neben dem gurgelnden Fluß verschwunden.

Danarion machte sich auf den langen Rückweg zum Palast und war kaum in der Lage, sich zu rühren angesichts der plötzlichen Flut von Bösem, das sich über ihn ergoß. »An mich könnt ihr nicht Hand anlegen!« rief er laut. »Ihr könnt Ixel unter euren schwarzen Füßen zermalmen, doch ich bin unberührt. Laßt mich in Frieden!« Der Druck der Bösartigkeit ließ ein wenig nach, und er drängte mit pochendem Herzen durch den Wald. Vor ihm lag der Palast. Fast in Panik rannte er Ixelions wasserglatten Aufgang empor und durch die Halle.

*

Ghakazian beugte sich hinab, gab einen scharfen Befehl und berührte den Kristallboden unterhalb des Eingangs dreimal mit der ausgestreckten Handfläche. Das Siegel geriet ins Wanken und gab nach; er schritt durch den Torbogen und blieb einen Augenblick in der Halle stehen, wobei alle seine Sinne in Alarmbereitschaft waren. Das öde Geräusch des Wassers dröhnte in seinen Ohren. Sein Anblick erfüllte ihn mit Sorge. Obgleich es überall floß, plätscherte und sprudelte, von den Höhen herabstürzte und seine Knöchel umströmte, um die Treppe hinter ihm zu suchen, war es nicht mehr glasklar. Es war grüngetönt und trug irgendwelche mikroskopischen Pflanzen mit sich, wie er sie bei seinen früheren, häufigen Besuchen auf Ixel niemals gesehen hatte. Er liebte Ixelion wie einen Bruder. Doch eine Welt, wo Sterbliche unter Wasser lebten und zufrieden durch endlosen Regen gingen, hatten ihm immer ein wenig Ehrfurcht abgerungen und Rätsel aufgegeben. Nun stellte das Wasser ein größeres Rätsel dar denn je. Es hatte jetzt einen fremdartigen Geruch an sich mit dem Nachgeschmack der Angst. Ghakazian erhob sich, schwankte und versuchte, diese Angst abzuschütteln, ehe er einen Rundgang durch die Halle machte.

Ixelion befand sich oben in seinem Zimmer. Ghakazian mit seinen durch Wind und Schnelligkeit geschärften Instinkten wußte das. Vorsichtig verließ er die Halle und flog langsam einen Gang entlang, der vor einer Treppe endete, und durch eine weitere, kleinere Halle und über weitere Treppen, die alle im Schein des fließenden Wassers zitterten. Er blieb dicht unter der dunstverhangenen Decke, duckte sich unter Randleisten hindurch und sah dann trockenen Boden und Ixelions Sessel. Ghakazian kam zum Halten. Seine Augen schweiften durch den Raum, der durch einen schmalen Bogen zu betreten war. »Ixelion?« rief er leise. »Bist du da?« Doch nur das endlose Geplätscher von Wasser auf Wasser antwortete ihm mit fremdartigen, unergründlichen Worten. Ein schwacher Lichtschimmer fiel durch den Türrahmen. Ghakazian trat ein.

Zuerst glaubte er, seine Instinkte hätten ihn getäuscht, und er war erstaunt, denn der Raum war leer. Nebelfetzen zogen durch das breite, offene Fenster und brachten eine Düsternis mit sich, die sich von dem weichen, gelben Licht flimmernd abhob. Doch außer dem

Wasser, das die Wand herab und in das Becken floß, war keine Bewegung wahrzunehmen. Das Becken. Ghakazian trat an den Rand und sah hinein. Ixelion lag mit geöffneten Augen, wehendem Haar und auf der Brust gekreuzten Händen tief, tief unten. Über ihm schaukelte das Wasser, so daß es aussah, als schwankte er ebenfalls leicht. In dem Licht, das von ihm ausging, konnte Ghakazian die eigentümlichen Flecken der Krankheit rings um Ixelion her sehen. Doch hier, in seinem Becken waren diese Flecken schwarz. Ixelion! befahl Ghakazian ihm in seinem Innern. Wach auf! Ghakazian ist hier. Er möchte mit dir sprechen.

Die Hände auf der schmalen, perlschimmernden Brust schienen zu flattern, doch die Augen blieben reglos. Ghakazian trat zurück. Hier konnte er nichts anderes tun, als auf Danarion warten, und gemeinsam würden sie Ixelion schon wach bekommen.

Sein Blick schweifte durch den Raum und blieb an einem Buch hängen, das in die Ecke beim Fenster geschleudert worden war, wo seine bleichen Blätter nun flatterten. Träge ging Ghakazian hinüber, hob es auf und blätterte darin. Es müssen die Annalen von Ixel sein, dachte er. Hat Ixelion vor kurzem Eintragungen gemacht, die ihnen Aufschluß geben könnten, wie es zu seinem Fall gekommen war? Dann spürte er, wie das Buch in seinen Händen einen Satz tat und die Blätter, so hauchdünn und so weiß wie das Eis auf Lix, sich zurückfalteten. *Ghakazian*, so las er, *stand mit seiner Armee vor seinem Tor. »Sholia hat uns verraten!« schrie er und geflügelte wie ungeflügelte Wesen antworteten ihm mit einem Schrei. »Wir werden nach Shol ziehen und Krieg führen gegen Sholia und den Antischöpfer und Shol in unseren Besitz nehmen!«* Was ist das denn für ein Unsinn? Ghakazian runzelte die Stirn. Geflügelte und Flügellose bilden eine Armee? Nach Shol ziehen? Kein Sterblicher kann die Korridore von Welt zu Welt außerhalb seines eigenen Sonnensystems bereisen. Er senkte seine Augen wieder gefesselt auf den Text, doch dann vernahm er Schritte, die rasch durch den Raum kamen. Auf einen plötzlichen Impuls hin schob er das Buch unter seinen Gürtel in den Schatten seines Flügels.

Danarion kam ins Licht, und Ghakazian trat zu ihm und deutete auf das Becken. »Er liegt dort unten«, berichtete er, »in tiefer Trance. Ich weiß nicht, wo er wandelt und habe auch nicht versucht, ihm zu folgen. Wir müssen ihn zurückrufen, Danarion.«

Danarion schritt an den Rand, schaute hinab und nickte. »Ixel würde zu einem Ödland«, sagte er. »Ich sprach mit Sillix. Er erzählte mir, Ixelion hätte ihm berichtet, der Antischöpfer käme mit Sholia hierher, um sie alle zu unterjochen. Wie kam der erste Funke für das schwarze Feuer auf Ixel? Reich mir deine Hand und vereinige deinen Willen mit dem meinen. Wenn er sich nicht in seine Sonne zurückgezogen hat, müßten wir in der Lage sein, ihn zu wecken.«

Ghakazian streckte die Hand aus, und seine Finger, die Danarions berührten, waren kalt. Danarion schaute ihn an, doch sein Denken war so sehr mit Ixelion beschäftigt, daß er sich nicht wunderte. Ruhig forschten die beiden nach Ixelion, folgten ihm die langen Jahre Ixels hinab und fanden ihn schließlich unter einem Baum sitzen mit Blick auf das Meer, Blumen in seinem Schoß und das Kinn auf die Hand gestützt. So hat er vor langer Zeit an einem Morgen zu Anbeginn seiner Welt als einziges empfindungsbegabtes Wesen auf Ixel gesessen, unversehrt und in Frieden. Sie riefen ihn an, doch jene Zeit war nicht die ihre gewesen, und sie konnten nicht bleiben. Das Bild verblaßte, verlor Farbe und Ausdruck, so daß ihre Hände sich voneinander lösten und sie zu ihm hinabblickten. Er hatte sich nicht gerührt.

»Sein Tor muß sofort geschlossen werden«, sagte Ghakazian, »ehe er aufwacht und sich entschließt, Ixel für immer zu verlassen. Ihm darf kein Platz bei uns mehr zugestanden werden.«

Schon empfinde ich die Einsamkeit ohne ihn, dachte Danarion. Diese Einsamkeit fügt sich zum Verlust all der anderen, meiner Freunde, meiner Gefährten der Macht. Für einen kurzen Augenblick sah er sich selbst als den letzten Sonnengebieter, wie er die leeren Gänge auf Danar allein durchmaß, während die Jahre verflossen und sich um seine Füße legten, ohne ihn zu berühren, da er weiterleben würde. Ihm war, als sähe er nichts als die weite Halle, den Boden, auf dem alle Sterne erstorben waren und Danars Sonne einsam in der schwarzen Unendlichkeit funkelte, und den Tisch, auf dem die Halsketten blitzten, die bis zum Ende des Universums dort liegen bleiben würden. Die Kälte von Ghakazians Fingern schien seinen Arm hinaufzukriechen bis in sein Herz, und Verzweiflung befiel ihn. Ohne zu antworten, legte er seine Hände auf Ghakazians Schultern, die glatt und heiß waren und golden leuchteten, als das Blut der Sonne unter seiner Haut pulsierte. Dann war das Gefühl unvermeidlicher Niederlage verflogen. Ghakazian hob ihn vorsichtig empor, sie drehten dem Becken mit seiner düsteren Fracht den Rücken zu und flogen mit einem Rascheln der braunen Federn und einem Schwall warmer Luft aus dem Zimmer, aus der Halle, fort von dem dem Untergang geweihten Ixel.

*

Ixelion lag in dem Becken und schaute hinauf, wo er die beiden Gestalten erblickte, die sich übers Wasser beugten, das ihre Umrisse verzerrte und verschwimmen ließ. Doch er erhob sich nicht. Es waren nicht Sholia und der Antischöpfer, das war die Hauptsache. Er beobachtete sie, erkannte sie, verschloß vorsichtig sein Bewußtsein gegen sie, und als sie fort waren, verließ er wieder seinen Körper und wanderte auf Lix. Er stand auf einem zerklüfteten Gipfel, die glitzernde, tiefe Kälte von Eis und Kristall unter sich und um ihn her, die unermeßlichen, leeren Weiten schwarzen Raumes ringsherum. Er sah Fallans purpurne, müde Sonne in einem Kranz schwarzer Flammen. Er erkannte, wie Kallars Sonne dunkel brannte und züngelte und Mallans ebenfalls. Denn so weit sein Auge blickte, hingen die Sonnen gefangen, verletzt, sterbend, vergehend. Er drehte sich um und erblickte Ghakas Sonne strahlend und schön, die Zwillinge von Shol, die wie weiße Edelsteine erstrahlten, und ganz, ganz weit fort den schimmernden Dunst, der Danars Sonne und das Zentrum aller Macht darstellte.

Nein, dachte er kalt. Nicht aller Macht. Nicht einmal eines Bruchteils der Macht. Wieder wandte er sich bewußt dem bitteren, triumphierenden Lied des schwarzen Feuers zu. Sholia wird mit dem Antischöpfer hierherkommen, so hieß es in dem Buch, und das Buch sagt die Wahrheit. Doch der Händler log. Ich kann nicht gegen sie ankämpfen. Es ist unmöglich. Es wäre besser für mich gewesen, ich hätte ihm das Buch ausgehändigt und wäre unwissend weiter meiner Wege gegangen. Die Tore sind ein Witz, so zart wie Papier, so sinnlos wie ein Luftzug, und Janthis täuscht sich. Die Tore halten nicht die Korruption fern und haben das niemals getan. Jeder Gebieter muß dafür selbst Sorge tragen, und das habe ich nicht, so daß ich nun kurz vor dem Aufgeben stehe. Der Zündstoff schläft auf Ixel und wartet auf den Funken, den ich, Sillix oder irgendeiner der Sterblichen unausweichlich dorthin bringen muß.

Lix breitete sich unter seinen Füßen aus. Meile um Meile gab es nur scharfes, umhergerolltes Gestein, wo sich allein auf den Spitzen das Sonnenlicht fing. Der Rest des kleinen Planeten war in tiefe Nacht versunken. Ixelion hob ab und schwebte nach Hause. In der Zwischenzeit waren Danarion und Ghakazian nach Danar aufgebrochen, um die Schließung seines Tores zu empfehlen. Nun, das bedeutete nichts. Er besaß das Buch, und es würde bei ihm in Sicherheit bleiben und keinen anderen mehr quälen.

Mühelos schlüpfte er in seinen Körper, beugte seine Glieder im schwerelosen Wasser und bemerkte plötzlich, daß sich eine andere Gestalt, lang und weiß, über das Becken beugte, deren Haar die Oberfläche des Wassers aufrührte. Die Furcht um die Sicherheit seines Schatzes ließ ihn brüllend aus der Tiefe hochfahren. Sillix rannte zurück, zuckte jedoch nicht vor Ixelion zusammen, sondern blieb aufrecht und stolz im Türrahmen stehen. Ixelion beachtete ihn gar nicht. Er schoß in die Ecke, doch das Buch war nicht mehr da. Er rannte in dem Zimmer herum, streifte mit flatternden Händen über das Fenstersims und lehnte sich hinaus in die Finsternis, doch es war fort. Voller Zorn drehte er sich zu Sillix um.

»Wo ist es?« brüllte er hoch aufgerichtet und bedrohlich. »Was hast du damit angestellt, Dieb?«

Sillix erbebte, er wich jedoch nicht zurück. Licht strömte von seinem Herrn, heiß und stark, doch als Sillix die Hand hob, um die Augen zu beschirmen, sah er, daß das Licht schwarz umrandet war. Winzige Schlangen schwarzer Flämmchen schossen aus Ixelions Mund und umspielten seine steifen, anklagenden Finger.

»Ich habe nichts, Sonnengebieter«, brachte Sillix hervor und bedeckte nun die Augen mit beiden Händen. »Ich kam, um Lebewohl zu sagen. Danarion riet mir, das Volk auf die andere Seite zu führen, doch ich konnte nicht gehen ohne ein Wort des Segens von dir.«

»Segen?« Ixelion erstarrte. »Den hättest du von Danarion erbitten sollen, deinem neuen Herrn. Oder kommst du beschämt zu mir gekrochen, weil du deine Treuepflicht mir gegenüber vergessen hast?«

»Ich glaube nicht, daß dir die Treuepflicht dieser Welt weiter zusteht«, entgegnete Sillix fest. »Ich verstehe nicht alles, aber es hat den Anschein, als hättest *du uns* verraten. Fesseln umspannen Ixels Seele, deshalb ist das Meer krank. Lebe wohl, Sonnengebieter. Wir werden überleben.«

Doch Ixelion hatte schon gar nicht mehr zugehört. Die kleine Wasserschlange hat das Buch, zischte er sich selbst zu. Er hat herumgeschnüffelt, während ich in Trance im Becken lag. Er hat es gefunden und hineingeschaut, deshalb sprechen seine Augen nicht mehr von Unschuld und Vertrauen, sondern durchdringen mich voll der Anklage und einem neuen Wissen. Er weiß nun, daß ich für Ixel nichts mehr tun kann. Schuldbewußtsein überkam ihn, kroch daher wie ein Gespenst von Fallan. Er ging ihm entgegen, nahm es in sich auf; er lief nicht weg, und es wurde zu einem Zerstörungsdrang, der in ihm aufloderte. Sillix hatte sich abgewandt und trat durch die Tür nach draußen. Mit einem Knurren sprang Ixelion auf.

»Das Buch!« brüllte er. »Das Buch!« Verbotene Worte flossen über seine Lippen, Worte der Zerstörung, Worte des Befehlens, und Sillix blieb stehen. Das Licht verließ Ixelion und schoß wie ein goldener

Speer mit schwarzer Spitze über den Boden. Es beugte sich, ringelte sich um Sillix' Beine, schlängelte sich hoch zu seiner Taille, zu seiner Brust empor und schlang sich weißglühend um seinen Hals; es verströmte ein Summen kaum verschleierter Energie, und Sillix stieß einen einzigen Schrei aus. Der Speer wurde zu einer Wolke blendender Strahlung. Ixelion sprach weiter, und dann lag Sillix als ein unförmiges Bündel von Gliedern, als ein Haufen Knochen mit lose herabhängender Haut zu seinen Füßen.

Lange Zeit hielt Ixelion den Blick darauf gesenkt, dann beugte er sich hinab. Grob bewegten sich seine schwimmflossenbesetzten Hände hin und her, warfen beiseite, rissen auseinander, doch das Buch war nicht zu finden. Sein Zorn ließ nach, als das Gefühl des Verlustes ihn überkam. Er packte den Leichnam an einem Arm, zerrte ihn zurück in den anderen Raum und stieß ihn mit einem heftigen Ruck in das Becken. Sillix ging nicht unter. Er lag leicht und leer auf der Oberfläche, sein grünes Haar ausgebreitet, schaukelte, als ob er schliefe, doch er schlief nicht. Er war häßlich und verunstaltet, er war tot.

Ein kalter Wind wehte aus der Finsternis des Waldes und peitschte feucht in Ixelions Gesicht. Die Bäume begannen zu kichern. Es klang wie ein leises, höhnisches Wispern, das durch das Fenster hereinwehte und zu einem Crescendo des Spotts anschwoll. Hahahaha, kicherten sie, und der Nebel stimmte mit ein und sang seufzend seinen Hohn. Das Wasser lachte, tief und regelmäßig, ein spöttisches, tiefes Gurgeln. Einer von ihnen hat es, dachte Ixelion mit einem Kichern. Einer von ihnen hat es gestohlen, es gestohlen, hahahaha. Ixelion preßte die Hände auf die Ohren und rannte zu seinem Sessel. Sollten sie doch an den Abgrund kommen, wie er das getan hatte, sollten sie doch stürzen, den Antischöpfer auslachen und ihn kommen lassen. Ich habe es verloren. Es ist fort. Er saß in seinem Sessel und hatte den Kopf auf die Brust gesenkt. Seine Sonnenscheibe war nun schwarz und glänzte stumpf. Zumindest werde ich nicht in die Vergangenheit laufen, wie Falia das getan hat, dachte er. Doch er hatte das ungute Gefühl, daß – wenn er versucht hätte, seinen Körper zu verlassen –, das unmöglich gewesen wäre, und er mehr als das Buch verloren hatte. Er saß in einer endlosen Gegenwart gefangen, in der er widerhallte wie ein Mensch in einem hohen, verschlossenen Raum, ohne eine mögliche Veränderung, ein Gefangener mit all seinen Verunstaltungen. Er konnte nicht einmal mehr weinen.

*

Sie kamen in die Nähe des Tores, und diesmal war es Sholia, die die Wege von Verdacht und Feindschaft beschritt, welche zum Palast führten. Ihr Haar schimmerte hell und klar, ihre Aura pflügte eine Lichtspur durch den gefräßigen Wald. Sie trat durch das blitzende Siegel, empfand die eigentümliche Berührung der vielfarbigen Gewässer und gelangte schließlich zu dem Raum, in dem Ixelion saß. Sie rief ihn an, sie streichelte seine Hände, sie benutzte ein Wort dringender Bitte, das zugleich ein Wort des Mitleids war, doch er antwortete nicht. Dann sah sie Sillix, aus dessen verzerrtem Gesicht ihr die Augenhöhlen dunkel und schrecklich entgegenstarrten, doch sie schrie nicht auf. Langsam trat sie an das Becken.

»Keine Macht von Ixel kann mir ein Leid zufügen«, sprach sie deutlich, »keine vermag mich zu halten. Ich kann auch dich nicht halten, wer immer du einmal warst. Geh hin zu den Botschaftern!« Sie hob ihre Arme. Weit entfernt vernahm ihre Sonne, wie sie sie zu Hilfe rief und antwortete. Die Oberfläche des Beckens wogte, glättete sich wieder und zeigte dann nichts mehr als ihr eigenes, in Stücke zerlegtes Ebenbild. Sie trat wieder zu Ixelion, nahm ihm die Kette ab, wobei ihr ein Keuchen entfuhr, so kalt fühlte sich das Schmuckstück an, dann küßte sie ihn und ließ ihn mit auf die Brust gesenktem Haupt sitzen. Blumen wuchsen in seinem Haar, und der grüne Wasserschimmel umhüllte seinen Körper wie ein triefendes Leichentuch. Mit der gleichen, mutigen Entschlossenheit bahnte sie sich ihren Weg zurück zum Tor.

»Er kann nicht kommen«, berichtete sie ihnen einfach. »Vielleicht wacht er auf, wenn er dazu in der Lage sein wird, im Augenblick jedoch noch nicht.«

»Dann muß ich das Tor schließen und ihn zurücklassen«, erklärte Janthis unwillig. Er wandte sich an den Botschafter, der schweigend neben ihm schillerte. Ein wohlriechender Rauch stieg von der Säule wechselnder Farben empor. »Soll ich warten?« fragte er den Botschafter, doch dieser antwortete nicht. Einen Augenblick später seufzte er, drehte sich um und stellte sich mit dem Gesicht zum Torbogen und dem schwach erleuchteten Wasser, das in den dahinterliegenden Kanal floß. Er hob beide Arme mit nach vorne gewandten Handflächen. »Kraft der mir als Erstgeborenem aller Welten innewohnenden Macht«, sprach er ruhig, »befehle ich der Sonne von Lix und Ixel, mir zu gehorchen.«

Er brauchte gar nicht lauter zu sprechen. Aus dem Gang schallte ihm ein tiefes Dröhnen entgegen, Licht blitzte um ihn her, gefügig und eifrig.

»Es tut mir leid«, flüsterte er ihm zu. »Gib mir nun deine Kraft, so daß das Ende noch einmal abgewendet werden kann. Ich bitte dich um Geduld und daß du einsam Wache hältst, bis er, der schläft, wieder erwachen wird und vielleicht wieder seinen Platz an der Seite seines Volkes einnimmt.«

Das Licht tanzte wild um ihn her, beruhigte sich dann wieder und bildete ein Strahlen, das das Tor erfüllte. Janthis warf seinen Kopf zurück, atmete voll und tief ein und sammelte seine Kräfte. »Ich schließe das Tor von Ixel!« rief er, und es hatte den Anschein, als rollte und hallte seine Stimme in den lauschenden Höhlen des Raumes. »Von nun an soll weder Sterblicher noch Unsterblicher, weder Schöpfer noch Botschafter noch ein anderes Wesen hierzu mehr Zutritt haben. Die Sterne sind dem Volk von Ixel verwehrt, und Ixel ist den Völkern der Sterne verwehrt. Schließe nun, schließe dich! Ich, Janthis, erteile dir den Befehl. Dein Dienst hat ein Ende!« Das Licht begann zu schrumpfen, bis es in den Bogen paßte und das Tor mit gleißender Helligkeit erfüllte.

Es verwandelte sich fast unmerklich. Der helle Schein ließ nach, nahm Substanz und Bewegung an, wurde zu einem Wasserfall, der sich vom Randstein des Bogens ergoß, um in den Fluß im Tunnel zu münden, begleitet von anhaltendem Donnern. Einen Augenblick lang strömte es stark und mächtig, dann mischte sich eine grünliche Tönung hinein, und wo die Farbe auftrat, wurde das Wasser unter lautem Krachen fest. Jene, die zusahen, hatten den Eindruck, eine Wand aus grünem Lixkristall zu erblicken: massiv und undurchdringlich, kalt und wunderschön. Schweigend warteten sie. Schließlich erschienen auf der glatten Oberfläche mit dem vielfacettierten Glitzern zwei nach außen gewandte, grüne mit Silber umrahmte Handflächen. Zwischen ihnen nahm Ixels Sonne Gestalt an, Ixel selbst, das Ixel der strahlenden Wasser und Lix mit seiner Kälte und seinem Glanz.

»Ihm ließ man keine Wahl«, protestierte Ghakazian laut. »Er wurde darum gebracht, weil wir ihn nicht wecken konnten. Das ist erbarmungslos.« Er drehte sich halb um zu dem Botschafter. In seiner Haltung war leichte Auflehnung, doch dieser beachtete ihn nicht. »Wahrscheinlich geht es mich nichts an«, murmelte er. »Es ist eine Sache zwischen Ixelion und dem Gesetzesmacher.«

»Ich habe es versucht«, berichtete Sholia. »Kein Spruch und kein Rufen wollte ihn zurückbringen, wie er Falia zurückgebracht hat. Ich glaube nicht, daß er in vergangenen Zeiten umherwandert.«

Plötzlich ergriff der Botschafter das Wort, wobei seine Farben heftig schwankten und in ein weiches Violett verschwammen. »Du hast recht, Kind«, sprach er. »Keiner deiner Sprüche könnte ihn so rühren, wie sie den Wassermenschen aus dem Becken gehoben haben. Das war gut und freundlich gehandelt.«

Dann nahmt ihr ihn also auf, dachte Sholia, wobei die Widerspiegelung des Botschafters fremde Farben in ihren Augen erstrahlen ließ. Du trugst ihn fort. Wirst du auch mich eines Tages erretten, du Fremdartiger?

Mit einer Explosion von Helligkeit sprang der Botschafter fort von Ixel, und sie sahen ihm nach, wie er blitzend und strahlend seinen Weg zu einem neuen Dienst zwischen den Sternen hindurch nahm. Die vier kehrten dem Tor zum letzten Mal den Rücken zu, traten hinaus in den Korridor und verschwanden, um Ixel der Einsamkeit und seinem Schicksal zu überlassen.

5

Ghakazian schwebte singend durch sein Tor und zerstreute den täglichen Verkehr seiner Leute, die von seinen anderen Planeten kamen oder zu ihnen gingen, so daß sie lachen mußten. Er stürzte sich von der schwindelerregenden Höhe des Simses herab, überschlug sich dreimal und trotzte dann dem Wind, als er in das grüne Tal hinabschoß, das sich zwischen den Gipfeln dahinschlängelte. Die Berge erhoben sich wie Granitnadeln, wobei jede Spitze nach dem Abbild eines Geflügelten gehauen war. Die blicklosen Augen waren von Wolken umhangen. Man könnte meinen, Ghaka würde von Riesen bewohnt, überlegte Ghakazian und grinste beim Anblick von Hunderten ihm zugewandter Gesichter mit hochaufragenden Flügelspitzen über wogendem Haar und ernsten Mündern. Filka mit dem leicht hängenden Augenlid, an den Ghakazian sich so gut erinnerte. Nenka mit der breit gerunzelten Stirn. Hiranka, der einzige Ahne, der mit voll ausgebreiteten Flügeln dargestellt war, denn er hatte mit Ghakazian selbst einen fünfzigtägigen Wettflug durch die breiten Täler veranstaltet und fast gewonnen. Seine Nachfahren gewannen immer noch die Wettflüge der Geflügelten, aber niemals würde es wieder einen Hiranka geben, der den Sonnengebieter selbst herausfordert.

Immer noch singend und in den trudelnden Wirbeln, die seine Flügel in der warmen Luft auslösten, zuckte Ghakazian wie ein brauner Blitz über die weißen Holzhäuser der Dörfer, aus denen die Flügellosen herausgerannt kamen, um ihm zuzuwinken. Er segelte tief hinab und ließ weiche Daunenfedern und Musik auf sie hinabrieseln. Sein nackter Körper war fast so braun wie sein zottiges Haar, schimmerte jedoch wie frischer Honig. Er rief sie beim Namen, die dunkelhäutigen Männer, Frauen und Kinder, und dann war er fort. Er schoß in den Himmel hinauf und schwebte vor einer Höhle, die im Winkel in einen zerklüfteten Berg hineinführte. Direkt über ihm starrte Hiranka stolz über die Wolken hinaus, und der allgegenwärtige Wind heulte um seine ausgebreiteten Steinschwingen.

»Mirak!« rief Ghakazian. »Komm heraus! Ich bin es, Ghakazian.«

Ein junger Mann tauchte aus der Höhle auf, blieb am Eingang stehen, grinste und blinzelte ins Sonnenlicht, eine Hand auf die schmale Hüfte gestemmt. Sein Körper war ebenfalls braun, sein Haar, lang und schwarz, fiel auf die schwarzen Flügel herab, die über seine Schultern hinausragten. Seine Augen waren von einem hellen Bernsteinton und wiesen grüne Flecken auf, wenn das Sonnenlicht hineinfiel.

»Sonnengebieter, ich bin müde.« Er lächelte. »Ich habe Hira über den ganzen Himmel gejagt. Ich glaube, aus ihm wird ein zweiter Hiranka. Er verbringt bereits viel Zeit damit, in die Vergangenheit zu sehen und zu beobachten, wie sein Vorfahre zwischen den Bergen umherschwebte.«

»Und träumt wohl davon, eines Tages seinen Herrn herauszufordern, nehme ich an.« Ghakazian lachte. »Ich freue mich. Mirak. Nichts wäre mir lieber als ein Wettflug um die Welt. Hat die Sonne geschienen, während ich fort war?«

»Unablässig«, antwortete Mirak ernst. »Doch wenn es dir recht ist, laß sie sich eine Weile zurückziehen. Das Gras lechzt nach Regen und ich ebenfalls. Ein bißchen Regen wird meinen Sohn ein wenig zu Hause halten und mir ein paar Stunden ruhigen Nachdenkens bescheren.« Mirak sprach leichthin, doch bei seinen Worten fiel ein Schatten über das Gesicht seines Herrn. Seine Augen verdüsterten sich, seine Flügel setzten einen Schlag aus, und Ghakazian mußte sich anstrengen, um weiterhin direkt vor dem Felsvorsprung der Höhle zu schweben.

»Regen«, murmelte Ghakazian. »Regen, ach, Ixelion!« Dann war der Augenblick vorüber. »So soll es sein.« Er lächelte. »Dann also einen Regennachmittag.« Er hob einen Arm und rief eine freundliche Aufforderung. Die Sonne flackerte auf und verdüsterte sich, und Mirak sah, wie dicke Wolken vor ihr aufzogen.

»Danke, Ghakazian«, sagte er und rief über seine Schulter: »Hira, Maram! Es gibt Regen!«

Ghakazian hatte gerade noch Zeit zu sehen, wie Miraks Sohn und Frau aus der Höhle gerannt kamen, ehe er seinen Weg mit dem Wind leichthin abwärts nahm. Bis er seinen eigenen Wohnsitz erreichte, hatte sich das Land unter einem grauen Regenschauer geöffnet. Das Wasser schwoll zu einem kräftigen Wolkenbruch an, und ehe er über die Wolken emporsteigen konnte, trieften ihm die Federn und Haare vor Nässe. Plötzlich zuckten Blitze, und Donner grollte. Der Regen prasselte schneller hinab. Ghakazian durchstieß die Düsternis und gelangte ins volle Sonnenlicht. Er machte sich einen Spaß daraus, auf den Wolken umherzuschlendern, bis er trocken war, und flatterte dabei mit den Flügeln wie ein Kolibri; dann schlug er den Weg zu seinem Palast ein, löste das Siegel und trat ein.

Der Eingang war ein hoher, schmaler Bogen, der auf halber Höhe des Berggipfels begann und sich bis zu einem Punkt fast schmerzlicher Klarheit und Schärfe direkt unter dem Gipfel erhob. Kein steinernes Abbild eines geflügelten Ahnen stand darüber wie auf jedem anderen Gipfel auf Ghaka. Als Ghakazian ins Innere vordrang, kam es ihm vor, als verliehe die Schwelle des Bogens der Wolke, die sich direkt davor aufblähte, eine illusorische Festigkeit und machte sie zu falschem Boden. Nur die erste Halle besaß Boden oder Decke. Hier empfing er seine Ungeflügelten, die manchmal die in den Berg gehauene Treppe emporgeklettert kamen und im Innern wie Zwerge wirkten, wenn sie ihre Hälse zurückreckten in dem Versuch, einen Blick auf das schmucklose Dach zu erhaschen. Ghakazian erfüllte dann den hohen Saal mit Licht, damit sie sich weniger verloren vorkamen und pflegte auf seinem breiten, grauen Podium zu stehen und mit ihnen zu scherzen, wobei er seine Flügel diskret hinter sich gefaltet hielt. Nicht daß sie so sehr vom Neid auf ihre geflügelten Brüder erfüllt oder sich einer Unterlegenheit bewußt gewesen wären, doch die Halle des Sonnengebieters flößte Geflügelten wie Ungeflügelten gleichermaßen Ehrfurcht ein. Die Flügellosen bevorzugten Boden unter den Füßen und Himmel über sich, nicht rings um sie her.

Hinter dem Podium befand sich ein weiterer, kleinerer Bogen aus rohem Stein gehauen, und dort hielt Ghakazian nun inne, da seine Eingangshalle hinter und ein Abgrund vor ihm lagen. Unter ihm fiel ein Kamin fast bis zum Fuße der Berge hinab, eine Unendlichkeit dunklen, schweigenden Raumes; oben mündete er in den freien Himmel. Die Felsenspitze war hohl. Ghakazian konnte sie über den Bergkamm oder durch seine Halle hindurch betreten.

Ober- und unterhalb des Bogens führten breite Steinränder um die runde Felswand. Hier lebte Ghakazian, empfing Mirak und seine anderen, geflügelten Sterblichen und schwebte mit ihnen in den geruchlosen Lüften, die in niemals endendem Zug aus den Tiefen emporwehten. Wenn er ungestört nachdenken wollte, flog er zu dem hohen Felsvorsprung und hockte sich dorthin. Nun trat er in das Nichts und trudelte aufwärts, um auf dem Sims zum Sitzen zu kommen, wohin seine Sonne in ihrem Wohlwollen ihn niemals zu ziehen versäumte. Mit einem befriedigten Seufzer hob er die Sonnenscheibe, die auf seiner Brust funkelte, umklammerte sie mit beiden Händen und begann, seine Pflichten zu rezitieren: Ich bin kein Schöpfer, ich bin der Geschaffene. Die Worte waren wie strahlende Sonnen in sein Denken geprägt, und er sah sie deutlich vor sich, als er sie sich ins Gedächtnis rief. Ich bin kein Gesetzesmacher, sondern Auslegender des Gesetzes. Ich bin kein Heiler... hier zögerte er, ehe er entschlossen weitersprach, als sich ein Bild von Ixels Tor zwischen die ewigen Worte der Macht drängte. Ich bin ein Bewahrer. Ich bin kein König, ich bin ein Führer. Er sprach langsam und bewußt. Kraft schwoll in ihm an, dann ließ er die Scheibe fallen und schüttelte seine Flügel aus.

Als er das tat, spürte er, wie seine Federn sich in etwas an seiner Taille verfingen, und voller Schrecken erinnerte er sich an das Buch, das er so beiläufig von Ixelions Fußboden aufgehoben und unter seinen Gürtel gesteckt hatte. Es befand sich immer noch dort. Er zog es hervor. Es war warm vom Kontakt mit seiner Haut und schimmerte im Sonnenlicht. Ich habe etwas darin gelesen. Er runzelte die Stirn. Warum kann ich mich bloß nicht daran erinnern, was es war? Warum habe ich das Ding überhaupt hierher geschleppt? Plötzlich tat das Buch einen Ruck in seinen Händen. Der Einband fiel auf, die Blätter wendeten sich vor seinem erstaunten Blick. Und da war er auch schon, der Absatz, an den er sich zu erinnern versucht hatte. Er strahlte einen Zauber aus. Er vermochte die Macht des Spruches fast zu sehen, doch er wußte, daß es ihn umsonst verlockte. Er konnte nicht entscheiden, ob es eine Schutzformel oder eine Warnung war und zuckte ungeduldig mit den Schultern. Fort mit dir, sprach er in seinem Innern zu dem schillernden Zauber, und er senkte seinen Blick auf die winzigen Silberbuchstaben, die unter der Sonne erstrahlten. *Ghakazian stand vor seinem Tor,* las er wie zuvor, *mit seiner Armee hinter sich. »Sholia und der Antischöpfer regieren nun das Universum!« schrie er, und Geflügelte wie Flügellose stöhnten zur Antwort. »Es ist keiner außer uns mehr da, um das Licht zu bewahren! Wir müssen nach Shol ziehen, zum prächtigen, reichen Shol und Krieg führen, um es für uns und das Licht zu beanspruchen!«*

Was ist das denn für ein Wahnsinn, dachte Ghakazian gereizt. Auf Ixel las es sich doch ganz anders, dessen bin ich mir ganz sicher. Aber was es damals aussagte, daran kann ich mich nicht erinnern. Sholia und der Antischöpfer? Ixelion, was für ein ausufernder Unsinn wütete in deinem Kopf, als du diese Zeilen schriebst? Du bist wahrhaft gefallen. Wahrscheinlich muß ich das Buch nach Danar bringen, doch es läßt sich kaum in das Buch des im All Gewesenen einverleiben. Es sind die Wucherungen eines vom schwarzen Feuer langsam gelähmten Geistes. Später werde ich mehr darin nachlesen, um zu erfahren, ob in diesem Irrsinn irgendwo das Wissen zu finden ist, das Janthis sucht. Er wird keine Ruhe haben, ehe er nicht weiß, wie es zu Ixelions Fall kam. Ghakazian schleuderte das Buch sorglos auf das Sims und flog mit ausgebreiteten Flügeln in den Sonnenschein hinaus.

Tagar saß vor seinem Haus, die Hände um eine hölzerne Tasse geschlungen, als Ghakazian vom neu erstrahlenden blauen Himmel herabsegelte, vor ihm zum Halten kam und Regentropfen abschüttelte. Der Regen hatte aufgehört. Jenseits des niedrigen Steingebäudes zog sich das Tal die Berge hinauf und hinab und glänzte sauber und wassergesättigt. Weit in der Ferne in dem Dunst der feuchten Luft zog ein Geflügelter hoch oben seine Kreise über den Seitenarmen des Tales, wo diese sich bis zu einem Punkt verjüngten und zwischen Felsen und Schatten verschwanden. Aber hier im Schutz der sanften Hügel und Tagars grauer Steinmauer wärmte die Sonne sie, und es herrschte kein Wind. Tagar lächelte, und sein rot gekleideter Arm fuhr vor, um Ghakazian zu streicheln.

»Sonnengebieter!« sagte er. »Willkommen zu Hause!«

Ghakazian lächelte zum Gruß und setzte sich auf die Mauer. Seine Flügel hatte er hinter sich über das Gras gebreitet. »Geht es dir und allen meinen Flügellosen gut?« erkundigte er sich höflich. Der Mann neigte in natürlicher Würde langsam den Kopf. Die Hände, welche die Tasse beiseite stellten, waren groß, grobknochig und von dicken Adern durchzogen. Auch das Gesicht war faltig. Um die Augen, die unzählige Jahre damit zugebracht hatten, ins Sonnenlicht und weite Entfernungen zu blinzeln, Zeiten und Jahreszeiten zu messen, über die komplizierten Geheimnisse von Nacht und Tag, Regen und Sonne, Kälte und Hitze nachzugrübeln, war es zerfurcht. Er war ein großgewachsener Mann und so langsam wie die Gemächlichkeit der Wolken, die Schatten über das Tal warfen. Es würde nicht mehr lange dauern, dann wäre seine Zeit auf Ghaka vorüber, und ein Botschafter würde kommen, um ihn abzuholen. Doch bis zu diesem Zeitpunkt sorgte er für sich und jene, die ihn mit insgeheimem Stolz als ihren Sippenältesten betrachteten. Dem Himmel galt seine Besorgnis nicht. Die Erde war es, die ihn hervorgebracht hatte, und sie rief ihn immer noch mit ihrer tiefen, wohlklingenden Stimme. Nun antwortete er mit ruhiger Entschlossenheit.

»Alles ist gut. Nichts hat sich geändert, und nichts wird sich jemals ändern. Warum sollte es, Ghakazian? Ich ziehe mit meinen Schafen über die Berge und warte, bis ich in mir die Anzeichen verspüre, die mich ein letztes Mal zum Tor führen werden. Doch ich glaube nicht, daß meine Zeit unmittelbar bevorsteht.« Er lächelte dem Wirrwarr von windverwehtem, braunem Haar und flatternden Federn zu. »Warst du weit im All unterwegs?«

»Ja, ich war weit fort«, erwiderte Ghakazian knapp. »Ich war auf Danar und dann auf Ixel.«

Tagar trank nachdenklich und setzte dann die Tasse auf den Steinweg, der von seinem Gartentörchen zum offenen Haus führte. »Ich sah ihn einmal, als er dich besuchen kam.«

Du bist ein seltsamer Sterblicher, dachte Ghakazian, während sein Blick von Tagars zerfurchtem Gesicht zu dem Pünktchen schweifte, das immer noch langsam weit oben schwarz vor dem tiefblauen Him mel kreiste. Ich habe das Gefühl, wenn ich dir berichten würde, was Ixelion und den anderen widerfahren ist, würdest du nur einfach nikken und alles vollständig verstehen. Doch obgleich ich mein Wissen manchmal ganz gerne hier draußen in der Frische und Ruhe deines Tales mit dir teilen würde, ist es mir untersagt. Du magst wohl klug sein, doch du bist auch unschuldig, und unschuldig mußt du bleiben, da die Schlichtheit in deinem Leben das einzige ist, das sich nicht verändert, sondern umfassender und süßer wird.

»Ich weiß nicht, ob er zufrieden ist oder nicht«, antwortete Ghakazian offen, denn Zufriedenheit hat vielerlei Bedeutungen. Dann erhob er sich plötzlich von dem Mäuerchen und stand über Tagar. »Sag mir«, bat er unvermittelt. »Ist jemals ein Sterblicher durch das Tor zu anderen Welten gereist, nicht nur nach Linla oder Roita, sondern durch die Tiefen des Raumes, irgendwann einmal seit der Erschaffung der Vor fahren?«

Tagar schaute überrascht zu ihm empor. »Du fragst mich etwas, was du selbst wissen müßtest, da du schon hier warst, als die Berge aus dem Boden brachen. Soweit ich mich erinnern kann, und auch in den Erinnerungen meiner Ahnen vor mir ist so etwas nicht möglich gewesen. Der Weltenschöpfer hat den Sterblichen die Reiche des interstellaren Raumes verboten. Warum fragst du?«

Ghakazian schüttelte den Kopf. »Verrücktheit«, murmelte er. »Die Ausgeburt eines kranken Gehirns.«

Ein Rufen ließ sie beide nach oben schauen, wo Mirak tief über ihren Köpfen hinwegsegelte. Sie riefen einen Gruß zurück und sahen ihm gemeinsam nach, bis er nur noch als Pünktchen zu erkennen war.

Schließlich verschwand er ganz, und die Lüfte, die zwischen den Bergen hinter ihm strömten, ließ er leer zurück. Ghakazian spannte seine Flügel. Tagar, der immer noch am Boden saß, sah, wie sie sich raschelnd zwischen ihm und der Sonne öffneten. Es war wie das Auseinanderfallen eines Schattens, ein breiter, ausladender Doppelfächer, der sich in dunklem, mächtigen Bogen vom weiß strahlenden Licht dahinter abzeichnete. Ihn schauderte für einen Augenblick. Ein kalter Hauch zog seine Muskeln zusammen, und sein Blick fiel auf die braunen Füße des Sonnengebieters, wo die untersten Federn über den Boden streiften.

»Nun«, schloß Ghakazian, »ich werde wohl mal nachsehen, wie der Regen Brengars Ernte bekommen ist.«

Tagar rappelte sich empor, verbeugte sich und küßte die Sonnenscheibe. Als er seinen Mund zurückzog, prickelte er vor Kälte. Langsam rieb er sich über die Lippen, und Ghakazian stieg mit einem gewaltigen Schwung von Haaren, Gliedmaßen und flatternden Flügeln empor und war fort.

*

Ghakazian verbrachte den Rest des Nachmittags fliegend von einem Tal zum anderen und im Gespräch mit jenen, die die Kornfelder bestellten und die Tiere hüteten weit unten unter den Reichen ihrer geflügelten Brüder. Als er sich so unter ihnen bewegte, mit den Kindern Fangen spielte, den Frauen zulächelte und mit den großen, aufrecht gewachsenen Männern diskutierte, fühlte er, wie ihn erneut Stolz erfüllte auf diese, seine Aufgabe und sein grenzenloses, herrliches Land. Die Berge waren sein, die grünen, fruchtbaren Täler wurden durch seinen Atem am Leben gehalten, und das Wohlergehen der Menschen und seine eigene Unsterblichkeit nährten sich gegenseitig.

Als allmählich die Sonne unterging und das Licht einen weichen, warmen Rotton annahm, der schräg über die Felder fiel und den Berggipfeln lange Schatten verlieh, flog er nachdenklich zu seinem Palast zurück und zu dem widerhallenden Felsschacht in seinem Innern. Morgen, dachte er, werde ich durch das Tor nach Linla gehen, über die Wüste schweben und jene besuchen, die in den Höhlen unterhalb der orangefarbenen Klippen leben. Ich werde sogar nach Roita ziehen und mich auf meinen Flügeln in den Schnee legen. Er kam an den Rand des Schachtes, schwankte einen Augenblick auf dem scharfkantigen Felsen und ließ sich dann mit dem Ruf nach seiner Sonne hinabfallen. Draußen auf Ghaka glitt die Sonne heiter dem Horizont entgegen, doch innerhalb Ghakazians Berg schien sie kräftig und hell, so daß die Schatten, die die Spalten und Risse nachzeichneten, verschwanden. Er begab sich zu seinem Steinsims, ließ sich dort nieder und lauschte dem Wind, der durch die Halle seufzte und durch die dunklen Honigwaben der Bergwurzel zu ihm heraufsäuselte.

Er wußte, daß das Buch dalag, denn als er über dem Kamin geschwebt hatte, war es ihm mit plötzlicher Klarheit wieder eingefallen. Nun stand er einen Augenblick mit gerunzelter Stirn da und schaute hinab, wobei die Präsenz des Buches hinter ihm auf dem Gemäuer förmlich greifbar war. Schließlich drehte er sich um und hob es auf. Sterbliche von Ghaka auf Shol! Er kicherte vor sich hin. Armer Ixelion! Aber ich bin Ghakazian der Starke. Ghakazian der Mächtige. Diesmal zuckte das Buch nicht in seinen Händen, als er immer noch mit krausgezogener Stirn durch die Seiten blätterte. Statt dessen sprangen ihm jetzt Absätze entgegen. Er sah seinen Namen immer und immer wieder und auch andere, die er kannte. Mehrere Male war es der Name von Mirak. Tagar wurde viermal in einem kurzen Abschnitt erwähnt. Wo sind die Worte von Ixelion und seinem Volk, dachte er immer noch weiterblätternd. Wo jene vom Regen, vom Ozean, von den nebelverhangenen Wäldern und Flüssen? Wenn dies die Annalen von Ixel sind, dann war Ixelion schon vor sehr langer Zeit dem schwarzen Feuer verfallen. Es las sich wie die Annalen von Ghaka, und doch kann es nicht sein, denn jenes Buch verfasse ich selbst. Es sei denn... Es sei denn...

Zum erstenmal klappte er das Buch zu und betrachtete den Einband. Seine schmalknochigen Hände genossen die kühle Glätte der elfenbeinfarbenen Hülle, Silberbuchstaben dehnten sich spinnwebenartig unter seinen Augen aus. Zuerst konnte er nichts mit ihnen anfangen, doch dann schienen sie sich plötzlich zueinanderzufügen, sechs unschuldige, einfache Worte. *Das Buch dessen, was sein wird,* las er. Er schwankte, und nur die rasche Reaktion seiner Flügelreflexe bewahrte ihn davor zu stürzen. »Oh«, hauchte er. »Oh, es kann nicht sein.« Das Buch glitt aus seinen Fingern in den Abgrund. Mit einem Aufheulen stürzte er hinterher und fing es, ehe es in den Untergrundströmungen und lichtlosen Löchern des Bergfußes verschwinden konnte. Während die Furcht des Verlustes noch wie rasend in seiner Brust pochte, trug er es vorsichtig durch den schmalen Bogen in seinen Saal. Er stand auf dem Podium und las noch einmal den Titel. »Das also führte zu Ixelions Fall«, flüsterte er. Seine Stimme strich die langen Wände entlang und kehrte dann zu ihm zurück. »Und war dies auch Falias Untergang? War dies der Schatz?«

Er machte den Mund zu, doch seine Gedanken rasten weiter. In dem Buch steht weder ein Wort über Fallan noch über Ixel. Es dreht sich alles um Ghaka und Shol. Behutsam und langsam schlug er es wieder auf, und der Absatz, der ihn anfänglich so gefesselt hatte, sprach wieder zu ihm. *Ghakazian stand vor seinem Tor... Sholia und der Antischöpfer regieren nun das Universum... Krieg führen...* Nein, es hat gelogen, dieses magische, kostbare Relikt vom Anbeginn der Zeiten. Sholia würde genausowenig fallen wie ich. Krieg war die letzte Zuflucht der Gestürzten. Sterbliche können nicht durch die Tore zu anderen Welten reisen. »Du lügst«, flüsterte er. Doch mit schleichender Angst und einer Gewißheit, die sich mit der Verzweiflung dunkel und scharfkantig in sein Denken schlich, wußte er, daß das Buch dessen, was sein wird, niemals lügen könnte. Es war Teil des Anfangs, als es noch keine Lügen gegeben hatte, Sholia würde tatsächlich fallen und einen Handel mit ihrem Herrn, dem Antischöpfer machen, und er, Ghakazian, würde kämpfen müssen. Wie würde es enden? Hastig versuchte er, das Buch kurz vor dem Ende aufzuschlagen, doch die Seiten waren zusammengeklebt, und er zerrte vergeblich daran. »Kein Wunder, daß du verborgen warst«, sprach er leise drängend zwischen den Zähnen hindurch zu dem Buch. »Kein Wunder, daß den Sonnengebietern der Zugang zu dir verboten war. Von Anbeginn an enthieltest du zwischen deinen Deckeln die Geschichte der keimenden Tragödie, die über das Universum gekommen ist. Und der Gesetzesmacher wußte das.« Ghakazian hob den Kopf. Der Gesetzesmacher wußte es. Natürlich. Er mußte es gewußt haben, noch ehe er den Weltenschöpfer zum Leben erweckte und ihn zum Schaffen anhielt. Wie sollte der Gesetzesmacher etwas nicht wissen? Und folglich... Und folglich ist der Gesetzesmacher anders, als wir ihn uns vorstellen.

Ghakazian hatte ein Gefühl, als hätte ihn etwas emporgetragen und körperlich weit hinaus in den Raum geschleudert, als seien alle seine Verbindungen gerissen, als gefriere all sein goldenes Blut in seinen Adern zu Eis und Klumpen, solche Schmerzen hatte er und solche Kälte durchflutete ihn. Deshalb wird er uns nicht helfen. Deshalb tut er nichts. Er weiß alles. »Sholia!« würgte er und hielt das Buch hoch über seinen Kopf. Doch es war nicht um Sholias willen, daß er auf den kalten Stein niedersank und mit um sich gerollten Flügeln weinend dalag. Es war um seiner eigenen Desillusionierung willen.

Er wußte nicht, daß er weinen konnte. Er hatte geglaubt, Tränen seien Teil des Werkes des Antischöpfers, die aus der Einpflanzung von Bitterkeit und Trauer in die Gefallenen kämen. Er klammerte das Buch an seine Brust und weinte, bis er völlig erschöpft war. Ich werde nicht wieder weinen, dachte er, schlug die Augen auf, lag immer noch auf der Empore und blickte hinab auf den weiten Bogen der leeren Halle. Ich werde solchen Schmerz nicht wieder zulassen. Wenn ich kämpfen muß, um Ghaka zu retten, wie es in dem Buch steht, dann muß ich es von Anfang bis Ende lesen, damit ich weiß, wie und was ich zu tun habe und ob meine Mühe umsonst sein wird. Doch selbst wenn das Buch mir eröffnet, daß ich geschlagen werde, will ich in den Kampf ziehen. Für Ghaka, für Shol, den Juwel des Universums, für Danar und den Rat. Der Gedanke an Danar brachte ihn wieder auf die Beine. Aber ich kann das Buch nicht behalten, sagte er sich. Ich muß es Janthis bringen, wenn ich es gelesen habe. Ich werde ihm erklären, daß er ohne Verzögerung das Tor von Shol schließen muß. Nicht, daß irgendeine Toresschließung bislang etwas bewirkt hätte. Sie kamen immer zu spät. Die hätten auf mich hören sollen, als ich zu ihnen vom Kämpfen sprach. Denn es ist sicher besser, die Unschuld der Sterblichen zu vernichten, um die Welten zu retten, als sie mit Falschheiten zu behüten und unsere ganze Hoffnung auf die Schließung der Tore zu setzen. Janthis ist ein Narr.

Kraft durchflutete ihn. Es war eine Welle kühler Entschlossenheit, die von dem Buch auszugehen und durch seine Hände zu strömen schien. Er trat zurück zu dem Bogen, entschlossen, das Buch in der Abgeschiedenheit seines Gewissens zu lesen. Doch plötzlich blieb er stehen. Zum erstenmal war er sich der Tiefe des Abgrunds bewußt, der unter ihm gähnte, und für einen Augenblick, nur für eine flüchtige Sekunde lang sah er sich fallen, fallen mit zerknitterten und nutzlosen Flügeln und mit von der Geschwindigkeit seines Sturzes versengter Haut. Dann war es schon vorüber, ohne daß er sich daran erinnert hätte. Er schwebte nach oben, erreichte seinen Sims und schlug im beständigen Strahlenkranz seines geborgten Sonnenlichts die erste Seite des Buches auf.

Ihm war nicht bewußt, ob er einen Tag oder tausend gelesen hatte. Er stand auf dem Vorsprung, das Buch in beiden Händen und war ganz verloren in der Zeit, die kommen würde. Die Worte schienen sich in Bilder zu verwandeln, als seine Augen darüber hinglitten, so daß eine Szene auf die andere folgte – in seinem Denken zwar und doch gleichzeitig zu real, um nur in seinem Kopf abzulaufen, eine Kette von Farben, Gerüchen und Gefühlen, die ihn umgaben, solange er brauchte, um weiterzulesen. Er sah sich auf dem Felsensims hocken und lesen. Er erkannte, wie er das Buch zum Rat nach Danar brachte, fühlte, während er zu seinen Gefährten sprach, Danars heiße Sonne und sah, wie sie sich in den Juwelen auf Sholias Armband fing. Es war ein dickes goldenes Band mit hellroten Steinen, das er niemals zuvor an ihr gesehen hatte. Er empfand die Enttäuschung und den Zorn, als Janthis ihn bat, das Buch in seine Obhut zu geben. Er plädierte für Krieg, und Krieg wurde ihm erneut versagt. Er sah sich selbst in seinem Tor stehen und über den sternenüberladenen Himmel blicken. Zwischen ihm und den Sternen versammelten sich die Sonnengebieter, beschuldigten und bemitleideten ihn. Er rief ihnen schmähende Worte zu, da er etwas wußte, was ihnen unbekannt war und ihn mit geheimem Triumph erfüllte. Doch obwohl der lesende Ghakazian das Denken des Ghakazian am Tor prüfend durchforschte, konnte er nicht herausfinden, was das Geheimnis war. Seine Verwandten würden kommen, um das Tor zu schließen. Er wußte das, auch wenn das Buch es nicht direkt sagte. Doch er war keineswegs beunruhigt, denn das Buch zeigte ihm, daß er lange, ehe sie kämen, am gleichen Fleck mit dem Gesicht nach Ghaka stehen und zu seiner Armee sprechen würde. Er konnte sie nicht sehen, und während der Ghakazian in der Vision zu ihnen sprach, fragte der auf dem Gesims stehende atemlos: Warum? Warum? Doch er wußte, daß die Armee da war, und obgleich Kilometer um Kilometer wie ein Flickenteppich sich unter seinem Blick entfaltete, das hohe, grüne Gras, die flachen, weißen, von Steinmäuerchen umgebenen Häuser, drängte das Geflüster von Millionen seiner Untertanen gegen seine eigenen Gedanken.

Er blätterte um, und plötzlich befand er sich auf Shol und kniete hinter einem der orangefarbenen Ziersträucher, die den Fuß der Marmortreppe zu Sholias Palast säumten. Er duckte sich tief hinab und hielt den Atem an, denn auf der obersten Stufe stand groß und prächtig in seiner arroganten Vornehmheit, unsterblich und unbesiegbar, der Antischöpfer. Sholia stand ebenfalls dort, ganz in Weiß und Gold gekleidet. Ihr Gesicht hatte die Farbe ihres Gewandes, und ihr Haar glänzte üppig und klar wie ihre Sonnen. Sie sprachen miteinander, doch Ghakazian konnte es nicht verstehen. Dann hob der Antischöpfer eine Hand. Ghakazian fühlte, wie ganz Shol den Atem anhielt und wartete. Er wartete ebenfalls, doch auf etwas anderes, etwas, das tief in seinem Innern verborgen war. Noch bevor es an die Oberfläche dringen konnte, befand er sich wieder auf dem Steinsims, und die letzte Seite raschelte unter seiner Hand.

Enttäuschung durchflutete ihn, so als hätte er geträumt wie die Sterblichen und wäre aus dem Reich der Wunder unter einem düsteren Himmel und in den vier Wänden einer roh gezimmerten Hütte erwacht. Was unternehme ich danach, fragte er das Buch zornig. Kämpfe ich? Oder kämpfe ich zuvor, verlor ich und bin auf Shol gefangen?

Wie kam ich denn nach Shol, wenn mein Tor geschlossen wurde? Wie kam es, daß die Täler leer waren, obgleich eine Armee, meine Armee, sich unsichtbar auf den Feldern drängte? Verwirrt und erschüttert legte er das Buch nieder und begann, langsam um das Gesims zu gehen, beide Hände an die Wangen gelegt. Ich werde eine Armee von Sterblichen aufstellen, dachte er. So schrieb das Buch, und das Buch kann nicht lügen. Aber es kann mir auch nicht verraten, wie ich in der Lage sein sollte, das zu bewerkstelligen. Ich führe meine Armee durch das Tor nach Shol. Wie?

Es dämmerte auf Ghaka. Die Sonne trat über den Horizont und breitete sich hinter den Bergen aus, um sich pinkfarben und neu in die Täler zu ergießen. Die Sterblichen erwachten von ihren Träumen, doch Ghakazian sprang zum erstenmal, seit er mit seiner Sonne die Dämmerung anbrechen ließ, nicht aus seinem Schacht, um seine Schwester zu begrüßen. In ihm drängte alles danach, den Schlüssel zu finden, der ihm die Tür zu den bevorstehenden Ereignissen öffnen würde. Die Dinge müßten anders werden auf Ghaka, gelobte er. Man müßte den Menschen das Töten beibringen, und Shol müßte von Sholia und dem Antischöpfer errettet werden. Ich selbst muß dort die Herrschaft übernehmen. Vielleicht bedeutet es meinen Untergang, gegen sie anzutreten, vielleicht hat das in mir gebohrt, als ich hinter dem Strauch versteckt saß. Seine Hände fielen von seinem Gesicht herab, und er begann angesichts dieses Bildes zu lächeln. »So soll es sein«, sprach er laut. »Ich werde auf Eroberung gehen. Dann wird der Rat mich ehren und Ghakas Tor wieder öffnen.« Er kam zu dem kleinen Bogen und trat sinnend hindurch in seinen Saal, immer noch ganz in Träumereien versunken. Er durchquerte die Halle und gelangte ins Freie und war so in seinen Gedanken gefangen, daß er nicht flog, sondern die Treppe hinunterschritt, die ihn an den Fuß des Berges brachte. Meinen Sterblichen muß die Macht verliehen werden, Ghaka zu verlassen, dachte er letztendlich. Irgendwie muß sich ein Weg finden lassen. Wir können nicht warten, bis schließlich die Vernichtung über uns kommt.

Dann war sein Inneres plötzlich bar aller Gedanken. Es war, als hätte jemand hineingegriffen und sie fortgewischt. Sein Kopf kam ihm leer und dunkel vor, ein Gewölbe, das gehorsam darauf wartete, angefüllt zu werden. Er blieb stehen und schloß die Augen. Alles in ihm balancierte auf dem Rand jener Erkenntnis, die, wie er wußte, kommen mußte, alles in ihm befürchtete, der Augenblick könnte an ihm vorübergehen und niemals wiederkommen. Seine Fäuste ballten sich, seine Flügel legten sich dicht an seinen Körper. Doch als sie kam, war sie sanft und süß, lautlos, wortlos, ein plötzliches Erblühen. Sein Inneres zeigte ihm einen kleinen, schwach erleuchteten Raum voller Staub und unendlich alt. Die Wände entlang zogen sich Regale mit Büchern aller Größen und Aufmachungsarten. In der Mitte auf dem Boden befand sich ein Lesepult, in dessen Podest aus blauem Haeliholz ein aufgerichteter Corion geschnitzt war. Die glatte, schräge Oberfläche wurde von den Vorderpranken des Tieres gehalten. Ghakazian entspannte sich. Kraft durchströmte ihn. Er schwang sich in die Luft, drehte und zog einen Bogen über den Himmel zu der Höhle mit dem Eingang seines Tores. Natürlich sang sein Herz. Natürlich antwortete der Wind auf den Schrei seiner Schwingen. Er tauchte in die Höhle, schwebte den Tunnel entlang, dann war er durch das Tor hindurch, fiel in den Korridor, rief Danars Sonne an, ihn zu erkennen und zu holen. Er hatte den Schlüssel nicht gefunden, aber er wußte nun, wo er zu suchen war.

6

Es war ein früher Frühlingsabend auf Danar. Die Luft war kühl und ruhig. Sterne begannen vor dem Tiefblau des Himmels zu leuchten, und im Westen zog sich ein purpurner Streifen über den Horizont. Ghakazian erwiderte das Kopfnicken der Corionen, die an den Säulen vor dem Eingang zur Ratshalle saßen. Nach einem Blick die verlassene Treppenflucht hinab, die ihn in jenen eigentümlichen Haeliwald geführt hätte, wo die beiden Zeitströme auf Danar sich vermischten, sprang er hinein. Die hohen Räume und stillen Korridore lagen in weichem, diffusem Licht. Kein Geräusch außer dem Rauschen seiner Flügel schallte ihm entgegen, als er emporstieg und zum Zentralsaal flog. Der war ebenfalls leer, der Tisch spiegelte das Licht auf den Edelsteinen wider, mit denen die Kuppel besetzt war. Er schloß seine Flügel und kam vor der großen Sonnenscheibe an der Wand zum Halten. Ohne abzuwarten, schritt er zu der linken Tür und klopfte. Nach einer Weile wurde sie geöffnet, und Janthis begrüßte ihn herzlich.

»Ghakazian! Was führt dich nach Danar? Komm herein!«

Ghakazian trat ein, und Janthis schloß die Tür hinter ihnen. Ghakazian schaute sich rasch um. Der Raum war klein und anscheinend kahl. Ihm gegenüber gaben drei steingefaßte Fenster den Blick auf den dunkel werdenden Himmel frei. Ghakazian wußte, daß er von dort aus die Wipfel des Haeliwaldes und dahinter die fackelerleuchtete Stadt sehen könnte. Sie erstreckte sich an dem Hang entlang, der zu dem hohen Bergrücken anwuchs, wo die Corionen tief im Gestein überwinterten. Eine der Wände war grau und nackt, doch das war ein Trugbild. Auf ein Wort von Janthis hin würde das Grau sich in das strahlende Dunkel schwarzen Glases verwandeln, und das Universum würde ihm so entgegenleuchten, daß jedes Sonnensystem klar und echt zu erkennen wäre. Auf ein weiteres Wort hin vermochte Janthis eine Sonne, eine Weltengruppe aufzurufen, und ihre Bilder würden heranrauschen, um die Wand zu erfüllen.

Auch die Wand dem Spiegel gegenüber war grau und kahl. Ghakazian hatte niemals gesehen, wie sie sich veränderte, noch daß Janthis sich ihr genähert hätte. Er hatte sich oft gefragt, ob sie dem Ratsleiter den Antischöpfer selbst zeigte oder vielleicht die Reiche der Botschafter oder gar die Räume jenseits alles Bestehenden, wo der Gesetzesmacher außerhalb von Raum und Zeit existierte. Nun ergriff Janthis das Wort, und aus dem Dämmerschein wurde helles Tageslicht. Er drehte sich zu Ghakazian um.

»Vorläufig wird für lange Zeit keine Ratssitzung einberufen werden, und der jährliche Zustrom der Sterblichen von Danars anderen Planeten zur Blütezeit der Haelis hat noch nicht begonnen. Was beschäftigt dich?«

Ghakazian stellte mit Erstaunen fest, daß er dem festen Blick aus den dunklen Augen des anderen nicht standhalten konnte. Janthis lächelte ihm zu, und Ghakazian bekämpfte den Drang, ihn herauszufordern, Streit über irgend etwas mit ihm anzufangen. Er heftete seinen Blick auf die tote Sonnenkugel, die auf einem der Fenstersimse lag. Er sah sich und Janthis darin merkwürdig verzerrt widergespiegelt. Ihre Gestalten waren dort in die Länge gezogen und geschwungen, und seine eigenen Schwingen umhüllten ihn schwarz.

»Ich suche eine Antwort auf eine wichtige Frage, Janthis«, antwortete er leichthin. »Ich möchte gerne die Bücher von Lore studieren.«

»Gewiß. Gewöhnlich bitten nur Händler, die auf Danar vorbeikommen, einen Tag in ihrem Staub zubringen zu dürfen. Kann ich dir vielleicht behilflich sein?«

Ghakazian wandte den Blick von der Kugel ab und schaute Janthis in die Augen. Du kannst mir nicht helfen, dachte er mit fast spöttischem Beiklang. Du bist bleich, Janthis, du bist höflich, du bist aber unfähig, auf unsere gewöhnliche Angst zu reagieren und wirkliche Hilfe zu leisten.

»Nein, ich brauche keine Hilfe«, sagte er und kehrte sich schon ab. »Ich bitte nur um Licht von Danars Sonne. Ich werde alles nachlesen und es dann so zurücklassen, wie ich es vorfinde.«

Ghakazian landete am Fuße der schmalen, gewundenen Stiege und schritt durch einen dunklen Gang. Sogleich gelangte er zu einer glatten Holztür, stieß sie auf, trat in den Raum und blinzelte angesichts des hellen Lichts, das ihn dort plötzlich empfing. Janthis hatte das Zimmer mit Danars kräftiger Sonne erfüllt. Ghakazian blieb einen Augenblick stehen und sah sich um. Er war nur einmal zuvor vor sehr langer Zeit hier gewesen, doch alles war wie damals und wie er es in seiner Vision gesehen hatte. Reihe um Reihe Bücher, die niedrige Decke, das hellblaue Stehpult mit den Corionenklauen, die die Schreibfläche trugen. In dem Raum herrschte völlige Stille, das selbstbeherrschte, zeitlose Schweigen, das er plötzlich gar nicht mehr stören wollte. Irgendwie war die Atmosphäre vom stummen Wissen der Zeitalter erfüllt und lud nicht ein, dort einzudringen. Er hielt seine Flügel dicht an seinem Rücken und trat mit schwerer werdendem Herzen nach vorn. So viele Bücher, Hunderte davon in allen Größen und Formen, wovon ein jedes große geistige Fähigkeiten voraussetzte, um seine Geheimnisse zu ergründen. Nun gut, dachte er. Ich habe alle Zeit der Welt, und wenn das Buch die Wahrheit spricht, muß ich finden, was ich suche.

Er näherte sich dem nächsten Regal und sah zu seiner Erleichterung, daß die Bücher nicht wahllos eingestellt waren. Auf einer schmalen Goldplatte auf dem ersten Regal las er: *Das Gesetz des Erstgeborenen.* Die Bücher reihten sich in ordentlicher Folge aneinander, führten um die Ecke herum und verloren sich auf der anderen Seite des Zimmers. Ghakazian hob den Blick. Auf dem Schildchen des nächsten Regalfaches stand: *Das Gesetz der Botschafter.* Seine Finger juckten. Er bezweifelte, daß er irgend etwas über die Botschafter erfahren würde, das er nicht schon wußte. Er teilte jedoch die Neugier seiner übrigen Familie, wenn es um die Bewohner des interstellaren Raumes ging. Er las weiter, und jedes Täfelchen vermittelte ihm ein schnell anwachsendes Gefühl für die umfassende Macht des Gesetzesmachers und die Komplexität des Alls. Da gab es Gesetze für die unbewohnten, unbelebten Sonnen, für die Sonnen ohne Welten, für Lebewesen, Empfindungsunfähige und Händler. Er betrachtete eine Wand zu Ende und trat zur gegenüberliegenden Seite des Raumes. Hier befanden sich die Gesetze für die Sonnengebieter und ihre Sonnen. Hier stand auch das Buch des im All Gewesenen, unzählige Bände zusammengetragen von jeder Welt, und es wurden ständig mehr Geschichtsbücher der Unsterblichen und ihrer Pflichten. Obenauf lag flach ein einzelnes, schmales Buch in weißes Leder gebunden und mit silbernen Buchstaben versehen. Ghakazian holte es herunter, drehte es herum und las: *Das Gesetz für das Buch dessen, was sein wird.* Er hätte es fast aufgeschlagen, doch dann schüttelte er den Kopf und legte es zurück. Er wollte sich nicht ablenken lassen. Vielleicht konnte er eines Tages zurückkehren und dann seine Seiten aufschlagen, jetzt jedoch nicht. Er suchte weiter, bis er schließlich die Bücher der Gesetze für sterbliche Menschen fand. Eines nach dem anderen zerrte er vom Regal herunter und blätterte alle eifrig durch, doch sie enthielten nicht, was er brauchte. Die Bände beinhalteten die Gesetze für Geburt und Tod, Gedächtnis, beschränkte Fähigkeiten und Sterbliche im Reich der Botschafter. Doch irgendwo entdeckte er einen Befehl, der sie unbeschadet durch ein Tor in eine andere Welt eintreten ließe. Er schleuderte jedes Buch wieder ins Regal zurück, und aus Enttäuschung wurde Zorn. Ich bin ein Tor, sagte er sich. Was mache ich hier? Ich werde nach Ghaka zurückkehren, das Buch holen und es mitsamt seinem Unfug Janthis übergeben.

Er wollte gerade kehrtmachen, als sein Blick auf das letzte Schildchen weit unten, fast zu seinen Füßen, fiel. Mit einem Seufzen bückte er sich und las: *Das Gesetz der Tore*. Er holte schnell Luft und kauerte sich nieder, so daß seine Flügel durch den Staub am Boden hinter und neben ihm herschleiften. »Unsterbliche und Tore, Botschafter und Tore, Händler und Tore«, murmelte er, während sein Zeigefinger über die Bände strich. Dann hatte er es. Er zog das Buch mit einem kurzen Lachen heraus und legte es vorsichtig auf das Pult. Das Gesetz der Sterblichen und der Tore, stand darauf. Gespannt schlug er die erste Seite auf.

Zuerst kam er nur langsam voran und war überzeugt, daß ihm das Buch nur Dinge verriet, die er ohnehin schon kannte, nur auf ordentlichere Weise. Am Tage, da der Weltenschöpfer nach Ghaka gekommen war, um sein Werk zu vollenden, hatte er lange mit Ghakazian gesprochen und hatte ihm die Stellung erklärt, welche die noch nicht geschaffenen Sterblichen einnehmen würden. Den Sterblichen auf Ghaka und seinen Satelliten hatten viele Jahrhunderte lang Ghakazians Erkundungen und Liebe gegolten. Er wußte das alles. Aber er las weiter und vertraute jedes Wort seinem Gedächtnis an, damit er es zu Hause zur genaueren Überlegung wieder zurückrufen könnte. Das Sonnenlicht erhellte die Seiten gleichmäßig. Das Schweigen hielt absolut an. Er las von Kapitel zu Kapitel unter völliger Konzentration, nur seine Augen und seine federleichten Hände bewegten sich.

Als er drei Viertel des Buches gelesen hatte, erstarrte er und stieß einen leisen Schrei aus. Nicht, daß er etwas gefunden hätte, das er nicht wußte, aber die Information, die er gerade seinem Gedächtnis übergeben hatte, kehrte umgewandelt zurück und nahm eine neue Bedeutung an. *Ein Sterblicher kann nicht die Tore benutzen, um die unsichtbaren Korridore von Welt zu Welt zu bereisen,* hatte er gelesen, *denn sein Körper ist zu der raschen Umwandlung von Blut und Knochen zu Geist und zurück nicht in der Lage. Die Folge wäre eine andauernde Trennung von Körper und Geist. Nur im Tode kann ein Sterblicher Zeit und Raum durchreisen, denn dann nehmen Geist und Körper eine neue Form zusammen an.* Ghakazian las den Absatz noch einmal mit besonderer Aufmerksamkeit. *Nur im Tode kann ein Sterblicher reisen...* Und der Tod setze im Geiste eines Sterblichen neue Kräfte frei, Kräfte zur Metamorphose des Körpers. Doch ohne diesen Körper vermochte ein Sterblicher ungehindert ein Tor zu durchschreiten, als reiner Geist, ohne vom Tode bedroht zu sein. Kein Sterblicher auf irgendeiner anderen Welt wäre fähig, seinem Anspruch auf Besitz und Herrschaft zu widerstehen.

»Aha!« zischte Ghakazian durch die Zähne, schlug das Buch zu und rannte ans Regal, um es wieder einzustellen. »Ich wußte es doch! Die ganze Zeit über wußte ich es, und wußte es doch nicht. Ich werde es ihnen erzählen, ich werde ihnen erklären, was sie tun müssen, und sie werden es aus Liebe zu mir tun.«

Er rannte aus dem Zimmer, knallte die Tür hinter sich zu und lief die geschwungene Treppe hinauf. Sobald er in den oberen Räumen angekommen war, erhob er sich in die Luft und stürzte zum Vorplatz und dem dahinterliegenden Tor.

Er schoß durch sein eigenes Tor, platzte aus der Höhlenmündung heraus und ließ sich wie ein Stein fallen, bis er sich auf der Höhe von Miraks Wohnung befand. »Mirak!« rief er. »Komm heraus! Beeil dich! Ich muß etwas Wichtiges mit dir besprechen!« Mirak tauchte fast auf der Stelle auf, und Ghakazian stürzte mit einem Ruck seines Kopfes davon. Gemeinsam umkreisten sie die Gipfel und gelangten schließlich zu Ghakazians Felsenspitze. Ghakazian machte keine Pause, sondern schwebte empor und flog dann über den Gipfel hinweg, um in dem Felsenkamin zu verschwinden; Mirak stürzte hinterdrein. Erst als sie beide erwärmt vom Sonnenschein auf dem Sims hockten und Ghakazian sich davon überzeugt hatte, daß sich kein Ungeflügelter in seiner Halle aufhielt, begann er zu sprechen. Es war notwendig, die Worte so zu wählen, daß Mirak sie verstehen würde, Worte, die seiner Erfahrung entsprachen. Ghakazian versuchte, sich auf einen entsprechenden Wissensstand zurückzuversetzen.

»Mirak«, sagte er und lehnte sich mit verschränkten Armen an die rauhe Felswand zurück, »wann mußt du sterben?«

Mirak runzelte die Stirn angesichts der eigentümlichen Frage. »Erst in weiteren vierhundertzwölf Ghaka-Jahren«, antwortete er.

»Wenn ich dich darum bäte, morgen zu sterben, würdest du es tun?«

Miraks Augenbrauen gingen erstaunt hoch. »Ich verstehe dich nicht, Ghakazian. Wie sollte ich morgen sterben können, selbst wenn ich es wollte? Ich muß so lange leben, bis meine Zeit gekommen ist, Ghaka auf immer zu verlassen.«

Die braunen Augen seines Herrn sahen plötzlich zuckend zu ihm herüber und fixierten ihn mit durchdringendem Blick. »Sag mir«, fuhr Ghakazian beiläufig fort, »wie würdest du einen Menschen töten, Mirak?«

Miraks verwirrtes Gesicht erbleichte. Ihm kam es vor, als hätten die Strömungen aus den Tiefen unter ihnen aufgehört zu wehen und als wäre eine dichte Wolke an ihre Stelle getreten. Er hob die Schultern, um sie abzuschütteln, doch seine Flügel fühlten sich schwer und schwierig zu steuern an, als sei er durch einen Wolkenbruch geflogen.

»Ich weiß es nicht«, antwortete er, und seine eigene Stimme kam ihm schwach und dünn vor. »Und selbst wenn ich so etwas Schreckliches wüßte, würde ich es nicht tun.«

»Nicht einmal für mich, dein Leben, deine Seele?«

Mirak schluckte. »Sonnengebieter«, brach es aus ihm heraus, »ich habe dich niemals nach einem Grund für die Dinge gefragt, um die du mich batest, denn alles in deinem Geist ist rein und gut, und es ist unsere Pflicht und unsere Freude, dir zu gehorchen. Aber bei dieser Sache würde ich nach dem Warum fragen. Und danach würde ich gründlich überlegen.«

Ghakazian breitete seine Arme aus, sprang in den Abgrund und kam neben Mirak zu stehen. Seine Hände streichelten die braune Haut, kraulten die langen Federn und strichen über die hohe Stirn.

»Mirak!« flüsterte er. »Ich muß dir eine Geschichte erzählen, aber diese gleicht nicht jenen, die du Hira erzählst. Sie handelt nicht von den Vorfahren zu Anbeginn der Zeiten. Ich würde nichts von dir verlangen, was dir Schaden brächte. Eine Finsternis verschlingt eine Welt um die andere, langsam aber sicher. Wenn Ghaka an der Reihe ist, werden die Menschen sich verändern. Sie werden hassen und töten lernen. Aber ich, Ghakazian, weiß, wie man diese Finsternis besiegt, wenn nur du und alle meine Sterblichen mir helfen. Gemeinsam können wir die Gefahr von Ghakas Tor abwenden. Dies kann uns aber nur gelingen, wenn die Menschen genau das tun, was ich sage, ohne Fragen zu stellen.«

Mirak hatte mit unbewegtem Gesicht gelauscht. Nun fragte er:

»Welches ist das Wesen der Finsternis?« Die Frage war so scharf, daß Ghakazian seine Hände zurückzog und sie hinter seinem Rücken unter seinen Flügeln verschränkte. Wenn ich es ihm erzähle, wenn ich die Worte ausspreche, ist es um die Unschuld auf Ghaka für immer geschehen, dachte er. Doch es muß gesagt werden. Die Menschen müssen es erfahren. Sein Blick fiel auf das Buch, das immer noch an seinem Platz lag, und er trat weg von Mirak. Ich könnte dich mit einer Bewegung meines kleinsten Fingers meinem Willen beugen, dachte er. Ich habe die Macht. Doch will ich das nur tun, wenn es keine andere Möglichkeit mehr gibt. Du bist mein Schatz. Du wirst es verstehen.

»Die Finsternis greift um sich«, sagte er bereitwillig, »und Kern der Finsternis ist der Weltenschöpfer. Er ist nicht mehr wie einst, Mirak. Er stritt mit dem Gesetzesmacher und ist nun zum Antischöpfer geworden. Die Sonnengebieter haben ihr Möglichstes getan, doch das genügt nicht. Nun lautet mein Vorschlag, den Kampf gegen den Antischöpfer zu beginnen, denn ich weiß, daß er nach Shol ziehen und dort Zugang finden wird, und Shol wird fallen. Aber er wird nicht nach Ghaka kommen!« Die braunen Augen waren hart wie Granit geworden, der sie beide umschloß. Mirak wurde von dem Drang erfaßt, sich auf das Sims zu kauern. Sein Sonnengebieter war stets lustig und freundlich gewesen, und dieses Wesen mit dem ersten Schimmer wirklicher und schrecklicher Macht, das Mirak zuvor nicht bemerkt hatte, erfüllte ihn mit Entsetzen. Licht strömte von den ausgebreiteten Armen und brach durch sein herabströmendes, dunkles Haar. Ghakazian rief: »Ich werde nach Shol ziehen und ihn zurückdrängen, und Shol wird in Frieden und mit seiner ganzen Fülle dem Volk von Ghaka gehören!«

»Kann das wahr sein?« flüsterte Mirak, und plötzlich wich das Feuer von Ghakazian. Er sackte in sich zusammen und warf Mirak ein erschöpftes Lächeln zu.

»Ich darf nicht lügen«, sagte er freundlich. »In den Zeitaltern, ehe die Finsternis aufkam, log ich deine Vorfahren nicht an, da ich nur die Wahrheit kannte. Jetzt, da ich die Möglichkeit hätte, dich zu täuschen, mag ich es nicht tun. Würde ich lügen, so hörte ich auf zu sein, wer und was ich bin. Du hast niemals eine Unwahrheit vernommen, Mirak, und wenn du mir vertraust, wirst du auch niemals eine hören müssen.«

»Ich habe dir stets geglaubt«, meinte Mirak zögernd und zitterte immer noch über das soeben Gesehene. »Laß mir die Zeit, deine Worte zu überdenken, Sonnengebieter, dann will ich mehr hören.«

Ghakazian beugte sich hinab, griff hinter sich, hob das Buch vom Felsen und reichte es Mirak.

»Lies das!« befahl er. »Bleib hier und lies. Dies ist das Buch dessen, was sein wird. Es wird dir alles sagen, was du wissen mußt. Ich werde gehen und mit Tagar sprechen.«

Mirak nahm es zaghaft entgegen und hätte es fast fallen lassen. Noch nie hatte er etwas so Schweres oder so Kaltes in Händen gehalten. Und doch zog die Schönheit des Buches seinen Blick auf sich, und eine Sehnsucht überkam ihn, es an sich zu drücken, zu küssen und zu liebkosen. Ehrfurchtsvoll schlug er die erste Seite auf. Einen Augenblick lang beobachtete ihn Ghakazian. Ein leichtes, selbstgefälliges Lächeln trat auf seine Lippen und verflog wieder, ehe er durch den Bogen der Halle schwebte und hinaus über Ghaka.

*

Tagar stand auf sein niedriges Steinmäuerchen gelehnt und blickte über das üppige, friedliche Tal jenseits zu den Bergen. Ihm war unbehaglich zumute. Er hatte am Morgen seine Pflichten verrichtet, seine Mittagsmahlzeit eingenommen und war dann über die Hänge geschlendert, um nach seinen Schafen zu sehen. Die ganze Zeit über hatte ihn die gleiche Stimmung düsteren Erwartens nicht verlassen. Am Abend zuvor hatte er sich einen Wassertraum bestellt. Er erinnerte sich, daß er auf seinem Bett gelegen und im Schlaf zufrieden dem einlullenden Wassertropfen auf seinem Dach gelauscht hatte. Sein Traum hatte ihn nach draußen geführt, wo er einen Bach gefunden hatte, der um sein Haus floß. Er war auf dem bemoosten Ufer niedergekniet, hatte beide Hände ins Wasser gehalten und sie nach den glatten, bunten Steinen auf dem Grund ausgestreckt.

Doch dann war sein Traum umgeschlagen. Er war aufgestanden, um einen Blick über das Tal zu werfen. Statt dessen hatte er jedoch einen finsteren Wald vor sich gesehen, mit knorrigen, schwarzen Stammen, an denen Pilze in so ausgefallenen Formen wucherten, daß es ihm schier den Atem verschlug. Nebel verhüllte die Baumwipfel und wogte ihm weiß und kalt entgegen. Plötzlich hatte er Angst. Dieses Gefühl hatte er niemals zuvor gekannt. Doch hier war es nun und fügte sich in die inneren Konturen seiner Psyche, als wäre es speziell für ihn geschaffen. Er drehte sich um. Jenseits des Waldes, wo dieser sich lichtete und in bleiches, mannshohes Gras überging, stand ein Haus. Er sagte sich, es müßte ein Haus sein, denn er verfügte über kein anderes Wort, um es zu beschreiben. Es war keine Bauernhütte und auch keine Wohnhöhle, sondern bestand aus Spitztürmen, die selbst an diesem düsteren Ort glitzerten, und die Fenster glichen geschlossenen Augen. Seine Angst wuchs. In jenem magischen Gebäude befand sich etwas oder jemand in Todesschmerz. Noch ehe er seine Traumfüße in Bewegung setzen konnte, hatte er die Augen aufgeschlagen und sich in seinem Bett in der Dunkelheit wiedergefunden; im Raum hatte die Kühle des herandämmernden Morgens geherrscht. Der Traum war fort und mit ihm die Angst. Nur die dunkle Vorahnung blieb.

Doch das war vergangene Nacht gewesen. Nun betrachtete er den höchsten Gipfel, wo der Sonnengebieter lebte. Eine widerliche Atemlosigkeit schien von dem Berge auszugehen und sich um ihn her auszubreiten. Er fragte sich, ob ein Unwetter aufkommen wollte. Ich sollte die Schafe holen, dachte er, doch er rührte sich nicht. Die Luft war träge, und die Berge schienen die Arme auszubreiten, um das Tal zu erdrücken. Sie sind wie Arme, sagte er sich. Heute vermitteln sie ein gieriges Gefühl. Eine Echse schoß über die Mauer, stolperte über seine Hände und verschwand. Tagar sprang auf und lachte, doch das Lachen erstarb ihm in der Kehle, denn er fühlte eine finstere Präsenz. Ein Schatten fiel über seinen Rücken, groß und bedrohlich, und er wirbelte herum, während ihm das Herz im Halse schlug. Doch es war nur sein Herr. Er verbeugte sich ungeschickt, immer noch mit pochendem Herzen. Ghakazian kam mit einem Rascheln der sich faltenden Flügel auf ihn zu.

»Du hast mich erschreckt«, sagte er, und Ghakazian kicherte.

»Warst du weit fort, Tagar? Ich sah dich auf deinem Mäuerchen lehnen und träumen. Von dort oben siehst du sehr klein aus.« Er wies mit einer ausholenden Geste über den Himmel. »Ich habe etwas Ernstes mit dir zu besprechen.«

»Ich höre bereitwillig zu.« Tagar hatte seine Fassung wiedererlangt.

»Gut!« Ghakazian tat, als wollte er sich auf das Mäuerchen setzen, überlegte es sich dann aber anders und begann, vor Tagar mit an den Seiten herabhängenden Armen auf und ab zu schreiten. »Tagar, du bist der älteste unter meinen Ungeflügelten und der Klügste. Du kennst die Erde von Ghaka wie Mirak den Himmel. Du genießt meine Achtung ebenso wie meine Liebe. Wenn ich dir erklären würde, daß zwischen dem Sonnenuntergang gestern abend und der Dämmerung heute früh die Welt sich verändert hat, was würdest du sagen?«

Der exotische und erschreckende Traum überkam Tagar erneut. »Ich würde das Wesen der Veränderung erfahren wollen und wie es dazu kam.«

Ghakazian blieb einen Augenblick stehen und sah ihn an. »Du und ich, wir verstehen einander«, sprach er brüsk. »Hunderte von Jahren haben wir Ghaka und einander erforscht, die gleichen Träume ausgekostet und viele glückliche Tage verplaudert. Wir stehen uns sehr nahe. Hör mich als Freund an.« Er wandte seinen musternden Blick ab und begann wieder, auf und ab zu gehen. Tagar, der auf eine Erklärung wartete, beobachtete ihn voller Unbehagen, denn seine Freundschaftsbeteuerungen klangen plötzlich hohl.

»Der Weltenschöpfer verhält sich nicht mehr, wie es seinem Wesen entspricht«, fuhr Ghakazian fort und wich Tagars erschrecktem Blick aus. »Er hörte vor vielen Zeitaltern auf zu schaffen und begann zu zerstören. Sonnen und Welten sind ihm Stück für Stück zum Opfer gefallen, und der größte Teil des Universums liegt im Todeskampf darnieder. Es braucht dich nicht zu interessieren, warum das geschah. Das einzige, woran du denken mußt, ist, daß es bislang nur Verteidigung gab. Doch mir ist ein Angriffsplan in die Hände gefallen.« Er machte eine Pause, wobei seine Federn sich plusterten und seine Halskette aufblitzte. »Ich weiß, daß ich ihn besiegen kann, jedoch nicht ohne eure Hilfe. Tagar, wenn ich dich darum bitten würde, würdest du einen Menschen für mich töten?«

»Ich kann mir nur mit größter Mühe vorstellen, wie es wäre, einem Menschen das Leben zu nehmen«, antwortete er leise, »und es ist schrecklich, wie eine Träne in der Gesamtheit meines Wesens. Größer vielleicht als die Sorge, die ich ins Universum hinausschreien muß, wenn das, was du mir erzählt hast, der Wahrheit entspricht.«

»Du kannst es nicht glauben? Ich habe es gesehen, Tagar. Ich stand am Tor von Fallan, als es gegen den Antischöpfer geschlossen wurde. Ich war bei zahllosen Ratsversammlungen anwesend, bei denen Janthis eine Antwort sucht, dasitzt und seine leeren Hände ringt. Ich bin durch die stinkende, feuchte Erde von Ixel gestapft, um ein Wort von Ixelion zu hören, und ich sah ihn in seinem Untergang.«

Tagar zuckte zusammen. Ixel. Er war niemals neugierig gewesen auf die anderen Welten, doch bei der Erwähnung des Namens Ixel wußte er, daß er sich im Schlaf in der vergangenen Nacht dort befunden hatte. Er hörte, wie sein Geist zu weinen begann, lange Schluchzer von Verzweiflung und Verlust, und er war überzeugt davon, daß er von diesem Augenblick an nie wieder derselbe wäre. Sein Sonnengebieter hatte ihn betrogen.

»Nicht daß ich an dir zweifle«, sagte er freundschaftlich, obgleich er am liebsten in sein Haus gegangen wäre, die Tür zugeschlagen hätte und niemals wieder herausgekommen wäre. »Ich habe dich geliebt, aber nicht einmal für dich würde ich eine solche Entstellung in mir riskieren.«

Ghakazian kam näher. »Wir haben eine Chance, das All wieder zu dem zu machen, was es einmal war«, sagte er ruhig. Doch unter den sanften Tönen schwang etwas Neues mit. Es war wie der Hauch einer Drohung. »Ich bin nicht wirklich unsterblich so wie du, Tagar, und das weißt du wohl. Wenn Ghakas Sonne erlischt und ihr Leben zu Ende ist, dann bin auch ich ausgelöscht, so als hätte es mich niemals gegeben. Das ist das Gesetz der Sonnengebieter, unter dem ich und meine Gefährten leben. Doch für dich verhält sich das anders. Dein Geist lebt weiter und weiter in einem anderen Körper, auf einer anderen Welt. Aber nicht hier.« Er stellte sich neben Tagar, und sein Atem war kalt wie Eis. »Nicht auf Ghaka, nicht auf der Erde, die du fünfhundert Jahre lang unter deinen Füßen gefühlt hast. Doch kann ein Sterblicher wirklich die Ewigkeit in einem Reich anstreben, über das er nichts weiß, wo die geliebten Dinge, mit denen er ein Leben lang aufgewachsen ist, vielleicht nicht einmal existieren? Statt dessen biete ich dir einen kleinen Aufschub an in einer Welt, wo es, wie ich dir früher erzählt habe, Häuser, Tiere und Pflanzen gibt. Ich biete dir eine längere Zeit als Sterblicher, ein längeres Leben auf Shol.«

»Als was, Sonnengebieter? Als Gefangener des Bewußtseins, daß ich getötet habe? Und was wäre ich auf Shol nach einer solchen falschen Veränderung? Von welchem Nutzen ist der Geist eines Sterblichen ohne Körper?«

»Du magst klug sein«, spottete Ghakazian, »aber du besitzt nicht die Weisheit des Sonnenvolkes. Ich werde dir einen Körper schenken auf Shol, und du wirst kämpfen. Danach magst du die Früchte deines Gehorsams genießen, indem du auf Shol bleibst, oder vielleicht bringe ich dich auch zurück nach Ghaka. Ich weiß es nicht. Ich werde mich nicht...« Er stand unvermittelt auf und biß sich auf die Lippen. Daraufhin trat Tagar zurück und drehte sich um.

»Was wirst du nicht, Sonnengebieter? Du wirst dich nicht mehr darum sorgen? Was ist mit dir geschehen? Oh, kannst du nicht erkennen, daß, welches Übel das Universum auch immer heimgesucht hat, es nun durch deine goldenen Adern pulsiert? Hole Janthis nach Ghaka! Soll er mir sagen, daß ich andere Menschen ermorden und vernichten soll, dann werde ich dir vielleicht gehorchen!«

Ghakazian zuckte die Schultern, und seine Flügel entfalteten sich als eine düster warnende Wolke. »Denk darüber nach«, sagte er. »Du verfügst über Einfluß auf meine Flügellosen. Deine Worte bei ihnen wären von großem Gewicht. Doch mach keinen Fehler, Tagar. Ob mit dir oder ohne dich, ich werde eine Armee nach Shol führen, und wenn es ohne dich sein sollte, dann hüte dich!«

Tagar schauderte, doch Ghakazian drängte ihn nicht weiter. Er erhob sich leicht vom Boden und schwebte mit bewußter Unachtsamkeit über Tagars Kopf; dann war er mit einem Geräusch wie dem Knacken eines dürren Zweiges auf und davon.

Tagar fühlte, wie sich etwas auf seine Schulter legte. Es war eine Feder, und im gedämpften Sonnenlicht schimmerte sie golden, dunkelgrün und satt bernsteinfarben, ein vollkommenes Ding von starker, unvergleichlicher Schönheit. Er legte sie an seine Wange, und sie blieb dort, warm und weich. Sogleich steckte er sie in die Tasche seines dikken Hemdes, öffnete sein Tor, trat hindurch und machte sich an den Abstieg ins Tal.

7

Die Sonne ging friedlich und in aller Ruhe unter. Vögel zwitscherten aufgeregt, während sie sich sammelten, um für die Nacht zu ihren Nestern zurückzukehren. Scharlachrotes Licht, das eine immer tiefere Tönung annahm, legte sich wie die Falten eines königlichen Gewandes über die Felder. Mit jedem Schritt aber, den Tagar machte, wuchs seine Angst, bis seine Füße schließlich zu laufen begannen und sein Atem kurz und schmerzhaft kam. Er bog auf den weißen Pfad ab, der sich am Strom unter den Weiden entlangschlängelte und dann am Fuße des grünen Hanges hinanführte, der in kahlen Fels überging und zur Klippe anstieg. Ab und zu warf Tagar einen Blick zur Klippe hinauf, die bereits in Dunkelheit gehüllt war. Doch von den Geflügelten sah er niemanden. Der Pfad führte tiefer hinab, und unter ihm lag eine Farm. Lichter schimmerten in den Fenstern, und Tagar konnte ein plötzliches Freudenlachen, klar und voller Heiterkeit, von einem seiner vielen Nachfahren erschallen hören. Er verlangsamte seinen Schritt, kam an das kleine Tor und lehnte sich eine Weile daran, um wieder zu Atem zu kommen. Dann trat er hindurch, eilte zur Tür, und seine Hand schoß zum Klopfen empor, noch ehe er dort anlangte. Die Tür schwang auf, sein Enkel lächelte ihm entgegen und winkte ihn herein. Er trat in den kleinen, weißgetünchten Raum und hörte mit Erleichterung, wie die Tür hinter ihm geschlossen wurde, worauf seine Knie zu zittern begannen. Er lehnte sich gegen die Wand, und der jüngere Mann faßte ihn am Ellbogen.

»Tagar, was ist los? Komm und setz dich. Hast du einen Termin für deinen Tod festgesetzt?«

Tagar ging gar nicht auf den Scherz ein. Sein Tod konnte nicht länger Gegenstand von Witzen sein. Er schlug die Augen auf. Natils Frau lächelte ihm zum Gruß zu, und das Kind kam zu ihm her und berührte ihn ehrerbietig am Bein. Kurz legte er seine Hand auf das blonde Köpfchen, doch Tagin zog sich schon wieder zurück.

»Tagar, deine Hand ist kalt«, beklagte er sich. Er wußte es. Ihm war durch und durch kalt. Er zog Natil weg von seiner Familie zurück zur Tür.

»Ich habe keine Zeit, mich zu setzen«, sprach er schnell. »Und du auch nicht. Hör mir zu, Natil, und stelle keine Fragen. Du mußt Rintar und das Kind nehmen, und dich sofort durch das Tor nach Roita begeben. Ghakazian ist etwas Schreckliches zugestoßen. Nein!« schnauzte er Natil leidenschaftlich an, als dieser erstaunt den Mund aufmachte. »Laß mich reden! Vergeude keine Zeit und halte dich nicht damit auf, irgendwelche Habe zusammenzupacken. Wenn du unterwegs Freunden begegnest, dränge sie, desgleichen zu tun. Wenn ihr das nicht macht, müßt ihr vielleicht alle sterben.«

»Sterben? Tagar, das ist unmöglich. Was ist dir geschehen?«

Tagar packte ihn an beiden Armen. »Wenn ich kann, werde ich nach Roita kommen und alles erklären«, sagte er, »doch nun muß ich gehen und so viele Flügellose warnen, wie ich nur kann. Vertraust du mir denn nicht?«

»Doch, immer«, sagte Natil, und Entsetzen stand in seinem Gesicht.

»Dann versteckt euch vor den Geflügelten. Verlaßt den Weg zum Tor, wenn ihr einen über euch kreisen seht. Oh, macht das, Natil!« Er schüttelte Natils Arme. »Ghaka steht vor dem Untergang!« Plötzlich schoß ihm ein Gedanke durch den Kopf, und seine Augen blitzten. »Händler... Hast du irgendwelche Händler gesehen?«

Natil runzelte die Stirn. »Vor kurzem kam einer und nahm einen Stapel von Rintars Webarbeiten mit. Ich glaube, er hält sich noch irgendwo auf Ghaka auf.«

»Irgendwo. Oh, Schöpfer, ich kann doch nicht alle Straßen von Ghaka ablaufen, das würde weitere fünfzig Jahre kosten, aber ich muß es versuchen. Sagte er, wohin er gehen wollte?«

»Ja. Er wollte Wolle von Inak holen.«

»Dann werde ich zu Inak laufen und unterwegs auf allen Farmen vorsprechen. Beeilt euch, Natil, geht!«

Er öffnete die Tür und war auch schon fort, und Natil trat benommen wieder in den Raum. Zwei Gesichter waren ihm zugewandt: zwei reglose Gestalten warteten auf seine Worte. Er blinzelte, und dann flackerte etwas von Tagars brennender Ungeduld in ihm auf. »Zieht eure Jacken an, alle beide«, sagte er leise. »Steck einen Laib Brot ein, Rintar, und ich werde Decken mitnehmen. Wir ziehen nach Roita.«

*

Die halbe Nacht war vorüber, und inzwischen war Tagar viele Kilometer durch die Dunkelheit gegangen, die dicht und alles verhüllend um ihn her lag. Weit oben funkelten Sterne, doch sie erhellten nur die Gipfel der Berge. Tagar hielt seine Augen auf die graue Straße geheftet, die sich unter ihm entrollte. Er hatte sechs Familien besucht, fünfundzwanzig Menschen, die ihr Zuhause aus Respekt vor ihm verlassen hatten und sich just im Augenblick zum Tor schleppten. Doch den Händler hatte er nicht gefunden. Dieser hatte zwar Inak Wolle abgekauft, hatte auf dem Hof von Pandil, dem Schnitzer, haltgemacht, um ein kleines Stück Haeliholz von Danar abzuliefern, hatte sich jedoch nirgendwo aufgehalten.

Tagar blieb einen Augenblick stehen, um zu verschnaufen, hockte sich an den Straßenrand und atmete tief durch. Ich bin so weit fort von zu Hause, dachte er. Wenn ich nun umkehrte, würde ich nicht einmal vor Morgengrauen ankommen. Er sammelte noch ein paar Sekunden lang weitere Kräfte, dann stand er auf und ging weiter. Er sah keine Lichter. Zu seiner Linken erhob sich nur der massive, schwarze Rumpf des Bergfußes und zu seiner Rechten fiel der Abhang ins offene Tal hinab, das in Dunkelheit lag. Vor ihm verschwand die Straße, um ins Flachland zu gleiten. Er wußte, daß hinter der nächsten Biegung die freundlichen Lichter einer Farm leuchten würden. Er gelangte an die Ecke, blieb stehen und ging dann entschlossen weiter.

Vor ihm befand sich ein Händler, ein wabernder, formloser, blaß durchschimmernder Hauch, der geschmeidig und geräuschlos über den steinübersäten Grund glitt. Nach einem Augenblick schwacher Erleichterung, die ihm die Knie weich werden ließ, begann Tagar zu laufen und rief wie rasend. Doch der Händler verlangsamte nicht seinen Schritt. Er summte. Tagar, dem der eigene Atem in der Kehle jagte und dem das Blut in den Ohren sang, konnte noch das Auf und Ab des melodielosen Pfeifens hören. »Händler!« schrie er. »Ich habe eine Botschaft, die du weitertragen sollst!« Der Händler hörte ihn nicht. Er glitt weiter dahin, sein Schal – ein Flattern farblosen Schaums in der Nacht. In plötzlicher Verzweiflung wurde Tagar klar, daß er ihn nicht einholen könnte, ehe er außer Sicht verschwände. Er stürzte nach vorn, ein letzter Schrei sammelte sich in seinen Lungen, doch der stieg niemals auf, um über seine Zunge zu kommen. Über ihm ertönte das

Rascheln von Flügeln, ausgebreitete Federn peitschten ihm Wind entgegen und Ghakazian landete vor ihm auf der Straße.

*

Ruhelosigkeit hatte Ghakazian unter die reglosen Sterne hinausgetrieben. Er hatte die Berggipfel gekreuzt und war über den spärlichen Wald geflogen, der sich zwischen den Klippen und den Hängen des Tales erstreckte. Schließlich war er auf der holprigen Straße gelandet, die sich zwischen den Gehöften wand. Er war ihr langsam gefolgt, ohne recht zu wissen warum. Er wäre lieber aufgeschossen in den Nachthimmel, wo seine dunkle, goldgetönte Haut einen Silberschimmer angenommen hätte von den Sternen, die wie die Schwänze ruhiger Fische in einem dunklen Teich blitzten. Doch er hatte sich an die Straße gehalten, die sich wie ein winziges Band unter ihm entfaltete. Um Mirak, der bereits vom Zauber des Buches gefangen war, machte er sich keine Sorgen. Tagar war es, der dem Sonnengebieter Kummer bereitete, Tagar, der es gewagt hatte, nein zu sagen. Ich werde ihn versengen, dachte Ghakazian finster. Ich werde der Sonne befehlen, ihn in ihre brennenden Arme zu schlingen. Dann werden wir ja sehen, wer es wagt, seinem Herrn den Gehorsam zu verweigern. Nur ein kurzes Lecken mit der Sonnenzunge, und schon wird Tagar sein Volk meinem Befehl unterstellen. So glühte es in ihm und seine Gedanken wandten sich langsam wieder seinem bevorstehenden Sieg auf Shol und der Straße unter ihm zu.

Dann sah er Tagar und erblickte im gleichen Augenblick den Händler. Tagar hatte zu laufen begonnen. Er rief dem Händler etwas zu, doch Ghakazian war zu hoch, um die Worte zu verstehen. Er schwebte über ihnen und beobachtete sie. Doch plötzlich wurde ihm die Gefahr bewußt. Tagar würde dem Händler von seiner Drohung erzählen. Der Händler würde nach Danar gehen, und Danarion und die anderen kämen nach Ghaka. Seine Pläne wären vereitelt. Elender Kerl! dachte er und Zorn stieg in ihm auf. Undankbarer Sterblicher! Ich biete dir Shol, ich biete dir das Ende der Gefahr, die am Tor auf dich lauert, und so vergiltst du es mir. Er zog die Knie an die Brust und stieß dann die Beine nach hinten. Arme und Flügel breitete er weit aus. Wie ein fallender Stern schoß er der Straße entgegen und kam in einem Regen goldener Funken vor Tagar zum Halten. Der Mann stürzte zu Boden, kroch wie ein häßliches Tier über die Steine und kam dann ungeschickt auf die Beine. Ghakazian verschränkte die Arme.

»Oh, Tagar«, sagte er sanft, kummervoll trotz der großen Wut, die mit dem Licht, das ihn durchflutete, in ihm aufblitzte. »Ich kenne jeden deiner Gedanken. Wo bleibt das Vertrauen zwischen uns? Wo ist dein Gehorsam, deine Liebe? Der Händler ist seiner Wege gegangen.« Er schüttelte den Kopf in gespielter Traurigkeit, und Tagar sah an ihm vorbei. Die Straße lag still und lautlos da. Mit einem gedämpften Schrei ließ er den Kopf sinken. Ghakazian beobachtete das Zittern der derben Hände, das Bemühen, die immer noch heftig sich hebende und senkende Brust zu beruhigen. »Du würdest mich verraten, Tagar?« fuhr die tiefe, süße Stimme fort. »Mich, die einzige Hoffnung des Universums? Wehe! Wehe!«

Tagar sagte nichts. Er hatte die Augen geschlossen und die Hände tief in die Taschen geschoben. Eine fand dort die Feder, die er hineingesteckt hatte, als die Sonne noch geschienen hatte und das Gras grün und frisch gewesen war. Tränen rannen seine Wangen hinab, doch sein Stolz verbot ihm, den geringsten Laut von sich zu geben.

Ghakazian minderte sein Feuerglühen und kam naher. »Ich will dich ein letztes Mal fragen, Tagar. Wirst du deine Sterblichen mit mir nach Shol schicken?«

Tagar schauderte. Dann hob er den Kopf und fand seine Stimme wieder. »Der Zugang zu den Korridoren ist den Sterblichen verboten. Also heißt das, sich selbst oder einem anderen das Leben zu nehmen. Das All wird nicht dadurch gerettet werden, daß man Gesetze übertritt, Ghakazian. Ich liebe dich. Ich habe dich geliebt, seit ich ein kleines Kind auf den Knien meiner Mutter war und du uns zu Hause besuchtest. Du brachtest mich zum Lachen, indem du den Sonnenschein zu einem Ball formtest und über die Decke rollen ließest. Das kann ich niemals vergessen. Ich werde dich weiter lieben, wie immer mein Schicksal auch verlaufen wird. Doch ich kann dir nicht länger gehorchen, denn wenn du von Gehorsam sprichst, gestehst du doch schon ein, daß alles anders geworden ist.« In seiner Stimme lag schwache, aber unerschütterliche Entschlossenheit. Lange Zeit sahen sie einander an. Tagar war voller Angst, doch ungebeugt, Ghakazian in dumpfem Grübeln, während nun Licht helle Flecken um seine Füße bildete, gelb von seinen verborgenen Händen floß und durch seine Arme flutete. Wo es an die Nacht stieß, hätte Tagar schwören können, daß es ein tieferes Schwarz annahm.

Als Tagar seinen musternden Blick nicht länger ertragen konnte, ließ Ghakazian seine Arme los. Seine Bewegungen waren geschmeidig und entschieden, seine Worte knapp. »Du mußt mit mir kommen«, sagte er, griff rasch nach Tagar und wirbelte ihn herum, so als wäre er eine Feder. Mit einem leisen Wort an seine Sonne hob er Tagar auf und trug ihn mit leichter Hand hinweg. Tagar biß sich auf die Lippen, um nicht laut hinauszuschreien, als er benommen die Straße unter sich schwanken und das düstere Land unter sich kleiner werden sah. Ghakazians Arme hielten ihn sicher und mühelos. Tagar spürte ihre Wärme und die kettenbehangene Brust des Sonnengebieters erzeugte das gleiche Wohlempfinden in seinem Rücken. Doch er zuckte nun zurück vor der dort wohnenden latenten Macht, denn Ghakazians leichter Atem war eisig kalt.

Eine Zeitlang, die Tagar wie die verträumte Unwirklichkeit der Ewigkeit vorkam, flog Ghakazian gerade und gleichmäßig. Tagar hatte keinerlei Gefühl für die Geschwindigkeit, bis er hinabschaute, die gehäuften Lichter verschwinden sah und das Glitzern der Sterne in den Flüssen wie ein weißer Blitz über dem Land wirkte, der aufzuckte und schon wieder verschwunden war. Dann murmelte Ghakazian plötzlich etwas vor sich hin und hielt inne. Tagars Finger krallten sich ins Leere, und sein Herz tat einen Sprung. Langsam begann Ghakazian tiefer und tiefer zu kreisen, und Tagar bemühte sich zu erkennen, was seine Aufmerksamkeit auf sich gezogen hatte. Vor ihnen lag düster und zerklüftet emporragend der Gipfel, in dem das Tor beherbergt war, während ringsumher die steinernen Ahnen einander grübelnd anblickten als reglose Präsenzen in der Nacht. Doch unten auf der Straße, die sich um Berge und durch Täler wand und am Fuße der Treppe endete, rührte sich etwas. Tagar konnte nicht erkennen, was es war, doch Ghakazian schüttelte ihn plötzlich und schrie: »Welche Missetat hast du begangen, Ungläubiger? Wohin gehen sie? Nach Roita?«

Tagar schaute verzweifelt hinunter und alle Hoffnung verflog aus seinem Innern. Auf der Straße schleppten Menschen sich langsam voran ohne ein Lachen oder ein Licht, eine lange Reihe Stummer, winziger Gestalten, deren Gesichter dem Toraufgang zugewandt waren und die seinen wilden, halb hysterischen Befehl befolgten. Doch es war zu spät, klagte er in seinem Innern, zu spät. Sie hätten sich in den Feldern halten, im Schutz der Berge dahinhuschen sollen, alles, nur nicht die Straße benutzen. Ghakazian stieß ein Wort hervor, und Sonnenlicht überflutete die Straße unter ihm. Die Leute kamen kreischend zum Stehen, doch plötzlich kehrte Stille unter ihnen ein und alle Gesichter waren nach oben gewandt. »Der Sonnengebieter«, flüsterten sie. Ihre Augen funkelten in dem Lichtkreis, der sie gefangenhielt, und ihr Haar glänzte, als ständen sie in der Mittagssonne. Doch in ihrem Verstummen lag keine Freude, und Ghakazian entging das nicht.

»Wohin geht ihr um diese Uhrzeit?« wollte er wissen, und obgleich sie sich bemühten, konnten sie die Gestalt hinter der Stimme nicht erkennen, so sehr blendete sie das herabstrahlende Licht.

Natil trat aus der Menge heraus, beschirmte die Augen mit der Hand und antwortete kühn: »Wir ziehen nach Roita. Die Uhrzeit spielt keine Rolle. Ob Tag oder Nacht, das Tor steht offen.«

Lauft! wollte Tagar seinem Nachfahren zurufen. Lauft, lauft, lauft! Doch ihm wurde bewußt, daß er seinen Mund nicht geöffnet hatte, und daß es das erste Mal seit fünfhundert Jahren war, daß Ghakazian seinen Willen vereitelt hatte.

Ghakazian lachte. »Jetzt spielt es wohl eine Rolle«, rief er grob zurück. »In Zukunft ist euch der Zugang zum Tor untersagt. Ich habe Arbeit für euch, so daß ihr keine Zeit mehr für Reisen haben werdet.«

Ein erstauntes Gemurmel erhob sich, und während die Leute einander mit Stimmen zuriefen, die immer noch ihr Unverständnis verrieten, veränderte Ghakazian seinen Griff um Tagar. In diesem Augenblick wußte Tagar, daß Ghakazian ihn töten wollte. Entsetzt und ungläubig wehrte er sich in den Armen seines Herrn, doch Ghakazian hielt ihn nur noch fester.

»Jawohl«, zischte er. »Ich werde dich vernichten, Tagar, und damit werde ich den Menschen den Preis des Ungehorsams offenbaren. Du wirst am Tor warten, doch kein Botschafter wird kommen, um deinen Geist zu holen. Du wirst auf mich warten, und wenn ich komme, wirst du mir folgen, denn wenn du das nicht tust, bist du auf ewig ein Gefangener Ghakas.«

»Sonnengebieter«, krächzte Tagar, dessen weit aufgerissene Augen auf die Straße gerichtet waren, welche weit unter ihm unten schimmerte, und dessen Rückgrat und dessen Glieder, dessen ganzes Wesen zurückzuckte vor dem furchterregenden Nichts zwischen sich und den Menschen dort unten, »füge dir nicht selbst dieses schreckliche Unheil zu. Wenn du mich umbringst, wirst auch du jenseits jeglicher Hoffnung auf Heilung verletzt.«

»Was weißt du von der Seele eines Sonnengebieters, du Erdenwurm?« gab Ghakazian aus zusammengebissenen Zähnen zurück. »Schwinge dich nicht zu meinem Lehrer auf, du flügelloser Wegkriecher. Stirb!«

Er riß seine Arme auseinander, und Tagar fiel. Er stürzte hinab wie ein verwundeter Vogel, mit angezogenen Gliedern und wild flatterndem Hemd. Der Wind blies um ihn her und war so kräftig, daß er die Augen schließen mußte. Er schrie nicht. Er dachte an gar nichts. Seine letzte Regung war ein tiefes, schmerzlich empfundenes Schuldgefühl. Sein Körper wurde auf die Steine der Straße geschmettert und blieb dort schlaff liegen. Die Arme und Beine waren immer noch angezogen und sein fröhliches, rotes Hemd war um ihn her ausgebreitet wie eine Blume, die im unheimlichen Aufbrechen des Tageslichts in der mitternächtlichen Stille von Ghaka erblüht war. Die Menschen wichen zurück und flüsterten erstaunt. Mehrere blickten nach oben und versuchten, Ghakazian zu sehen, wo dieser im Schutz des weißen Lichtes schwebte. Nach einer kurzen Weile trat eine Frau zu Tagar und stieß ihn sanft mit dem Fuß. »Tagar, Tagar, warum stehst du nicht auf?« fragte sie. Als sie keine Antwort erhielt, duckte sie sich nieder; nun sah sie das Blut, das sich als scharlachrote Pfütze unter seinem Kopf ausbreitete. Sie berührte es vorsichtig und fassungslos, immer noch in der gnadenvollen Zeit gefangen. Natil aber begriff nach einem einzigen Blick, daß Ghaka selbst zu ihrem Feind geworden war.

Natils Kopf flog herum. Rings um sich her sah er die Dinge, die er immer gesehen hatte: dunklen Himmel, Sterne, die vertrauten hohen Berge und die farmgesprenkelten Täler. Er fühlte ein Windchen. Er atmete den Duft der Gräser und Steine, Pflanzen und Tiere. Doch ihn überkam ein neues, schreckliches Bewußtsein dieser Dinge. Er konnte es nicht bestimmen. Es war, als hätte er sich sein ganzes Leben in süßem Schlummer befunden und von einem Ghaka geträumt, das es niemals gegeben hatte. Nun war er erwacht. Etwas war vom Himmel gestürzt, hatte den Traum von der Wirklichkeit fortgerissen, und nun würde er nicht wieder schlafen können. Er versuchte sich daran zu erinnern, was den Traum ausgemacht hatte, doch die Erinnerung war verflogen und hatte nur Scherben hinterlassen. Gewiß war doch nicht alles nur ein Trugbild gewesen, dachte er in Panik. Jene Freiheit, die ich erlebte, das Glück und die Sicherheit! Ihm fiel gar nicht auf, daß er solche Worte zuvor niemals benutzt hatte.

Er trat nach vorn, kniete neben Tagar nieder und drehte ihn auf den Rücken. Ein tiefes Seufzen stieg aus der Menge empor, denn Tagars Nase lag auf seine Wange geschmettert, und Blut gerann auf seinem Hals und in seinem Haar. Das ist der Tod, dachte Natil ruhig, kühl und sehr distanziert. Das andere war nur ein fadenscheiniger Abklatsch. Das hier ist das Ende.

Ghakazian flatterte tiefer herab. »Tagar verweigerte mir den Gehorsam«, sprach er. »Ich habe Tagar bestraft. So werde ich jeden Sterblichen bestrafen, der es wagt, sich meinem Willen zu widersetzen. Geht nun alle nach Hause, bis ich beschlossen habe, wie ich meinen großen Plan in die Wirklichkeit umsetzen kann. Tut, wie ich euch geheißen, und ihr werdet zu Helden im ganzen All werden. Tagars Geist erwartet am Tor meine Gnade, und wenn ich es beschließe, wird er auf ewig dort bleiben. Aber das geht euch nichts an. Versucht nicht, das Tor zu benutzen. Ich werde Geflügelte dort als Wachen aufstellen.«

Plötzlich erlosch das Licht und die Nacht brach über die Straße herein. Als Natil emporschaute, sah er den Sonnengebieter in einem Regen roter Funken davonstieben. Er erhob sich steif und schlang einen Arm um Rintar, die ihren Sohn wiegte und weinte. Die Menschen schlichen sich davon. Viele schluchzten, obgleich manche noch nicht begriffen, warum sie es taten. Die kleine Familie war bald allein mit ihrem Vorfahren unter dem milden Nachthimmel und in der neuen Stille.

»Natil«, sagte Rintar, wischte sich mit dem Ärmel übers Gesicht und suchte mit ihren geschwollenen Augen seinen Blick, »ich habe das eigentümliche Gefühl, daß ich eben zum erstenmal geweint habe. Ist das nicht närrisch? Ich glaube..., ich habe irgend etwas vergessen...« Sie begann wieder zu weinen, und Natil schauderte, als er fühlte, wie der Wind an Tagars feuchtem Hemd zerrte und es gegen seinen Knöchel streifen ließ.

»Ich weiß nicht, was ich mit ihm machen soll«, flüsterte er. »Soll ich ihn zu den Botschaftern ans Tor tragen? Oder sind Tore und Botschafter nur Trugbilder? Laß ich ihn auf der Straße liegen, lege ich ihn ins Gras oder was?«

Schließlich schickte er Rintar und den Jungen alleine nach Hause. Er ging zum nächsten Gehöft und borgte sich einen Karren. Er hievte Tagars schweren, schlaffen Leichnam hinein und machte sich auf den Weg zum Tor. Ganz allmählich ragte das schmale, graue Band der Treppe breiter vor ihm empor, das sich gefährlich und schmal um den Berg wand. Bis er endlich den Wagen mit seiner jämmerlichen Fracht an deren Fuß gezogen hatte, war ihm klargeworden, daß er es nicht weiter schaffte. Mit allerletzter Kraft zog er Tagar vom Wagen und lehnte ihn an den unnachgiebigen Fels. Er stöhnte vor Erschöpfung und Jammer und legte sich selbst daneben. Gibt es überhaupt ein Tor? dachte er zornig. Existieren diese Welten jenseits der Welten, wo Menschen noch träumen? Er schmiegte sein Gesicht an seinen ausgestreckten Arm und schluchzte.

Als er keine Tränen mehr hatte, ließ er Tagars Leichnam liegen und ging nach Hause. Er konnte nichts anderes mehr tun. Er schleppte sich den Weg zurück, den er gekommen war, zog den albernen Karren hinter sich her und war nicht in der Lage, auch nur für den nächsten Tag zu planen und zu entscheiden, was zu geschehen hätte. Er drehte sich noch einmal um, voller Angst und gleichzeitig unwiderstehlich von der Tatsache angezogen, daß er wirklich etwas Schreckliches gesehen hatte; doch sein Hoffen, dem wäre nicht so und er wäre nur Opfer eines Trugbildes geworden, bestätigte sich nicht. Tagar saß immer noch am Fuße der aufragenden Felswand, den Kopf locker auf der Brust und die Hände zwischen den gespreizten Beinen. Nun ließ die Finsternis nach, die Dämmerung blies ihren Atem grau und weich der Nacht entgegen, und die ersten Stufen schimmerten jetzt, wenn auch noch verschwommen, wie fremde, bleiche Gesichter, die wachsam neben dem Leichnam die Straße herabspähten. Natil stöhnte, drehte sich um und ging eilends weiter. Die Straße entrollte sich langsam unter seinen Füßen. Sie war nun ein einziges, fast helles, gewundenes Band, das rechts und links von Dunkelheit begrenzt wurde. Bedrückende Stille herrschte rings um ihn her. Er bemerkte, wie er selbst leise und vorsichtig atmete und das Quietschen der Karrenräder bedrohlich laut klang.

Warum habe ich solche Angst? fragte er sich. Er sehnte sich nach neuem Sonnenlicht, dem Morgengezwitscher der Vögel, den harmlosen und freundlichen Geräuschen schlagender Türen und menschlicher Stimmen. Er wagte es nicht, den Blick von der Straße zu wenden, und bildete sich ein, ihr Grau wäre weniger dicht, doch er war sich nicht sicher. Er gelangte zu dem Haus, in dem er den Karren geliehen hatte, bog in den Pfad zum Gehöft und suchte begierig nach Lichtern im Fenster. Als er keines entdecken konnte und sah, wie das Haus ihn lauernd und voll ungeduldiger Gier beobachtete, stieß er den Wagen durch das offene Tor und floh. Er rannte zur Straße zurück und verlangsamte auch jetzt seine Schritte nicht, da er seine Last los war. Ich habe es mir nicht eingebildet, dachte er. Der Himmel war heller geworden. Er schaute nach oben, und ihm wurde für einen Augenblick leichter ums Herz, doch dann sah er, wie die Dämmerung in der Ferne die riesenhaften Abbilder der geflügelten Vorfahren andeutete. Als die Sonne hinter ihnen aufging, schienen sie mit erschreckender Geschwindigkeit Gestalt anzunehmen. Obgleich ihre mächtigen Umrisse zu harten Silhouetten schrumpften und sich sogleich verdüsterten, verloren sie nichts vom Eindruck der Macht und Bedrohung, den sie Natil vermittelt hatten, als sein Blick die Sonne gesucht hatte. Sie standen einander rechts und links der Täler gegenüber, mit unbehaglich gefalteten Schwingen bis auf Hiranka, dessen geplusterte Steinfedern vor überschäumender, ungezügelter Vitalität strotzten. Noch niemals habe ich sie so gesehen, dachte Natil verzweifelt. Wie kann Stein nur soviel Bewegung ausdrücken?

Als die Sonne über die Skulpturen strich, sah Natil, wie eine kleine, gefiederte Gestalt Hirankas Schulter verließ und in Begleitung von drei anderen zum Engpaß des Tales hinabschwebte. Noch waren sie weit entfernt, vier braune Pünktchen nur vor dem breiten, roten Halbkreis der aufgehenden Sonne. Dennoch rannte Natil von der Straße ins angrenzende Feld, rollte sich zu einem Ball zusammen, preßte die Stirn gegen die Knie und schlang die Arme um die zitternden Beine. Warum benehme ich mich so töricht? fragte er sich. Es war, als keimte ein anderer in ihm auf, jemand, dessen lange schlafender Instinkt für Selbstschutz nun plötzlich erwachte. Ihm kam es vor, als stürbe ein Teil von ihm hier auf der Straße unter dem gnadenlosen Licht seines Sonnengebieters, und als hätte ein anderer Teil zu sprießen und zu knospen begonnen mit üppigen Blüten gedankenlosen Verhaltens, deren Sinn verschleiert, doch unheilschwanger war. Sie kamen auf ihn zu, schwebten geschmeidig im Morgenwind, und er hörte, wie sie einander oder der Sonne zuriefen. Was von beidem, hätte er nicht sagen können. Er schloß die Augen. Nun strich der Lufthauch ausgebreiteter Schwingen über ihn hinweg, und er fühlte, daß sie seinen Flugweg beobachtet und ihn entdeckt hatten.

»Natil, warum liegst du denn im feuchten Gras?« rief einer von ihnen zu ihm herab. »Bildest du dir ein, du wärst ein Schaf?« Sie lachten, und obgleich Natil sich bemühte, konnte er keine Feindseligkeit und keinen Spott in ihren fröhlichen Stimmen entdecken. Ihr Lachen war offen und freundlich. Er schlug die Augen auf und rappelte sich verwundert auf, um zuzusehen, wie sie aufs Tor zuhielten. Ich bin nicht mehr der Natil, der Tagar die Tür öffnete, dachte er. Doch ihr, meine Brüder, habt euch nicht verändert. Warum? Ghakazian hat Tagars Geist gewaltsam ausgetrieben, und meine ganze Art, die auf der Straße stand, hat sich verändert. Wißt ihr das nicht? Ihn schauderte bei dem Gedanken an Ghakazian, er trat wieder auf die Straße und setzte seinen Weg fort.

Der Morgen war prächtig angebrochen. Sonnenschein schillerte auf dem feuchten Boden und fiel strahlend und hell zwischen die Gipfel und in die Täler. Der Himmel war wolkenlos und tiefblau. Doch Natil hörte, als er schließlich in den Pfad einbog, der sich durch sein Tor zu seinem eigenen Haus schlängelte, weder Vögel noch den fröhlichen Klang menschlicher Stimmen.

Leise schloß er die Tür hinter sich, ging durch die düstere, schmale Diele und betrat das mit einem Kamin beheizte Zimmer. Die Feuerstelle war verrußt und bar allen neuen Holzes. Die Nacht lauerte noch in den Ecken, die das Sonnenlicht noch nicht erreichte. Seine Frau saß auf einem Schemel mit locker im Schoß liegenden Händen. Ihr Webstuhl neben ihr erhob sich wie ein hölzernes Skelett. Sie blickte zu ihm auf, als er auf sie zutrat, erhob sich jedoch nicht. Natil hockte sich auf den Boden, wo ein eisiger Windzug aus dem Kamin ihn frösteln ließ. Mit den Innenflächen seiner blutverkrusteten, schmutzigen Hände rieb er sich den Schweiß vom Gesicht. Rintar schaute weg.

»Mein Vater«, sagte sie, »kam er wirklich mit seiner Familie von Linla? Hat meine Großmutter tatsächlich den Webstuhl für mich gebaut und mir das Weben beigebracht? Sag mir Natil, gibt es überhaupt eine Welt mit Namen Linla? Woher kommen wir? Nichts liegt hinter uns, das wir sehen könnten, und vor uns liegt nur Finsternis. Du und ich, wir befinden uns hier in diesem kleinen, kalten Zimmer in einem Haus am Fuße der Berge, und obwohl ich irgendwie weiß, daß ich schon immer hier gelebt habe, erscheint mir alles fremd. Tagin und ich kamen nach Hause und legten uns schlafen, und obgleich ich versuchte, einen Traum zu bestellen, wollte keiner kommen.«

»Schweig!« sagte er schärfer, als er es beabsichtigt hatte. »Ich glaube, die Zeiten des Träumens sind vorüber, Rintar. Ein Zauber wurde gebrochen, und wir müssen versuchen, den Frieden und das Wunderbare der Träume zu vergessen. Wo ist Tagin?«

»Schläft noch.« Sie hatte den Kopf abgewandt, und einen Augenblick lang betrachtete Natil sie besorgt. Sie strahlte tiefe Lethargie aus. Mit den unter dem grünen Schal hochgezogenen Schultern und dem gebeugten Rücken wirkte sie plötzlich alt und müde, wie eine Frau zwischen Reife und Alter, deren wirkliche Jahre unmöglich abzuschätzen waren. Seine Hände fuhren erneut zu seinem Gesicht. Zögernd strichen seine Finger über die Konturen, und er war keineswegs beruhigt. Nun kommt also auch das noch, dachte er. Im Traum bewegte sich die Zeit mit uns. Nun dröhnt sie hinter uns her, treibt uns rasch einem Ende entgegen, das nicht mehr vorhersehbar ist. Er wollte Rintar anfassen, doch seine Hände fielen nur von seinem Gesicht herab, und er schaute sie an.

»Ich wußte nicht, was ich mit Tagar anfangen sollte«, flüsterte er, und Rintar duckte sich noch tiefer, als dieser Name fiel.

»Ich möchte nicht mehr über ihn nachdenken«, sagte sie grob. »Wer war er überhaupt? Ein alter Mann. Nur ein alter Mann, der aufs Sterben wartete.«

Natil kam zu sich, stand auf, packte sie bei den Armen und zerrte sie auf die Füße. »Dann denk über Ghakazian nach!« herrschte er sie an. »Es bleibt nicht mehr viel Zeit, Rintar. Ich weiß nicht weshalb, aber ich fühle mich gehetzt. Irgend etwas schwebt über dem Tal und wartet nur auf ein Wort, auf das Eintreten eines bestimmten Augenblicks, ach, ich weiß nicht worauf. Wir müssen einen Plan schmieden. Wir können nicht hier in diesem Hause bleiben.«

»Aber wir können auch nicht nach Roita, wenn es einen solchen Planeten tatsächlich gibt. Ghakazian verbot uns den Weg zum Tor.«

Nun fiel es Natil auch wieder ein. Er war erstaunt, daß er es jemals hatte vergessen können. Ghakazian der Bestimmende, Ghakazian der Nichtmenschliche, das Wesen, dessen Bestimmung es war, ihr Leben zu ordnen, hatte sie geheißen, nach Hause zu gehen. Also gab es auch das Tor. Soviel war also Wirklichkeit. Inzwischen würden dort Wachen aufgestellt sein, weil Ghakazian es so gewollt hatte. Er schaute in Rintars braune Augen, ohne sie wirklich zu sehen, zog die Stirn kraus und unterdrückte das namenlose Entsetzen, damit er überhaupt noch denken konnte.

»Es gibt zwei Möglichkeiten«, sagte er schließlich. »Wir können noch heute nacht aus dem Hause schleichen und versuchen, durch das Tor zu schlüpfen, oder aber wir begeben uns in die entgegengesetzte Richtung zu den Höhlen, die durch die Berge hindurch weit hinauf in den Norden führen, und verstecken uns dort. Ich frage mich, was die anderen tun werden?«

»Das ist mir auch gleichgültig!« rief Rintar und stieß ihn fort. »Ich möchte hier bleiben bei den Schafen, bei meinem Garten und den Fischen im Fluß. Ich werde dem Sonnengebieter gehorchen, und er wird mich in Ruhe lassen. Was immer er von mir verlangt, ich werde es tun. Du bist nicht du selbst, Natil, und Tagar war es auch nicht. Wir gehören Ghakazian. Er ist unser guter Herr.«

Natil drehte sich zum Fenster um, legte beide Hände auf das Sims und sprach weiter ruhig auf Rintar ein. »Was war er denn im Traum, Rintar, dieser Ghakazian, dieser Sonnengebieter? Denk genau darüber nach!«

Rintar stieß einen halb verzweifelten, halb unwirschen Ausruf aus. Sie dachte jedoch nach, wie er sie gebeten hatte, und allmählich glätteten sich die ärgerlichen Züge ihres Gesichts. Die Sehnsucht nach dem Vergangenen, die Trauer über den Verlust, den anzuerkennen sie sich geweigert hatte, ließen ihre Augen und ihre Lippen weicher erscheinen. Sie begann zu weinen. »Ich will es verstehen«, sagte sie schließlich verzweifelt. »Ich will wieder träumen.«

»Nie wieder«, entgegnete er knapp, das Gesicht immer noch dem Himmel draußen zugewandt. »Erinnerst du dich an die Tage, da Ghakazian noch nicht bedrohlich über uns schwebte und meinen Ahnen vor meinen Füßen zerschmetterte?«

Sie machte eine Gebärde, so als wollte sie sich die Ohren zuhalten.

Dann richtete sie sich aber auf und antwortete. »Er war... gut... er war einfach da, Natil. Die Sonne beugte sich seinen Bitten, und er liebte die Sonne. Er ließ den Regen kommen. Wenn er sich nicht auf Ghaka aufhielt, wich aus uns allen irgendwie die Seele, und wenn er zurückkehrte, war die Welt wieder vollständig.« Sie verstummte, und er ließ schließlich die Arme sinken, verschränkte sie, drehte sich ins Zimmer um und lehnte sich gegen das Fenster.

»Das ist alles?«

»Ihm gehörte Ghaka...«, schloß sie schleppend, und Natil hob verbittert eine Augenbraue.

»Gehörte? Was ist das für ein Wort? Er war Ghakas Seele, doch es war nicht sein Eigentum. Ghaka gehört uns, dir und mir, den Geflügelten und den Flügellosen, den Menschen dieser Erde.« Er stampfte mit dem Fuß. »Diese Berge. Wir sind hier geboren. Wo wurde er geboren? Von wo kam er? Was ist er? Ist er ein Kind der Sonne?«

»Er ist unsterblich.« Sie rang mit den Worten. »Er lebte auf Ghaka, ehe irgendeiner von uns da war. Der W...« Ihr Mund hatte Mühe, die Erinnerung einzufangen, ehe sie ihr durch den Kopf ging und für immer verloren war. »Der Weltenschöpfer schuf ihn und die Sonne zusammen.«

»Woher weißt du das?«

»Die Vorfahren...«

»Hast du den Weltenschöpfer gesehen? Wo ist die lange Erinnerung, nach der du ihn zu den Ahnen sprechen sahst, Rintar?« Es drängte ihn, ihr die Augen zu öffnen, und seine Hast ließ ihn grausam werden. »Wo immer er herkommt, was immer er früher war, wir können nicht mehr in Träumen herumschlendern, wo er gut und schön war. Es mag einen Weltenschöpfer geben oder auch nicht. Das geht uns nichts an. Doch es existierte ein Wesen auf Ghaka, das uns Böses will, das sehr mächtig ist und es ist keiner von uns. Wir nennen Ghakazian ›er‹ und ›ihn‹, weil wir über kein Wort verfügen, um sein wirkliches Wesen zu beschreiben. Aber eines weiß ich gewiß. Er ist darauf aus, uns zu vernichten. Vielleicht war er einst Ghakas Seele und verlangte nicht mehr von uns, als daß wir existierten, doch jetzt und heute ist er unser Viehtreiber und unser Schlächter.«

»Warum sprichst du so?« Rintar war außer sich vor Angst. »Du weißt diese Dinge ebensowenig, wie du weißt, warum wir unsere echten Erinnerungen eingebüßt haben. Ja, Natil, wir haben sie verloren! Ich glaube nicht, daß die Vergangenheit ein Traum war. Ich glaube an gestern, wie es wirklich war!«

»Ich glaube gar nichts«, schloß er so heftig, daß sie alle Lust verlor, mit ihm zu diskutieren, und auf ihren Schemel zurücksank. »Ich weiß nur, daß wir laufen müssen.«

»Es gibt ein Tor«, fuhr sie langsam fort. »Es muß da sein, denn Ghakazian sprach davon. Wenn wir unser Zuhause verlassen müssen, dann laß uns doch versuchen, durchs Tor fortzugehen. Es spielt keine Rolle, ob es Roita wirklich gibt oder nicht. Lieber durch ein Tor ins Ungewisse ziehen, als hier auf Ghaka bleiben. Wenn Ghakazian so ist, wie du ihn beschrieben hast, hat es keinen Sinn, ihm Widerstand zu leisten. Ich wünschte«, schloß sie bitter, »ich wäre nie geboren worden!«

Nach ihren Worten trat Stille ein. Der Raum schien kälter zu werden und ganz allmählich wirkte er, als ihre Augen ihn durchstreiften, kleiner und häßlicher als jemals zuvor. Sie hörten, wie Tagin jenseits des kleinen Flurs zu weinen begann. Aber Rintar rührte sich nicht. Sogleich kam er mit zerzaustem Haar und nackten Füßen zu ihnen gelaufen. Er erblickte seinen Vater und stürzte auf ihn zu, so daß Natil wie ein steifer, störrischer Baumast gezwungen war, sich hinabzubeugen und ihn emporzuheben.

»In meinem Traum kam Tagar zu mir«, murmelte das Kind. »Er hatte graues Haar und so bleiche Haut wie ein Händler. Ich mag ihn so nicht mehr.«

Plötzlich stand Rintar entschlossen auf. »Mach ein Feuer, Natil«, sprach sie. »Wir werden eine warme Mahlzeit zu uns nehmen und ein wenig trinken, dann brechen wir auf. Die Nacht wird unseren Weg zum Tor schützen.« Sie schaute ihn nicht an und trat auf den Flur. Natil wollte seinen Sohn neben den Kamin setzen und warf einen Blick aus dem Fenster. Geflügelte kreisten durch das Tal, dreißig, vierzig, die lautlos und bedrohlich über die Felder schwebten. Er zog sich rasch zurück und wußte, daß er und seine Familie nichts tun konnten, bis die Sonne unterging und die Dunkelheit käme, um sie vor Blicken, so scharf wie ein Winterwind zu schützen. Als er einen zweiten Blick wagte, war der Himmel leer, doch er glaubte eine schnell dahinziehende Wolke auf den Sitz des Sonnengebieters zuziehen zu sehen.

8

Die vier Geflügelten, die Ghakazian geschickt hatte, um das Tor gegen jene zu bewachen, die zu fliehen versuchen könnten, hatten freudig getan, was man sie geheißen, denn nur Mirak kannte die innersten Gedanken seines Herrn. Mirak selbst kehrte zu seiner Höhle zurück, überdachte, was er im Buch gelesen hatte und brütete schwer darüber. Ghakazian verließ seinen Gipfel und flatterte unbehaglich kreuz und quer über sein Land. Der Händler befand sich immer noch auf Ghaka. Er konnte nichts tun, ehe dieser nicht abgereist wäre, denn kein Wort seines Planes durfte zum Rat gelangen; den ganzen Tag zog er langsam auf und ab, vor und zurück, so daß sein Schatten mit ihm über die schafsgesprenkelten Hügel und silbern funkelnden Flüsse streifte. Tagar belastete sein unsterbliches Bewußtsein, Tagar, der sich ihm verweigert hatte, Tagar, dessen Geist irgendwo in den kalten feuchten Felsspalten in der Nähe des Tores wartete. Tagar hatte ihn irgendwie beeinträchtigt, doch seine Ermordung war notwendig gewesen. So vieles, das ihm nicht gefiel, würde unumgänglich sein, um Shol vor dem sicheren Untergang zu bewahren. Die Sonne schien herab, flutete über ihn hinweg, fiel durch sein wehendes Haar, erwärmte seinen leichten Körper, doch in seinem Denken war kein Raum mehr für Sonnenlicht.

Am Abend stieß er in seinen Felskamin hinab, landete in dem geschwungenen Torbogen und schritt die dunkle Halle hinunter. Seine Flügel überragten ihn dabei hoch, sein Kinn trat energisch hervor und seine Finger streichelten abwesend sein Haar. Sie alle, dachte er. Ich darf keinen auslassen. Ich muß Geflügelte losschicken, um ganz Ghaka zu bewachen, sogar die Höhlen im Norden müssen abgesucht werden. Ich werde mit ihnen sprechen, und sie werden es verstehen.

*

Der Händler bewegte sich durch das zunehmende Dämmerlicht. Er hatte seine Erwerbungen über die schmale Schulter gehängt und die Augen zufrieden auf den Durchgang zwischen Fels und Hecken gerichtet, der an ihm vorüberzugleiten schien. Die Handelswege im Universum schrumpften immer mehr, überlegte er, doch auf Ghaka war es immer noch schön, von Farm zu Farm zu wandern und unbesorgt Neuigkeiten auszutauschen. Beständig und gleichgültig beobachtete er, wie der Berg vor ihm aufragte. Er dachte an die heiße Sonne von Danar, die ihn erwartete, und sein Denken war noch im Bild der blauen Schatten des Haeliwaldes verstrickt, als er an den Fuß der Treppe gelangte und Tagar erblickte. Einen Augenblick lang blieb er stehen und sah ihn an, dann trat er zu dem Leichnam und sprach:

»Schläfst du, Sterblicher?«

Er erhielt keine Antwort. Wind fuhr durch das graubraune Haar, welches über das Gesicht hing, und strich über die ruhige, rotgekleidete Brust. Nachdem der Händler ihn einen weiteren Augenblick beobachtet hatte, beugte er sich zu ihm hinab.

»Befindest du dich in Trance?« erkundigte er sich höflich, doch seine Verwirrung wuchs. Er streckte eine zarte Hand aus und strich das dichte Haar fort. Er konnte nicht begreifen, was er sah, und ein Frösteln ließ seinen milchigen, zarten Körper erzittern und gegen den Fels taumeln. Er zog die Hand zurück, band seinen Schal fester, pfiff, als er sich umdrehte, um seinen Blick durch das Dämmerlicht schweifen zu lassen. Dann duckte er sich rasch und tastete unter dem Haar nach dem Kinn. Tagars Kopf rollte plötzlich zurück. Das Haar fiel aus seinem Gesicht. Der Händler stieß einen Schrei aus, als er Tagar erkannte, doch er nahm seine Hand nicht fort. Lange Zeit betrachtete er die zerschmetterte, an die Wange gedrückte Nase, die leeren, blicklosen Augen und das trockene, über den Schürfstellen schwarz verkrustete Blut.

»Auf Ghaka?« flüsterte er vor sich hin und die Gedanken rasten durch seinen Kopf. Er wußte, welches Entsetzen er vor sich hatte, und er führte seine Hand vorsichtig an den Hinterkopf des Toten, um ihn wieder auf seine Brust zu senken. »Was hast du getan, Tagar?« murmelte er. Dann stand er unentschlossen auf, während um ihn her die Nacht hereinbrach. »Das muß man Ghakazian berichten.« Doch noch während er auf der Straße kehrtmachte, drängte sich ein Schatten zwischen ihn und das zunehmende Funkeln der Sterne; dieser bewegte sich träge, doch er erfüllte den Händler mit so düsterer Vorahnung, daß er stehenblieb und wartete, bis der Himmel wieder klar war. »Ich muß nachdenken«, sagte er sich, als er mitten auf der einsamen Straße wie ein dünner Mondstrahl stand.

Allmählich fügten sich in seinem Denken verschiedene Dinge aneinander: die Leere und Stille der Landschaft während des Tages, ein Gefühl der Bedrücktheit, das ihn veranlaßt hatte, einem Gespräch mit den wenigen Flügellosen, die er im Schatten der Bäume in Richtung Norden hatte huschen sehen, aus dem Weg zu gehen und vor allem das plötzliche Bedürfnis, das er empfunden hatte, eins zu werden mit Gras und Gestein, wenn er steten Flügelschlag durch den heißen Nachmittag hatte dringen hören. Eine Gruppe von Geflügelten war über ihn hinweggerauscht, und er hatte sich schwach gefühlt. Warum? Er war zu der Auffassung gelangt, daß er Ghakas unverhüllter Sonne und satter Luft lange genug ausgesetzt gewesen war und einen Ausgleich in Gestalt eines Flugs durch den interstellaren Raum benötigte. Doch im Grunde genommen wußte er es besser. Ghaka hatte seinen langen, unausweichlichen Sturz zu den wartenden Füßen des Antischöpfers angetreten. Dem Händler schauderte. »Antischöpfer, Antischöpfer«, zischte er und dachte an die Dinge, die er auf seinen Reisen zwischen den Welten gesehen hatte. Dann machte er kehrt und lief an Tagars teilnahmslosen Überresten vorbei zur Tortreppe.

Er begann zu klettern und machte sich noch schmaler, so daß er fast von Stufe zu Stufe schwebte; er zählte sie bei sich, damit er nicht daran denken mußte, wie Janthis dreinschauen würde, wenn er vor ihm stände und ihm die Neuigkeit berichtete. Ghakazian weiß nicht, daß Tagar am Fuße des Berges liegt, dachte er plötzlich. Wüßte er es, so ließe er mich nicht gehen. Er blieb stehen und schaute in die Ferne hinab. Von Tagars Leichnam war nichts zu sehen. Die Erde unten war in Dunkelheit gehüllt. Leichtfüßig lief der Händler den letzten Felsvorsprung hinauf zum Eingang des Tores. Erleichtert erreichte er schließlich den kurzen Höhlengang und stemmte sich gegen den beständig herrschenden Wind, der durch die Öffnung fegte, in der die Geflügelten landeten, um sich dem Tor zu nähern. Vor ihm ragte das Tor auf, ein schmaler Bogen, an dessen beiden Seiten zwei weite Schwingen emporragten, um über dem Abschlußstein zusammenzustoßen. Dahinter konnte der Händler den schwarzen Raum und das gleichmäßige, ständige Funkeln weißer Sterne sehen.

Er blieb stehen, als er Stimmen hörte. Vier Geflügelte warteten zwischen ihm und seiner Freiheit und unterhielten sich leise im hellen Sonnenlicht, das Ghakazian ihnen zur Erleuchtung der Höhle bereitgestellt hatte. Doch es war nicht ihre Gegenwart, die den Händler wie aufgereihte Perlen erzittern ließ. Ein anderes Bewußtsein durchdrang die Dunkelheit, und er spürte, wie eine Woge schrecklichen Zorns und ohnmächtiger Kraft an ihm zerrte. Einen Augenblick lang überkam ihn Angst; dann drehte er sich um, um in die Finsternis hinein zu fragen: »Wer ist da?« und »Wer zürnt?«

Der Zorn wich von ihm und dann trafen ihn kleine Stöße von Traurigkeit und flehentliche Bitten um Hilfe. Die Geflügelten schwatzten selbstvergessen weiter. Da aber der Händler kein Sterblicher war, lag es in seiner Macht, zum Teil das Innerste von Geisteswesen und Sternen, Unsterblichen und dem Gesetz zu erraten. Plötzlich wußte er, was da gefangen vor dem Tor lauerte. Tagar. Der Name hallte in seinem Kopf wider, so als hätte der Mann, dessen Stimme Angst und Verratensein zum Ausdruck brachte, ihn selbst ausgesprochen. »Ich weiß«, flüsterte der Händler zur Antwort. »Ich werde nach Danar gehen. Ich werde es ihnen sagen, Tagar.« Etwas rührte sich in der schwarzen Stille, ein graues Flackern, das sogleich wieder verschwunden war. Der Händler schob seine Wollast höher auf seine Schulter und trat kühn nach vorn. Das Gespräch der Geflügelten verstummte, und sie bezogen mit einem Sprung vor dem Tor Posten, als er ins Licht trat. Doch als sie den durchschimmernden Körper und den ausladenden, blauen Schal um seinen kahlen Kopf erblickten, entspannten sie sich.

»Was nimmst du von Ghaka mit?« wollte einer von ihnen neugierig wissen. Er schaute von einem zum anderen, sah ihr Lächeln und ihre warmen, freundlichen Augen. Diese jungen Männer waren noch unversehrt. »Ich führe ein wenig Wolle für Shol mit und eine gewebte Decke für Storn auf Danar, auf der er im Winter schlafen kann«, antwortete er höflich. »Nun laßt mich weiterziehen.«

»Ghakazian sagte, daß niemand hindurchgehen sollte«, sprach ein anderer leise mit ängstlicher Stimme. Das Lächeln wich aus ihren Gesichtern, um einer verlegenen Unentschlossenheit Platz zu machen. Der Händler tat einen entschlossenen Schritt und sprach laut, wohl wissend um die Zeit, die es ihn gekostet hatte, Tagar anzuschauen, die Treppe zu erklimmen, und eingedenk der Tatsache, daß andere Augen den Leichnam erblicken mußten und dem Sonnengebieter von seiner Lage berichten würden.

»Ich bin ein Händler«, sagte er unerschütterlich und wies mit einem durchschimmernden, dünnen Arm auf seinen Schal. »Solange ich mich im Rahmen des Gesetzes bewege, bin ich an keine Weisungen eines Sonnengebieters gebunden. Ghakazians Verordnungen haben mit mir nichts zu tun.«

Sie besprachen sich, wobei ihr Flüstern zu der rauhen Felsdecke hochstieg, und der Händler wartete ruhig und summte eines seiner melodielosen Lieder vor sich hin. Er wußte, daß er mühelos durch ihre Finger schlüpfen könnte, wenn sie beschlössen, ihn aufzuhalten. Doch er wußte ebenso, daß ihm das untersagt war. Nun wandten sie sich ihm auch schon wieder zu.

»Wir sind sicher, daß der Sonnengebieter einen Händler kaum wird aufhalten wollen«, sagte einer von ihnen mit einem Augenzwinkern, »und in jedem Falle könntest du durch Wesen unseresgleichen auch nicht zurückgehalten werden. Also geh zum Tor.«

Der Händler nickte, ging an ihnen vorüber und durch den Bogen hindurch hinaus, wo Boden und Decke plötzlich wichen und seine Welt darauf wartete, ihn an sich zu ziehen. Leichten Herzens verließ er Ghaka. Er wußte, daß er niemals wieder einen Fuß dorthin setzen würde.

*

Mit einem barschen Wort zu seiner Frau trat Mirak aus seiner Höhle und stürzte in Ghakas Nacht. Er breitete seine Flügel aus und schwebte in Richtung Westen, wo Ghakazians schlanker Berggipfel sich schwarz und scharfkantig von der etwas helleren Düsternis des Himmels abzeichnete. Er flog mit regelmäßigen Zügen, während weit unter ihm Straßen aufeinanderstießen und wieder fortliefen wie ein Spinnennetz, bis er schließlich seine Flügel anlegte, sich von dem Aufwind in Nähe des Kamins empor und über den Grat tragen ließ, um mit geschmeidiger Grazie auf dem inneren Sims zu landen. Ghakazian war nicht da. Mirak lehnte sich in den eisigen Hauch des Berges, schwebte zum Bogengang hinab und hindurch und trat über das Podest. Auf der gegenüberliegenden Seite der Halle schimmerte fahles Licht, so schwach wie Sternenglanz auf den Flügeln eines Falters, und in diesem Schein stand Ghakazian. Er hatte einen Ellbogen in die Handfläche gestützt, die andere Hand um das Kinn geschmiegt. Seine Flügel waren ausgebreitet und hingen lose um ihn, ein unordentliches Gewirr herabhängender Federn. Er murmelte leise etwas vor sich hin. Er hörte Mirak nicht näher kommen, bis der andere in den Lichtkreis um ihn trat; dann erschrak er und wirbelte herum. Überrascht und zum erstenmal verängstigt durch die dunklen Ecken seines eigenen Reiches, brüllte er Mirak an: »Was willst du?« Sogleich gewann er seine Fassung wieder, trat mit einem herzlichen Lächeln nach vorn und umfaßte Miraks Schultern. »Ich wollte dich nicht anschreien«, sagte er. »Ich war in Gedanken versunken und habe mit niemandes Besuch gerechnet. Vielleicht sollte ich den Kamin ebenso wie meine Tür versiegeln.«

Mirak wich verletzt zurück. »Du würdest dich vor mir einschließen, Sonnengebieter?« fragte er. »Das Buch besagt…«

»Ich weiß, was das Buch besagt!« fuhr Ghakazian ihn an. »Vergiß nicht, wer du bist, Mirak. Ich habe geruht, dich in mein Vertrauen zu ziehen. Daß heißt aber nicht, daß du dich als meinesgleichen betrachten kannst. Es gibt nicht meinesgleichen.«

Mirak ließ einen wachsamen Blick über Ghakazian streifen. In der

Haltung seines breiten Mundes kam Verdrossenheit zum Ausdruck, eine plötzliche Laune, die in einem abwertenden Zucken seiner braunen Schultern und an der Art, wie seine Augen scharf seinen Blick suchten, abzulesen war.

Ghakazian warf sein Haar zurück. »Weshalb bist du gekommen, Mirak? Ich hätte dich gerufen, wenn ich dich gebraucht hätte.«

»Ich konnte nicht länger in der Höhle bleiben«, gestand Mirak. »Mein Herz war zu voll von alledem, was ich gelesen und gehört habe. Warum warten wir noch?«

Ghakazian machte den Mund auf, aber dann besann er sich eines Besseren. Nein. Mirak von dem Händler zu berichten, der noch irgendwo über Ghakas nachtverhüllte Straßen zog, hätte bedeutet, zuzugeben, daß er vor dem Urteil des Rates Angst hatte. Bah, dachte er höhnisch. Der Rat kann von mir aus nun bis zum Ende des Universums Rat abhalten und wird doch nichts anderes tun, als Atem zu vergeuden. Nur ich wage zu handeln, aktiv zu werden. Er sagte freundlich: »Mirak, ich möchte gerne, daß du zum Tor fliegst und deine Brüder dort fragst, ob irgendein Reisender versucht hat, hindurchzugelangen. Reisender, merke dir das«, betonte er und hielt einen mahnenden Finger empor. »Erstatte mir Bericht, sobald du etwas erfährst. Beobachte unterwegs die Straßen, und erzähle mir auch, wer dort entlangzieht und warum.«

»Aber Herr, ich dachte, vielleicht...«

»Widersprich nicht!« Ghakazian fühlte, wie seine Schläfen anschwollen unter der Anstrengung, vernünftig und ruhig zu bleiben. Er schaute Mirak an und spürte eine gewisse Verachtung, die von seinem Gesicht nicht abzulesen war. »Die Zeit wird knapp, du mußt lernen zu tun, was man dir sagt.« Ghakazian drehte ihm den Rücken zu und begann, wieder mit gesenktem Kopf und auf dem Boden schleifenden Federn auf und abzugehen.

Mit kläglichen Gefühlen verließ ihn Mirak und sprang in die Dunkelheit. Er hatte soviel, was ihm im Kopf herumgeht, versuchte er sich in seinem Innern entschlossen zu sagen, als er vom hohen, schwarzen Himmel aus die tieferen, unruhigeren Luftschichten anflog, damit er die Straßen beobachten konnte. Die Zeit wird knapp. Wie kommt es, daß die Zeit nun schneller verstreichen kann? Ich verstehe diese Dinge nicht, ich kann ihm nur gehorchen, ihm vertrauen. Wir haben eine Menge Arbeit gemeinsam zu bewältigen.

Mühelos regulierte er seine Flugrichtung in die beständigeren Strudel des Nachtwindes, der über die Felder spielte und durch die Spalten in die zerborstenen, dichten Bergfundamente wehte. Dann drehte er bei zur Felsspitze des Tores in weiter Ferne, einem schwarz aufragenden Speer. Seine Augen streiften über den Boden unter ihm. Nichts rührte sich. Keine Lichter funkelten zu ihm herauf, kein Abendlied hallte an seine Ohren. Die Flügellosen sind still heute abend, dachte er. Vielleicht schmollen sie wegen des einst weisen Tagar und der Schließung des Tores für sie. Sie tun mir leid, die Schlammkriecher, die Schafstreiber. Ein Rausch strömte warm durch seine Glieder, und er lächelte bei sich und drehte einen Augenblick den Kopf um, um das rhythmische Heben und Senken seiner Flügel zu beobachten. Als er zurückschaute, glaubte er einen Schatten auf der Kreuzung unter sich zu erblicken, dort wo die Straße, die sich durch das weiteste Tal schlängelte, auf jene breitere traf, die zur Tortreppe führte. Er schoß tief hinab, machte einen Bogen und näherte sich wieder langsamer der Stelle, wobei er fast die Erde streifte. Mit seitwärts gedrehtem Kopf, um die Hecken zu überprüfen, erkannte er nun einen dichteren Schatten, als ihn die Strömungen der Dunkelheit hervorriefen, die sich im Untergrund verfingen. Seine Füße berührten den Boden, als er die Flügel anlegte, und er stand fröhlich mit ausgebreiteten Armen da.

»Ich sehe euch«, rief er. »Kommt heraus auf die Straße.«

Natil zog eine bittere Grimasse. Rintar packte in einer plötzlichen Aufwallung von Angst seinen Arm.

Doch Tagin krabbelte sogleich heraus und sprang auf die Füße.

»Ach, du bist das, Mirak!« sagte er. »Hast du nach uns gesucht? Wir...« Doch er kam nicht zu Ende, denn Natil kroch hinter ihm her und hob ihn schwungvoll vom Boden.

»Warum habt ihr euch in der Hecke versteckt?« erkundigte sich Mirak voller Verachtung. »Und das mitten in der Nacht? Wo geht ihr hin?«

Mirak erkannte in Natils Gesicht Furcht und flüchtige Unentschlossenheit. Dann deutete Natil die Straße hinab.

»Wir gehen zum Haus meines Bruders, dort neben dem Torberg. Das alles geht dich aber nichts an, Mirak. Wir trauern um Tagar. Wir fühlen uns verlassen.«

»Tatsächlich«, spottete Mirak, doch Zweifel umwölkte seine Züge. »Das Tor ist für euch verschlossen, Natil.«

»Aber meines Bruders Tür steht offen, und du weißt sehr wohl, wo er wohnt«, erwiderte Natil geduldig. »Ich muß die Straße zum Tor einschlagen, um zu seinem Gehöft zu gelangen. Oder wäre es dir lieber, wenn ich meine Familie durch die Felder zerrte, nur damit keiner auf den Gedanken kommt, ich wollte durchs Tor ziehen? Das ist doch alles Unsinn, Mirak. Warum wollten wir überhaupt nicht nach Roita, wenn wir das wollten? Ghakazian kann uns dort ebenso leicht finden wie auf Ghaka.«

Miraks neu entdeckter Drang zu spotten und auf Konfrontation zu gehen, ließ nach. »Seine Beschlüsse sind nicht in Zweifel zu ziehen«, entgegnete er matt. »Ich weiß selbstverständlich, wo dein Bruder wohnt. Ich habe ihn einmal mit in den Himmel genommen, damit er die Felder unter sich sehen konnte, und er war dankbar dafür.« Sein Lächeln kehrte zurück, diesmal jedoch reumütig und gewinnend. »Es ist nicht meine Sache, jemanden aufzuhalten«, fuhr er fort. »Ach, zieh weiter, Natil! Ich war neugierig, das ist alles.«

Natil setzte Tagin auf den Boden, ergriff seine Hand und ging davon. Rintar folgte ihnen. Mirak sah ihnen nach, bis er sie wieder nur als schattigen Fleck gegen die graue Straße erkennen konnte. Dann schwang er sich auf, schwebte über sie hinweg und war verschwunden.

Obgleich er sich in der Nähe der Straße hielt, konnte er keine weiteren Reisenden mehr entdecken. Bald lag die Tortreppe vor ihm, eine fahle Spirale, unterbrochen von dunklen Stellen. Er war gerade im Begriff, sich vertikal zu drehen, um an der Bergwand entlangzustreichen, als sein Blick wieder auf etwas fiel. Er ließ sich wieder vorsichtig auf die Straße fallen und blieb stehen, um vor sich auf die Stelle zu spähen, wo sich die erste Stufe erhob. Ein Gefühl dumpfer Unnahbarkeit stand zwischen ihm und dem Fels, ein unsichtbarer Strom von etwas für ihn Undeutbarem. Damit einher kam der Hauch eines abscheulichen Gestanks. Er strengte seine Augen an, doch der Schatten der Bergtreppe reichte tief, und trotz all seiner großen Sehschärfe vermochte er nichts zu erkennen. Er nahm seinen ganzen Mut zusammen und trat näher. Der Geruch wurde stärker, sein Gefühl stellte sich ihm wie eine Sperre entgegen. Wäre da nicht Ghakazians Anweisung gewesen, die Straße genau zu beobachten, hätte er sich in die Lüfte erhoben, denn Angst durchflutete nun auch ihn. Doch er straffte seine Schultern und näherte sich der fast greifbaren Grenze des Schattens. Sein Fuß trat gegen einen Widerstand. Es war etwas Schweres, Weiches, aber Kaltes. Er beugte sich hinab.

Es dauerte lange, ehe die Realität des Gesehenen in seine Wahrnehmung drang. Doch als seine Augen sich an die Düsternis gewöhnt hatten, hatte er begriffen. Tagar war ein einsames Ding, die erste Frucht einer neuen und häßlichen Saat. Er sagte ja, es wäre nicht schön, dachte Mirak zusammenhanglos und wie erstarrt vor Entsetzen. Ich muß das akzeptieren, ich darf nicht schwächer sein als er. Doch sein Annehmen wurde noch zurückgedrängt von seinen neuen Visionen von Pomp und Macht, und er konnte Tagars aufgeblähte Gestalt noch nicht als deren Folge erkennen.

Er stand langsam auf, wagte kaum zu atmen und trat vorsichtig zurück ins Sternenlicht. Er konnte es nicht mehr sehen, aber das war gleichgültig; er wußte, daß es dort lag. Langsam, so als fürchte er, das geringste Geräusch zu verursachen, erhob er sich in die Lüfte, schwebte einen Augenblick, um seine Fußsohlen abzutreten, wo sie Tagars Bein berührt hatten, und schoß seitwärts nach oben, wo die Luft frisch und sauber war.

Er brachte längere Zeit mit seinen Verwandten zu, stand voller Unbehagen gegen das Tor gelehnt, lauschte ihrem Lachen und Schwatzen und antwortete knapp, wenn sie ihn ansprachen. Ansonsten aber starrte er durch das Tor in die verbotenen Reiche des Raumes. Er hatte Angst, sie zurückzulassen und sich alleine hinauszubegeben in die Nacht, wo dieses Ding kauerte. Doch wo er sich nun befand, fühlte er sich fast ebenso bloßgestellt und verletzlich. Schatten drohen ganz Ghaka, dachte er entsetzt, und wenn der Sonnengebieter den Menschen die Geister raubt, werden diese Schatten genauso schrecklich sein wie der Fuß dieses Berges. Er schob sich näher ans Tor, doch kein Trost erwuchs ihm aus den Weiten, in denen die Sterne verglühten. Er wird meinen Geist ebenfalls rauben, dachte Mirak. Ich kann ihn nur nach Shol begleiten, wenn ich mich einverstanden erkläre, zu werden wie… Tagar. Einverstanden? Habe ich denn eine Wahl? Er schrie auf vor Schmerz, als ihm plötzlich zum erstenmal die volle Wucht dessen bewußt wurde, was das alles mit sich brachte. Seine Gefährten waren verstummt und hatten ihn angesehen, und er stieß sich wie ein Betrunkener von der Wand fort. »Ich muß zu Ghakazian zurück«, erklärte er heiser. »Er wartet auf mich.« Er wollte nicht wieder zwischen jene Schatten treten, aber um sich in die freie Luft schwingen zu können, blieb ihm nichts anderes übrig. Ohne ein weiteres Wort rannte er den Tunnel hinab, wo am Ende der Höhlenausgang schwach schimmerte, ein Tor zur Flucht. Wo steckt Tagars Geist, flüsterte sein Inneres ihm zu. Er lauert irgendwo und beobachtet dich, Mirak, beobachtet euch alle. Er hatte das Gefühl, er könnte spüren, wie Lippen sein Ohr streiften und eine Hand sich auf seinen Rücken legte. Mit einem Schrei stürzte er aus dem Berg. Er schwitzte Angst aus allen Poren, fiel kreiselnd, weil seine Flügel steif und schwer waren, bekam sich dann wieder in die Gewalt und strebte die höheren Gefilde an. Er würde ewig nur höher fliegen, er wollte auf die Sonne zuschießen und lieber verbrennen, als jemals wieder den Fuß auf Ghaka zu setzen. Ehe er seine blinde Panik überwand, war der Torberg schon halb hinter dem dunklen Horizont versunken, und er war zum Bergschacht des Sonnengebieters zurückgekehrt. »Er wird mich das Buch noch einmal lesen lassen«, stieß Mirak keuchend hervor, als er spürte, wie Gestein seinen Leib streifte, er seine Arme um die Felsenspitze schlang und die Augen schloß. »Ich werde lesen, was kommen soll, das wird mich beruhigen.« Er stürzte sich hinab und fiel in das schwache Sonnenlicht und Ghakazians Federrascheln, wo dieser über seinem Sims schwebte.

Der Sonnengebieter schien seine unbeherrschte Laune überwunden zu haben. Als Mirak ungeschickt stolperte, um mit den Füßen auf dem Felsenvorsprung Halt zu finden, kam Ghakazian, stellte sich neben ihn und lächelte. »Nun, Mirak«, erkundigte er sich. Doch ehe er fortfahren konnte, klammerte Mirak sich an ihn, immer noch mit keuchendem Atem und schweißglänzendem Gesicht.

»Oh, Ghakazian«, sprudelte es aus ihm hervor. »Ich habe Tagar gefunden! Du sagtest mir zwar, wie es sein würde, doch ich begriff nicht, ich konnte es mir nicht vorstellen! Tagar, er… er stinkt!«

Ghakazian machte sich kühl aus dem Griff von Miraks bebenden Fingern frei. »Was willst du damit sagen, daß du Tagar gefunden hast? Ich ließ ihn auf der Straße liegen. Ich ging davon aus, daß du ihn auf deinen Wegen viele Male gesehen hattest.«

»Nein, nein! Er ist weggeschafft worden. Jemand hat ihn neben die Tortreppe gelegt.«

Ghakazian fuhr ihn an. »Neben die Tortreppe! Wer? Vor wie langer Zeit?« Ein Gedanke befiel ihn, und er wirbelte herum, um Mirak heftig bei den Handgelenken zu packen. Plötzlich brach schmutzig orangefarbenes Licht aus ihm, und er schüttelte Mirak. »Was haben die Wachen berichtet?« brüllte er. »War irgend jemand am Tor?«

Mirak wandte den Kopf ab, um der Hitze und Unruhe auszuweichen, die unter der Haut des goldenen Körpers brodelten.

»Ein Händler begab sich hindurch«, brachte er hervor.

»Wann?«

»In der Dämmerung, glaube ich. Bitte, Herr, ich kann das nicht aushalten!«

Doch Ghakazian ließ ihn nicht los. Rote Lichtstrahlen tanzten über die Felswände und Mirak fühlte, wie seine Haut unter Ghakazians Fingern zurückzuckte, sodaß er einen Schrei gegen das Feuer ausstieß.

»Sahen die Wachen Tagar auf ihrem Weg zum Tor?«

»Ich weiß es nicht. Ich glaube nicht. Sie sagten nichts davon, Herr!« Die flehentliche Bitte hallte wider und gelangte schließlich zu Ghakazians Ohren. Er ließ los, und Mirak sackte gegen die Wand.

»Hat der Händler Tagar denn gesehen?« murmelte Ghakazian vor sich hin. »Wenn ja…«

»Tagar sah schrecklich aus«, erklärte Mirak stoßweise. »Werden wir wie Tagar werden, Sonnengebieter? Wird es so sein?«

»Das ist *gleichgültig*, Mirak, begreifst du denn nicht?« gab Ghakazian zurück. »Deinem Geist macht es nichts aus, wie dein Leib vermodert!«

»Vermodert?« Die Worte waren kaum mehr als eine Bewegung von Miraks Lippen.

Ghakazian betrachtete ihn einen Augenblick, dämpfte dann sein Feuer und sprach freundlich: »Nun komm, Mirak. Hast du so schnell die höhere Stellung vergessen, zu der ich dich berufen habe? Das Buch weiß die Antwort.«

Rührender Eifer erhellte Miraks Gesicht, und er trat von der Wand fort. »Darf ich es jetzt lesen?«

»Gleich. War sonst noch jemand auf der Straße?«

Mirak erinnerte sich. »Ja«, antwortete er. »Ich sah Natil mit seiner Familie. Sie gingen auf der Straße zum Tor. Sie sagten, sie wollten Natils Bruder besuchen.«

Es spielte im Grunde genommen keine Rolle, ob Natil versuchte, sich auf Roita zu verstecken, das war Ghakazian klar. Er konnte die Wachen überreden, ihn vorbeizulassen, und eine Weile weiter weglaufen. Nicht Natils Flucht war es gewesen, die Hast und Furcht in Ghakazian ausgelöst hatte, sondern der hartnäckige Ungehorsam in Natils Verhalten. Ich werde nicht zulassen, daß er sich mir widersetzt, dachte Ghakazian. Ich werde ihn holen, und ich muß mich beeilen. Just in diesem Augenblick kann der Händler durch Danars Tor treten. Er schwenkte zu Mirak herum.

»Geh und rufe alle Geflügelten zusammen. Schicke sie mit dieser Botschaft zu den Flügellosen. Die sollen oberhalb ihrer Dörfer zusammenkommen, an den Hängen, auf den Berggipfeln. Sagt ihnen…« Sein Gesicht erhellte sich plötzlich aus einer boshaften Laune heraus. »Sagt ihnen, ich hätte eine Botschaft vom Weltenschöpfer für sie.«

»Du willst sie anlügen?« Miraks Augen rundeten sich, und Ghakazian versuchte grimmig, ein letztes Fünkchen von Geduld aufzubringen.

»Wir haben nicht genügend Zeit, um zu versuchen, es ihnen begreiflich zu machen«, sagte er langsam und bedächtig. »Geh und tu, wie dir geheißen, Mirak. Danach kannst du dann im Buch lesen, wenn du willst.«

Mirak hatte nun einen unglücklichen Gesichtsausdruck. Er zögerte, nickte und flog dann langsam hinauf, wo schwarzer Himmel den zerklüfteten Kreis der Schachtöffnung überdeckte. Er sehnte sich nach dem, was ihn früher erfüllt hatte, und für gerade einen Augenblick wollte er nicht das Schicksal seines Sonnengebieters teilen. Er wünschte sich nur, in Frieden nach Hause ziehen zu können.

Ghakazian blickte Mirak nach, bis dieser von der Dunkelheit verschlungen wurde. Dann ging er durch seine Halle zu dem zugigen Bergspalt, der den Vordereingang bildete. Er stand da und schaute hinaus auf eine dichte Wolkendecke, die reglos in der stillen Nacht hing. Er hatte gehofft, Natil mitreißen und ihn überzeugen zu können, seinen Platz neben ihm einzunehmen und den anderen Flügellosen zu demonstrieren, daß sie nichts zu befürchten hatten. Doch Natil hatte mit ihm gesprochen, ohne auch nur zurückzuzucken, obgleich Tagars Leichnam zu seinen Füßen gelegen hatte, und nun schlich er sich in unverschämtem Ungehorsam zum Tor. Ghakazian wußte, daß er gegen solchen Starrsinn nichts unternehmen konnte. Soll ich ihn überhaupt zur Rede stellen? fragte sich der Sonnengebieter. Oder soll ich ihn suchen, ihn töten und es dabei bewenden lassen? Für den Augenblick hatte er Shol und Sholias bevorstehende Allianz mit dem Antischöpfer vergessen, wie auch all seine schönen Worte, Shol und Ghaka vor dem schwarzen Feuer zu bewahren. Sein Denken war erfüllt vom Groll auf Natil, und dieser schloß allmählich alle Flügellosen ein. Er stellte sich vor, wie er Natil umbrachte, und mit dem Bild stellte sich in ihm eine Woge der Befriedigung ein, eine Begierde, seinen Besitzanspruch auf sie alle geltend zu machen. Blicklos starrte er in den Nachthimmel, der sich dünn und bedrohlich über den Wolken breitmachte und auf den das restliche schwache, in der Halle verbliebene Sonnenlicht fiel. Als er sich mit all den süßen Säften seiner Visionen vollgesogen hatte, trat er in die Dunkelheit, breitete die Flügel aus und machte sich auf die Suche nach Natil.

*

Sobald Natil, Rintar und Tagin den Fuß des Torberges erkennen konnten, setzten sie sich eine Weile und rasteten, wobei sie einander an den Händen hielten. Tagin schlief ein. Sein Kopf lag auf Rintars Schoß. Natil beobachtete die Wolken, die über ihm hingen, und das Funkeln der Sterne in der Ferne. Ich verlange gar nicht das Universum, sagte er sich. Ich will nur Rintar, Tagin und Ghaka. Auf sie habe ich Anspruch. Doch ich bin nur ein Sterblicher, und Ghakazian ist mein Gebieter. »Komm«, sagte er zu Rintar, die müde über Tagins schwerer Gestalt ruhte.« Es ist nicht mehr sehr weit.« Er hob Tagin empor, der protestierend erwachte, ging los und zog Rintar hinter sich her. Er wußte nicht, was er tun wollte, wenn sie erst einmal die Treppe erklommen hätten, und was er den Wachen sagen würde. Tief in seinem Innern glaubte er nicht daran, daß sie das Tor erreichen würden, doch er tat sein Bestes und würde bis zuletzt nicht aufgeben.

Nach einer weiteren Stunde befanden sie sich vor der Treppe und sahen zu ihrer steilen, nicht erleuchteten Höhe hinauf. Rintar stöhnte. »Ich kann jetzt noch nicht hinaufgehen«, flüsterte sie. »Laß uns hier unten ein Weilchen schlafen und uns direkt vor Sonnenaufgang an den Aufstieg machen.«

»Es dämmert schon bald«, entgegnete Natil flüsternd. Seine Augen waren auf die Stelle gerichtet, wo Tagar noch sitzen mußte. Ein Gefühl der Gefahr beschlich ihn, kroch über sein Rückgrat, und er brauchte erst gar nicht in die Finsternis zu starren, um die Umrisse dessen nachzuzeichnen, was die Dunkelheit erfüllte. Hier herrschte Gestank, doch Rintar war zu erschöpft, um ihn wahrzunehmen.

»Nur Mut!« sprach er. »Wenn wir erst auf Roita sind, können wir uns ausruhen, und dort gibt es viele Möglichkeiten, wo wir uns verstecken können.« Er war nicht einmal selbst von seinen Worten überzeugt.

»An Mut fehlt es mir nicht«, zischte Rintar zurück, »wohl aber an neuen Füßen und einer Gelegenheit, mich wieder aufzuwärmen. Wie kalt die Nacht ist! Man sollte meinen, es wäre Winter.«

Natil hatte das Gefühl, als schliche das Wesen hinter ihm sich immer näher heran. Er schwenkte Tagin auf seinen Rücken, setzte den Fuß auf die erste Stufe und wartete erst gar nicht ab, ob Rintar ihm folgte. Er machte sich an den Aufstieg. Rintar war dankbar, daß die Dunkelheit das entsetzliche Nichts verbarg, das zu ihrer Rechten abfiel. Sie stieg, eine Hand an die nackte Felswand geklammert, um Halt zu haben, die Augen auf die nächste Stufe, ihre Aufmerksamkeit auf das Tor hoch oben gerichtet. Ängste zu stürzen keimten in ihr auf. Sie hatte die Treppe ebenfalls viele Male leichtfüßig und sorglos erklommen, doch das war in den Traumjahren gewesen. Sie stellte sich den beruhigenden Höhlentunnel vor. Entschlossen sah sie sich hinter Natil einherschreiten, sicheren Fels zu beiden Seiten und während die Minuten verstrichen, dachte sie an das Tor selbst. Doch irgendwie zog es sie nicht mehr zu Plätzen, die sie einst gekannt und geliebt hatte. Seine Einladung war schroff, fast heftig, und sie stand zitternd davor, voller Drang weiterzugehen, voller Angst umzukehren und doch unwissend, was sie hinter den großmächtig geschmiedeten Flügeln erwartete. Natil blieb stehen, und sie kam zu sich mit ans Gestein gepreßtem Gesicht, die Handflächen an ihre Wangen gedrückt und mit schwachen Knien.

»Die Dämmerung wird nicht mehr lange auf sich warten lassen«, sagte er. »Der Himmel ist heller. Wir haben schon über die Hälfte geschafft, Rintar.«

Sie hob den Kopf, um ihn anzusehen, doch er ging schon wieder weiter. Sie meinte, daß sie ihn nun deutlicher sehen konnte. Sein schlanker Rücken war tief gebeugt unter Tagins schläfrigem Gewicht und voller Vertrauen in jeden seiner Schritte. Kühn drehte sie sich um und schaute hinab über Ghaka. Wolken zogen unter ihrem Blick dahin, und obgleich sie die Erde nicht sehen konnte, begann der Horizont sich einmal mehr in Himmel und Welt zu teilen. Schwindel erfaßte sie. Rasch wandte sie das Gesicht ab, nahm ihren Mut zusammen und schleppte sich auf die nächste Stufe. Sie wußte, was auch immer geschähe, nie könnte sie den Weg zurück zum Boden von Ghaka bewältigen. Sie stand kurz vor dem Zusammenbruch.

*

In der Stunde vor Sonnenaufgang, nachdem er jede Straße und jedes daran liegende Gehöft abgesucht hatte, kehrte Ghakazian zum Torberg zurück und schwebte darüber umher. Das war Zeitverschwendung. Natil veranlaßte ihn, sich töricht zu benehmen, und Ghakazians Boshaftigkeit wuchs mit seiner Ungeduld. Er wollte gerade bei der Höhle landen und die Wächter ansprechen, als er aus den Augenwinkeln eine langsame, ausweichende Bewegung wahrnahm. Er erwog, ob er der Sonne befehlen sollte, sich rascher aus den Dunstschleiern zu lösen und die Reisenden mit einer Hitzewelle an den Berghang zu ketten. Doch der schleppende, schmerzvolle Rhythmus ihres Aufstiegs hatte bereits seine Aufmerksamkeit erregt, und er beobachtete sie neugierig. Er zog sich ein wenig unter den Rand einer Wolke zurück, und als sie um eine Ecke und außer Sicht bogen, folgte er ihnen. Selbst wenn er nicht versucht hätte, sich zu verstecken, hätten sie ihn seiner Ansicht nach kaum bemerkt. Alles in ihnen war auf das Tor gerichtet, und er konnte fast den zerrissenen Atem in ihren Lungen hören, als sie sich weiterschleppten. Lange Zeit beobachtete er sie ungerührt. In seinem Blick stand keinerlei Mitleid, nur teilnahmslose Neugier, die ihn ihre Ausdauer abschätzen ließ. Sie hielten einen Augenblick inne. Ghakazian konnte sehen, wie Natil sich halb umdrehte, um mit seiner Frau zu reden, dann gingen sie weiter. Erst als sie sich auf der letzten

Bergschleife befanden, die sie zum Tor bringen würde, zog er nach, flatterte auf den Absatz über ihnen, der noch außerhalb ihres Blickfeldes lag und wartete.

*

Die Treppe machte einen Bogen aufwärts, und mit einem Seufzen rückte Natil seinen Sohn in eine bequemere Lage und machte sich bereit, die letzte Kurve zu nehmen. Dahinter lag das Zentrum, ein Steinboden für seine Füße und der kurze, leichte Weg zum Tor selbst. Er hörte Rintar hinter sich keuchen. »Natil, mein Bein ist eingeklemmt«, flüsterte Tagin in sein Ohr, so daß ein warmer Kinderatem sein Haar durcheinanderbrachte und er lächeln mußte. Er richtete einen Kuß auf die kleine, gerade Nase. »Du kannst gleich herunter«, erwiderte er und nahm die nächsten Schritte mit leichterem Herzen. Die Treppe wurde breiter, die Steinstufen ausladender und Natil unterdrückte einen Drang, über sie hinwegzurennen. Da war die Ecke, nun hatte er sie umrundet. Eine plötzliche Angst vor dem Scheitern ergriff ihn, er schaute hoch, stieß einen Schrei aus und ließ Tagin aus seinen Armen auf die Stufe hinter sich sinken. Rintar kreischte, packte den Jungen, und sie schwankten alle drei über dem Abgrund.

Direkt auf der Stufe über Natil saß Ghakazian. Er hatte die Ellbogen lässig auf die nackten Knie gestützt und die Flügel um sich her ausgebreitet wie ein Cape, das stumpf im stärker werdenden Dämmerlicht ohne jede Wärme glänzte. Das weiche, braune Haar wurde immer wieder von einem schwachen Wind, der aufgekommen war, in die Höhe geweht. Die dunklen Augenbrauen hatte er in gespielter Überraschung hochgezogen, und sein Mund begrüßte den erschreckten und bitterbösen Natil mit einem leicht abwertenden Lächeln.

»Nun, Natil«, sprach Ghakazian in einem Tonfall, der Liebe und Vorwurf des Verletzten ausdrückte. »Haben meine Flügellosen plötzlich ihr Gehör verloren? Habe ich nicht ihnen allen das Tor verboten? Und liegt das Tor nicht dort« – er winkte hinter sich, ohne Natils bleiches Gesicht jedoch auch nur für einen Augenblick aus den Augen zu lassen – »hinter mir, so nahe, ach dir so viel näher als das Haus deines Bruders? Ich frage mich, warum ich dir eigentlich den Zugang zum Tor verboten habe?« Er machte eine Pause und neigte fragend den Kopf in Natils Richtung. »Ich sehe, du hast es vergessen, also will ich es dir noch einmal ins Gedächtnis rufen. Ich habe Arbeit für euch. Das habe ich dir schon erzählt, als wir uns auf der Straße begegneten. Erinnert ihr euch? Wie egoistisch ihr drei doch seid! Seit eurer Geburt habe ich nichts von euch verlangt, und nun, da ich eure Hilfe in Anspruch nehmen will, führt ihr euch auf, als wäre ich ein Ungeheuer geworden, ein Tyrann, etwas, dem man aus dem Wege geht und das man mißachtet. Ihr beantwortet meine Liebe mit Mißtrauen und meine Warnungen und Mahnungen mit Achtlosigkeit.«

»Das hatte ich auch versucht, dir klarzumachen, Natil«, schrie Rintar hinter ihm, »aber du wolltest nicht auf mich hören!«

Ghakazians Lächeln wurde breiter. »Frauen sind häufig klug mit ihren Intuitionen, nicht wahr, Natil? Wie kommst du zu der Annahme, daß, nur weil Ghaka all die Jahre friedlich und sonnig dalag, keine Veränderungen mehr eintreten sollten? Das Universum verändert sich, ach, allzu schnell, und Ghaka muß seine Bürde selber auf sich nehmen. Sieh mich an, Natil!« Die letzten Worte klangen laut und befehlend, und Natil hatte keine andere Wahl, als seinen Blick zu den blitzenden Augen über ihm zu erheben. Bei diesem Anblick erfüllte eine letzte Woge von Liebe zu Ghakazian, eine hilflose, hoffnungslose Flut von Verehrung und dem verzweifelten Bedürfnis nach Vertrauen Natils Herz, und brennende Tränen liefen seine Wangen hinab. »Die Belange eines Sonnengebieters sind seine Sache. Sie betreffen keinen Sterblichen und sollten das auch nicht. Ein Sterblicher wird geboren, um stillschweigend zu gehorchen. Du hast mir nicht gehorcht.«

»Nein, Ghakazian«, flüsterte Natil, dem die Gefühle die Kehle abschnürten, »doch ich liebte dich, ebenso wie Tagar dich liebte.«

Der Name schien auf Ghakazian wie Säure zu wirken. Er schüttelte seine Flügel, stellte sich drohend über Natil, und sein trauriges, nachsichtiges Lächeln wurde zu einer schmalen, grausamen Linie.

»Das Universum wird nicht durch Liebe errettet werden«, keifte er. »Liebe ist ein Luxus für Friedenszeiten! Ich werde mich nicht durch das Angebot deiner kläglichen Liebe beleidigen lassen. Tagin, komm her.«

Furchtlos und ohne zu verstehen befreite sich der Junge aus der Umarmung seiner Mutter, quetschte sich an dem erstarrten Natil vorüber und krabbelte zu den Füßen des Sonnengebieters. Ghakazian beugte sich hinab und hob ihn mühelos empor. Tagins Fingerchen fuhren sogleich zu der schimmernden Sonnenscheibe auf der breiten, gewölbten Brust. Rintar stöhnte. Natil versuchte, wieder zu sprechen. Worte des Streits und des Aufbegehrens, Worte von nicht überlegten, sondern gefühlsmäßig erfaßten Dingen tobten in seinem Innern, doch unter dem Bann von Ghakazians Blick konnte er nichts anderes tun, als seine Augen auf die Sonnenscheibe zu richten, die sein Sohn so hingebungsvoll liebkoste. Zwei Bernsteinflügel erhoben sich stolz und glänzend zu beiden Seiten, und die Kette war eine Reihe goldener Berge, die um Ghakazians Schultern führte, winzig, doch vollkommen nachgebildet. Flügel und Berge, dachte Natil. Doch sie stellen nur die eine Hälfte von Ghaka dar. Vielleicht haben wir Flügellosen mit unseren grünen Tälern und den weißen Herden ihm niemals soviel bedeutet wie die Himmelsmenschen und der Wind, der durch die hohen, öden Bergschluchten pfeift.

Die Worte, die er hatte sagen wollen, verflogen. Er empfand Ruhe. Er trat zurück und legte beide Arme um seine Frau. Ghakazian sah, daß er wußte, was kommen würde.

»Dies ist notwendig«, sagte er laut. »Ich brauche euch, unsere Sache braucht euch, jedoch nicht in der Verfassung, in der ihr nun seid.«

Tagin schien alles um sich her vergessen zu haben. Er spielte weiter mit der Scheibe, lächelte und brabbelte leise vor sich hin, doch Rintar wurde von höchstem Entsetzen geschüttelt. »Hab Erbarmen, Herr«, flehte sie ihn an. »Wir werden in unserem Haus bleiben und keine Schwierigkeiten mehr machen.« Doch Natil brachte sie mit einem knappen Wort zum Schweigen und hielt sie fest in den Armen.

Die Dämmerung war angebrochen. Die Wolken wurden von einem keimenden Schimmer pinkfarbenen Lichts getönt. Der Himmel verblaßte zu einem weichen Grau mit Farbtupfern. Die Dunkelheit auf der Tortreppe war gewichen und hatte alle Stunden der Mühsal und des starrsinnigen, schmerzlichen Vorwärtskommens mit sich genommen, die zu diesem Ende geführt hatten. Die Luft war feucht und frisch, und weit unten begannen die Vögel sich zu versammeln und ihr Lied für die aufgehende Sonne anzustimmen. Natil betrachtete Ghakazian mit würdevoller Geduld, die den Sonnengebieter zu gereizter Hast antrieb.

»Es wird nicht lange dauern, daß ihr begreift«, erklärte er barsch. Dann hob er einen Arm, schloß für einen Moment die Augen und rief ein Wort, das Natil und Rintar unbekannt war. Ghakazian rief es weniger, als daß er es sang; er sang es mit einem langgezogenen, heulenden, kräftigen und herrlich starken Ton. Dieser schwoll an, bis er in ihren Ohren dröhnte wie Trommelwirbel. Rintar begann zu schreien und schlug sich die Hände an den Kopf. Natil fühlte, wie er selbst schwankte, nur Tagin war es in keiner Weise anzusehen, daß er es gehört hatte. Ghakazian machte den Mund zu, doch die Musik hielt an und vermischte sich nun mit etwas anderem, einem gewaltig anschwellenden Geräusch, als hätte die Sonne ihren Mund geöffnet und brüllte über das ganze Land. Der Morgenwind begann heftiger an ihnen zu zerren, peitschte ihnen das Haar in die Augen, und ihre Mäntel flatterten wie häßliche Fahnen. Die Brise wurde zu einem steifen, pfeifenden Wind, der sie mit stechender Kälte quälte. Sie kauerten sich gegen die Felswand, ließen einander los und kratzten mit eisigen Fingern über das Gestein auf der Suche nach einem Halt.

Ghakazian sah ungerührt zu, während sein eigenes Haar weich und glatt um seinen Kopf lag und kein Hauch seine Flügel blähte. Tagin plapperte weiter. Die Stimme dröhnte nun, war ein ohrenbetäubendes Getöse der Macht, und der Wind wurde zum Sturm, der blinde, gierige Finger nach ihnen ausstreckte, und sie von der Treppe fortzuziehen begann. Sie wehrten sich mit geschlossenen Augen und keuchendem Atem. Kleine Steinchen und Felsstaub peitschte ihnen in die Gesichter, das tiefe, wahnsinnige Schreien erfüllte ihre Ohren; doch obgleich sie zu Boden fielen, auf den Stufen lagen und wie rasend mit blutigen Händen und Füßen nach einem Halt tasteten, riß der Wind sie davon. Er warf sie über die Treppenkante und wirbelte sie umher wie zwei gestromte, vielfarbige Blätter. Dann sprach Ghakazian. Ruhig deutete er auf sie, und nach einem knappen, endgültigen befehlenden Wort legten sich Wind und Getöse, so, als hätte ein Riese seine Hand auf den Mund des Sturmes gelegt. Die Vögel sangen wieder, die Wolken hingen reglos am Himmel. Ihr Rosa verblaßte nun zu Weiß, und Natil und Rintar stürzten ohne einen Laut zu dem steinübersäten Fuß des Berges hinab. »Du auch, Tagin«, sagte Ghakazian. Das Kind blickte lächelnd zu ihm empor. Ghakazian strich mit der Hand über die runden, braunen Augen, und Tagin sank schlaff zusammen; dann warf Ghakazian ihn von sich. Er schaute nicht zu, wie er fiel. Er blickte hinauf zu dem zarten, blauen Himmel, breitete seine Flügel aus, flog um den Berg und eilends wieder zurück zu seinem Schloß. Er war lange genug von seinem Ziel abgelenkt worden.

9

Die Geflügelten flogen ein Gehöft nach dem anderen an. In jedem Tal wiederholten sie ihre Botschaft, klopften an Türen, standen stolz im Sonnenschein und sprachen die Worte, die Mirak ihnen aufgetragen hatte: *Ihr solltet die Berghänge um euer Tal herum erklimmen und warten. Der Sonnengebieter wird euch eine Nachricht des Weltenschöpfers übermitteln. Bringt nichts mit. Brecht nun auf.* Verwirrt, aber gehorsam befolgten sie die Worte. Einige gingen in großer Freude, denn der Weltenschöpfer hatte ihnen seit vielen Generationen keine Botschaft mehr zukommen lassen. Andere, die Leute, die an der

Straße gestanden hatten, als Tagar ihnen die Nachricht des Todes brachte, gingen voller Angst und unbestimmter Vorahnungen. Doch die meisten erklommen die steilen Ziegenpfade mit stoischer Gelassenheit. Im Laufe des späten Nachmittags saßen sie dann mit dem Blick über ihre eigenen, ruhigen Felder da, beobachteten die dünnen Rauchfahnen aus ihren Kaminen, bis sie erstarben, und verfolgten gelassen, wie die Schafsherden von einem Teil des Tales zum anderen zogen und zurück, und warteten.

Die Geflügelten warteten ebenfalls, allerdings in ruheloser Angespanntheit. Da sie nicht nach Hause zurückkehren wollten, zogen sie in ungeordneten Schwärmen zwischen den Felsspitzen umher, als der Nachmittag sich dem Abend entgegenneigte. Schließlich brach Mirak auf, um Ghakazian mitzuteilen, daß die Täler entvölkert wären. Ghakazian sprach mit Mirak von seiner weit ausladenden Empore. »Schick die Geflügelten noch einmal vor, Mirak. Sie müssen dem Volk folgendes verkünden: Der Weltenschöpfer hat einen großen Wandel für Ghaka angekündigt. Die Flügellosen sollen nicht länger an die Erde gekettet sein. In seiner Weisheit und Freundlichkeit wünscht er, daß auch sie die Freiheit des Himmels genießen. Aber ihre Körper müssen sich verändern. Er wird sie verändern, wenn sie ihm ihr Vertrauen beweisen, indem sie von den Klippen springen. Er wird sie nicht stürzen lassen und sie zu fliegen lehren. Das müssen sie sagen.«

Mirak fühlte, wie seine Beine zitterten. Seine Flügel schlugen bebend gegeneinander. »Aber Ghakazian«, wandte er heiser ein, »das ist nicht wahr. Eine solche Botschaft hat es niemals gegeben. Er wird die Menschen nicht halten, er wird sie fallen lassen, sie werden alle...« Er schluckte, und seine Stimme versagte. Er schaute Ghakazian lange an, der im unheilverkündenden, sterbenden Licht des nahenden Sonnenunterganges stand. Es schien ihm, als trüge der Sonnengebieter bereits die Finsternis der kommenden Nacht mit sich. Seine Flügel bildeten eine dichte, schwarze Wolke. Dunkelheit hing in seinem Haar und hüllte seinen Körper in ein geheimnisvolles Gewand. Sein Gesicht war ein bleiches, krank wirkendes Oval mit düsteren Streifen. Nur die Sonnenscheibe strahlte noch Licht aus, doch es war nicht das einer freudigen und gesunden Sonne. Ihre Strahlen durchdrangen das Dämmerlicht mit trägen Rot- und Orangetönen, und ihr Innerstes glühte in gedämpftem Silber.

»Hör auf zu winseln und denke einen Augenblick nach, Mirak«, sagte Ghakazian, und seine Stimme hallte einsam von der hohen Felsdecke wider. Mehr brauchte er nicht zu sagen. Nach seinem ersten, entsetzten Protest verstand Mirak sehr wohl, obwohl er es gar nicht wollte. Er hatte gesehen, wie die Flügellosen ihre Türen schlossen und durch die Täler zogen, über die scharfkantigen Felsen kletterten und sich abmühten und weinten, um die Gipfel zu erreichen und um sich an den angegebenen Stellen mit deutlicher Demut, ja so schlichtmütigem Eifer einzufinden, daß er Scham darüber empfand. Er hatte das Ziel aus den Augen verloren. Ghakazian wußte, daß er die Visionen des Buches in der grellen Realität von Ghakas Tageslicht vergessen hatte. Er sprach nun sinnend zu Mirak und legte alles Werben und alle Zuneigung in seine Stimme. Nicht daß es eine Rolle gespielt hätte. Er könnte Mirak ebenso leicht vernichten wie Natil und seine Familie. Aber die anderen Geflügelten waren einfältiger als Mirak. Sie würden auf Mirak hören, weil sie ihn achteten, und ihm würden sie glauben.

»Auf Shol steht ein Palast von solcher Pracht«, sagte er, »daß du ihn dir nicht vorstellen kannst. Wenn der Antischöpfer vertrieben ist und Sholia sich in den Händen des dankbaren Rates befindet, werde ich ihn wohl für mich selbst in Anspruch nehmen. Und wenn du willst, Mirak, kannst du mit den Geistern hierher nach Ghaka zurückkehren und herrschen.« Mirak stand immer noch mit gesenktem Haupt da, und Ghakazian fuhr nach einem kurzen Blick geschickt fort. »Der Rat wird dich für deine Gefolgschaftstreue und deine Ergebenheit mir gegenüber belohnen. Janthis wird den Geistern die Körper zurückgeben, und Ghaka wird wieder erfüllt sein von Lachen und Fröhlichkeit. Die von dir zu regierende Welt wird eine gute sein.«

Er wußte, daß dergleichen nicht in Janthis Macht stand, Mirak aber nicht. Er wußte ebenfalls, daß der Sonnengebieter sich Herrscher nennen durfte. Das gehörte zu seinen Rechten und Pflichten. Beim Gedanken daran schoß ein heftiger Schmerz durch Ghakazians Kopf und ließ ihn von Übelkeit und Schwindel erfaßt zurück. Schnell verdrängte er alle Gedanken an die Pflichten, die früher einmal zu seinem Leben gehört hatten. Er hatte sie schon lange nicht mehr aufgesagt. Und er wußte, daß er es in Zukunft auch nicht wieder täte.

»Ja«, antwortete Mirak schließlich nachdenklich. »Ich liebe Ghaka. Ich wäre ein guter Herrscher. Ich würde keinem ein Leid zufügen. Nun gut, Ghakazian, aber ich bin erschöpft. Ich werde gehen und es ausrichten.« Er drehte sich um und ging auf den Bogen zu, wobei ein Gefühl der Übelkeit ihm Beine und Flügel schwer machte. Ghakazian ließ ihn bis zu der Öffnung kommen und rief dann: »Mirak!«

Mirak drehte sich schwerfällig um. »Ja, Herr?«

»Sag den Flügellosen, wenn einer sich zu springen weigert, muß er hinabgeworfen werden.«

Mirak war zu weit entfernt, um Ghakazians Gesicht zu sehen. »Sehr wohl«, würgte er hervor und floh aus dem Raum.

Er erhob sich keuchend aus dem Felsspalt, als könnte dieser ihn ersticken, und schwang sich dann unbeholfen zu seinen wartenden Artgenossen empor, um ihnen im Aufbruch seine Botschaft zuzurufen. Sie lauschten und wagten nicht, etwas in Frage zu stellen. Die meisten von ihnen wußten nichts von den Geschehnissen der vergangenen Tage, bis auf die Tatsache, daß der Sonnengebieter aus einem nur für ihn ersichtlichen Grund beschlossen hatte, allen Sterblichen vorläufig die Reise durch das Tor zu untersagen. Sie akzeptierten Miraks Befehlsgewalt über sie, da er dem Sonnengebieter immer nahegestanden hatte. Noch immer waren sie in Schutzpanzer von Unwissen und Unschuld gehüllt, und wenn der Weltenschöpfer nun wollte, daß sie ihren Himmel mit den Flügellosen teilten, so würden sie dies ohne ein Murren hinnehmen.

Auch vor Ghakazians letztem Befehl an Mirak scheuten sie nicht zurück. Sie konnten sich nicht vorstellen, warum irgendein Flügelloser dem Weltenschöpfer den Gehorsam verweigern und sich nicht hinabstürzen wollen sollte. Aber auch falls jemand dies ablehnte, waren die Anweisungen des Weltenschöpfers eindeutig. Die Nachricht lief von Mund zu Mund. In rauschenden Scharen flogen sie geschmeidig die Täler hinab, und bald standen ihre wie mit Honigwaben durchsetzten Berggipfel einsam in den Strahlen der untergehenden Sonne.

Die Flügellosen sahen sie als mächtige Wolken herannahen, und wie sie wie Schwärme gewaltiger Vögel herabstürzten. Jedes Tal spürte die Schatten über sich hinweg- und davonstreichen, jede auf den Felskämmen versammelte Menge duckte sich in augenblicklichem Unbehagen. Die Geflügelten verlangsamten ihren Flug und schwebten über den Menschen, die fragend nach oben schauten, ehe sie hinter ihnen landeten. Wortführer traten nach vorn und begannen in der Stille eines roten Sonnenuntergangs ihren Spruch aufzusagen.

Mirak geleitete seine eigene Schar Geflügelter zu dem Tal, das einst die Heimat von Tagar und seinen zahlreichen Nachkömmlingen gewesen war. Dies waren die Sterblichen, die Tagars atemlose Warnungen beachtet hatten. Sie hatten sie befolgt, versucht, das Tor zu erreichen und waren durch einen Lichtstrahl auf der Straße zurückgetrieben worden und auch durch den unbegreiflichen Anblick von Tagars Absturz vom Himmel, nachdem dieser sich niemals wieder rühren sollte. Sie traten Mirak mit schweigendem Mißtrauen entgegen, in ihrem Rücken der steile Engpaß zum Talgrund. Als er seine Botschaft aufgesagt hatte, vertiefte sich ihr Gefühl von Mißtrauen noch. Nun gab es keinen Natil mehr, der hätte vortreten und fragen können.

Doch ein Flüstern raunte durch die Menge und schwoll an. Der Weltenschöpfer...? Von den Klippen springen...? Warum will er uns Flügel verleihen...? Eine Chance zu fliegen! Ich kann es nicht glauben. Eine Chance, den Wolken nachzuziehen...

»Wir kennen das Denken des Weltenschöpfers nicht!« rief Mirak. »Es steht uns nicht zu, die Frage nach dem Warum zu stellen. Er geruht, euch die Macht des Fliegens zu schenken. Wer vertraut ihm und geht?«

Das Gemurmel verstummte. Alle Augen waren auf ihn gerichtet. Er bemühte sich, groß und stolz dazustehen, und zwang sich, seinen Blick über die Gesichter schweifen zu lassen, die bei ihm nach Zuspruch und Sicherheit suchten.

»Wo ist der Sonnengebieter?« rief jemand mit hoher und angespannter Stimme. »Soll Ghakazian selbst kommen und uns sagen, was der Weltenschöpfer von uns will!«

Von uns will, dachte Mirak. Hätten die Flügellosen keine Zweifel an der Botschaft, hätten sie gesagt »für uns will«. Er schaute sie alle an, als er mit Worten antwortete, die einem bereits von der Vielfalt der Alternativen verdunkelten Geist entstammten und allesamt Lügen waren.

»Wenn er käme und vor euch stände, würde eure Entscheidung durch eure Liebe zu ihm beeinflußt«, sprach er laut. »Einem Sonnengebieter ist es untersagt, seine Untertanen zu nötigen, und sei es nur durch seine Gegenwart. Wenn ihr ihm am Himmel begegnet, wird er euch seine Anerkennung für euer Vertrauen in ihn und euren Schöpfer ausdrücken. Er glaubt und hofft, daß ihr ohne seinen Ratschlag gehorchen könnt. Er bittet mich, euch zu sagen, ihr sollt diese Veränderung mit Würde hinnehmen. Ghaka ist reifer geworden.«

Lange Zeit standen sie ihm einfach reglos gegenüber, wobei ihre steife Haltung selbst ihre quälenden Gedanken zum Ausdruck brachte. Mirak fühlte die sanfte Wärme der untergehenden Sonne in seinem Rücken. Er sah, wie sein Schatten und der der Geflügelten neben ihm länger wurden. Ein Wind vom tieferliegenden Tal kam auf, um sich zwischen sie zu drängen. Er ließ den Geruch von Schafen und feuchten Blumen in ihren rauh gewebten Kleidern und ihren Nasenflügeln hängen, um ihnen stumm von frisch geschürten Feuern in den Kaminen, heiteren Abendmahlzeiten um ein wohliges Feuer und von ihren Betten zu erzählen, wo sie zufrieden und schläfrig lagen und auf die Geräusche der Nacht lauschten, während Sternenlicht durchs offene Fenster fiel. Sie wollten die Veränderungen gar nicht, die der Weltenschöpfer ihnen so plötzlich und aus einer Laune heraus geboten hatte. Sie wollten nach Hause gehen.

Dann bahnte sich ein junger Mann mit Ellbogen den Weg nach vorn und stellte sich vor Mirak; sein blauer Umhang verhüllte breite Schultern und die muskulösen Oberschenkel eines Schafshirten. Sein Gesicht war anmutig, braungebrannt und von blondem Haar umrahmt.

»Ich bin ganz zufrieden mit meinem Leben ohne Flügel«, sagte er unmißverständlich, und seine Worte klangen klar in der Abendluft. »Mein Leben lang bin ich durch die Täler gezogen, habe meine Schafe gehütet und gute Erde unter meinen Füßen gefühlt. Aber nun erhebt der Weltenschöpfer die Stimme. Zum erstenmal seit vielen Generationen befaßt er sich wieder mit Ghaka, und wir nehmen sein Geschenk voller Murren und Mißtrauen entgegen. Ich liebe die Erde, aber wer bin ich, daß ich behaupten könnte, ich werde nicht den Himmel lieben lernen? Der Weltenschöpfer hat uns geschaffen. Er weiß, was gut für uns ist, auch wenn wir selbst es nicht erkennen. Ich werde seinen Wunsch für mich annehmen, ich werde von der Klippe springen.«

Plötzlich rührten sich die Reihen der erstarrten Menschen, scharten sich dichter zusammen und unterhielten sich gedämpft und aufgeregt. Mirak hielt den Atem an und wagte nicht zu blinzeln, als sich der junge Mann von ihm abkehrte und auf den Rand der Klippe zumarschierte. Die Menge wich für ihn auseinander. Er erreichte den Rand, blieb stehen und blickte in den sich rötenden Himmel empor. Er lächelte. Langsam glitt sein Blick hinab zu dem schwindelerregenden Felshang, der von seinen Füßen aus hinabführte, um sich in der Abenddämmerung, die sich bereits über das friedliche Tal breitete, zu verlieren. Dann hob er die Arme.

»*Ich* glaube!« rief er. »*Ich* vertraue!«

Stolz trat er nach vorn, beugte sich hinab und warf sich mit einem Schrei in den Abgrund. Die Menschen rannten mit geballten Fäusten und angespannten Körpern zum Rand des Felsens. »Flieg, Crenan, flieg!« brüllte jemand. Doch Crenan stürzte hinab und drehte sich dabei langsam, so als habe ihn ein riesiges Rad auf seine Achse gepfählt. Obgleich die Menschen nicht hören konnten, wie er unten aufschlug, sahen sie, wie die schroffen Felsen seinen alle Glieder von sich gestreckten Körper zerschmetterten.

Für einen Augenblick herrschte wieder tiefe Stille, eine Stille voller Schrecken und Ungläubigkeit. Dann drehten sich die Menschen um, und eine Frau fiel ins Gras und begann zu schreien. »Du hast gelogen!« brüllte jemand Mirak zu. »Lügner! Lügner!« Sie drängten sich ihm entgegen, Zorn in den ausgestreckten Händen und mit zusammenhanglosen Worten auf den Lippen. Auf ein Zeichen von Mirak hoben sich die Geflügelten jedoch geschmeidig in den Himmel, und jene unten konnten nur mit den Fäusten drohen. Einige waren bereits weinend weggelaufen, suchten den Ziegenpfad, den sie emporgeklettert waren, und dachten in ihrer Fassungslosigkeit bereits daran, auf ihre Türen zuzulaufen.

»Werft sie hinab«, befahl Mirak. Rasch gehorchten die Geflügelten, faßten in Haare, legten starke, unbarmherzige Arme um wild um sich schlagende Schultern, packten nach fliegenden Umhängen. Wie ein Sturm, der aus dem Berg herausbrach, fegte Panik über den nackten Berggipfel und verbreitete den Wahnsinn des Entsetzens. Die kleinsten Kinder kreischten vor Vergnügen, als sie ihre Eltern hierhin und dorthin laufen sahen, weil sie es für ein Spiel hielten, doch die größeren kauerten sich schreiend ins Gras und schlugen die Hände vor die Gesichter.

Wie Bodensatz nach einem Herbststurm, wie Reisig, über das man frei verfügen konnte, wurden die Menschen von dem Fels gelesen. An den Rändern schwebten Geflügelte und schossen jenen hinterher, welche in Richtung des Landesinneren flohen. Die ganze latente Abscheu, die voller Unbehagen in den Himmelsmenschen geschlummert hatte, all die stummen Spuren ihrer eigenen Überlegenheit, welche tief mit ihrem Stolz geruht hatten, brachen plötzlich als Flammen von Verachtung und Boshaftigkeit aus ihnen heraus. Mit wachsendem Eifer widmeten sie sich ihrer Aufgabe. Hände griffen unbarmherzig nach zurückzuckenden Körpern. Macht brach neu und unbeherrscht als ein Chaos des Triumphs aus ihnen hervor. »Sterbt!« schrien sie. »Sterbt, Schlammkriecher. Sterbt, Schafstreiber!«

Mirak beobachtete das alles von weit oben. Das also ist Macht, dachte er. Das ist wirkliche Macht. Ich spreche, und man gehorcht. Ich plane, ich bestimme. Er empfand nichts, während das Felsplateau sich leerte. Als sich nichts mehr rührte aus dem Gras, das sich im Wind neigte, landete er bei den anderen und trat an den Rand. Er blickte hinab. Nur bleiche Schimmer verrieten ihm, wo die Massen seiner zerschmetterten Mitmenschen lagen. Die Geflügelten scharten sich keuchend und lachend um ihn; ihre Augen strahlten. »Kriecher!« riefen sie. »Das wird sie lehren, zu tun, wie ihnen geheißen. Wie konnten sie überhaupt auf den Gedanken kommen, der Weltenschöpfer verliehe solchen wie ihnen Flügel?« Doch als sie wieder zu Atem kamen und der Schweiß auf ihren schlüpfrigen Körpern abzukühlen begann, erstarb ihr Lachen und wich unbehaglicher Stille. Keiner wagte, den anderen anzusehen. Was war also der Sinn der Befehle des Weltenschöpfers? Keiner stellte laut die Frage, warum sie in der aufkommenden Dunkelheit standen, während die anderen sich am Fuße der Berge blutverschmiert und tot mit zerschmetterten Gliedern befanden.

Als Miraks Zurückhaltung verflogen war, begann er zu schaudern. Er gedachte des Schreckens, den Tagar am Tor auslöste, und seines eigenen Entsetzens. Und wie er befürchtet hatte, floß die Finsternis wieder von einer feindlichen Macht über und streckte begierige Hände nach ihm aus. Seine Nervosität übertrug sich auf die anderen. Schweigend stiegen sie auf und flogen in weitem Bogen zum Landesinneren, daß sie nicht die Liebkosung des todbefrachteten Windes vom Tag herauf erdulden mußten, und machten sich dann auf den Weg zu ihren Höhlen. Nur Mirak schwebte nicht dahin, um erleichtert und erschöpft an seinem Höhleneingang Posten zu beziehen. Er allein schwang sich auf den Weg zu den Zinnen des Sonnengebieters. Ghakazian würde dort auf ihn warten.

*

Während der sich schleppenden, dahinziehenden Stunden des späten Nachmittags schritt Ghakazian mit dem Buch dessen, was sein wird, in seiner Halle auf und ab. Gelegentlich blieb er stehen, warf einen Blick darauf, strich mit den Fingern nachdenklich über den glatten Einband, doch er klappte es nicht auf und sah nicht hinein. Er kannte sein Schicksal. Die dahinfliegende Zeit machte ihm keine Angst mehr. Was immer der Händler zu Janthis auch sagen mochte, welchen Beschluß der Rat auch faßte, es würde ihnen nichts nützen. Das Buch hatte es ihm offenbart, und es sprach die Wahrheit. Bald, dachte er mit einem vorfreudigen Schaudern, werde ich auf Shol sein. Just in diesem Augenblick versammeln sich die Geister meines Volkes. Er stellte sich vor, er könnte ihre Schreie hören, schwach und weit weg, als das Licht in der Halle allmählich schwächer wurde. So wird auch das stürzende Volk von Shol schreien, wenn die rachedurstigen Arme meiner Untertanen sie packen. Nähert sich der Antischöpfer Shol? Sitzt Sholia gerade in diesem Augenblick an ihrem Fenster und spielt mit der Faszination des schwarzen Feuers? Wie eigentümlich, wie glatt alle Dinge sich dem Ziel entgegen entwickeln. Ich bin der Angelpunkt des Universums. Ich bin in der Lage, es in diese oder jene Richtung zu drehen.

Draußen auf Ghaka ging die Sonne unter. Als ihre letzten Strahlen aus seiner Halle schwanden, fiel Mirak durch den Felskamin und kam vorsichtig vor ihm zum Stehen. Sie beäugten einander im sanften Zwielicht.

»Es ist vollbracht«, erklärte Mirak. »Sie hörten uns an, wollten uns aber nicht glauben. Wir mußten sie hinabwerfen, wie du befahlst.«

»Es ist vollbracht«, wiederholte Ghakazian, und Mirak hörte Erschöpfung, ja sogar Überdruß aus den tiefen Tönen. Der Körper des Sonnengebieters wirkte irgendwie schwerer, und die graziösen Glieder bewegten sich schleppend, als hätte das sonnensengende Blut, das einst durch seine Adern strömte, abzukühlen begonnen und seine Kraft verloren. »Die Täler sind also leer, aber die Straßen...« Er hielt inne und leckte sich mit trockener Zunge über die Lippen. »Die Straßen sind voll, und auf der Tortreppe herrscht Gedränge. Nun kommen wir zum entscheidenden Augenblick. Ich, ich alleine werde die Himmel so leerfegen wie die Erde. Willst du hier sterben oder möchtest du zu Maram nach Hause gehen?«

Mirak wich zurück. »Ich hatte geglaubt...«, krächzte er, doch Ghakazian schnitt ihm das Wort ab.

»Es interessiert mich nicht, was du glaubst«, höhnte er. »Glaubtest du denn tatsächlich, du würdest in deinem hübschen Körper mit deinen prächtigen, schwarzen Schwingen durch das Tor schreiten? Nein, das glaubtest du nicht, und doch hofftest du es, nicht wahr? Du hast die Wahl, Mirak. Wegen meiner Achtung vor dir werde ich gestatten, daß das Feuer an dir vorübergeht, und wenn du willst, kannst du alleine auf Ghaka bleiben, und dein wird der Himmel sein für alle Zeit. Hast du den Mut verloren, neben mir auf Shol zu stehen? *Glaubtest* du, ich machte nur ein kleines Spielchen?«

Der Spott hatte Ghakazians volle Lippen zu einer Grimasse verzerrt, aber Mirak sah es nicht. Und er hatte auch ein einziges Wort gehört, das sich ihm ins Bewußtsein geprägt hatte und sich immer tiefer in sein Denken fraß.

Feuer.

Feuer, hatte der Sonnengebieter gesagt.

Er versuchte zu antworten, würgte aber wegen der plötzlichen Furcht, die in ihm aufstieg und ihm die Kehle zuschnürte. Er drehte sich um und rannte, stolperte, als er durch den Bogen hinaustaumelte und stürzte wie ein Stein durch die Wolken, ehe er das Gleichgewicht wiedererlangte und unbeholfen die Flügel öffnete. Nur seine Muskelreflexe hielten ihn am Fliegen. Er war wie taub vor Furcht. Er taumelte auf den kleinen Felsvorsprung vor seiner Höhle, fiel auf die Knie und kroch mit hinter sich schleifenden Flügeln weiter, um eine Nische zu finden, in die er sich mit dem Rücken schmiegen konnte. Ich wußte es, dachte er verzweifelt bei sich. Natürlich wußte ich es. Doch zu jenem Zeitpunkt war ich blind und dumm. Ich will meinen Körper nicht aufgeben. Ich will nicht sterben.

Ghakazian trat zu seinem Bogen und blickte hinaus. Wolken zogen rasch unter ihm dahin, als eilten sie zu einer unbekannten Versammlung. Als der Himmel sich klärte, sah er die vagen Höcker der mit den Abbildern der Vorfahren gekrönten Gipfel, deren Spitzen vom Sternenlicht in Silber getaucht wurden, während die Berge unterhalb in Finsternis versanken. Nichts rührte sich unter seinem scharfen Auge. Die Luft roch schal und verbraucht.

Er schüttelte seine Federn aus, rückte sich am Rande zum Nichts zurecht und hielt beide Arme steif von den Schultern bis zu den Fingerspitzen gestreckt von sich. Ehe er sprach, wanderte sein Geist unwillkürlich zurück zu jenem Tag, da er von der Schließung von Ixels Tor nach Ghaka zurückgekehrt und vor Miraks Höhle geschwebt war. Er hatte fröhlich gerufen, und Mirak war herausgekommen und hatte sich vor ihn gestellt, groß und braun, gesund und mit einem Lächeln, das schwarze Haar über schimmernden Flügeln und vor Freude strahlenden, bernsteinfarbenen Augen. Er hatte um Regen gebeten. Bei dieser Erinnerung entspannte sich Ghakazians Arm ein wenig. Er hörte wieder Miraks Stimme, jung, kräftig und voll unschuldiger Erregung: *Hira, Maram! Es gibt Regen!*

Mirak hat sich seither verändert, dachte er. Er duckt sich, wenn ich ihn anschaue, er zuckt zusammen, wenn ich spreche. Wir alle haben uns verändert. Ärger durchflutete ihn, als er Mirak noch einmal geduckt wie ein ängstliches Tier aus der Halle laufen sah, und sein Arm wurde wieder steif.

»Es gibt Regen«, zischte er laut. »Oh, ja, Mirak, es wird Regen geben. Aber diesmal wirst du ihn nicht begrüßen, und dann… Dann zum Tor.«

Er rief seine Sonne. Er wandte sich nicht wie an eine Schwester an sie, sondern mit dem scharfen Befehlston eines Herrn. Er verdrängte alles aus seinem Denken außer dem Band, das sie einte. Er fühlte ihr fragendes, fröhliches Erbeben und grüßte sie im stillen. Dann sprach er langsam und nachdrücklich und fügte Worte der Feindschaft und Vernichtung zusammen, wie sie nie zuvor auf Ghaka vernommen worden waren. Die ziehenden Wolken rasten plötzlich von ihm fort. Sogar die nächtliche Finsternis lockerte ihren Griff um ihn und schien weiter den Berg hinabzuweichen. Die Sonne zögerte, ihr Zweifel war wie ein sprießender Pilz in ihm, und er tastete schüchtern seinen Befehl ab.

Er wiederholte den Auftrag unvermittelt, verdrängte das kleine Aufflackern von Zuneigung und hörte dann ihre Stimme. Wie eine flüssige, dem Feuer abgezogene Flammenzunge, wie heißer, gelber, träge fließender Sirup schob sie sich über ihn hinweg.

Nein, hauchte sie in einem mißbilligenden Seufzen. *Nein, Ghakazian.*

Einen Augenblick lang war er vor Schreck wie benommen. In all den Jahrhunderten, seit er und seine Sonne geboren waren, hatte sie niemals zu ihm gesprochen, und er hatte vergessen, daß Sonnen Worte bilden konnten. Er hatte sie als Lämmchen geliebt, als Welpe, als junges, verspieltes Ding, das überfloß vor Eifer, ihm zu gefallen und von ihm geliebt zu werden, obgleich in Wirklichkeit der Weltenschöpfer von ihren Energien etwas genommen hatte, um ihn zu schaffen.

Er wurde zornig. »Du mußt mir gehorchen!« knurrte er. »Du kannst dich nicht weigern. Ich habe die Macht über dich, und du wirst nicht wagen, mir den Gehorsam zu versagen!«

Er blieb stehen und mußte die Augen schließen angesichts ihrer besorgten Turbulenzen. Sie wimmerte leise, seufzte, und er fühlte, wie ihre Gegenwart von ihm wich. Der letzte Eindruck, den sie in ihm zurückließ, war der, verletzt und verwundet zu sein, doch er schob ihren Kummer beiseite.

Eine Pause trat ein. Er wartete geduldig. Dann begann Regen aus der Dunkelheit zu fallen. Zuerst langsam und träge, dann immer heftiger, und um ihn her prasselte ein Hagel von zischenden und hüpfenden orangefarbenen Kugeln. Er mußte kurz an das Platzen der Haelischoten denken, wenn die Samen wie rotes Feuer durch die Herbstluft wirbelten. Die stille Nacht zerriß in tanzendes, strahlendes Licht, so daß die Schatten umherwirbelten, als rissen sich die Berge von der Erde los und als wogten die Täler wie ein Ozean. Und Wind kam auf, ein sengender, heulender Sturm, der das Gras und die Blätter auf den hin- und hergepeitschten Bäumen verkohlte. Ghakazian wartete immer noch. Die Nacht war vertrieben. Wohin sein Blick auch schweifte, war Licht, nicht der helle Sonnenschein eines Sommertages, sondern das grelle, irreale Flackern eines offenen Feuers. Er sprach erneut ein Wort, und mit einem Zischen rollten die Bälle von ihm fort, prasselten durch die rauchverhangene Luft und suchten nach Beute, die sie verschlingen könnten. Sie fanden eine Höhle nach der anderen, die wie Honigwaben die Berggipfel durchzogen, und drängten sich mit einem Donnern und gierigem, heißen Schrei hinein. Ghakazian verschränkte die Arme und lehnte sich gegen seinen Eingangsbogen.

Dann setzten die Schreie ein. Nicht das konstante, dumpfe Winseln von Reibung, sondern der zuckende Aufschrei von Körpern in Todesschmerz. Urplötzlich waren alle Höhleneingänge erleuchtet, und die Berghänge flackerten in ihrem Widerschein. Die Geflügelten stolperten über ihre Schwellen. Einer nach dem anderen stürzte herab mit lichterloh brennenden Flügeln, Funken in den Haaren und verkohlender Haut. Wieder fiel Regen von den Bergen, um die Erde zu versengen, diesmal ein Schauer zuckender, in Rot gehüllter Körper. Die kleinen Feuerchen, die die Talgründe dicht übersäten, brannten eine Weile lodernd weiter und verloschen schließlich eines nach dem anderen. Die Finsternis kroch befrachtet mit dem Gestank blasenwerfenden Fleisches und einem öligen Rauch zurück. »Sonne«, wisperte Ghakazian. »Sonne?« Doch sie antwortete nicht. Weit in der Ferne erschallte etwas wie ein Donnergrollen, dann herrschte Stille.

Ghakazian breitete seine Flügel aus, schwebte zum Himmel hinauf und langsam um den Gipfel herum. Die Höhleneingänge klafften ihm finster und öde entgegen, und die Hänge waren mit schwarzem Ruß beschmiert, der wie Tränen hinabsickerte. Zufrieden schlug er den Weg zum Tor ein, schoß rasch über Straße und Fluß dahin, wohlwissend, daß er nicht alleine war, auch wenn Ghaka leer und ausgezehrt unter ihm lag. Dann flog er mit regelmäßigem Flügelschlag zum Torberg, der vor ihm aufragte. Er verlangsamte seinen Flug, flatterte vorsichtig bis zum Gipfel empor und landete, als er dort einen kleinen Felsvorsprung fand. Er stand dort ohne Schwierigkeiten und blickte über die Straße, die zum Torberg führte, und auf das Tal, das sich links und rechts davon erstreckte.

Die Nacht neigte sich dem Ende entgegen. Er war sich der verstreichenden Zeit nicht bewußt. Doch nun kam Grau am Himmel auf, breitete sich langsam wie eine Pfütze am Himmel aus und würde auch bald auf das Land herabsickern. Er verharrte eine Weile und überdachte noch einmal die vergangene Nacht und den vorhergegangenen Nachmittag. Bei seinen Überlegungen wuchs in ihm das Gefühl eines bevorstehenden Höhepunktes, eine langsame Woge heranktriechenden Schicksals, wie es ihm recht war. Ich bin weit gekommen, sagte er sich, seit ich das Buch von Ixelions Boden aufhob. Das Schicksal hat an jenem Tag meine Hand geführt. Er fragte sich erst gar nicht, was er mit Schicksal meinte. Obwohl er das Wort niemals zuvor benutzt hatte, schenkte es ihm einen kurzen Moment der Sicherheit, eine Gewißheit, daß er den rechten Weg eingeschlagen hatte. Jetzt, dachte er. Sie unterstehen mir. Sie warten ohne eigenen Willen, ohne Substanz, und noch ehe meine schmollende Sonne über Ghaka aufgeht, wird mein Volk die Tore erobert haben. Sie werden auf Shol sein. Ich habe in einem Monat mehr für die Sache des Lichtes und der Wahrheit vollbracht als der Rat in hunderttausenden. Nun ist es an der Zeit.

Er schaute hinaus zum Horizont. Das weiche Licht war stärker geworden und drang durch den nachlassenden Rauch. Die damit einhergehende Brise fegte die faulen Gerüche vom Torberg hinweg. Ghakazian blickte hinab und lachte laut. Nun ist das Rätsel in dem Buch gelöst, dachte er. Ich wende mich an meine Armee, obgleich Tal und Straße vor mir einsam und still daliegen. Oh, weises Buch! Oh, kluger Ghakazian, daß ich mich darauf und auf meinen Intellekt verlassen habe. »Mirak!« rief er. Der Name hallte traurig und dünn an den Felsen wider. »Komm zu mir herauf! Nun sollst du neben mir stehen und dein Schicksal aus meinen Händen entgegennehmen!« Keine Stimme antwortete ihm. Kein Rauschen eifriger Schwingen störte den Hauch des frühen Morgens. Doch Ghakazian fühlte, wie sich der Sims neben ihm plötzlich mit einer kalten Präsenz füllte, und der Schatten, in dem er stand, nahm ein Wesen an. Er hatte keine Angst. Er hatte dieses Wesen geschaffen. Er war der Herr.

»Tagar!« rief er erneut. »Alter, der du am Tor schmollst! Ich beschwöre dich, nun zu kommen!« Für eine flüchtige Sekunde glaubte er zu spüren, wie eisige Kälte sein Gesicht streifte, dann schmiegte sich der Schatten mit so unmißverständlicher Feindseligkeit um ihn, daß ihm die Haare zu Berge standen. »Du kannst nichts machen, Tagar«, bemerkte er heiter. »Wo sind deine Hände, deine starken Beine? Du und Mirak, ihr müßt das Volk nach Shol führen. Sucht euch Körper im Palast. Ich werde später kommen.«

Ein Flüstern raunte durch die Luft hinter ihm, doch er ignorierte es voller Verachtung für beide. Er stellte seine Füße fest auf den Rand des Simses, stemmte die Hände in die Hüften und sprach mit melodiös kräftiger Stimme, daß es weithin über das Land schallte.

»Volk von Ghaka, ich grüße dich!« sagte er. »Nun will ich euch erklären, warum ich euch euren Leibern entrissen habe. Tragik und Böses verschlingen das Universum. Der euch geschaffen hat, haßt euch nun und setzt seine ganze Macht dafür ein, um euch zu vernichten, das Gute in Verdorbenheit zu verwandeln, und aus euch Sklaven zu machen statt freie Menschen. Das Ende steht bevor. Das Schicksal des Universums steht auf dem Spiel. Shol ist das Schlachtfeld, ihr seid die Krieger. Ich rechne auf euch, daß ihr für die Wahrheit, das Gute und alles, was rechtens ist, kämpft.« Er machte eine Pause, suchte nach neuen Worten, und die Brise schien ihm ein leises Stöhnen zuzutragen, ein schwaches, murmelndes Jammern, das die Luft aufrührte und ihn mit Unbehagen erfüllte. Aber ich bin ihr Herr, ich habe die Macht über sie, flüsterte er sich zu. Der warnende Beiklang ihres Jammers vermag mich nicht zu rühren. Tatsächlich? fragte etwas anderes in ihm spöttisch. Du hast eine Kraft auf das Universum losgelassen, die bislang unbekannt war, eine Frühgeburt, ein Ungeheuer. Du manipulierst mit Dingen, die du nicht verstehst. Besitzt du größeres Verwandlungsgeschick als die Botschafter?

Gewaltsam schob er den bohrenden Zweifel beiseite. Das Buch hat mir den Weg gewiesen, mahnte er sich. Der Schatz ist mein Führer. Ich tue das Richtige. Der Schatz hat mir den Weg gezeigt. Er ergriff wieder das Wort, doch hinter seinen Gedanken sah er die Botschafter, und er wußte, daß er sich vor ihnen fürchtete.

»Sholia und der Antischöpfer werden das Universum beherrschen, wenn wir nichts dagegen unternehmen!« rief er. »Wir müssen nach Shol ziehen, Krieg führen und es damit retten...«

Plötzlich blieben ihm seine eigenen Worte im Halse stecken. Er spürte, wie ein Tunnel ihn umschloß. Er schlug voller Panik um sich, um seinen Geist von dem erstickenden Gewicht zu befreien, das ihn belastete. Am Ende des Tunnels schien ein Licht, und dort sah er sich selbst auf dem Sims stehen und sich an eine unsichtbare Menge unten mit wilden Gesten und bleichem Körper in der Dämmerung wenden. Er rang nach Atem und griff nach der Vision, doch sie verschwand. Dunkelheit erfüllte seinen Blick. Dann herrschte wieder Helligkeit und bot ihm das gleiche Bild. Er sah sich selbst die gleichen Bewegungen vollführen, verschwinden, zurückkehren und alles drei-, viermal wiederholen. Schweiß trat auf seine Stirn, denn mit der Vision ging ein Bewußtsein von sich dehnender Zeit einher, die sich in die Finsternis der Zukunft bohrte, um wieder zurückzuspringen und die langsame Strecke von vorne zu beginnen.

In der Falle! schrie er lautlos. Verurteilt, sie in ihrem Entsetzen zusammenzutreiben, dermaßen zu ihnen zu sprechen, auf ewig zusammentreiben und sprechen, zusammentreiben und sprechen? Wie viele Male bin ich in der Vergangenheit mit Tagar und Mirak hier gestanden? Wie oft habe ich den Schrecken ihres Todes miterlebt? In einem Augenblick der Einsicht, die aus einem Teil seiner selbst erwuchs, der noch unberührt war von dem, was aus ihm geworden war, wußte er, daß das das Werk des Buches war, um ihm seine wahre Absicht zu offenbaren und das besondere Schuldbewußtsein und die Desillusionierung, die einhergingen mit dem Wissen, das sie schenkten. Ich verlangte dieses Wissen gar nicht! Er wand sich. Du hast mich auserwählt, dich mir aufgedrängt. Das war nicht meine Entscheidung!

Du trafst die Entscheidung, antwortete der klare Strahl der Selbsterkenntnis. Doch nun hast du keine andere Wahl mehr. Du bist ein Gefangener des Buches. Die Zukunft ist festgelegt für dich, und du kannst keinen anderen Weg mehr einschlagen. Du hast verstanden und damit gleichzeitig die Ketten einer nicht umkehrbaren Zeit um deinen Hals geschlungen. Nun weißt du, warum das Buch für die Sonnengebieter verboten war.

Ghakazian versuchte, die Augen vor der winzigen Gestalt auf dem Sims zu verschließen, die er selbst war. Gnade, flehte er, doch sogar dieser Schrei war nur an ihn selbst gerichtet. Eine ewige Zeit duckte er sich, warf sich ruhelos hin und her, dann war der Tunnel fort. Die Sonne war aufgegangen. Voller Ehrfurcht und von Schwäche zermürbt rappelte er sich auf und betrachtete sie. Sie war nicht heiß und gelb in den Himmel gestiegen. Sie war unwillig heraufgekrochen. Ihr Licht war zu einem wütenden Purpur gedämpft, und auch die Dämmerung war in Purpur getaucht und verlieh Berg und Tal gleichermaßen die Tönung eines ewig anhaltenden Sonnenuntergangs. Wie Fallans Sonne, dachte Ghakazian entsetzt. Ich erinnere mich ihrer kränklichen Farbe. Aber was habe ich getan, daß meine Sonne derartig betroffen sein sollte? Ist das eine Strafe dafür, daß ich in das Buch geschaut habe? Er wich zurück vor dem Abgrund, der Vernichtung von Sonne und Planeten über und unter sich und den gespenstischen Schatten rings um sich her. Er hatte das Gefühl, als wäre er alleine noch unversehrt und gefangen im Zentrum einer ausstrahlenden Zersetzung.

»Geht durch das Tor!« rief er. »Ruft die Sonne von Shol an, und sie wird euch tragen! Ich, Ghakazian, euer Herrscher, befehle euch zu gehorchen!«

Dann waren die unsichtbaren Präsenzen, die mit ihm auf dem Sims gestanden hatten, fort. Mit einem Schaudern sank er nieder, während er neben sich auf der Tortreppe ein Schlurfen hörte. Straße und Tal gaben ihr letztes Leben. Die Abwanderung der Bedrohung schlängelte sich langsam um den Berg, und während Ghakazian zitterte und seinen Blick abwandte, ergoß sie sich durchs Tor und war verschwunden.

10

Der Händler zog durch Danars Tor, blieb einen Augenblick stehen und trat aus dem Strom der kommenden und gehenden Reisenden. Er schaute zum Tunneleingang, wo heiße Sommersonne von einem wolkenlosen, blauen Himmel strahlte und die Steinplatten des Tunnels wärmte, soweit ihre Strahlen reichten. Vorsichtig sog er die Jahreszeit in sich ein, Staub und den durchdringenden, schweren Duft von Haeliblumen in voller Blüte, zermalmtes Gras und sonnenüberflutete menschliche Haut. Er hätte in der Lage sein müssen, innerhalb eines Augenblicks zu überschlagen, wie viele Tage verstrichen waren, während er den Korridor zwischen den beiden Welten hinabgeflitzt war. Er runzelte die Stirn. Es kann nicht länger als vier Tage her sein, dachte er. Wahrscheinlich sogar nur drei. Sicherlich spielte es keine Rolle, sicherlich machen drei Tage bei der langen Reise keinen Unterschied aus. Er zog sich in sein Inneres zurück, stärkte seinen Körper für den Angriff durch Danars Atmosphäre und fühlte, wie das Bündel auf seiner Schulter schwer wurde. Er schüttelte es ab und sprach einen der beiden Corionen an, die unter dem sonnengekrönten Bogen gähnten.

»Ich würde das gerne hierlassen«, bat er höflich. »Würde es euch etwas ausmachen, darauf zu achten, daß keiner es wegnimmt oder darauf tritt?«

Der Corion entblößte seine Zähne mit einer langen Zunge. »Es würde mir nichts ausmachen, Händler«, erwiderte er. »Hast du Storns Schlafmatte mitgebracht?«

»Das habe ich, aber Storn wird es nicht eilig damit haben. Bis zum Winter ist es noch lange hin. Ich danke dir.«

Er ließ seine Bürde neben dem Geschöpf zu Boden sinken, nickte, bahnte sich seinen Weg zu dem mit der Sonne verzierten Tunnel und bog quer über die Brustwehr ab, die zu der langen Treppe zum Palast hinführte. Unterhalb und zu seiner Rechten murmelte der Zeitwald träge in der Mittagsschläfrigkeit, und er spendete einen tiefblauen, einladenden Schatten, in dem sich zwei Corionen räkelten. Da die Blätter so dicht waren, konnte der Händler nichts von der dahinterliegenden Stadt erkennen. Er wandte sich ab und kletterte, nun plötzlich alleine, die Stufen hinauf. Die Menschenmassen, die mit den Unsterblichen nichts zu schaffen hatten, waren aus dem Tor geströmt. Sie hatten sich von der kleinen Brustwehr entfernt und waren die Treppe hinabgestiegen, die um den Wald und auf die Straße führte, die sie in den Stadtkern brachte. Allmählich erstarben ihr Lachen und ihre Unterhaltungen, und er schritt über den Vorplatz des Palastes, unter die kurzen Mittagsschatten der Vordersäulen und durch das kühle Gewölbe der Eingangshalle.

Er brauchte lange Zeit, bis er an die Stelle gelangte, wo die beiden Unsterblichen Danars den Bürgern ihrer Welt begegneten, doch schließlich stand er unter der blauen, gold eingefaßten Decke. Er setzte sich nicht hin, sondern trat an den kleinen Tisch, erfaßte die Glocke und läutete einmal. Süß schallte der Ton und verklang, um wieder Stille zu hinterlassen. Er blieb am Tisch stehen, eine bleiche Säule, dessen Leuchtkraft durch das starke Sonnenlicht so unterdrückt wurde, daß man ihn bei einem flüchtigen Blick in den Saal kaum gesehen hätte. Nur sein blauer Schal und sein rundes, blitzendes Auge blieben sichtbar.

Sogleich wurde am anderen Ende des Saales eine Tür geöffnet und wieder geschlossen. Janthis trat mit einem Lächeln um seine strengen Lippen auf ihn zu. Er kam heran, verbeugte sich, und der Händler beantwortete seine Höflichkeit mit einer geschmeidigen Verbeugung seinerseits.

Händler, sei willkommen hier, sagte Janthis, ohne daß seine Lippen sich bewegten. Die Worte waren direkt aus seinem Denken erklungen, und der Händler vernahm sie klar und deutlich in seinem Kopf. Janthis sprach weiter, immer noch mit einem Lächeln auf den Lippen. Bist du gekommen, das Buch der Überlieferung aufzuschlagen?

Plötzlich schauderte es den Händler. Als er sich wieder beruhigt hatte, wandte er sich von Janthis ab und antwortete lautlos, wobei die Enden seines langen Schals auf seinem Rücken zuckten. Das Lächeln auf Janthis' Gesicht erlosch. Erzähle es mir, sagte er leise.

Auf Ghaka herrscht das Böse. Das Gesetz wurde gebrochen.

Das altbekannte Gefühl von Unzulänglichkeit und Hoffnungslosigkeit legte sich um Janthis wie ein Gewand, das er abgeschüttelt zu haben glaubte und doch immer noch trug. Der Händler spürte, wie es in sein eigenes Inneres sickerte, als der andere ihm dieses Gefühl ungemindert und in seiner ganzen Trostlosigkeit übermittelte.

Welches Gesetz?

Das Gesetz bezüglich der Sterblichen, das besagt, daß ein Sterblicher unversehrt zum Tor schreiten soll, wenn seine Zeit gekommen ist, und daß ein Botschafter für die Verwandlung von Körper und Seele gleichermaßen sorgt.

Ich verstehe nicht.

Noch immer wollte der Händler sich nicht umdrehen. Ich sah Leiber ohne Geist auf Ghaka, sagte er und preßte die dünnen Lippen aufeinander. Und am Tor befand sich ein Geist, der körperlos wartete.

Janthis gestattete sich einen geheimen Moment reiner Verzweiflung. Oh, Ghakazian, du doch nicht! Das kann ich nicht hinnehmen. Irgendwie mußte der Händler sich täuschen.

Waren Körper und Geist identisch?

Ja. Ich kannte diesen Sterblichen gut. Sein Name ist Tagar, und er war der älteste und weiseste unter den Flügellosen von Ghaka. Er hat viele Nachfahren und wurde von allen Menschen, Geflügelten wie Flügellosen gleichermaßen geachtet.

Zu alt und zu weise, um ein Gesetz zu brechen, Händler? Du weißt, wie leicht heutzutage gegen Gesetze verstoßen wird. Vielleicht hast du dich zu lange auf Ghaka aufgehalten und warst verwirrt. Vielleicht schlief Tagar und du hieltest deine eigenen Gedanken in der Finsternis am Tor für das Rufen eines Geistes.

Nun drehte sich der Händler rasch um, um den Unsterblichen in die Augen zu sehen. Ablehnung war plötzlich in seinem Blick, doch seine Antwort war freundlich. Mach dir nicht selbst etwas vor, Janthis. Der Gedanke sickerte ruhig in sein aufgewühltes Denken. Ich bin kein gefallener Sterblicher, den alle Sinne in den Irrtum treiben, unfähig zu entscheiden, was ich sehe oder höre. Wenn ich sage, ich sah Tagar am Berg zusammengesunken, aufgebläht und stinkend, dann sah ich ihn auch. Und wenn ich sage, daß ich hörte, wie sein Geist mich in der Dunkelheit beim Tor ansprach, dann habe ich mich nicht getäuscht. Und ich lüge auch nicht, denn ich ehre das Gesetz, und das Gesetz lügt nicht. Ich bin schon mehrmals den züngelnden Flammen des schwarzen Feuers entgangen. Ich kenne sie. Ich kenne sie.

Sahst du Ghakazian während deines Aufenthaltes?

Nein. Ich zog durch die Täler und trieb Handel. Ich vernahm eine tiefe und eigentümliche Stille. Ich empfand Gefahr, als über mir Flügel raschelten, und das Bedürfnis, mich zu verstecken. Ghaka ist gefallen.

Nein! Das Wort brach in das Denken des Händlers ein, und er zuckte zusammen. Es war schon zuvor geschehen, daß der Wille des Antischöpfers durch ein Tor gesickert war, den Geist der Sterblichen umnachtet und sie veranlaßt hatte, ohne das Wissen oder das Einverständnis des Sonnengebieters zu straucheln. Ein solcher Sturz ist reparabel. Das zumindest steht in unserer Macht.

Der Händler zuckte im Geiste die Schultern. Dergleichen wäre niemals Tagar widerfahren, sagte er laut, und seine Stimme klang wie ein tonloses Pfeifen in der heißen Luft des Saales. Er wäre niemals den geschickten Schmeicheleien der Vorhut des Antischöpfers erlegen. Er hätte ihre Verkleidung durchschaut und sie abgewiesen, ohne auch nur die volle Bedeutung seines Schrittes zu begreifen. Von allen Sterblichen auf Ghaka war er gewiß unversehrt und unschuldig.

Wie erklärst du dann, was du erlebt hast? erklang Janthis' Stimme ebenso laut.

Es bedarf keiner Erklärung, entgegnete der Händler. Jemand hat Tagar ermordet.

Stille trat zwischen sie. Sie betrachteten einander blicklos. Wer? dachte Janthis bei sich. Ghakazian kennt die Gefahren. Bei jeder Torschließung haben sie sich einem jeden von uns tiefer eingeprägt. Plötzlich fiel ihm ein, wie Ghakazian gekommen war und um Erlaubnis nachgesucht hatte, in den Büchern der Überlieferung zu lesen. Mit einem eisigen Frösteln fragte er sich nun nach dem Grund. Ich bin unfähig, den Rat zu leiten, dachte er traurig. Ich fürchte das Feuer, wir alle fürchten es, doch meine Kenntnisse darüber müßten größer sein, um ihnen vorzustehen, und doch traue ich mir selbst nicht. Ich kannte den Weltenschöpfer wie keiner von den anderen. Sein Innerstes stand mir offen. Wenn ich wollte, das weiß ich, stände es mir wieder offen, doch ich bin nicht stark genug, um darin zu lesen und unversehrt daraus hervorzugehen. Der Händler brach in seine Gedanken ein.

Ich weiß nicht, was auf Ghaka vor sich geht, sagte er. Das ist deine Angelegenheit. Ich weiß nur, daß ich betroffen und gedemütigt bin, weil das Gesetz gebrochen wurde. Ich rede dir nicht in deine Angelegenheiten hinein. Ich trage dir meine Worte nur vor, die anzunehmen oder zu verwerfen dir freisteht.

Stolz steht dir nicht zu, erwiderte Janthis. Es ist nicht unmöglich, einen Händler zu korrumpieren, auch wenn du und deine Artgenossen dies nicht wahrhaben wollen. Hast du den Händler von Tran vergessen?

Nein, das habe ich nicht. Der Händler seufzte, sein Körper waberte, und Boden und Wand schimmerten durch ihn hindurch. Der Grund für seinen Fall muß wirklich eine große Sache gewesen sein. Entschuldige. Ich habe die Welten zu lange ohne eine Pause bereist.

Ich werde Ghakazian herbeibestellen, fuhr Janthis widerwillig fort. Wohin wirst du gehen?

Ich habe auf Danar einige Waren abzuliefern, danach... ich weiß es noch nicht. Vielleicht werde ich eine Weile die Ozeane von Shol befahren oder in mein eigenes Reich zurückkehren. Der Handel hat seinen Sinn verloren. Es bleiben nur noch Danar und Shol.

Es gibt noch andere Welten.

Ja. Weit draußen im Universum, weitab von der finsteren Seite. Welten, die der Weltenschöpfer unvollendet ließ. Welten aus geschmolzenem Stein, Wasserwelten, Welten ohne Sterbliche und Welten voller eigentümlicher Tiere. Jene Welten haben keinen Sonnengebieter im Rat sitzen. Sie sind nutzlos fürs Geschäft. Wenn Shol und Danar fallen, bedeutet das das Ende von allem und den Anfang vom Nichts. Ich glaube, ich werde nach Hause gehen.

Dank dir.

Sie lächelten einander als Ebenbürtige zu, verneigten sich, dann wurde der Körper des Händlers ganz schmal, und er schwebte aus dem Saal. Janthis blieb in dem stillen, sonnendurchfluteten Raum stehen, doch es wollten sich keine Gedanken einstellen. Sogleich trat er durch die Tür, ging einen schmalen Gang hinab und tauchte in die weite Stille des Ratssaales. Er bestieg das Podium, hob den Silberhammer auf und schlug einmal gegen die Sonnenscheibe. Dann nahm er in seinem Sessel Platz; seine Hände schmiegten sich um die kalte Sonnenkugel, und der Klang des Gongs dröhnte in seinen Ohren. Ich bin müde, dachte er überrascht. Ich, der niemals alt werde und mich verändere, ich bin erschöpft.

Danarion kam als erster, betrat leichtfüßig den Saal, und seine Augen funkelten noch vom sommerlichen Sonnenlicht. Er trat auf Janthis zu und lächelte. Aber dieser erwiderte sein Lächeln nicht, so daß Danarion zu Janthis' linker Seite Platz nahm und geduldig schwieg. Danach schritt Sholia herein, und ihr langes, gazedünnes Gewand schimmerte in ihrer eigenen hellen Aura in vielen Farben. Sie begrüßte alle und schlüpfte rasch in ihren Sessel. Ihre Augen flogen empor zu den hohen Fenstern.

»Ghakazian ist noch nicht da?« fragte sie, und Janthis rührte sich schließlich, indem er die Sonnenkugel losließ und seine Hände krampfhaft auf dem Tisch faltete.

»Er kommt vielleicht nicht«, entgegnete er unvermittelt.

Danarions Kopf flog hoch, und Sholia blickte ihn fassungslos an.

»Warum nicht, in aller Welt?« fragte sie. »Er mag die Sitzungen vielleicht lästig finden, du weißt ja, wie unruhig er ist, aber er würde dir niemals den Gehorsam verweigern.«

Janthis' und Danarions Blicke begegneten sich in einem kurzen Augenblick des Begreifens. Danarion erbleichte und schaute weg.

»Ich hatte gerade den Besuch eines Händlers«, fuhr Janthis fort. »Er kam direkt von Ghaka hierher. Er sagte mir, daß dort ein Mord verübt worden ist.«

Noch immer verstand Sholia ihn nicht. »Was hat er dir gesagt? Die Händler sind vielleicht merkwürdig mit ihrer Sorge um das Gesetz und ihren verrückten Geschichten! Ich wollte immer mal die Bücher der Überlieferung über sie nachlesen, denn oft habe ich den Eindruck, ich müßte sie besser kennen. Manchmal überraschen sie mich...«

»Sholia!« Das Wort war ein Befehl zu schweigen, und Sholia biß sich auf die Lippen; ihr Haar fiel wie ein Vorhang vor ihr Gesicht, als sie den Blick auf den Tisch senkte. »Ich sagte Mord«, fuhr Janthis ruhig fort. »Auf Ghaka ist etwas nicht in Ordnung, und ich habe diese Versammlung einberufen, um Ghakazian ein paar Fragen zu stellen.«

»Er ist ein Sonnengebieter!« platzte Sholia heraus. »Was ist verglichen mit ihm ein Händler? Einen Händler kann man durchaus mißverstehen!« Dann schlug sie sich die Hände vors Gesicht.

»Überstürze nichts«, sagte Danarion freundlich zu ihr. »Ein Mord auf Ghaka bedeutet nicht notwendigerweise den Fall des Sonnengebieters, das weißt du. Warten wir ab und hören, was Ghakazian zu sagen hat. Vielleicht ist er gerade in diesem Augenblick damit beschäftigt, ein vereinzeltes Übel auszumerzen. Du läßt dich zu oft von deinen Ängsten mitreißen.«

Ihre Hände glitten langsam herab, und Sholia lächelte ihn verzagt an. »Du hast natürlich recht. Wenn er kommt, wird er den Händler widerlegen.«

Scharfe Worte stiegen in Janthis auf, doch er schluckte sie herunter und betrachtete sorgfältig das glatte, strahlende Gesicht mit den smaragdgrünen Augen. Sholia war einst von einer distanzierten Würde geprägt gewesen. Doch Janthis, der die Jahrhunderte mit ihr miterlebt hatte, sah, daß sie sich verändert hatte. Sie hatte ihre Ausgeglichenheit eingebüßt. Selbst im zeitlosen Raum des Palastes der Sonnengebieter strahlte sie sterbliche Verzagtheit aus, wie sie nicht ihrer Natur entsprach. Nun gut, dachte er, ich nehme an, daß eine gewisse Veränderung bei uns allen unvermeidlich war. Als sich das Wesen des Weltenschöpfers wandelte und er alles, was er geschaffen hatte, für sich beanspruchte, erschütterte eine Veränderung das Universum. Obgleich wir nicht tangiert werden können, sofern wir dies nicht wollen, streift uns doch der Atem des Antischöpfers. Es ist unmöglich, unverletzbar zu bleiben. Es ist schon ein Kampf, zu bleiben, wie wir sind.

Sholia fühlte seinen Blick auf sich ruhen, setzte sich aufrechter hin und zeigte jetzt ein entschlossenes, breiteres Lächeln. »In gewisser Weise stützen wir uns alle auf Ghakazians lautstarke Kraft«, sagte sie. »Wir fassen Mut aus seinen Argumenten. Warten wir erst einmal ab.«

Sie warteten. Als aus Mittag Nachmittag geworden war, wich die Sonne aus dem Saal, um die Außenmauer hinabzustreichen. Doch die drei am Tisch wahrten ihr Licht, um den Raum zu erhellen. Schließlich seufzte Danarion. »Ruf ihn noch einmal«, sagte er, und Janthis erhob sich und ergriff seinen Silberhammer. Doch ehe er gegen die Scheibe schlagen konnte, ertönte von oben geschäftiges Flattern. Ghakazian ließ sich von einem hohen Fenster fallen, glitt herab und landete neben dem Tisch. Er nahm nicht seinen Platz neben Sholia ein. Statt dessen schwankte er zum Fuße des Podiums, wo Janthis den Hammer niedergelegt und sich umgedreht hatte. Sie sahen ihn alle entsetzt an. Das goldene Licht, das sonst immer durch seine braune Haut geströmt war, hatte stets eine warme, rotgoldene Aura um ihn her verbreitet. Jetzt sickerte es nur noch in vereinzelten, stumpf orangefarbenen Strahlen heraus. Das brüchige Haar fiel über seine Schultern und umrahmte ein Gesicht, dessen atemberaubende, reine Adlerzüge sich verschmälert und die Härte und Scharfkantigkeit beginnender Grausamkeit angenommen hatten. Um den Mund verliefen zwei deutliche, tiefe Furchen wie die Kluften in seinen Bergen.

Die Augen hatten sich nicht verändert. Sie glitzerten immer noch so wachsam wie die eines Vogels, doch diese Wachsamkeit wirkte nun irgendwie gefräßig wie ein raubtierhaftes Schimmern angesichts einer Beute. Nur die Schwingen erhoben sich nach wie vor stolz und majestätisch über und um sein Haupt, und die Federn fügten sich auf ihnen geschmeidig und warm ineinander. Janthis' Augen flogen zu der Sonnenscheibe auf Ghakazians Brust. In ihr brodelten orangefarbene, schwarz getönte Flammen.

»Ghakazian«, flüsterte Sholia. Er betrachtete sie verächtlich und sah dann weg. »Nun«, sprach er. »Ihr habt mich gerufen, und ich bin gekommen. Für weiteres sinnloses Gewäsch, für weiteres sinnloses Wühlen im Kies der Welten. Aber heute werdet ihr schweigen und mich anhören.«

»Der Händler hatte also recht«, hauchte Danarion entsetzt, und Ghakazian wirbelte zu ihm herum. Einen Augenblick lang flackerte Furcht in seinem Feuerschein auf.

»Was für ein Händler!« erwiderte er barsch. Doch Ghakazian, dessen Augen erfüllt waren von der schrecklichen Zersetzung, konnte nichts mehr sagen. Janthis antwortete:

»Ein Händler kam direkt von Ghaka hierher«, sagte er. »Er erzählte mir von einem Mord. Ghakazian, was ist aus dir geworden, und wie kam es dazu?«

Ghakazian lachte bitter. »Was? Und wie? Ich kann euch sagen, was aus euch wird und wie es dazu kommt, und ich glaube, ihr solltet mir Aufmerksamkeit schenken. In meinem Besitz befindet sich etwas Kostbares. Falia besaß nicht die Kraft, es zu ihrem Nutzen zu verwenden, und der arme Ixelion genausowenig. Doch ich hatte den Mut, ich schreckte nicht zurück, als ich erfuhr, was geschehen wird. Du!« Er ging um Sholia herum, deutete mit steifem Finger auf sie, und seine Lippen verzogen sich zu ärgerlichem Spott. »Ich liebte dich! Du und ich, wir waren wie Ixelion und Falia, wie Bruder und Schwester, und mehr als das. Und doch kenne ich dich jetzt wie niemals zuvor. Verräterin! Du und der Antischöpfer, ihr werdet euch verbünden, und er wird schließlich nach Shol kommen, wie er dies in seinem schwarzen Herzen schon immer begehrt hat, und wird es für sich selbst beanspruchen!«

Sholia erhob sich zitternd von ihrem Stuhl und wich zurück; sie war völlig weiß. »Ghakazian, du phantasierst«, flüsterte sie. Dann schüttelten die anderen den Bann des Schocks ab, Janthis lief von dem Podium herab und streckte Ghakazian eine erhobene Hand entgegen. Ein einziges, befehlendes Wort kam über seine Lippen, und Ghakazian ließ seine Arme sinken.

»Das darfst du gar nicht!« höhnte Ghakazian.

»Es steht dir nicht zu, an mir zu zweifeln«, erwiderte Janthis kalt. »Nun, Ghakazian, werden wir dir zuhören. Du bist für einen jeden von uns hier eine Bedrohung, ob du das glaubst oder nicht. Nimm deinen Platz am Tisch ein. Sholia, setz dich.« Sie gehorchte, zitterte immer noch und war den Tränen nahe. Ghakazian trat zähneknirschend an seinen gewohnten Platz. »Wo kommt diese irre Anschuldigung gegen Sholia nun her?«

»Irre? Ich werde euch sagen, wer irre ist!« explodierte Ghakazian. »Du, Janthis, gerade du! Ich komme, um dich ein letztes Mal zu fragen. Wirst du die Sterblichen über die wahre Gefahr aufklären, Armeen bilden und dem Antischöpfer entgegentreten?«

Janthis' Schultern sackten herab. »Ich habe dir schon früher gesagt, daß wir nicht über die entsprechenden Waffen für einen Kampf verfügen«, sagte er müde. »Es ist verboten, den Sterblichen ihre Unschuld zu rauben.«

»Aber wir besitzen doch eine Waffe«, zischte Ghakazian leise, als er hinter ihm angelangt war und etwas aus seinem Gürtel zog, »eine höchst kostbare und höchst wirksame Waffe. Falia gab das Ixelion, und ich hob es von Ixelions Boden auf, als wir beide, Danarion und ich, nach Ixel gingen, um ihn zu wecken und es nicht fertigbrachten. Ich brauche es nicht mehr. Hier, Janthis, ich schenke es dir.«

Boshaftigkeit verdüsterte das einst hübsche Gesicht und Janthis bemerkte, daß die Hand, die sich ihm entgegenstreckte, nun krallenbewehrt war. Sie hatte lange, gebogene Nägel, die aneinander klapperten. Übelkeit überkam ihn. Ich kann nicht überwältigt werden, wenn ich nicht dazu bereit bin, rief er sich ins Gedächtnis zurück. Ich kann dieses Ding gefahrlos entgegennehmen. Langsam streckte er die Hand aus, und als er das Dargebotene ergriff, kicherte Ghakazian.

»Ich habe es gelesen«, sagte er. »Ich weiß alles, ich kann alles durchschauen. Ich bin nun der Herr des Schicksals.« Doch während er sprach, fiel sein Blick auf ein Funkeln des Sonnenscheins auf einem Armband, das Sholia trug. Es war ein breiter Goldreif, der mit dicken roten Steinen besetzt war. Er wußte, daß er es niemals zuvor gesehen hatte. Zum zweitenmal fühlte er, wie der erstickende Tunnel sich um ihn schloß. Er zwang sein Denken und seine Augen, sich auf einen

Punkt zu konzentrieren. Dann fiel ihm ein, daß das Buch ihm diesen Augenblick schon einmal gezeigt hatte, wie er vor einem erschreckten und ängstlichen Rat spricht und das Sonnenlicht auf Sholias Handgelenk funkelte. Noch ehe er aufschreien konnte, war der Augenblick vorüber, und der Raum um ihn her öffnete sich wieder. Janthis stand mit dem Buch in den Händen da und befühlte es ehrerbietig mit weit geöffneten Augen.

»Das Buch dessen, was sein wird«, las er verwundert. »Nun begreife ich. Natürlich. Nur dieser Schatz konnte den Fall dreier Welten so rasch aufeinander bewirken. Wo wurde es gefunden? Wer fand es?«

»Es kam natürlich von Tranin«, erklärte Danarion mit belegter Stimme, während seine Augen über das Buch streiften. »Erinnert ihr euch nicht? Es stand alles in den Annalen Fallans.«

Darauf sprang Sholia auf. »Wirf es fort, Janthis!« schrie sie. »Es ist verboten! Schau nicht hinein, ich bitte dich. Ghakazian führt dich in Versuchung, das durchschaust du doch gewiß!« Sie sackte in sich zusammen, und Tränen flossen ihre Wangen hinab. »Es ist alles vorüber, alles zu Ende«, schluchzte sie und sank in ihren Sessel zurück. »Einen nach dem anderen hat der Antischöpfer uns weggepflückt. Er hat gesiegt.«

»Nein«, entgegnete Janthis sanft. »Tröste dich, Sholia. Noch ist er nicht der Sieger. Hätte Ghakazian das Buch zu dir nach Shol gebracht, was hättest du getan? Wie lange hättest du seinem Zauber widerstehen können? Aber er brachte es nicht zu dir. Er liegt hier in meinen Händen, der Schatz der Zeitalter, und hier wird er bleiben. Ich weiß, daß der Gesetzesmacher selbst verfügt hat, daß Vergangenheit und Gegenwart uns offenstehen, doch die Zukunft muß auf ewig im dunkeln bleiben. Ich werde nicht ungehorsam sein.«

Ghakazian war in Aufruhr geraten. Eifrig drängte er sich nach vorn und beugte sich weit über den Tisch. »Das war vor dem Fall des Weltenschöpfers!« rief er. »Mit seinem Sturz hat sich vieles geändert! Der alte Befehl kann keine Gültigkeit mehr haben. Es gibt Gesetze, die auf uns keine Anwendung finden können. Wir müssen alle uns zur Verfügung stehenden Mittel nutzen, um damit zu kämpfen. Warum wollt ihr nicht begreifen, daß uns dieses Ding in die Hände gegeben wurde, um uns in unsrer größten Not beizustehen! Vielleicht wollte der Gesetzesmacher selbst, daß wir es finden!«

»Warum«, hielt Danarion ihm scharfsichtig entgegen, »brachte seine Entdeckung dann Schrecken und Tod über Fallan und Ixel? Und«, schloß er absichtlich, »über Ghaka?«

Nach einem langen Schweigen stand Ghakazian lässig auf und verschränkte die Arme. »Ich habe es gelesen«, bemerkte er. »Ich kann euch erzählen, was drinsteht. Der Antischöpfer wird Shol betreten und du, Sholia, wirst ihn mit offenen Armen aufnehmen. Hör auf meinen Rat, Janthis. Laß Shol bewachen. Darauf ist er scharf. Hebe Armeen aus, um es zu schützen. Tritt dem Antischöpfer ein für allemal entgegen. Laß den Kampf zu einem Höhepunkt kommen.«

Mit großer Achtung legte Janthis das Buch vor sich auf den Tisch. Ob es nun daran lag, daß der schimmernde, glatte Einband sein Licht widerspiegelte oder ob das Buch ein eigenes Licht ausstrahlte, plötzlich leuchtete die Sonnenkugel daneben gelb und warm in einem Augenblick blassen Auflebens.

»Du bist blind, Ghakazian«, stieß er mühsam hervor und war selbst den Tränen nahe. »Und du bist gleichermaßen taub und krank. Begreifst du denn nicht, daß der Antischöpfer dich verführt hat? Was immer du Ghaka angetan hast, es kann nicht ungeschehen gemacht werden. Dein Tor muß geschlossen werden.«

Sholia erwartete einen heftigen Ausbruch des Protests von Ghakazian, doch dieser begann nur zu lächeln, ein gemächliches, in sich gekehrtes Lächeln. Bei seinem Anblick fühlte sie eine vage, neue Sorge in sich aufkeimen, die ihren Platz neben den anderen Ängsten in ihrem Innern einzunehmen versuchte. Er weiß etwas, was wir nicht wissen, dachte sie. Etwas, was er getan hat. Sie übermittelte ihre Vermutung Janthis' Denken. Obgleich er sie mit einem knappen Nicken bestätigte, teilte er nicht ihre plötzliche Gewißheit. Er wußte mehr über das Buch dessen, was sein wird, und über seine Kräfte als irgendeiner von ihnen und darüber, wie Ghakazians Denken von Visionen und eigentümlichen Träumen erfüllt sein mußte. Trotzdem erstaunte ihn Ghakazians Reaktion. Er ist tatsächlich tief gefallen, dachte er, wenn ihm die Schließung seines eigenen Tores so wenig ausmacht.

»Nun gut«, sprach Ghakazian leichthin. »Kommt und schließt mein Tor. Mir ist das gleichgültig. Es spielt keine Rolle mehr. Ich werde immer noch Ghaka haben.«

»Eine eingekerkerte Welt!« fuhr Danarion ihn an. »Sorgst du dich überhaupt nicht um die Menschen in deiner Obhut, Ghakazian?«

»Aber natürlich tue ich das!« Ghakazian lächelte breiter in seiner insgeheimen Befriedigung. »Geht und schließt das Tor. Sie und ich, wir werden gemeinsam überleben.«

Janthis wandte sich an Danarion. »Wir werden uns sogleich nach Ghaka begeben«, sagte er. »Danarion, rufe Storn!«

Danarion ließ seinen Geist über Danar streifen auf der Suche nach dem großen Geschöpf. Schließlich fand er es. Komm, bat er freundlich. Du wirst im Palast gebraucht, Storn.

Ist der Weltenschöpfer zurückgekehrt? Die Frage klang drängend.

Nein. Janthis hat einen Auftrag für dich.

Storns Enttäuschung durchflutete Danarion. Oh, ich werde kommen.

Während sie warteten, begann Ghakazian auf und ab zu schreiten. Dann kam der Corion in den Raum gestakst, die grünen Flügel flach am Rücken angelegt und mit leisem Pfotentapsen. Als er am Ende des Tisches anlangte, blieb er stehen, hockte sich auf die Hinterbacken und ließ rasch seinen Blick über alle schweifen; an Ghakazian blieben seine Augen etwas länger haften.

»Nun«, sagte er. »Ihr habt mich hergebeten, und hier bin ich. Was kann ich tun?«

»Wir haben eine neue Aufgabe für dich, Storn«, meinte Janthis. »Ghakazian hat einen sehr kostbaren und mächtigen Schatz nach Danar gebracht, der ständig bewacht werden muß. Der Gesetzesmacher hat ihn geschaffen, jedoch nicht für die Augen der Sterblichen. Würdest du ihn in deine Obhut nehmen?«

»Ich werde natürlich jede Aufgabe, die du mir zuweist, freudig erfüllen, Janthis«, antwortete Storn. Seine Barthaare unter der schwarzen Nase zitterten. »Soll ich den Schatz zum Berg bringen?«

»Erst wenn du dich für den Winter dorthin zurückziehst. Dann mußt du darauf schlafen. Er wird dir wunderbare Träume schenken. Inzwischen will ich ihn in einem besonderen Zimmer aufbewahren, drunten in der Nähe der Bücher der Überlieferung, denke ich, und du und deine Brüder müßt Sorge tragen und abwechselnd wachen, daß keiner außer mir den Raum betritt.«

»Was für ein Ding ist es denn?«

»Es ist ein Buch. Komm und schau es dir an!«

Stolz marschierte der Corion zum Kopfende des Tisches. Seine Schnauze fuhr neugierig über das Buch, und er legte konzentriert die Ohren an und stellte sie wieder auf.

»Tatsächlich, es ist sein Werk«, konstatierte Storn endlich. »Wie gut und üppig es riecht, wie ein Haeliwald nach dem Regen. Aber es trägt auch andere Gerüche, Janthis, die nicht so angenehm sind.«

»Das Buch hat eine lange Reise hinter sich«, antwortete Janthis ernst, obgleich seine Augen Storn zublinzelten. »Geh nun, Storn, und morgen könnt ihr mit der Wache beginnen. Wähle die Wächter mit Bedacht. Diese Aufgabe ist nicht nur eine Gewohnheitssache wie das Bewachen des Palastes. Das Schicksal von Danar hängt von eurer Aufmerksamkeit ab.«

»Ich verstehe«, erwiderte das Geschöpf, »obgleich ich mir nicht vorstellen kann, wer dieses Buch ohne die Genehmigung des Gesetzesmachers sollte öffnen wollen.« Storn drehte sich um und verließ den Saal langsam, geschmeidig und würdevoll, und sie konnten hören, wie er hinter der Türe die smaragdgrünen Flügel spreizte.

»Was für ein Narr du doch bist, Janthis«, erklärte Ghakazian höhnisch. »Du würdest das Buch in die Obhut eines eitlen, dummen Tieres geben.«

»Deine eigene Eitelkeit und Dummheit haben dich selbst zu einem größeren Untier gemacht, als du es dir vorstellen kannst!« gab Janthis zornig zurück.

Die beiden anderen nahmen den scharfen Wortwechsel gar nicht wahr. Ihre Blicke hingen an dem Buch.

Plötzlich wurde sich Janthis der umfassenden Stille um sich her bewußt. Als er die leeren Augen auf das Buch gerichtet sah, hob er es hoch, stand auf, ging zu seiner eigenen Tür, machte sie auf und schleuderte das Buch hinein. Als er zurückkehrte, wollte er gerade zu sprechen beginnen, doch Sholia kam ihm zuvor.

»*Du* könntest es doch lesen?« fragte sie zweifelnd. »Du standest immer zwischen uns und dem Weltenschöpfer. Du hast im Plan der Dinge einen eigenen Platz. Dir ist das Lesen im Buch doch gewiß nicht verboten? Und dann... wenn du es gelesen hast...«

»Könnte ich euch sagen, was zu tun ist? Nein, Sholia. Es hat weniger Gewalt über mich, aber das ändert nichts am Gesetz. Es soll für alle Zeiten geschlossen bleiben, wenn es so sein muß.«

Sie hörte den tadelnden Unterton und fiel in züchtiges Schweigen. Doch in ihr und Danarion war der Wunsch erwacht, es zu berühren und zu streicheln, und der würde immer weiterbrennen.

»Wir haben genügend Zeit vergeudet«, fuhr Janthis fort. »Wir wollen nun nach Ghaka. Du kennst deine Alternative, Ghakazian. Du kannst uns begleiten und dich hinter dem Tor einmauern lassen, oder du kannst mit einem Botschafter von hier aufbrechen und dich deinem Urteil stellen.«

»Damit die Botschafter mich vernichten? Nein, das werde ich nicht. Sie hassen uns, diese Fremdartigen. Ihre Urteile sind nicht gerecht. Sie wollen sich die unwichtigen Sterblichen und Unsterblichen gleichermaßen vom Halse schaffen, um das Universum für sich allein zu haben. Ich werde auf Ghaka zurückkehren. Es ist mein Zuhause.« Es klang keine Sorge um Ghaka aus seinen Worten, und in seinem Gesicht war keine Spur von Schuldbewußtsein.

Sie erhoben sich alle und verließen ohne weiteren Kommentar den

Saal. Ghakazian ging voraus. Er wußte, wenn er versuchte, sich durch Danars Tor zu stürzen und zu fliehen, daß dies in aller Ruhe und Entschlossenheit verhindert würde. Wohin, dachte er, könnte ich auch gehen? Ich möchte Shol nicht in meinem jetzigen Zustand bereisen. Das stellt eine neue Schwierigkeit dar, aber darüber kann ich nachdenken, wenn dieser Teil des Spiels vorüber ist.

Einer nach dem anderen schritten sie unter der massiven Steinsonne hindurch, die über ihren Köpfen erstrahlte, traten in den Tortunnel und verschwanden mit dem Ruf nach Ghakas Sonne in der Dunkelheit des Raumes. Lange noch ehe ihre Füße den in die Leere ragenden Vorsprung berührten, sahen und fühlten sie Ghakas Todespein. Die Anziehungskraft der Sonne war schwach und ziellos und riß an ihnen, und ihr Licht schwoll nicht an, um ihr Gesichtsfeld mit ihrer dröhnenden Energie zu erfüllen. Sie verstrahlte ein böses Purpur, dessen Umrisse sich hoben und senkten wie die Gezeiten eines Ozeans. Ghakazian zeigte sich unbeeindruckt und landete mit einem Lächeln. Die anderen folgten ihm mit zusammengepreßten Lippen. Sie wurden sich der Präsenz eines Botschafters bewußt, seiner dünnen Rauchfahne und dessen aufsteigenden Duftes, während Bänder wechselnder Farben eine große, vibrierende Gestalt schufen.

Unbehagen befiel sie alle. Sie verbeugten sich tief, doch er sprach kein Wort. Nur Ghakazian verharrte aufrecht und betrachtete ihn frech und mit ungeduldig wippendem Fuß.

»Nun«, sagte er. »Laßt uns diese alberne Vorstellung zu Ende bringen. Warum wir uns in den langen Jahrhunderten die Mühe machten, ein Tor nach dem anderen zu schließen, ist mir unbegreiflich. Es wäre besser gewesen, sie offen zu lassen und uns allen den Kummer zu ersparen. Eine mächtige Woge durch alle Welten und ein rasches Ende.« Trotz seiner Worte betrachtete er den Botschafter und fühlte, wie sein Herz schnell klopfte. Er wirbelte auf der Ferse herum, trat durch die Portale des Tores und drehte sich dann wieder zu ihnen um.

»Ich würde mich gerne mit einigen seiner Sterblichen unterhalten«, sagte Danarion. Janthis nickte, Danarion ging an Ghakazian vorüber und war außer Sicht. Die anderen warteten besorgt. Janthis kehrte dem Tor den Rücken zu und starrte grübelnd zu den Sternen empor. Sholia konnte nicht den Blick von Ghakazians verdüstertem Gesicht wenden. Sein schwaches und kränkliches Licht spielte auf dem Gestein über seinem Kopf, konnte jedoch die tiefere Finsternis des Tunnels nicht durchdringen. Unabsichtlich trafen sich ihre Blicke, und er empfand zum letztenmal große Traurigkeit. Ich wünschte, ich müßte nicht so sein, übermittelte er in ihr Denken, und er sah, wie ihre angespannten Züge weicher wurden. Ich würde alles dafür geben, wenn alles wieder wie früher wäre. Aber welchen Sinn soll das haben? Ich habe getan, was ich tun mußte. Ich habe mich geopfert. Ich habe dich geliebt, Sholia. Ich war das Gute von Ghaka. Ich habe triumphiert über meine Aufgabe, doch um auch das Gute des Universums zu sein, habe ich mich und Ghaka herabgesetzt. Vergib mir.

Sie widersprach ihm nicht. Ihr Herz war zu sehr von der Sehnsucht nach allem Vergangenen erfüllt, das nie wiederkommen würde. Ich habe dich ebenfalls geliebt, flüsterte sie in ihrem Denken zurück. Wer soll nun meine Hand ergreifen und mich aus dem Nebel meines eigenen Entsetzens geleiten? Nur in der Vergangenheit werden wir beisammen sein, und immer wird die Gegenwart auf mich warten, um mich zu meinen eigenen Pflichten und Auseinandersetzungen zurückzurufen. Pflege deine Sonne wieder gesund, Ghakazian. Laß sie nicht sterben. Ich könnte das Bewußtsein nicht ertragen, daß dein Feuer in dem All erloschen ist.

Doch es war sinnlos, wie ihr bald klar wurde. Er konnte seine Sonne nicht heilen, und selbst wenn er dazu in der Lage gewesen wäre, war das Band von Liebe und Vertrauen zwischen ihnen brüchig geworden. Sie trat durch das Tor, schlang ihre Arme um ihn und lehnte ihren Kopf gegen seine Schulter. Einen Augenblick reagierte er und breitete gleichzeitig seine Arme und Flügel um sie. Sie kämpfte gegen das Entsetzen an, das sich in ihr Bedürfnis mischte, ihn ein letztes Mal zu umarmen, denn sein Körper war so eisig wie der Raum selbst und trug einen Hauch von Verzweiflung in ihre Adern. Dann stieß er sie von sich. Ich werde überleben, sagte er wortlos zu ihr. Ich bin unsterblich. Ich bin ein Gott. Sie drehte sich um und ließ ihn stehen. Bis Danarion zurückkehrte, verharrte sie mit gesenktem Haupt neben Janthis. Danarion kam bleich und schweigend wieder.

»Hast du sie gesehen, mit ihnen gesprochen?« erkundigte sich Janthis.

»Gesehen habe ich sie. Doch sprechen konnte ich nicht mit ihnen«, lautete seine ganze Antwort. Sie warteten auf mehr, doch Danarion sprach nicht weiter. Eine Weile herrschte Stille, die erfüllt war von Erinnerungen, und die sie alle nur ungern beendeten. Doch schließlich streckte Danarion die Hand aus. Ghakazian wußte, was von ihm erwartet wurde. Ungeduldig riß er sich die Kette vom Kopf und ließ sie in Danarions Hand gleiten. Die mahnenden und beschuldigenden Worte wollten Janthis nicht über die Lippen kommen. Danarion und Sholia stellten sich dicht neben ihn, um ein Trio des Lichts zu bilden, und alle drei wandten ihr Gesicht ein letztes Mal Ghakazian und der

Welt Ghaka hinter ihm zu.

»Schließe dein Tor, Ghakazian«, befahl Janthis streng, und bei diesen Worten verließen sie alle Gefühle. Ghakazian begann zu lachen, doch sie beachteten ihn nicht. Sie warteten unerbittlich, und schließlich hörte er auch damit auf.

»Ich nehme an, meine Sonne hat noch genügend Kraft, um das Tor zu schließen«, stieß er hervor, immer noch von Erheiterung geschüttelt. »Oh, sehr schön. Ich bin nicht besonders traurig, daß ich keinen von euch je wiedersehen werde. Eure ewig unveränderliche Gesellschaft ist mir ziemlich langweilig geworden.« Lässig hob er die Arme und stellte sich aufrecht hin. »Komm zu mir, Sonne, und gehorche mir ein letztes Mal!« rief er. Langsam begann sich die Luft um ihn her mit einem fließenden, violetten Licht zu erfüllen, das um ihn brodelte und auf seinen Befehl wartete. Er klatschte in die Hände und streckte sie dann zum Tor hin. »Ich, Ghakazian, Herr von Ghaka, schließe mein Tor!« rief er. »Von nun an soll weder Sterblicher noch Unsterblicher, weder Schöpfer noch Botschafter, noch irgendeine Kreatur hierzu mehr Zutritt haben. Die Sterne sind dem Volk von Ghaka verwehrt«, hier legte er eine Pause ein und schien sich insgeheim vor Lachen schütteln zu wollen. Doch dann beherrschte er sich und fuhr heiter fort: »Und Ghaka ist den Völkern der Sterne verwehrt. Schließe, mein Tor, schließe dich! Es hat keine Bedeutung. Nichts von alledem ist letztlich von Bedeutung. Ich brauche euch nicht mehr.«

Für den Bruchteil eines Augenblicks erstarb alles Atmen und alle Bewegung. Dann kam ein Wind durch den Höhlentunnel geheult, peitschte nach dem Licht und fegte das Purpur bald in diese, bald in jene Richtung. Ghakazian verschränkte die Arme, spreizte seine Flügel und begann wieder, leise zu lachen, während er die Vorgänge beobachtete. Licht und Wind schienen sich im Mittelpunkt des Torbogens zu konzentrieren und kreisten zwischen Randstein und Felsgrund, ehe das Heulen des Windes zu einem Säuseln erstarb und das violette Licht Gestalt annahm. Plötzlich war das Tor von Vögeln erfüllt, die flatternd gegeneinanderstießen und sich von dem Drängen der anderen zu befreien suchten. Flügel schlugen hilflos. Der ganze Hohlraum des Tores schien von violetten Federn zu wimmeln.

Allmählich erstarb auch das Säuseln. Die Farbe verblaßte zu einem Steingrau, und die Vögel verhärteten sich zu Skulpturen, auf denen jeder winzige Kopf, jeder gespreizte Flügel detailliert und meisterhaft gemeißelt war und das Tor erfüllte. Die Sonnengebieter warteten erst gar nicht, bis die letzten mahnenden Zeichen erschienen. Sie drehten sich um, und jeder trug das Bild mit sich, wie Ghakazian lässig hinter seinem Tor stand mit auf der dunklen Brust verschränkten Armen, einem Lächeln geheimer Zufriedenheit und weit ausgebreiteten Schwingen, um ihre Vorstellung mit einer Erinnerung an seine Schönheit zu erfüllen.

11

Melfidor erhob sich, streckte sich, bis seine Knochen krachten und drehte sich dann mit einem zufriedenen Seufzen zum Fenster um. Von seinem Büro hoch oben in Sholias Palast konnte er bei Tageslicht nichts von Shaban erkennen, nur die wechselnden Farbtönungen des Grases, wenn Wind, Wolken und Sonne über die Hochebene strichen, die sich um die Vorhöfe erstreckte. Nachts funkelten die Lichter oft flackernd in den Friedenstürmen. Er betrachtete sie nun, wie sie sich vom Abendlicht abhoben. Morgen werde ich mit meinem Boot hinausfahren, wenn Sholia immer noch nicht zurück ist, dachte er. Ich kann die Landspitze umschiffen und eine Weile fischen gehen. Chantis wird nichts dagegen haben. Es ist nicht mehr viel zu tun, da der Winter nun eingesetzt hat und keinem mehr der Sinn nach irgendwelchen Festmählern steht. Wenn Sholia zurückkehrt, muß ich ihr meine Pläne für die neuen Schiffe zeigen. Vielleicht werde ich sie sogar bitten, eines unter meinen Oberbefehl als Kapitän zu stellen. Schließlich haben meine Ahnen die fernsten Ufer befahren und das erste Kupfer mitgebracht, das man in Shaban sah. Er lächelte, als er sich eine Weile in den Erinnerungen seiner Vorfahren erging, die ihm ein wettergebleichtes Schiff vorführten, das unter seinen Füßen schwankte, und einen schmalen Landstreifen, der sich grau vor einem weiten, sonnenüberfluteten Horizont abzeichnete. Er lehnte sich gegen einen Steinsims und pfiff leise vor sich hin. Oder vielleicht werde ich statt dessen auch morgen durchs Tor treten, meine Familie besuchen und Früchte für Rilla mitbringen. Mein Vater wird sich höflich nach den Geschehnissen in Shaban erkundigen und ob die Menschen aus der Ebene rechtzeitig in die Winterquartiere aufgebrochen sind. Meine Mutter wird mir wieder einmal erzählen, wie das erste Mitglied ihrer Familie zusah, wie die Sonnengebieterin dem Weltenschöpfer vor dem Empfangssaal Lebewohl sagte. Doch sicher werden ihrer beiden Augen an den reifen Früchten in ihren Obstgärten hängen, und ihre Nasen werden von dem Duft der schwer herabhängenden Früchte erfüllt sein, die nur darauf warten, geerntet zu werden; keiner wird sich ernsthaft um Shol Gedanken machen.

Er hörte, wie schnelle Schritte sich seiner Tür näherten, und als er sich umdrehte, ging sie auf und ließ hellen Lampenschein und die Gestalt von Yarne erkennen.

»Melfidor, bist du fertig für heute?« rief der jüngere Mann durch das Zimmer. »Ich gehe nun nach Hause. Begleite mich doch und speise mit mir.«

Melfidor trat vom Fenster weg und in den Lichtstrahl. »Danke, Yarne, aber ich glaube nicht, daß ich das mache. Ich bin geistig zu erschöpft. Vielleicht morgen abend.«

»Rilla ist gewiß auch da. Du hast sie vier Tage lang nicht besucht.«

Melfidor lächelte angesichts der schier atemberaubenden Schönheit von Yarnes schimmerndem, weißgoldenem Haar, der glatten Haut, die sich so makellos über die zarten Knochen spannte, und der hellen, blauen Augen. »Deine Schwester ist mit der Stickerei eines neuen Meisterwerks befaßt. Wenn sie sich nach meiner Gesellschaft sehnt, wird sie es mich wissen lassen.«

»Dann nimm dir doch wenigstens morgen einen Tag frei und reite mit mir aus«, drängte Yarne. »Ein paar Stunden fernab von all dem«, er wies mit einer graziösen Armbewegung auf den überhäuften Schreibtisch, »werden dir gut tun.«

»Das werde ich vielleicht auch, wenn Sholia noch nicht zurück ist.«

»Wohin ist sie denn gereist?«

»Nach Danar, glaube ich. Janthis rief sie.«

Sogleich trat Ehrerbietung in sein gewinnendes Lächeln. »Ich wünschte, er käme manchmal nach Shol.«

»Du kannst ihn doch in deinen Erinnerungen sehen.«

»Nicht sehr deutlich. Mein Vorfahre stand hinter der Menge und sah von Janthis nicht mehr als eine Gesichtshälfte.« Yarne grinste wehmütig und ging zur Tür. »Kann ich dich nicht überreden, mich zu begleiten?«

»Gute Nacht, Yarne. Sag Rilla einen lieben Gruß.«

»Gewiß. Und vergiß nicht, daß Baltor, mein Vater, in drei Tagen sein Abschiedsgastmahl gibt. Ein Bote kommt, um ihn abzuholen. Ich hoffe, die Sonnengebieterin ist bis dann zurück.«

»Sicherlich. Nun geh und iß.«

Yarne nickte und verließ den Raum. Melfidor schritt langsam zu seinem Bett und drehte sich um, um seinen Blick durch das Zimmer schweifen zu lassen. Dies war nun dunkel bis auf einen schmalen Lichtstrahl auf seinem Schreibtisch und dem schwachen Sternenschein, der das Fenster abzeichnete. Baltor verließ sie also. Er konnte sich an kein einziges Mal erinnern, da er nicht in der Lage gewesen wäre, zur höchsten Brüstung zu blicken und ihn dort auf und ab schreiten zu sehen an der Seite der Sonnengebieterin. Es würde eigentümlich sein, sie dort alleine zu sehen, sie, die sich selbst doch niemals veränderte. Das Bild ließ ihn für einen Augenblick erstarren in seiner Unwirklichkeit. Er schüttelte den Kopf, legte sich nieder, verschränkte die Arme auf seiner Brust und schloß die Augen. Eine Abschiedsfeier, und halb Shaban wird anwesend sein, um zuzusehen, wie Baltor sich in seinen letzten sterblichen Gedanken zurückzieht. Das wird großartig sein. Wie leer mein Denken sich anfühlt, wie ausgehöhlt! Ich bestelle eine traumlose Nacht, eine Nacht völliger Stille und Geborgenheit. Er schlug die Augen wieder auf, doch diesmal sah er nicht mehr die warme Dunkelheit seines Zimmers. Die Stille, die er bestellt hatte, umhüllte ihn wie eine Decke. Er versank in einen Zustand der Ruhe, zurückgezogen in jenen Winkel, wo es keine Gedanken und Träume mehr gab und man das Bewußtsein zurückließ, so als träte man aus einem Raum und schlösse die Türe hinter sich. Doch in diesem Raum erholte sich sein Körper von den Lasten des Tages, und sein Geist erneuerte sich.

*

Das Tor auf Shol war nicht bewacht. Die schweren Kupfertüren standen zum Universum hin offen, und durch sie hindurch konnte ein Reisender den ersten einschüchternden Anblick vom Reichtum und der Pracht Shols erhaschen. Das Tor besaß keinen Höhlengang, sondern führte direkt von einer Dimension in die andere, so daß jemand, der mit dem Rücken zu dem Panorama funkelnder Sterne im tiefen, schwarzen Raum landete, sich direkt vor der betriebsamen, voll erleuchteten Pracht der Wartehalle befand. Die Reisenden verabschiedeten sich, sammelten ihr Gepäck zusammen, tranken gemeinsam ein letztes Glas, und ihr Lachen hallte von dem aus Haeliholz gezimmerten Dach wider. Die Wartehalle besaß einen kleineren Eingang, auf dessen Rahmen sich die Bilder der Reliefs wiederholten, die in größerem Maßstab das Tor zierten. Zu beiden Seiten der Tür zeigte das rötliche Kupfer die ansteigenden Häuserreihen der Stadt Shaban, während dahinter in der schläfrigen Mittagszeit gedrungene Schiffe über einem Kupferozean in der Farbe heißer Bronze segelten. Über den Köpfen der Kommenden und Gehenden funkelten Sterne an einem glänzenden, roten Himmel, die aufzuleuchten schienen, wenn das Licht von Fackeln oder Lampen über das massive Kupfer glitt und sich in den Einkerbungen des Kunstwerkes verfing. Über jedem Flügel des

Tores standen zwei überlappende Sonnen mit Sholias Antlitz in der Mitte, und ihr wehendes Haar wurde selbst zu Sonnenstrahlen. Für die Sterblichen, die das riesenhafte Gesicht streiften, erschien es prachtvoll und strahlte nicht die in der weichen Wangenrundung angedeutete weibliche Hingabe, nicht die in den halb geöffneten Lippen ausgedrückte Duldsamkeit aus, sondern die strenge Außerweltlichkeit einer Göttin. Die Türen konnten nicht geschlossen werden, und das riesenhafte Quadrat mit dem dahinter erkennbaren Stück Universum erschien wie ein unwahrscheinlich kaltes und fremdartiges Gemälde an der Wand der Wartehalle.

*

Es war an einem Winterabend, als die körperlose Armee von Ghaka an Shols Tor ankam. Die Wartehalle lag verlassen da. Lampen flackerten im feuchten Wind, und ihr Schein fiel ungehindert über den weiten Fußboden. Einzig ihr Knistern störte die Stille der Stunde nach Sonnenuntergang. Wie ein plätschernder, unsichtbarer Fluß zögerten die unsichtbaren Gäste und strömten heran, um das Tor zu füllen. Augenlos blickten die Geister in die Halle. Hautlos empfanden sie, wie die Luft um sie strich. Die Reise von Ghaka war ein Alptraum gewesen, der sie durch das unvorstellbare Entsetzen des interstellaren Raumes geführt hatte und an die Schwelle zu einer Welt, von der sie nur von den Sonnengebietern gehört hatten. Sie hatten zugesehen, wie ihre eigene Sonne hinter ihnen immer kleiner und düsterer geworden und schließlich erloschen war. Sie hatten Shols Zwillingssonnen auf sich zurasen gesehen, zwei weißglühende Kreise, und obgleich sie wußten, daß in ihrer Existenzform keine Augen mehr erblinden und kein Fleisch mehr verkohlen konnte, hatten sie mundlos aufgeschrien angesichts des Verbotenen, das sie sahen und fühlten, und an der Grenze zu einem Reich, für das sie nicht geschaffen worden waren.

Doch der Korridor hatte sie nach Shol geführt. Sie schwebten am Rande einer Welt, in der es nur so wimmelte von jungem Gras, das man unter mit Knochen und Sehnen versehenen Füßen zertrampeln konnte, Düften von Blumen und Speisen, die man mit festen Nüstern einsaugen konnte, und sie waren voller Begierde. Eine lange Weile hielten sie inne, erfühlten ihre Umgebung, bis sie sich in dem gemeinsamen Bedürfnis, sich in Empfindungsfähigkeit zu kleiden, durch das Tor drängten. Dann strömten sie aus, um die Halle zu erfüllen und allmählich durch die entfernteren Türen zu sickern.

Shol lag friedlich unter einem Winterhimmel mit zerklüfteter, grauer Wolkendecke. Hinter der Empfangshalle jenseits der kurzen, nackten Ebene, wo das Land sich platt ausstreckte, ehe es in einer Reihe von Bergrücken hinabfiel, welche die mächtige Stadt Shaban umschlossen, spiegelte das Meer träge den funkelnden Sternenschein wider. Neben der Halle, einen Steinwurf von den Türen entfernt, schimmerte Sholias Palast, der aus dem Berg selbst herausgehauen worden war, im geborgten Sonnenlicht. Der Palast blickte in weitem Bogen auf die Ebene, die höchsten Türme der Stadt, die geschwungene Küste und auf das Meer hinaus.

Die Seelen entfernten sich von den Türen und breiteten sich aus zu einer geheimnisvollen Wolke, die lautlos auf die Stadt zutrieb. Sie erreichte die Bollwerke, wo die Fahnen flatterten, schob sich dicht zusammen, um die steilen, verschlungenen Straßen zu erfüllen, und streifte versuchsweise die geschlossenen Türen. Ein frischer Wind begleitete sie, ein sehnendes, suchendes Stöhnen. Hinter den Türen blickten die Bewohner von ihrer Abendmahlzeit auf. Einige standen auf und traten an die Fenster und glaubten, die Lichter der nächsten tieferliegenden Häuserreihe der Stadt für einen Augenblick neblig grau verschwommen zu sehen. Alle bemerkten, daß Wind aufkam und es vielleicht Regen gäbe. Bald herrschte in der Stadt unbehagliche Unruhe. Der fremdartige Hauch peitschte gegen die vor Anker liegenden und aufgedockten Schiffe, und Teile der Wolke verhüllten die Stadt, verloren sich im Hinterland und jenseits der dortigen Wälder. Die Waldhüter und Ackerbauern, die Sholaner, die mit ihren Pferden und Zelten durch das Niemandsland zogen, schauderten und betrachteten sie mit plötzlicher, unerklärlicher Unruhe.

Doch die Geister von Tagar, Natil, Rintar und Tagin, die von Mirak, Maram und Hira verließen die Wartehalle und zogen dorthin, wo Sholias Vorplatz in einen breiten, gepflasterten Weg mündete, der von den reich geschwungenen Pforten zu dem Plateau vor dem Gebirge führte. Sträucher umsäumten den Vorplatz als Haufen geballter Dunkelheit. Zwischen ihnen schwebten die verlorenen Schatten empor, angetrieben durch Ghakazians Befehl, sich Körper zu suchen, und durch ihr eigenes, klägliches Bedürfnis, das die bittere Gestaltlosigkeit ihres Bewußtseins peinigte. Sie wußten nicht, daß Sholia sich noch immer auf Danar aufhielt und mit dem übrigen Rat der Absetzung ihres Sonnengebieters lauschte. Sie fühlten sie in den Lichtstrahlen, welche zu ihrer Begrüßung die Stufen herabfluteten und in der warmen Luft ihrer vielen Säle. Ihre Präsenz durchdrang die bemalten Wände und raschelte in den fröhlichen Wandbehängen. Als sie sich trennten und auf verschiedenen Wegen weiterschwebten, fühlten sie sich schwächer und substanzloser angesichts ihrer üppigen Unversehrtheit als im Vergleich zu den unbegreiflichen Energien des Raumes. Doch sie spürten auch die Anwesenheit ihrer eigenen Spezies als unumstößlich und tröstlich, und der Drang, Körper und Geist wieder zu vereinen, durchbohrte sie wie ein kaltes Messer. Einer nach dem anderen entfernte sich von Sholias Räumen und fühlte sich die langen Gänge hinabgezogen, die sich auf sterbliche Dimensionen verschmälerten und von nun an von an den Wänden verankerten Lampen erhellt wurden. So fanden sie schließlich den Genuß, den sie gesucht hatten.

*

Mirak befand sich am Ende eines langen, hell erleuchteten Ganges. Gedämpftes Plaudern und Gelächter erscholl hinter den geschlossenen Türen, die sich dort aneinanderreihten. Dies verschärfte noch sein Leid, und er suchte den schwachen Trost von Marams Gegenwart, mußte jedoch feststellen, daß er alleine war. Er wollte die Räume betreten, von herzlichem Lächeln begrüßt werden, empfand jedoch gleichzeitig das Bedürfnis, sich in irgendeine dunkle Ecke zu verkriechen und zu verstecken. Er hatte gerade beschlossen, das dunkle Treppenhaus wieder hinabzusteigen, als eine Tür aufging, ein junger Mann herauskam und schwungvoll den Gang entlangschritt. Er trug eine weiche, weiße Tunika, die weit um seine langen Beine fiel, und das Lampenlicht schimmerte in seinem blaßgoldenen Haar. Jede seiner Bewegungen drückte Lebenskraft aus, so daß Mirak ihm unausweichlich folgen mußte. Der junge Mann riß eine andere Tür auf und sprach fröhlich zu jemandem; Mirak beobachtete es neidisch, und Wehmut durchflutete ihn. Er schwebte näher hinzu. Der Mann drehte sich um und kam über den Korridor zurück. Mirak aber nahm die Einladung der noch offenstehenden Tür an, die so warmes, freundliches Licht über den Gang warf. Dort bereitete sich ein anderer Sterblicher, ein braunhaariger, junger Mann aufs Zubettgehen vor. Mirak ging, um sich in die düstere Ecke hinter dem Bett zu schleichen, und beobachtete die langsamen, sicheren Bewegungen des Mannes. Dieser legte sich sogleich mit einem Seufzen nieder, und Mirak erzitterte, als er sich selbst, Hira und Maram mit ebenfalls gefalteten Händen in ihrer Höhle stehen sah, die Augen geöffnet, doch blicklos, und das Denken mit den erfreulichen Visionen befaßt, die sie ausgewählt hatten.

Er näherte sich dem Mann auf dem Bett. Sternenlicht schimmerte bleich auf den Ringen, die dieser trug, so als hielte er einen weißen Zauber in seinen gelösten Fingern. Seine Brust hob und senkte sich sanft. Mirak betrachtete ihn lange Zeit und überlegte, hin- und hergerissen zwischen dem Wunsch nach einer Bleibe, wo er seine Macht über die ihn umgebende Welt zurückgewinnen konnte, und einer leisen Stimme aus seinem Innern, die ihn anflehte, kehrtzumachen, durch das Tor zu fliehen und sich wieder in die Umklammerung des Korridors zu werfen. Ihn schauderte. Nur das nicht, schwor er sich. Nie wieder das Entsetzen jenes Ortes, an den keine Sterblichen gehören. Schnell faßte er einen Entschluß, schwebte hernieder und beugte sich tief über die ruhige Gestalt. Er flüsterte, wenngleich nicht mit einem Mund, den er ja nicht besaß, und seine Worte kratzten an der Tür zu dem Raum, wo das Denken des Mannes ruhte.

In der konturlosen Stille fühlte Melfidor ein Beben, und sein Inneres stellte die Regenerationsarbeit ein und lauschte. Das Beben trat wieder auf, und Melfidors Denken kehrte sich von den Tiefen seines Körpers ab, erhob sich zur Tür und wollte nachsehen. Der Raum, in dem er lag, war unverändert. Die Nacht war weiter hereingebrochen und verstärkte das blauweiße Sternenlicht. Die Lampe auf dem Schreibtisch war ausgegangen. Schatten besprenkelten die Wand mit langen, schwarzen Streifen. Er besah sich selbst und stellte fest, daß sich niemand im Zimmer befand. Sein Denken verkroch sich erstaunt wieder hinter seiner Tür, doch sein Innerstes wußte, daß er nicht allein war. Etwas hatte sich neben dem Bett aufgebaut und suchte ihn. Die Sonnengebieterin rief ihn häufig lautlos, doch sie sprach stets direkt in seine bewußten Gedanken und schickte nicht einen Teil ihrer selbst, um ihn zu holen. Dieses Ding in seiner Nähe war nicht von Licht. Seine Präsenz erfüllte ihn nicht mit Freude und Wärme; vielmehr erschien das Zimmer plötzlich eisig kalt. Es vermittelte den Eindruck des kalten Raumes, nicht des vielbereisten Raumes zwischen Shol und seinen Schwesterplaneten, sondern der einsamen Gefahr der Zeitlosigkeit. Es verströmte Traurigkeit, durchzogen von Angst und Bedrohung. Er hatte das Gefühl, er müßte alle Türen seines inneren Wesens abschotten, doch das Ding vermittelte ebenso das nackte Elend eines Bedürfnisses, daß Melfidor in seiner Unschuld verwirrt war. »Was? Was?« flüsterte er zurück. Sobald er seine Anwesenheit anerkannte, vermochte er es deutlicher zu sehen. Es hatte die Gestalt eines Menschen, und da er niemals eine andere Art von Tod als jenen der Vollendung auf Shol erlebt hatte, erkannte er ihn nicht und war tatsächlich unfähig, das Elend der Leib-Seelen-Trennung zu begreifen.

Doch ihm war klar, daß dies kein gewöhnlicher Mensch war. Die Tür seines Arbeitszimmers war nicht geöffnet worden, und das Ding, das sich über ihn beugte, war wesenlos wie ein Händler. Doch der

Körper eines Händlers war von bleicher, schillernder Schönheit. Dieses Wesen war durchscheinend dünn und finster, obwohl ein dumpfes Licht es zu durchdringen schien. Seine Umrisse verschwammen ständig, so als kämpfe es um eine feste Form und könne sie nicht erlangen. Seine Augen waren dunkle Höhlen und sein Mund eine schwarze Linie. Doch es waren seine Flügel, die Melfidor überzeugten, es mit einem Wesen von jenseits aller Welten zu tun zu haben. Sie erhoben sich, um die Dunkelheit zu erfüllen in der Farbe der Nacht auf dem Meer, schwebten hoch oben, und ihre Umrisse flackerten ständig, als wollten sie die Decke beiseite schieben und sich frei entfalten. Er hatte keine Angst, doch er war besorgt. »Was bist du?« fragte er.

Das Wesen beugte sich tief herab, bis sein Gesicht den Türrahmen zu erfüllen schien, hinter dem sein Denken es beobachtete. »Ich bin ein Traum, Melfidor«, sagte es.

»Doch ich habe keinen solchen Zaubertraum bestellt. Vielmehr wollte ich überhaupt keinen Traum. Nur Ruhe und Erholung.«

»Dann nenne mich eine Vision, die dir geschickt wurde, um dir einen Traum zu schenken, wie du ihn nie zuvor gehabt hast.«

»Ich möchte heute nacht nicht träumen. Wer hat dich geschickt?«

»Es ist ein Geschenk deiner Sonnengebieterin«, antwortete das Wesen. »Hast du dich nie gefragt, wie die Sterblichen anderer Welten leben? Sie hat mich dir geschickt, um dir einen Blick auf das übrige Universum zu ermöglichen.«

Melfidor wollte gerade antworten, daß er sich eine solche Frage niemals gestellt hatte, doch plötzlich gewann er nun den Eindruck, daß er tatsächlich viel Zeit damit zugebracht hatte, in den kurzen Sommernächten die Gestirne zu betrachten. Er wurde von einem, wie es ihm schien, schmerzlichen und vertrauten Gefühl erfüllt: dem Sehnen nach verbotenen Reisen durch die Sterne, Stunden der Wachträume, in denen er versuchte, alles, was er von Sholia und den Händlern über die Wunder erfahren hatte, die jenseits des Tores lagen, zusammenzutragen; und dahinter eine Verbitterung, daß ihm das alles versagt bleiben sollte, weil er ein Sterblicher war. Ich habe die Sterne niemals anders betrachtet als voller Bewunderung für ihre Schönheit. Ich habe den Erzählungen der Händler gelauscht und war froh, Sholaner zu sein. Und doch konnte er den Wirrwarr von Erinnerungen nicht leugnen und sah sich selbst deutlich, wie er um Mittsommer im warmen Gras lag und den Blick sehnsuchtsvoll zu dem dicht bestirnten Nachthimmel gerichtet hielt.

»Bist du ein Gedankenbild?«

»Nicht ganz. Ich komme von Ghaka zu dir«, erwiderte das Wesen.

Melfidor schauderte. Ghaka. Ein Händler hatte ihm einmal eine Feder von Ghaka mitgebracht. Er hatte sie noch irgendwo. Ein langes, geschwungenes, weiches Ding von brauner Tönung, das jedoch im Sonnenschein dunkelgrüne Schattierungen und viele Goldtöne annahm. Und doch hatte er sich niemals gefragt, wie es wäre, fliegen zu können, nun jedoch...

»Schau es dir an«, zischte das Wesen von Ghaka, »komm wieder näher. Ich werde es dir selbst zeigen.«

Widerwillig, doch schon gefangen im Netz der Neugier, trat Melfidors Bewußtsein zurück, gab die Tür frei und fühlte, wie das Bewußtsein des anderen eindrang. Sein Bewußtsein erwachte, doch nicht in dem dunklen Zimmer. Plötzlich stand er mitten auf einem Feld, eine Hand schützte die Augen vor dem strahlenden Sonnenlicht, die andere hielt sein Haar fest, das ein beständiger Wind zu zerzausen suchte. Hinter ihm lagen viele eigentümliche Berge, nicht breit und schwer und mit gewaltigen Kuppen wie die auf Shol, sondern schmal und nackt. Ihre scharfen Gipfel stießen in den blauen Himmel als einzelne Felsen, die sich nahe zusammenscharten und von Höhlen wie von Honigwaben durchsetzt waren. Vor ihm schlängelte sich ein breites Tal dahin, von dem sich die Schafe als weiße Flecken und die Straßen als graue Bänder abzeichneten, die zu den Häusern mit niedrigen Steinmauern führten. Die Luft roch trocken, leicht und nach vielen namenlosen Kräutern. Sein Kopf wurde zurückgeworfen, und von dort oben stürzte ein riesenhafter Vogel zu ihm herab. Als er flügelschlagend näherschoß, erkannte er, daß es kein Vogel, sondern ein geflügelter Mensch war. Er hatte seine Glieder angezogen, die Knie vor die Brust gewinkelt und die Arme darumgeschlungen. Die Flügel lagen eng und dünn um das gebeugte Rückgrat. Als Melfidor gerade entsetzt aufschreien wollte, denn er hatte den Eindruck, die Geschwindigkeit des Mannes müßte ihn am Boden zerschmettern, hörte er einen Ausruf des Triumphs und der Freude. Die Flügel öffneten sich mit einem Knall wie Leinensegel, in die plötzlich der Wind peitschte. Die Glieder wurden ausgebreitet, so daß die Beine herabhingen und die Arme sich zu einer Geste völliger, überschäumender Freiheit spreizten. Er hob den Kopf. »Oh, Ghaka!« rief der Mensch mit den Flügeln. »Oh, Freiheit!« Er drehte sich, fiel in die Senkrechte und kehrte sich mit geschlossenen Augen seiner Sonne zu. Seine Flügel schlugen in der Luft, er stieg höher, schwebte langsam und majestätisch dahin und glitt dann wieder herab. Melfidor konnte ihn singen hören. Es war ein hohes Summen, das sich in das Rascheln der Federn mischte und damit eine wilde, verlockende Musik ergab. Melfidor hielt es für den schönsten Klang, den er jemals vernommen hatte. Sein Herz tat einen Sprung vor Sehnsucht, ebenfalls dort oben zu sein, getragen von Winden und von der Sonne gestreichelt. Plötzlich schwebte der Sänger herab und landete vor Melfidor. Er lächelte und keuchte dabei ein wenig. Sein Haar hatte sich in seinen emporgereckten Schwingen verfangen, und seine Augen blitzten vor Stolz. »Würdest du gerne mit mir dort hinauffliegen?« fragte der Mann. Mit freudigem Japsen streckte Melfidor seine Arme aus.

Dann war die Vision vorüber. Rasch wichen Farbe und Jugend aus dem braunen Gesicht, und Melfidor blickte wieder in leere, fleischlose Augenhöhlen, während ohnmächtige, dunkle Schatten sich regten, wo die Flügel im Wind gerauscht hatten. Er befand sich wieder in seinem Körper, in seinem Arbeitszimmer, teilte nun sein bewußtes Ich mit dem Fremden, und sein restliches Bewußtsein versuchte zu ergründen, was ihm widerfuhr. Doch die Frage war nicht Teil des Traumes. Sie wurde leise wiederholt: »Würdest du gerne mit mir fliegen? Oder vielmehr, würdest du gerne *ich* sein, Melfidor, und selbst durch die Winde segeln?«

Tief im Innern von Melfidors Denken, bei der zweiten Tür, die sein Bewußtsein schützte, erhob sich eine Warnung. Hier arbeitet keine Erinnerung, denn in ihr gibt es keine Geheimnisse, auch wenn ich die Gedanken und Taten meiner Vorfahren besitze. Das ist kein Traum, denn der Traum ist mein Diener und kann nach meinem Willen gerufen und entlassen werden. Das hier ist etwas Neues. Ist es Teil meiner Entwicklung, eine Neuentdeckung aus mir selbst? Er war nicht in der Lage, ohne die Hilfe der Sonnengebieterin zu bestimmen, ob es etwas Gutes oder etwas Böses war. Er erwog, das Ding zu vertreiben, das sich in seinem Bewußtsein bereits so heimisch gemacht hatte, doch diese Überlegung vermittelte ihm ein schreckliches Gefühl von Verlust. Aber heute nacht... heute nacht werde ich fliegen.

»Du hast mir eine Gelegenheit angeboten, selbst durch die Lüfte zu segeln«, sagte er. »Das will ich dankbar annehmen.«

Der Traum lächelte. »Das ist gut. Nun öffne mir den Rest des Innern, Melfidor.«

Melfidor zögerte. Der Raum, der seinen ruhenden Körper umschloß, schien ganz still zu werden, als sei für einen Augenblick die Nacht zurückgewichen, um sich auf den Morgen zuzubewegen, und als hätte ganz Shol tief Atem geholt. »Warum?« flüsterte er.

»Wie kannst du wirklich den Boden unter dir sehen oder den Wind in deinen Schwingen spüren, mein Lied singen oder die Freude empfinden, wenn das Bewußtsein nicht mit dem Wesen des Körpers der

Phantasie vereinigt wird. Mach auf! Mach auf!«

Melfidor war voller Widerwillen, doch der Wunsch, alles noch einmal zu hören, zu sehen, zu fühlen, war größer. Er wandte sich zu der Tür, die Geist und Seele hinter dem Bewußtsein schützte, und das unbekannte Wesen von Ghaka stürzte hinterdrein. Gehorsam schwang die Tür weit auf, Melfidor blinzelte und kam zu sich. Noch immer herrschte Dunkelheit im Zimmer, noch immer verhüllte die Ruhe der Nacht draußen die Welt. Er beugte seine Finger, begann, sich aufzurichten, und spürte dann, wie das Ding losstürzte. Mit Lichtgeschwindigkeit erzwang es sich seinen Weg an seinem Denken vorbei. Im letzten Augenblick schrie Melfidor auf in dem Begreifen, was er getan hatte, während ihn das in ihm strömende Wesen zu ersticken versuchte und Denken und Bewußtsein, so wie es ihn erfüllte, zurückdrängte. Hektisch versuchte er, die Tür zuzuschlagen, doch es war zu spät. Dunkelheit überflutete ihn.

Mirak schlug die Augen auf und lächelte. Er erhob sich vom Bett und blieb vor Erleichterung und Zufriedenheit wie erstarrt stehen, als er das Blut in seinen Beinen pulsieren spürte. Er hob seine Hände und betrachtete sie, bewunderte die Ringe an seinen schlanken Fingern und führte sie dann an sein Gesicht, um seine Umrisse zu ertasten. Welche Farbe haben meine Augen, fragte er sich. Er zog sein Haar nach vorn; es schimmerte stumpf in einem dunklen Braun, das erst im Tageslicht Leben bekäme. Dann lachte er leise. Ich bin Mirak. Ich bin Melfidor. Ich bin Mirak-Melfidor, immer noch Melfidor, auch Melfidor. Ich weiß, daß du in mir lauerst, Sholaner, blind, taub, gefühllos, eine fruchtlose Saat. Wie gut, wie unwahrscheinlich gut es tut, zu sehen und zu atmen, zu hören und zu fühlen! Komm schnell, Dämmerung, damit die Sonne mich wieder erwärmen kann! Er wollte sich dem Fenster zuwenden und aus der Öffnung springen, um frei über diese unbekannte Welt zu segeln. Er beugte seine Schwingen, verlor jedoch das Gleichgewicht und setzte sich mit einem Plumps zurück auf das Bett. Meine Flügel. Natürlich sind sie fort, was hätte ich anderes erwarten können? Zum erstenmal machte er sich die Bedeutung dieses Verlustes in ihrem ganzen Umfang klar, unter dem er in den kommenden Jahren leiden würde. Er vergaß Ghakazians leichtfertig dahingesagtes Versprechen von Macht auf Ghaka und warum er hier auf einer anderen Welt im Körper eines anderen Menschen steckte. Er saß auf dem Bett und trauerte um seine Freiheit. Melfidor rang einmal in seinem Denken mit seinem Dasein und gab dann Ruhe.

*

In jener Nacht war Shol ein Ort des Schreckens. Im Palast und in den Häusern, auf windigen Ebenen und auf den in der Windstille schaukelnden Schiffen veränderte sich alles, und am Morgen begrüßte eine fremde Rasse mit gesättigter Gier die Sonne. Nicht alle Sholaner waren in Gefangenschaft verbannt worden, denn die Bevölkerung von Shol war weit größer als jene von Ghaka. Als die Familien der Stadt sich zum Frühstück zusammensetzten, schwatzten Kinder auf Eltern ein, die ungewohnt still waren. Liebende rührten sich schläfrig und lösten sich voneinander, als plötzliche Fremdheit zwischen sie getreten war. Die Nomaden führten ihre Pferde ans Wasser, löschten die Lagerfeuer und packten ihre Habe fort. Manche von ihnen standen mit starrem Blick und schwergliedrig am Fluß oder an den rauchenden Feuerstellen, so als wäre der Morgen zu früh gekommen. Das morgendliche Treiben auf den Docks verlief ungewohnt ernst. Fischer saßen in den Booten mit Netzen in den Händen und rührten sich nicht. Kapitäne brüllten ihren Mannschaften Befehle zu, bis diese in dumpfer Verblüffung an ihre Arbeit gingen. Und im Palast schlüpften Melfidor, Veltim, Chantis und Fintrec, die Männer und Frauen unter Sholia, die die Zügel von Shol in Händen hielten, aus ihren Zimmern. Sie schlichen durch die hohen Säle und über die sonnigen Balkone, gingen einander aus dem Weg, fühlten das Frösteln eines harschen Winterwindes auf ihrer Haut und den unaussprechlichen Trost festen Bodens unter ihren Füßen.

Nur Baltor erhob sich mit der Dämmerung voll neuer Kraft. Er öffnete die Fenster seines Zimmers weit, sang gedankenverloren vor sich hin und zog seinen Umhang über. Sobald er gegessen hatte, verließ er den Palast, rannte leichtfüßig die Stufen vom Vorplatz hinab und überquerte die Ebene zu den Friedenstürmen. Als er dort angelangt war, hielt er inne und ließ seinen Blick über Shaban schweifen, das nun vom warmen Sonnenlicht überflutet wurde. Die Winterbrise zerrte an den Glockensträngen, die von jeder der geschwungenen Dachrinnen herabhingen, und ihre Melodie klang zu ihm empor als beständiges, zartes Klingeln. Weiße Schaumkronen rasten auf den Strand zu und klatschten unter den Holzbohlen an die Docks. Die Menschen zogen gemächlich und ohne Hast die steilen, gepflasterten Straßen hinauf und hinab, und Baltor konnte nichts Ungewöhnliches an jener Szene feststellen, die er schon Tausende Male erlebt hatte. Er stieß das Tor weit auf und trat hindurch.

Baltor war unversehrt. Tagar war in sein Zimmer gekrochen und war lange Zeit über ihm geschwebt, um das Gesicht zu studieren, dessen Züge so sehr den seinen ähnelten. Das schwarze und silberne Haar hatte weit ausgebreitet über dem Kissen gelegen; die geöffneten, blicklosen Augen hatten keinen Ausdruck gezeigt. Mit wachsendem Kummer, der seinen Drang nach einem Körper erstickte, wußte Tagar, daß er sich selbst beobachtete, wie er auf Ghaka gewesen war: alt und voller Weisheit, wissend nach Art der Sterblichen, bereit, dem Botschafter ohne Groll und Bedauern gegenüberzutreten. Er dachte an die Kinder und Kindeskinder dieses Mannes, an Natil und die verhaltene Schönheit von Rintar. Je länger er überlegte, um so mehr widerstrebte es ihm, dieses Leben auseinanderzureißen, das so intensiv gelebt wurde. Wenn ich nicht in diesen Mann eindringe, werde ich niemals wieder eine Empfindung für Feuer oder Sonne haben oder durch die Täler Shols schlendern, wie ich das auf Ghaka getan habe. Doch er brachte es nicht fertig. Er blieb die restliche Nacht an Baltors Seite, wobei sein Kummer nur größer wurde. Als die Dämmerung die Finsternis in fahles Licht verwandelte, drehte er sich um und floh. Er glitt hinab durch den schläfrigen Morgen, durch leere Säle, durch die Eingangshalle und unter schmerzlichem Klagen hinaus auf den Vorplatz. Noch ehe die Sonne den Horizont abzeichnete, war er in die einsamen Schatten von Shols Bergen verschwunden.

*

Ich werde alles tun, um diesen Zustand zu erhalten, dachte Mirak, als er von dem hoch in den Berg gemeißelten Balkon blickte, während das Zimmer hinter ihm leer dalag und Melfidors Augen über die braune Ebene unter ihm schweiften. Wenn es Krieg geben sollte, werde ich kämpfen, wie Ghakazian es wünschte, doch meinen Körper werde ich nie wieder aufgeben. Es störte ihn nicht, obwohl seine scharfe Ghaka-Sehkraft früher imstande gewesen war, das Huschen einer Feldmaus von den Gipfeln weit oben auszumachen, daß er jetzt nicht erkennen konnte, welches Getier durch das spröde Gras anderthalb Kilometer weiter unten lief. Sein Geist wurde bereits eins mit Melfidors Körper, wobei einer den anderen durchdrang und Tönung und Richtung des anderen annahm. Miraks unbewußtes Ich war in Melfidors Erinnerungen und Gedanken am Arbeiten, suchte sich selbst ein Persönlichkeitsbild und die unsichtbare Irdischkeit einer fremden Vergangenheit heraus. Ich bin Schiffsbauer. Ich segle und fische gern. Ich bin der Vertraute der Sonnengebieterin. Mit der Herausbildung dieses neuen Menschen kamen Gefühle in ihm auf, aber viele von ihnen waren Miraks Seele so fremd, daß er davor zurückschreckte. Eine Vision von Papier und schwarzer Tinte unter seinen Händen erweckte eine solche

Befriedigung, ein solch geistiges Vergnügen, wie Mirak es nicht begreifen konnte. Eine Flut von Verehrung strömte über sein ganzes Sein beim Gedanken an Sholia; das war leichter zu verstehen; doch Mirak konnte es nicht von der Erinnerung trennen, wie er selbst vor Ghakazians ränkeschmiedender Macht zu Kreuze gekrochen war. So trat in das reine Strahlen von Melfidors Verehrung der Unterton einer kriecherischen, ungesunden Unterwürfigkeit. Mirak empfand nichts für Wasser, und obwohl Melfidors Liebe für das Meer ihn langweilte, war er in der Lage, dagegen mit der gleichen Freude an der weiten Ausdehnung seines eigenen Elements, dem Himmel, zu wetteifern. Aber auch diese Freude war durch die Erinnerung an seinen letzten, brennenden Fall getrübt. Er sortierte Gesichter aus Melfidors Gedächtnis, gab ihnen Namen, vermochte jedoch die ineinander verwobenen Ausstrahlungen der einzelnen nicht zu lösen. Er tastete sich durch Melfidors langes Erinnerungsvermögen die Spur der Ahnengedanken hinab und fand dort ein Volk, das allein in seiner Lebensstimmung, in den Träumen, die es heraufbeschworen, und den Taten, die es vollbracht hatte, eine Herausforderung in seiner Andersartigkeit für ihn darstellte.

Schließlich griff er nach Melfidors Todesstunde, doch ein neuer und schrecklicher Gedanke gebot ihm dabei Einhalt. Was wird aus mir werden, wenn Melfidor ans Tor tritt? Wenn ich aus seinem Körper fliehen und seinen Geist gleichermaßen wie seinen Körper dem Botschafter überlassen muß, der kommen wird, ihn abzuholen? Muß ich dann einen anderen Wirt suchen, einen Sholaner, der mir fremd ist, und alles bloßlegen und neu knüpfen?

Plötzlich wurde ihm bewußt, daß er in der blindwütigen Verbohrtheit seiner Gedanken die Balkonbrüstung erklommen hatte, auf dem schmalen Geländer stand und sich an die Steinwand lehnte. Entsetzt sprang er zurück. Ich darf niemals vergessen, daß ich keine Flügel besitze, dachte er mit heftig pochendem Herzen. Vielleicht wäre es einfacher, mich selbst vor Melfidor abzuschotten und ihn wieder ohne das Wissen um mich leben zu lassen. Ich kann ihn beobachten und lernen, kann mich in sein Innerstes verkriechen, während sein Bewußtsein weiterhin Tage und Nächte durchlebt. Ja, das werde ich tun. Ich werde seine Sinne wieder freigeben, bis ich mich daran gewöhnt habe, an die Erde gefesselt zu sein. Sollte mir das nicht gelingen, bringe ich ihn um und erwecke das Mißtrauen seiner Sonnengebieterin bei deren Rückkehr. Miraks Blick wandte sich nach innen. Er öffnete die Tür zu Melfidors Bewußtsein, wohlwissend, daß er Melfidor damit wieder die Gewalt über sich selbst zurückgab, dieser sich aber zurückziehen würde, wenn er es befahl.

Melfidor packte das Balkongeländer mit beiden Händen und schaute sich fassungslos um. Weshalb stieg ich hier herauf? dachte er. Ist Sholia zurück? Ich kann mich gar nicht erinnern, wie ich heute morgen aufgestanden bin. Es ist kalt hier oben. Einen Augenblick verharrte er dort, empfand Kopfschmerzen und eine Traurigkeit und Erschöpfung, für die er keinen Grund finden konnte. Seine Aufmerksamkeit wurde durch einen Vogelschwarm abgelenkt, der sich laut schnatternd aus der nebelverhangenen Ebene unten erhob. Sie kamen mit lautem Gezwitscher herangeschossen. Ihn schauderte, und er trat vom Geländer zurück zu der kleinen Tür hinter sich.

12

Ghakazian beobachtete das Tor, bis die violetten Vögel erstarrten und die Sterne verfinstert waren. Dann drehte er sich um und ging den kurzen Tunnel, in dem nun undurchdringliche Finsternis herrschte, hinab. Nun ist es mir also widerfahren, dachte er. Mein Tor ist geschlossen. Ich bin auf Ghaka eingemauert, und ich bin alleine. Er war ruhig, fast unbeteiligt, als er an den Tunnelausgang gelangte und stehenblieb, um langsam den Blick über seine Welt schweifen zu lassen. Doch diesmal waren sie im Irrtum. Diesmal haben sie das Tor vor dem einzigen Helfer geschlossen, der in der Lage wäre, den Sturz des Universums ins Innerste des Schwarzen Feuers zu verhindern. Die Zeit beschränkt mich in zunehmendem Maß, und ich muß rasch lernen, mich von Ghaka zu befreien. Es wird mir gelingen, ich weiß, daß es mir gelingen wird. Ich habe das Buch genau befolgt, mich seiner Disziplin unterworfen, und nun muß das letzte Wagnis kommen.

Ghaka lag lautlos unter ihm. Er schätzte, daß es ungefähr Mittag sein mußte, doch Zeit bedeutete nichts auf einem gefallenen Planeten. Keine Augen blickten nach der Sonne, keine Beine trugen kräftige Körper zu weißen Hütten, um das morgendliche Fasten zu brechen. Sogar die Herden hatten sich zerstreut, verließen die versengten Grasflächen der Täler und zogen auf die Berge zu, angetrieben von dem Todesgestank, der wie ein unsichtbarer Krankheitsherd über allem hing, was die hohen Winde nicht erreichen konnten. Die Sonne wölbte sich purpurn an einem schwarzen Himmel und zeichnete dunkle Schatten auf den Boden.

Ghakazian, der sich gerade nach vorne hatte stürzen wollen, hielt inne und lehnte sich mit einer Hand an den Fels, der sich über ihm wölbte. Lange Zeit betrachtete er seine Sonne. Wie viele Jahre bleiben dir und damit auch mir? fragte er sich. Bist du mit einer Krankheit infiziert, die dich auffrißt, oder nur unheilbar, aber nicht lebensgefährlich geschädigt? Er machte sich nicht die Mühe, genauer nach der Antwort zu forschen. Mein Geist lebt, solange du aushältst, sprach er mehr zu sich selbst, und wenn mein Geist erst einmal auf Shol einen anderen Körper gefunden hat, bin ich bis zu jenem Zeitpunkt außer Gefahr.

Er stieß sich von der Felswand ab, doch in diesem Augenblick hörte er seine Hand auf dem Stein klappern. Erschreckt hob er seine Finger vors Gesicht. Geschwungene, gelb-schmutzige Krallen spreizten sich unter seinem Blick, und seine Hände fühlten sich ledern an. Er drehte seine Finger in diese und in jene Richtung und beugte sich dann hinab, um seine Füße zu betrachten. Die gleichen scheußlichen Krallen klammerten sich um den Rand der Höhle. Ärgerlich versuchte er, sie wegzureißen, doch sie wollten sich nicht lösen. Der erste Schmerz seines Lebens schoß sein Bein empor. Es tut mir weh, dachte er entsetzt. Wie ist das möglich? Meine Unsterblichkeit erhebt mich über alle Pein der Sterblichen. Nun gut. Ich bin geschwächt, aber nicht machtlos. Ich werde weitermachen.

Er stürzte aus der Höhlenöffnung, breitete seine Flügel aus, machte sich auf den langen Heimflug und zog ebenmäßig zwischen den Gipfeln hindurch, während die Bergsockel in Finsternis lagen. Er konnte nicht sehen, was dort im Dunkeln war, aber er wußte es. Die Aufwinde von den Talböden waren warm und stärker, als er sie jemals erlebt hatte, obwohl er diesen Weg zahllose Male genommen hatte. Auf seinem Flug schaute er in jede Höhle und dachte, daß sie ihn wie Augenhöhlen, denen ihr Innerstes gewaltsam entrissen worden war, anstarrten. Er sah, wie das schwarze Blut, welches das Antlitz der Berge herabgeronnen war, unauslöschlich getrocknet war. Schließlich gelangte er zu seinem Schacht, der nun finster dalag, da seine Sonne ihm nicht mehr gehorchte. Er faltete die Flügel und ließ sich hineinfallen.

»Ich muß sofort anfangen«, sprach er laut. »Ich muß mutig sein, ich darf vor nichts zurückscheuen. Noch diese Nacht muß ich nach Shol gelangen.« Er kauerte sich auf das Sims und brütete in der Finsternis. Aber was war mit dem Tor? Wie kann auch nur mein Geist hindurchkriechen, jetzt da es geschlossen ist? Er rief sich jede strahlende Szene zurück, die er sich beim Lesen des Buches vorgestellt hatte, um sich zu vergewissern, daß er korrekt vorgegangen war. Wieder sah er sich hinter den Sträuchern am Rand von Sholias Palastvorplatz kauern und beobachten, wie sie sich mit dem Antischöpfer unterhielt. Ich muß Vertrauen haben und die Anweisungen des Buches genau befolgen, beschloß er, und dazu muß ich mich zuerst meines Körpers entledigen. Alles andere ergibt sich von selbst, vorausgesetzt ich gehe nicht vom richtigen Weg ab. Er beugte sich hinaus in die Lüfte, die ihn umströmten und aus der schweigenden Tiefe von unten aufstiegen. Er stellte sich den Grund des Kamins weit unterhalb der Erdoberfläche vor. Er sah ihn als Bett spitzer Felsen, die keine Erosion von Wind und Wetter kannten und schwarz waren von der Feuchtigkeit, die als dünnes Rinnsal herabtröpfelte, um in noch tiefer liegende Höhlen hindurchzusickern. Er sperrte sich gegen das Gefühl der Angst, um sich nicht mit Mirak auf die gleiche Stufe stellen zu müssen. Er führte seine Flügel nach vorn, schloß die Arme um sie, hielt sie fest vor sich und sprang.

Er zog die Flügel dicht um seine Taille und machte die Augen zu. Er stürzte und drehte sich langsam dabei. Der Gegenwind dröhnte in seinen Ohren und peitschte heiß gegen seinen Leib. Er wußte nicht mehr, wo sich das Sims befand oder wo die Zähne des Berges warteten, um sich in ihn zu graben. Er streifte das Gestein. Es schrammte seinen Arm auf, so daß er für einen kurzen Augenblick den Griff um seine Flügel lockerte. Dies war ein reiner Schutzreflex, doch der war ausreichend. Eigenständig klappten seine Flügel zurück, entfalteten sich, und er fühlte, wie er in der dichten Finsternis schwebte, in der ihn der Fels umschloß. Ohne nachzudenken, schoß er keuchend und zitternd aufwärts, erreichte seinen Sims und stürzte durch den Bogen in die kühle Weite seiner Halle. So nicht, dachte er wie von Sinnen. Hinaus unter den Himmel.

Er flog durch die Halle, verließ den Berg und schwebte hinab, wo die zusammengedrängten Bergketten mit ihren Klippen das nächste Tal umschlossen. Er landete auf einem Gipfel und stürzte sich erneut hinab, ohne sich darum zu sorgen, daß er so zwischen seine toten Flügellosen fallen würde, die am Fuße des Berges lagen. Doch wieder leisteten ihm seine Flügel Widerstand und wollten nicht in der Umklammerung bleiben.

Lange Zeit bemühte sich Ghakazian, seinen Körper zu vernichten. Er sprang von einem Dutzend Höhen. Er machte Feuer und ließ sich hineinfallen, doch Feuer konnte ihm nichts anhaben. Er legte sich unter das Wasser des Flusses, schluckte und atmete die Kälte und den grünlichen Geschmack, doch er war Ghaka selbst, war Erde, Feuer und Wasser, Luft und Berge, und Ghaka erkannte ihn, so verwundet er auch darniederlag, und wollte ihm kein Leid zufügen. Schließlich kroch er ins feuchte, weiche Moos am Ufer und blieb bäuchlings und lachend liegen. Er lachte aus Verzweiflung, lachte über seinen eigenen verrückten Scharfsinn, und als er sich beruhigt hatte, blieb er still sitzen und lauschte niedergeschlagen auf die Öde des Abends um ihn her.

Als die völlige Stille ihn zu bedrücken begann, flog er zum Tor; die Nacht folgte ihm auf den Fersen. Er wußte, daß nicht einmal er die Stunden in der Dunkelheit mit den verwesenden Überresten seiner Tücke verbringen konnte. Er stand vor dem Tor und besann sich all der zwingenden Worte und Befehle, die sein eigen waren. Doch ihm wollte keines einfallen, das nicht von der Kraft der Sonne abhing, um in Wirklichkeit umgesetzt zu werden. Und er hatte Angst, seiner Sonne weiteres Leben zu geben. Nun kann ich nichts mehr tun, dachte er, und Panik stieg in ihm auf. Ich sitze hier gefangen und bin von Entsetzen erfüllt. Soll ich zu meinem Palast zurückkehren? Doch das hätte bedeutet, noch einmal die scheußlichen Täler zu überfliegen, und das wagte er nicht. Soll ich mein Bewußtsein in meine Sonne tragen, dort auf ewig bleiben und Ghaka vergessen?

Er begann, vor dem Tor auf und ab zu gehen, und zupfte gedankenverloren an seinen raschelnden Federn. Ich muß hier herauskommen, ich muß. Die Worte kreisten immer wieder in seinem Denken. Er begann, sie vor sich hinzumurmeln, so daß das Echo seiner leisen Stimme durch den Höhlentunnel flüsterte. Dann blieb er stehen, drehte sich zum Tor um und nahm eine steife, zornige Haltung an. Er stieß mit den Händen dagegen, brüllte es an und trommelte mit Fäusten dagegen. »Mach auf! Aufmachen, aufmachen!« schrie er. »Helft mir doch, irgendeiner, irgend etwas, gleichgültig was, helft mir! Öffnet mein Tor!« Doch obgleich seine Hände vor Blutergüssen schwarz anliefen und seine Stimme heiser wurde, blieb das Tor fest und stumm stehen und widerstand ihm. Schließlich richtete er einen heftigen Tritt dagegen, warf sich auf die Erde, blieb zusammengekauert sitzen und starrte die Felswand böse an. Seine Flügel umgaben ihn wie eine finstere Wolke.

Dann rief jemand seinen Namen.

Ghakazian...

Er hörte es nicht mit seinen Ohren, sondern nur in seinem Denken. Es schien leise durch seine hohlen Knochen zu zittern wie die erste Liebkosung seiner Sonne, wenn er früher aus seinem Felskamin aufgestiegen war, um den Morgen zu begrüßen. Er schaute nach oben, als erwartete er, den Ursprung der sanften Stimme zu sehen, deren Töne noch warm in seinem Körper und seinem Denken vibrierten. Es überflutete ihn mit tröstlichem und angenehmem Schaudern.

Ghakazian.

»Ja, ja«, antwortete er mit trockenem Mund und krabbelte auf die Füße.

Möchtest du Ghaka verlassen?

»Das möchte ich«, erwiderte er und war kaum in der Lage zu sprechen, so sehr durchströmte ihn ein plötzliches Hochgefühl, das immer stärker wurde. »Aber das Tor ist geschlossen.«

Das ist wahr. Warum ist es geschlossen, Ghakazian?

Er wußte, daß die Stimme keiner Erklärung bedurfte, doch er wagte das nicht zu sagen.

»Weil die Sonnengebieter glauben, ich hätte gegen das Gesetz verstoßen und Ghaka den Untergang gebracht.«

Und hast du das nicht? erkundigte sich die Stimme erheitert.

»Nein. Ich versuche, die Überreste der Welten vor dem Antischöpfer zu bewahren, doch sie begreifen es nicht.«

Ich verstehe. Zorn blitzte zwischen den warmen Strömungen von Wohlbehagen und Genüßlichkeit auf, und Ghakazian fühlte ihn als einen rasch verklingenden Schmerzensstoß. *Und was wirst du tun, wenn ich dich von Ghaka befreie?*

»Aber das Tor ist geschlossen«, sprach Ghakazian lächelnd aus seinem Überschwang.

Was wirst du tun?

»Ich werde nach Shol gehen, wo mein Volk wartet, und wenn der Antischöpfer durch Shols Tor tritt, werden wir uns gegen ihn erheben und ihn vernichten.«

Wie willst du das machen? Die Stimme klang nun erheitert, nachsichtig, und die süßen Ströme, die durch Ghakazians Blut flossen, schienen sich zu Sirup zu verdichten. Er fühlte sich plötzlich von Wohlbehagen übersättigt.

»Ich weiß es nicht. Ich weiß nur, daß ich gehen und kämpfen werde.«

Aha. Was gibst du mir, Sonnengebieter, wenn ich dich nach Shol bringe?

»Ich habe nichts, was ich dir geben könnte, und außerdem verbietet das Gesetz…«

Das Gesetz, sprach die Stimme verächtlich, und Ghakazian war überrascht über seine heftige Verärgerung, doch unter der Gereiztheit floß das einträufelnde Gift weiter. *Das Gesetz,* wiederholte die Stimme. *Aber ich stehe über dem Gesetz, Ghakazian. Das Gesetz ist mir untertan. Ich breche es, wann immer ich es wünsche. Was dein Geschenk an mich angeht…* Nun trat eine Pause ein, und als die Stimme Ghakazian wieder erreichte, schmerzte sie ihn und erfüllte seine

Adern bis zum Zerplatzen mit so süßem Zauber, daß es in seinen Knochen schwappte und in seinem Kopf sang. *Du hast viel zu verschenken, das ich gerne annehmen will. Du kannst Ghaka verschenken. Ghaka will ich nehmen. Und wenn du auf Shol bist, nehme ich auch das an.*

»Wer bist du?« flüsterte Ghakazian, in dem jetzt Zweifel aufkamen, und die Stimme lachte.

Du weißt, wer ich bin, mein Sohn, mein Sonnengebieter, mein treuer Ghakazian. Schau her!

Dann kehrte die Erinnerung in ihm zurück. Ghakazian befand sich in seinem Körper auf Danar in einer lang zurückliegenden Zeit und kreiste über dem Rund der Ratshalle, während unter ihm eine fröhliche, schwatzende Runde beisammensaß. In dem großen, gemeißelten Sessel auf Höhe der Podiumsstufen saß der Weltenschöpfer und beobachtete sie alle mit einem Lächeln auf den Lippen, die Hände auf den Knien liegend und sanft schimmernden Augen in dem schmalen Gesicht. Ghakazian entfloh schnell dieser Erinnerung, und die Stimme kicherte. *Du liebst mich immer noch, Ghakazian,* flüsterte sie. *Gib zu, daß du mich liebst und verehrst. Vielleicht verlange ich nicht mehr von dir als dieses Eingeständnis.*

Ghakazian senkte den Kopf und versuchte, dem Fluch, der wie er nun wußte, auf ihm lastete, zu widerstehen. Aber er besaß nicht mehr die Kraft der Unschuld. Welche Rolle spielt das? dachte er finster. Ich kann ihn benutzen, um nach Shol zu gelangen. Vielleicht habe ich mich auch zu weit mit seinem Feuer eingelassen, um Ghaka leerzufegen, vielleicht bin ich letztendlich ausgebrannt. Aber ich werde alles wiedergutmachen, wenn ich Sholia die Macht entringe und sie zurückschleudere in den interstellaren Raum. Der Zweck heiligt die Mittel. Wehmütig, langsam hob er den Kopf, und als er sprach, wurde ihm klar, daß er die Wahrheit sagte. Sholia, Danarion, sie alle geben ihre Liebe zu ihm zu, auch wenn sie ihm nicht länger gehorchen. Was macht den Unterschied? »Ja, ich liebe dich«, stieß er benommen hervor. »Ich, wir alle haben niemals aufgehört, dich zu lieben.«

Und verehrst du mich auch?

Der Unterschied lag jenseits Ghakazians geminderter Aufnahmefähigkeit. Er nickte. »Natürlich verehre ich dich, wie auch mein Volk mich verehrt.«

Gut. Du hast ganz recht. Du verehrst mich tatsächlich auf die Weise, wie dein Volk sich vor dir erniedrigt. Mit diesen Worten wich die Woge des Hochgefühls und war verschwunden, und Ghakazian zitterte vor Kälte. *Ich kann das Tor nicht öffnen,* fuhr die Stimme fort, die nun tonlos, streng und auf eigentümliche Weise allen Timbres beraubt wie das Wispern der Botschafter klang. *Aber ich kann dich Ghaka entreißen und in den Korridor schleudern, vorausgesetzt, du bist bereit. Du mußt dazu bereit sein, Sonnengebieter.*

Ghakazian fühlte, wie die Stimme seinem Denken ein lebendiges, groteskes Bild seiner Täler und dessen, was dort lag, vorführte. Er wußte, daß er gezwungen wurde, doch er besaß nicht die Kraft, um Widerstand zu leisten. »Ich bin bereit«, würgte er hervor.

Dann stell dich aufrecht hin, nimm Abschied von deinen Flügeln und öffne mir dein Ich.

Das alles geht viel zu weit, dachte Ghakazian schwach, während er tat, wie ihm geheißen. Selbst wenn ich allem, was ich getan habe, abschwören würde, könnte ich doch mein Volk nicht wieder zurückbringen und mich und meine Sonne heilen. Lebe wohl, Ghaka. Es tut mir leid, denn ich habe dich stets geliebt. Er öffnete die Augen weit und drehte sich um, um zum Tunnel zurückzuschauen in der Hoffnung auf einen letzten Blick auf seine Welt. Doch ein Licht erglühte vor ihm, das eigentümlichste, das er jemals gesehen hatte. Er wollte es Finsternis nennen, doch es war mehr als das. Es war, als hätte er die Finsternis zur anderen Seite durchschritten, wo ihr Herz pulsierte, ihr Ursprung, fernab von den Rändern, wie die Geschöpfe sie nur wahrnehmen konnten. Die Finsternis brannte mit einer züngelnden, trägen, schwarzen Flamme. Sie prasselte und zischte nicht wie das Feuer der Sterblichen und erstrahlte auch nicht fröhlich wie der weiße Glanz der Aura eines Sonnengebieters. Sie sickerte empor, hing schwer im Raum und kroch in ihren Ursprung zurück. Ghakazian konnte die Gestalt ihres Ursprungs nicht erkennen. Angst verbreitete sich mit ihrem schwarzen Züngeln, und darin mischte sich unvorstellbare Macht. Ghakazian begriff, daß seine eigenen Kräfte eines Unsterblichen selbst in Zeiten, da er unverändert gewesen war, ein tölpelhaftes Spielzeug darstellten, im Vergleich zu jenen dieses Wesens, das einst mit einem Wort das All geschaffen hatte und sich nun klein machte, um in eine Höhle auf Ghaka zu passen.

Das Feuer griff um sich, zischte kalt über den Boden und strömte an den Wänden entlang auf Ghakazian zu. Es hatte keine Eile, seine Beute zu umfangen, denn nichts konnte ihm entkommen. Im gesamten Universum gab es keine Zuflucht. Langsam begann es, ihn zu umhüllen. Die Kälte erstaunte ihn, erstickte die goldene Wärme seines Blutes und ließ sein Denken auf der Stelle erstarren. Und doch brannte die Kälte. Ghakazian wollte schreien, aber Feuer durchflutete seinen Mund, sprang aus seinen Augen, versengte seine Kehle, und er wußte, daß er nun selbst eine Säule brodelnder Finsternis war. Seine Gedanken flohen in die Sicherheit seines Geistes, vergruben sich tief, und gemeinsam begannen sich Denken und Geist aus seinem Körper zu lösen. Es geschah dies nicht schweigend und leicht, wie er dies stets angenommen hatte, sondern sie entrissen sich ihm, so daß er sich unter Schmerzen wand.

Dann betrachtete er sich selbst. Er schwebte über seinem Leib, losgelöst und schaudernd. Sein Körper sank auf den Boden des Höhlentunnels. Er blieb dort schwarz und leblos mit unter sich zermalmten Flügeln und schlaff über der hohlen Brust verschränkten Armen liegen. Er hatte gar nicht die Zeit, den Schock zu verarbeiten, denn eine unsichtbare Kraft hob ihn empor. Gestein umschloß ihn, doch er fühlte es nicht. Dann riß Ghakas Nachthimmel auf. Ein Panorama strahlender Sterne, das weiße Feuerstreifen hinterließ, schien auf ihn zuzustürzen, ehe er begriff, daß die Sterne sich immer noch an ihrem Standort befanden und er es war, der dahinschoß. Die Stimme beim Tor schallte hinter ihm her: »Shol! Shol!« Ghakazian befand sich im Korridor, wo Shols Zwillingssonnen als zwei blendende Kugeln näherrückten, die sein Gesichtsfeld erfüllten und ihn gehorsam auf sich zuzerrten. Dann schwebte er vor Shols Tor. Ghakazian klammerte sich an den Türrahmen, tastete mit den Füßen, die er einen Augenblick lang noch zu haben glaubte, nach der Schwelle und stieß sich hindurch in die Wartehalle.

Die wimmelte von Menschen. Licht erfüllte den riesigen Raum. Die Tür am anderen Ende stand weit offen, und dahinter ergoß sich die Menge unter Geplauder, Singen und Lachen unter einem windigen Nachthimmel. An den Wänden hingen üppige Haeliblütensträuße.

Dann ist Sholia also zurückgekehrt und hat Blumen von Danar mitgebracht, dachte Ghakazian. Aber wozu? Teppiche waren wahllos ausgebreitet worden, auf denen Menschen saßen, aßen, tranken und einander zwischen den dahinströmenden Menschenmengen zuriefen. Ghakazians Blick schweifte durch die Halle, und endlich erblickte er sie. Sie saß in einem Sessel an der Wand und beugte sich zu einem Mann hinab, der zu ihren Füßen hockte. Lange Zeit beobachtete er sie aufmerksam. Sie trug ein weißes Gewand, und Shols Kupfer schimmerte satt an ihrer Stirn und an ihren Armen. Das Gold ihrer Körperausstrahlung überflutete die hinter ihr liegende Wand und jene, die sich in ihrer Nähe befanden. Sie sprach ruhig, wobei ihr Blick auf dem Mann ruhte und ihre Hände manchmal zu einer unterstreichenden Geste emporfuhren. Die meiste Zeit lagen sie jedoch auf den Armlehnen des Sessels, und der Mann nickte jedesmal ernst. Unsterbliche und

Sterbliche waren so perfekt aufeinander abgestimmt, so eins unter einem Lichtkreis, der sie verschmelzen ließ, daß es für Ghakazian fast körperlich spürbar war. Der Mann erhob sich behende, nahm in einem tiefen Sessel neben ihr Platz, drehte sich zu ihr um und begann zu antworten oder zu erläutern. Er ist ein Alter, dachte Ghakazian, der ihn nun besser einzuschätzen vermochte. Er erinnert mich an Tagar. Allerdings kam Tagar niemals zu mir, um sich mit mir zu unterhalten, sondern nur einmal im Jahr, um mir seine Ehrerbietung zu erweisen. Ich war es, der sich zu meinem Volk begab, der von Farm zu Klippe zog und sie aufsuchte. Ich besaß eine einfache und dumme Menschenrasse, die es nicht wert war, regiert zu werden, dachte er hitzig. Shol stellt die Weiterentwicklung von vielen Zeitaltern dar. Wie gewaltig wird sein Fall sein.

Der Gedanke an Tagar lenkte seinen Blick von den beiden auf die Gesellschaft. Wie viele Geflügelte und Flügellose schauen aus diesen hellen, blitzenden Augen und sprechen aus diesen lächelnden Lippen? Wieder wurde seine Aufmerksamkeit von jemandem erregt, diesmal von einer Frau, die geschmeidig über den Boden schritt. Ihr Gewand war rot, die schwere Seide mit silbernen Blättern bestickt. Weiche Goldpantoffeln mit hochgeschwungener Spitze bedeckten ihre Füße. An ihren Fingern blitzten Ringe, Kristalle aus Lix, blaue und smaragdgrüne Steine aus Danar und ein eigentümlich gemaserter, schwarzweißer, polierter Stein, der nur aus Ghaka stammen konnte. Sie hielt sich aufrecht, als sie sich geschickt durch die Menge bewegte, doch sie strahlte keine Arroganz, sondern Vornehmheit aus. Ihr schwarzes Haar trug sie straff zu einem Knoten zurückgekämmt und mit einigen hineingeflochtenen bleichen Winterblumen. Über dem Arm hielt sie ein weißes, mit Silberfäden durchwirktes Tuch. Sein Denken tastete sich zu ihr durch, doch keinerlei Reaktion hieß sein Erkunden willkommen, und er zog sich wieder zurück. Sie ist keine der unseren, dachte er. Noch nicht. Als sie näher kam, stand Sholia auf und hob einen Arm. Die Musiker legten ihre Glocken und Flöten nieder. Das ist die prächtige Umrahmung zum Tod eines bedeutenden Menschen, dachte er. Natürlich. Sholia hatte das Leichentuch entgegengenommen, legte es um den Mann, und einer nach dem anderen kam nun, um sich von ihm zu verabschieden. Ich sollte verschwinden, dachte Ghakazian besorgt. Just in diesem Augenblick fliegt vielleicht ein Botschafter durch dieses Tor. Er wird mich sehen. Er bewegte sich weiter in den Raum hinein, aber irgendwie konnte er die Halle nicht verlassen und suchte eine schummrig erleuchtete Ecke auf, um sich dort zu verkriechen.

Es dauerte nicht lange, bis der letzte sich ehrerbietig verbeugt hatte. Sholia ergriff das herabhängende Ende des Tuches und zog es enger, so daß es die braunen Hände verhüllte. Dann schlang sie es über den Kopf des Mannes, daß nur noch das Gesicht zu sehen war. Dieser erhob sich, richtete eine lange Ansprache an sie, wobei Sholia an seiner Seite verharrte. Als er zum Ende kam, trat sie mit einem Lächeln und einer Bemerkung fort, die den Saal mit Lachen erfüllte. In diesem Augenblick beneidete Ghakazian sie, und dieser Neid machte ihn einsam. Die Glocken begannen zu klingen. Als Ghakazian zum Tor blickte, sah er genau dahinter ein schwaches Regenbogenlicht. Der Botschafter war gekommen.

Sholia dämpfte ihr Licht, und der Raum verdüsterte sich, doch um den Mann erglühte langsam ein neues, farbloses, angenehmes Strahlen, wie wenn die Sonne seichtes Wasser durchdringt. Die in sein Gesicht gegrabenen Falten begannen sich zu glätten. Die dunklen Augen nahmen einen hellen Schein an und begannen, golden zu leuchten. Das Leintuch strahlte und schimmerte in dem Feuer, das es durchdrang. Ganz plötzlich schrie die Gestalt auf und fiel nach hinten in sich zusammen. Doch das Licht wurde immer stärker, bis die Halle fast so hell war wie zuvor. Die großgewachsene Frau in Rot trat aus der Menge nach vorn und mit ihr fünf andere. Gemeinsam hoben sie ihn empor und legten ihn auf die Bahre. Die Menge teilte sich, um ihnen den Weg freizugeben. Langsam trugen sie ihn zum Tor und verschwanden dahinter. Ghakazian wartete, bis die duftende Flamme des Botschafters verschwunden und die Träger mit leeren Händen zurückgekehrt waren. Dann mischte er sich unter die Leute, die Kinder und Mäntel einsammelten und sich zur Tür begaben. Sholia war fort, und Ghakazian empfand nicht den Wunsch, ihr zu folgen. Als die Dame in Rot in die Nacht hinaustrat, schwebte er hinterdrein. Wenn der alte Mann so bedeutend gewesen und die schwarzhaarige Frau seine Tochter war, dann hatte er gewiß einen Körper gefunden, der seinen Absichten entsprach.

Rilla verließ schnell die Halle, zog ihren Umhang um sich und ging die Straße hinab. Sie hatte beschlossen, nicht auf Yarne zu warten, der doch noch mit seinen Freunden schwatzen würde, und hatte auch Melfidors Angebot, sie nach Hause zu begleiten, abgelehnt. Es war ihr vorgekommen, als wäre er froh gewesen, als sie nein sagte, und sie fragte sich, ob er heute nacht dringende Geschäfte im Palast zu besorgen hatte. Die Nacht war milde, wenn auch windig, und sie blieb stehen, um zu den Sternen hinaufzublicken und den Wind um ihr Gesicht streicheln zu lassen. Ich fühle mich überhaupt nicht müde, dachte sie. Ich werde nach Hause gehen und eine Weile sticken oder musizieren. Später wird Yarne vielleicht etwas essen wollen, und wir können über Baltor sprechen. Nach weiteren dreihundert Jahren werde ich ihm durch das Tor folgen. Ich frage mich, ob ich bis zu jenem Zeitpunkt viel Gutes vollbracht haben werde und ob das Volk von Shaban zu meinen Ehren auch ein solches Fest wird geben wollen wie für ihn. Ghakazian, der dem Schatten ihres geblähten Umhangs folgte, sah, wie sie an dem niedrigen Metalltor zögerte und mit den Fingern darauf trommelte. Er konnte ihr Lächeln nicht sehen, aber er fühlte es. Dann schob sie den Riegel zurück und trat hindurch, wo sich die Friedenstürme scharf und hell erleuchtet zu ihrer Linken erhoben, und ging die steilen Stufen zu der tieferliegenden Straße hinab. Von hier aus konnte sie schon das Dach ihres Hauses sehen, das etwas tiefer lag als die Kronen der herabhängenden, knospenden Weiden. Der Klang ihrer Glockenschnur unter den geschwungenen Dachrinnen schallte ihr schwach als ein melodieloses Klingen entgegen, das der Wind herantrug. Der Tanggeruch vom weit entfernten Meer stieg ihr in die Nase, und ein, zwei winzige Lichter schimmerten ihr von den Bugseiten der Fischerboote entgegen, die zum nächtlichen Fang draußen waren.

Sie kam an den Anfang der hohen Mauer, die ihr Haus umgab, bog durch ihr Eingangstor und blieb dann stehen. Jemand hockte in einem der knospenden Obstbäume. Ihr Herz tat einen Sprung, als sie sah, wie er mit über der Brust gefalteten Armen auf einem Ast stand. Vorsichtig schob sie ihr Tor zu, verließ den kleinen, gewundenen Pfad, schritt über das spröde Gras, bis sie direkt unter dem Baum stand, und blickte durch das Gespinst schwarzer, stämmiger Äste hinauf. »Wer ist da oben?« rief sie leise aus Angst, ihr Ruf könnte den Eindringling aus dem Gleichgewicht bringen. Sie sah, wie ein dunkler Kopf sich bewegte und ein Gesicht zu ihr herabspähte. Lange Zeit regte sich nichts, doch dann schwang sich der Kletterer unter raschelnden Zweigen auf einen tieferen Ast und ließ sich behende vor ihr fallen. »Telami!« rief sie erstaunt, und der älteste Sohn ihrer Nachbarn sah sie verlegen an. »Was hattest du in meinem Baum zu schaffen?«

»Ich weiß es nicht recht«, antwortete er. »Ich war in meinem Zimmer und wollte am Abend die Fensterläden schließen. Dein Garten sah so einladend aus, und der Baum so … so …« Immer noch verlegen suchte er nach dem richtigen Wort. »Er schien alles so zu überragen. Dann erinnere ich mich nur, daß ich hinaufkletterte und mir einbildete, ich könnte fliegen. Es tut mir leid.«

»Ist nicht schlimm. Du hast mich nur erschreckt, das ist alles. Aber du solltest besser nicht auf Dächern herumklettern!«

Er lächelte sie ein wenig verschämt an, dann wirbelte er auf dem Absatz herum, rannte durch das Tor zu seinem eigenen Eingang und war verschwunden. Rilla begab sich wieder auf den Weg und schritt nachdenklich zur Tür. Gestern hatte sie in der Nähe der Docks eine Frau auf einem Hausdach sitzen sehen. Sie hatte Rilla fröhlich gegrüßt, als sei es die natürlichste Sache der Welt, daß sie mit gekreuzten Beinen auf den korallroten Schindeln hockte. Rilla war zu fassungslos gewesen, um mehr zu tun, als einen Arm zu heben. Nun empfand sie ein schwaches Unbehagen, als sie die Tür hinter sich schloß. Das Plätschern des Springbrunnens in dem weiten Kaminzimmer tönte in ihren Ohren, als sie in ihr Arbeitszimmer ging. Sie schüttelte ihr Haar aus, schaltete die Lampe an, setzte sich dann hin, holte ihren Stickrahmen zu sich heran, zog die Nadel aus dem Stoff und fädelte rasch ein. Ein Blatt, dann werde ich mich hinlegen, dachte sie. Ich hoffe, Melfidor vergißt nicht, daß Veltim und ich morgen früh mit ihm segeln gehen wollten. Das Haus umgab sie mit seiner freundlichen Atmosphäre. Der Springbrunnen plätscherte weiter. Die Sträucher und Ranken, die ihn umstanden, raschelten und wisperten.

Als das halbe Blatt fertig war, glaubte sie rasche Schritte im Flur zu hören und rief abwesend: »Yarne, bist du es? Ich bin noch wach.« Kein Rufen antwortete ihr. Vorsichtig schob sie die Nadel in das Leinen zurück, stand auf, blickte in das Kaminzimmer, doch es war leer. »Yarne?« rief sie noch einmal, ging durch den Raum, um einen Blick auf den Flur zur Eingangstür zu werfen, doch nichts rührte sich. Das Haus war erfüllt von nächtlicher Stille.

Verwirrt kehrte sie in den kleinen Lichtkegel ihrer Lampe zurück, nahm jedoch nicht wieder Platz, denn sie spürte plötzlich, als sie die Schwelle überschritten hatte, eine Präsenz in ihrem Zimmer. Sie blieb völlig reglos stehen, und ihr Blick und ihr Denken durchforschten das Zimmer. Sie wünschte, sie könnte die vier Stufen hinabsteigen, die sie in die gesegnete Helligkeit ihres Lampenscheins bringen würden, doch das wagte sie plötzlich nicht mehr. Lächerlich, sagte sie sich und war wütend über ihre eigene Feigheit. Das hier ist Shol, wo mir kein Leid geschehen kann. Sie nahm ihren ganzen Mut zusammen, schritt zu ihrem Stuhl und setzte sich hin. Im selben Augenblick wurde sie jedoch von dem Gefühl befallen, daß jetzt jemand hinter ihr stand. Ihr Rückgrat kribbelte. Sie erhob sich und verschob Stuhl und Stickrahmen so, daß sie mit dem Rücken zur Wand standen. Sie nahm wieder Platz und ließ ihre Hände reglos auf der Stickerei liegen, während ihr Blick den Raum abtastete. Hinter dem gleichmäßigen Schein der

Lampe herrschte das Geheimnis, ein Meer von düsterem Unbekanntem. Wind schepperte gegen die Fensterläden und ließ den Wall der Furcht um sie her ansteigen, wo das Licht an seine Grenze stieß. Sie hatte zur Lampe treten wollen, doch nun war ihr Begehren nur noch darauf gerichtet, sie zu packen und aus dem Zimmer zu fliehen.

Dann sah sie zu ihrem Schrecken, wie die Lampe zu flackern begann. Die Flamme hüpfte auf und nieder und wandelte sich von Gelb über Grün zu einem stumpfen Blau. Aber Rilla war nicht fähig, die Hand zu heben und den Docht hochzudrehen. Ein Atemhauch schien über sie hinwegzustreichen. Die Flamme tanzte, wurde kleiner und erlosch. Der Kreis der Finsternis schloß sich über ihr, doch nach einem Augenblick hatten sich ihre Augen an die Dunkelheit gewöhnt. Sie sah jetzt, wie das Nachtlicht in fahlen Streifen durch die Läden sikkerte und den schwachgrauen Schimmer der Wasserfontäne im Nebenzimmer unter dem kupferfarbenen Gitterwerk des Tores. Yarne, komm nach Hause, flehte sie inständig. Ich weiß nicht, was es ist. Ich habe Angst, mich von der Stelle zu rühren. Mit pochendem Herzen blieb sie wie erstarrt auf ihrem Stuhl sitzen. Dann nahm sie aus den Augenwinkeln wahr, wie sich ein Schatten regte. Ihr bebender Atem stockte ihr in der Kehle, doch sie zwang sich, den Kopf zu wenden. »Ich weiß, daß da etwas ist«, flüsterte sie. »Was bist du?«

Ihr widerwilliges Eingeständnis seiner Präsenz verlieh dem Schatten die Macht, Gestalt anzunehmen. Er verließ die Ecke, in der er gelauert hatte, gewann an Substanz, schwoll an, und Rilla erblickte plötzlich zwei schwarze Schwingen, die sich entfalteten und dabei die Zimmerdecke streiften. Vor ihr stand ein Mann mit einem leichten, schrägen Lächeln auf dem bleichen Gesicht. Schwarzes Haar oder auch nur ein dichterer Schatten fiel über seine Stirn und die Schultern. Es war ein Schwarz, das zu seinen Augen und den mächtig aufragenden Schwingen paßte. Seine Arme waren in einer entschuldigenden oder umfassenden Geste weit geöffnet, was von beiden wußte Rille nicht zu sagen. Lange, schlanke, nackte Beine reichten hinab zu Füßen, die in tieferer Dunkelheit lagen, welche sich wie eine schwere Wolke über den Boden zu ziehen schien. Er stand aufrecht und war weit größer als sie, selbst wenn sie gestanden hätte, und Rilla fühlte ihre Angst unter einem plötzlichen Wärmeschwall von Verwunderung und eigentümlichem Glück verfliegen. Es war so, als wäre ihr letztlich das, was sie hinter allem Wachen und Träumen, hinter jedem Gedanken und jedem Wort gesucht hatte, plötzlich zugefallen. Rilla ließ ihren erstaunten Blick über ihn schweifen und war ihm sogleich verfallen.

Kein warnender Hauch trübte ihr Vertrauen und ihre Naivität. Obgleich das Wesen, das sie anlächelte, unbekleidet war und im vollkommenen Schwung der Schultern bis hinab zu den zarten Füßen ein Vergnügen in sich darstellte, war es Rilla in ihrem steifen roten Brokat, die sich nackt und schutzlos erhob.

Sie trat einen Schritt auf ihn zu, blieb dann stehen und war schon von Liebe zu ihm entbrannt. Diese Liebe ging unerwidert von ihr aus, und ihr Verströmen selbst verursachte Schmerz und ein noch intensiveres Strömen, so daß die Wunde in ihr sich vergrößerte, anstatt zurückzugehen. Sie wußte, während er ihren musternden Blick ertrug, daß sie keinen Menschen vor sich sah. Doch immer noch sehnte sie sich danach, ihre Wange an ihn zu schmiegen, sich von seinen Armen umschlossen zu fühlen und auf ewig in seinem Schutz zu bleiben.

Ich bin kein Was, sondern ein Wer, erwiderte er leichthin. Nicht seine Lippen formten diese Worte, sie lächelten weiter. Ich bin Ghakazian.

»Der Sonnengebieter von Ghaka? Was willst du von mir?«

Ich komme zu dir, weil ich dich brauche, antwortete er.

Sogleich erhob sie Einspruch. »Aber du bist ein Sonnengebieter, der über allen Bedürfnissen steht. Du ißt nicht, trinkst nicht, schläfst nicht. Für dich ist Leben und Tod eines Sterblichen wie ein Stunde, die verrinnt. Wie kannst du dann von ›brauchen‹ sprechen?«

Es ist nicht wahr, daß Sonnengebieter keine Bedürfnisse haben, entgegnete er, doch es sind welche, die jenseits deiner Verständnisfähigkeit liegen. Ich brauche meine Sonne, nicht weil ich mir dieses Bedürfnisses bewußt bin, sondern weil mein Leben davon abhängt. Ich brauche das Gesetz, nicht weil ich mich bewußt daran halte, sondern weil das Universum ohne das Gesetz nicht hätte erschaffen oder erhalten werden können. Ich brauche dich, nicht weil ich unter einem Mangel leide, den du beheben könntest, sondern weil ich mir selbst eine Aufgabe gestellt habe. Er kam näher auf sie zu, und sie sehnte sich danach, in die Dunkelheit seiner Flügel gezogen zu werden. Ich muß für eine Zeitlang an deinem Körper teilhaben können.

»Ich verstehe nicht.«

Das ist auch nicht nötig. Rilla fühlte in seinen Worten leichten Spott. Ich werde in dich eindringen. Das würde dir doch gefallen, oder nicht? Ich werde du sein, und du wirst ich sein. Manchmal werde ich ich selbst in deinem Körper sein, manchmal wirst du du selbst in deinem Körper sein. Manchmal werden wir verschmelzen und jemand neues sein. Kann eine Liebe größere Nähe und Erfüllung bedeuten? Läßt sich damit der Trieb vergleichen, der sterbliche Männer und

Frauen zueinanderführt?

Rilla dachte an Melfidor, den sie zu lieben geglaubt hatte. Plötzlich kam er ihr klein, unbedeutend und sehr gewöhnlich vor. Sie dachte voller Abscheu an ihn und wandte sich dann von seinem Bild der Vorstellung zu, wie dieser Sonnengebieter auf wundersame, magische Weise in sie eindrang und ihren Körper in Besitz nahm. Das Sehnen nach ihm wuchs, bis sie ihm am liebsten zu Füßen gefallen wäre.

»Nein!« flüsterte sie. »Nichts läßt sich damit vergleichen. Ich frage nicht, worum es sich bei der Aufgabe handelt, die du erfüllen mußt. Ich danke dir nur, daß du zu mir gekommen bist.«

Ich werde dir nicht weh tun, sagte er. Vielleicht wirst du dir nicht einmal gewahr werden, daß ich du bin. Nun mach die Augen zu.

Nur widerwillig gehorchte sie, da sie nicht von dem Anblick seines wunderbaren Gesichts abgeschnitten werden wollte. Sobald sie es aber tat, fühlte sie sich zu einem großen Hohlraum werden, mit leeren Adern, leerem Magen, Herzen und Lungen, und selbst ihr Kopf wartete in seiner Leere, daß er ihn mit seinem Feuer mit Leben erfüllte. Dann war da plötzlich ein eigentümlicher Abgrund. Sie war überzeugt, daß sie tatsächlich zu Boden geglitten war, obgleich die Stuhllehne unter ihrer Hand ruhte, und sie hatte das Gefühl, als würde sie aus sich selbst herausgesaugt und als wäre ihr Geist nur noch durch einen hauchdünnen Faden mit ihrem Körper verbunden. Plötzlich mußte sie an die Frau auf dem Dach denken. An Telami im Baum. Ein Schwall von Panik peitschte durch ihr Innerstes. Es begann, sich zu wehren, doch dann fühlte sie, wie es in etwas eingehüllt wurde, das sie weder als heiß noch als kalt definieren konnte, so entschieden lag es jenseits der schmerzlichen Berührung mit Eis oder der verzehrenden Flamme des Feuers. Geist und Körper fügten sich wieder zueinander, doch nicht geschmeidig, nicht mit der behaglichen Vertrautheit langer Bekanntschaft, und Rilla fühlte sich so schwer wie Stein. Sie schlug die Augen auf. Er hat mir irgendwie die Unwahrheit gesagt, dachte sie benommen. Es war nicht ekstatisch, von ihm in Besitz genommen zu werden, noch war das die Freude des Schmerzes. Es war verletzend und erniedrigend.

Eine andere Stimme drang in ihr Denken, ein verächtliches Lachen. Rilla, du bist Rilla, kicherte es. Endlich habe ich festen Stand auf Shol, und ich werde alles über euch erfahren. Sie schlug die Hände auf die Ohren, und ihre wunden Augen ließen den Blick langsam über die Decke schweifen, wo die großen Flügel sich entfaltet hatten. Plötzlich flackerte die Lampe auf und breitete langsam ihren kleinen Lichtkreis um sie.

Ich werde noch ein Blatt sticken, dachte sie, dann lege ich mich zu Bett. Sie setzte sich, zog ihre Nadel heraus und blickte stirnrunzelnd auf den grünen Faden. Noch ehe sie drei Stiche getan hatte, hörte sie, wie die Eingangstür zugeschlagen wurde und schnelle Schritte über den Flur kamen. Schweiß stand auf ihrer Stirn und rann ihr kalt das Rückgrat hinab, doch dann war die Furcht verflogen. »Yarne, bist du es?« rief sie. »Ich bin noch auf.«

Sie hörte, wie er beim Springbrunnen stehenblieb, und als er in ihr Arbeitszimmer gefegt kam, spritzte er ihr Wassertropfen ins Gesicht. »Ich bin's tatsächlich«, sagte er fröhlich. »Was für ein wunderschöner Tod, nicht wahr, Rilla? Sein Leben war reich und erfüllt. Hast du Hunger?«

»Nicht besonders. Spritz mich nicht mit Wasser voll, das gibt Flekken auf dem Stoff. Wo bist du gewesen?«

»Im Palast. Ich habe mich mit Veltim und Melfidor unterhalten.«

»Als ich nach Hause kam, bin ich Telami begegnet. Er stand im Obstbaum.«

»Ich sah ihn auch, wie er aus seinem Fenster schaute. Warum stand er im Baum?«

Rilla riß ihren Faden ab, spießte die Nadel in das Gewebe und leckte das Blut ab, das langsam aus ihrem Daumen sickerte. Es war viele Jahre her, seit sie so ungeschickt gewesen war, sich zu stechen, doch heute nacht fühlten sich ihre Hände steif und nutzlos an. Ich weiß, warum er in dem Baum stand, dachte sie. Ich weiß es... Doch der Grund war ihr auch schon entfallen, kaum daß sie danach griff. »Vielleicht wollte er einen Traum vom Fliegen bestellen.«

»Fliegen!« Yarne lachte. »Veltim hat heute abend erzählt, daß er vor drei Nächten einen seltsamen Traum vom Fliegen hatte. Ob Sholia sich einen kleinen Spaß mit uns macht?«

»Ich weiß es nicht. Ich glaube, ich werde schlafen gehen. Mach die Lampe aus, ja?«

Er löschte sie, und gemeinsam gingen sie durch das Kaminzimmer. In der kleinen Eingangshalle trennten sie sich.

»Heute nacht gibt es viel zu träumen«, sagte er, als sie ihn auf die Wange küßte. »Es war ein unternehmungsreicher Tag.«

»Das war er. Ich glaube nicht, daß ich morgen zum Segeln gehen werde. Ich werde mit Melfidor sprechen, ehe er mit Veltim zum Kai geht. Schlaf gut, Yarne.«

»Du auch.«

Sie legte sich auf ihr Bett mit der Absicht, einen Traum von Baltor in seiner Jugend zu bestellen. Sie war müde, doch nicht von der Erschöpfung eines arbeitsreichen, erfüllten Tages, und sie vermochte nicht, genau jene Visionen heraufzubeschwören, die sie wollte. Unbehagen und ein Gefühl von Unwirklichkeit umgaben sie. Sie hörte, wie ihr Bruder leise vor sich hin sang, während er sich bettfertig machte. Er sang jeden Abend, doch heute schienen die Melodiefetzen etwas Quälendes, weit Entferntes zu beinhalten, wie das Schiff, das auf einem gleichgültigen Ozean Sicherheit suchte, der vergebliche Appell an die Zeit, doch anzuhalten. Ihr Geist verlangte nach Bewußtlosigkeit, doch die ganze Nacht über träumte sie von schwarzen Flügeln, die wie rasend gegen ihr Fenster flatterten. Sie raschelten sanft und leise in ihren Vorhängen und schlugen ausholend und mächtig an einem sternenbesetzten Nachthimmel. Sie kam zu sich, lange bevor die Sonnen aufgingen, um Sholia freudig und in spielerischem Wetteifer zu begrüßen. Die Träume hatten sie ausgekühlt mit einem Gefühl der Bedrohung und einem fremdartigen, unerklärlichen Sehnen nach den schwindelerregenden, windumtosten Berggipfeln hinter Shaban.

13

Sie badete, zog sich an, aß ein klein wenig, nahm dann ihren Mantel vom Haken an der Tür und schlüpfte hinaus in das fahle Licht der Vordämmerung. Beim Gehen hob sie den Kopf und sog den Morgen ein. Noch zupfte der Wind an der Stadt und ließ Tausende von Glöckchen erklingen. Rilla war so sehr an sie gewöhnt, daß sie sie kaum wahrnahm. Gelegentlich traf sie einen, der zur Arbeit ging, und grüßte ihn mit einem Lächeln. Doch die meisten Straßen, die ihre eigene kreuzten, lagen verlassen da. Der Duft des Winters hing in der Luft, trocken, zart und schwach, der Geruch von ruhenden Bäumen, der sich in den süßen Hauch von Büscheln weißer Winterblumen mischte. Sie stieg gleichmäßigen Schrittes höher, und sobald sie sich einmal über der Stadt befand, zog sie an den Friedenstürmen vorüber hinaus auf die Hochebene. Nun standen die Sonnen neu und rotschimmernd am Horizont. Sie schritt rasch mit gesenktem Kopf die ausgetretenen Pfade entlang und mit unter dem sich blähenden, grünen Umhang gefalteten Händen. Hier oben über Shaban blies der Wind mit stetigem, klagendem Pfeifen, zerrte an ihrem sauber zusammengesteckten Haar, brachte einen rötlichen Hauch auf ihre blassen Wangen und reizte ihr Blut, schneller und prickelnder durch ihre Ohren zu rauschen. An jedem anderen Morgen hätte sie beim Gehen eine Melodie gesummt, die zur Bewegung ihrer langen, braunen Beine gepaßt hätte, und sich die Zeit genommen, zuzusehen, wie die Sonnen über der Stadt aufgingen und die Vorderfront des in den Fels gehauenen Palastes in Licht badeten. Doch nun war ihr Innerstes von einer eigentümlichen Traurigkeit erfüllt, die sie wünschen ließ, sie wäre im Bett geblieben oder hätte sich nur an das große Fenster ihres Arbeitszimmers gesetzt und an nichts gedacht. Eine Vogelschar zog über sie hinweg und flog im Bogen über die Ebene; die Tiere krächzten einander zu, so daß sie zusammenzuckte und weitereilte.

Als sie auf den ausladenden, schimmernden Vorplatz des Palastes gelangte, erklomm sie rasch die Stufen und schritt erleichtert durch die hohen Eingangsbögen. Es dauerte nur ein paar Augenblicke, bis sie an Melfidors Tür klopfte.

Er öffnete, begrüßte sie fröhlich und gab ihr einen Kuß. Sie trat hinter ihm in das Zimmer. Überall herrschte Sonnenlicht, zauberte einen rötlichen Hauch auf die Wände, verfing sich in der Takelage des riesigen Schiffsmodells, das an der Wand angebracht war, legte sich über den Schreibtisch und ließ seine Stifte funkeln.

»In einer Stunde hätte ich dich abgeholt«, sagte er, »aber Veltim hat bei Sholia zu tun, und ich mußte warten.«

»Ich möchte heute sowieso nicht segeln gehen«, erwiderte sie und trat an den Schreibtisch. »Ich glaube, der Wind ist zu kräftig für kleine Boote, und außerdem habe ich zu tun.« Und zwar grüne Blätter, dachte sie. Ich mag keine grünen Blätter mehr sticken. Mir wird schon übel, wenn ich daran denke, wie lange ich gestern abend für ein halbes brauchte.

»Kommt Yarne mit?« fragte er.

Sie drehte sich verwirrt um, ihre blicklosen Augen auf ihn gerichtet, während ihre Hände abwesend und ungeschickt über das Durcheinander auf der Tischplatte strichen. »Vielleicht. Du kannst ja auf dem Weg zum Kai bei uns reinschauen und ihn fragen.«

Er trat zu ihr und strich ganz vorsichtig mit einem Finger über ihre Wange. »Warum bist du hierher gekommen, um mich zu besuchen?« wollte er wissen. »Hat Baltors Tod eine Wunde hinterlassen?«

Unduldsam, fast heftig, zog sie ihr Kinn aus seiner Hand und wich vor ihm zurück.

»Nein, warum sollte er? Ich weiß nicht, warum ich gekommen bin, Melfidor. Ich habe gar nicht recht darüber nachgedacht. Ich... bin einfach gekommen.«

»Ich werde heute nicht mit dem Boot hinausfahren, wenn du mich nicht begleiten willst. Wir können etwas zu essen mit in die Ebene nehmen, ein wenig wandern und uns mit den Nomaden unterhalten.

Sie werden hinter der Bergwand lagern, bis der Wind nachläßt.«

»Nein!« Aus ihrer schroffen Antwort klang fast Panik. »Dort sind Vögel. Vögel kreisen über der Ebene.«

»Rilla.« Er trat wieder auf sie zu, um sie zu streicheln, doch sie wirbelte zum Schreibtisch herum.

Er zog seinen Stuhl heraus und setzte sich. »Möchtest du gerne die Pläne für meine neuen Handelsschiffe sehen?« fragte er sogleich. »Ich bin fertig damit. Wenn sie Sholia gefallen, werde ich sie zu Depor bringen, damit er mit dem Bau beginnt.«

Sie lächelte in dem Bemühen, freundlich zu sein. Es war, als wäre er ein Fremder, und als solchen betrachtete sie ihn mit kritischem Vorwurf. Du bist letzten Endes doch nicht vollkommen, dachte sie. Wie kam ich nur auf den Gedanken, daß du und ich unser Leben gemeinsam verbringen könnten? Ich bin Baltors Tochter Rilla. Mein Vater war der größte Sholaner, der jemals gelebt hat, doch deine Vorfahren taten nichts, als Schiffe zu zeichnen, und du vollbringst auch nichts anderes. Nur ein Sonnengebieter ist meiner wert. Ich wurde zum Herrschen geboren, ebenso wie mein Vater. »Wenn du magst«, antwortete sie gleichgültig.

Er beugte sich vor und schob ihr ein Papier in die Hand. »Da ist es. Die Grundrisse habe ich auf einem anderen Bogen gezeichnet, aber so wird es von außen aussehen.«

Rilla nahm den Plan und warf einen Blick darauf. Dann sah sie näher hin. »Melfidor, warum hast du das getan?« fuhr sie ihn an, und ihre Stimme klang hoch und atemlos, als sie ihm das Papier zurückgab und mit einem Finger auf das geschwungene Heck deutete. »An ein sholanisches Schiff gehören keine Flügel.«

Er nahm das Papier langsam an sich. »Ich erinnere mich gar nicht, das gezeichnet zu haben«, sagte er fassungslos. »Ich habe Sholia als Gallionsfigur genommen. Ich muß geglaubt haben, ihr Haar am Heck zusammenzubinden, aber das war albern. Es sieht wie Flügel aus, und die müssen weg. In denen verfängt sich der Wind, und das verlangsamt die Fahrt des Schiffes.«

Rilla war den Tränen nahe und wollte gerade antworten, als ihr Blick auf Dutzende anderer Papiere auf dem Schreibtisch fiel, die alle mit etwas bekritzelt waren, das sie plötzlich frösteln ließ. Da waren Federn, lange und kurze, schmal geschwungene und aufgeblähte, da waren Flügel, hoch und zusammengefaltet, weit gespreizt, Flügel ohne Bewuchs wie die von Fledermäusen, Flügel jeder Art, die alle mit verhaltener Bedrohung unter ihren Augen zu flattern schienen. »Melfidor!« flüsterte sie entsetzt und hätte am liebsten geschrien, um den

Palast mit dem Klang dieses namenlosen, grundlosen Entsetzens zu erfüllen, das sie durchflutete. »Was geschieht auf Shol? Was widerfährt mir? Was dir? Telami...«

Er sprang auf, begann, die Papiere zusammenzuschieben, und warf sie hinter den Schreibtisch, wo man sie nicht mehr sehen konnte. »Nun, ich dachte... das heißt... ich habe vor, ein Schiff zu bauen, das durch die Lüfte segelt, Rilla. Gestern habe ich mich hingesetzt und Flügel gezeichnet. Ich muß Vögel fangen und sie studieren, ihnen Federn abnehmen, ihren Knochenbau untersuchen...« Vorsichtig hob er die Augen und sah, wie sie aufrecht stand und alle Zeichen von Panik von ihr gewichen waren... Ihr Blick traf hart und mit gebieterischem Ausdruck den seinen.

»Ich war nicht sicher«, sagte sie, und ihre Stimme klang nun tiefer. »Die sholanischen Gesichter sagen mir noch nichts, und ich muß vorsichtig sein. Wer bist du?«

Melfidor sackte erleichtert zu Boden. »Ich bin es, Mirak«, sagte er. »Ist die Zeit zum Kämpfen reif?«

»Steh auf!« befahl Ghakazian. »Krieche nicht vor mir am Boden. Wo ist Tagar?«

Mirak rappelte sich auf und trat der rotgekleideten, graziösen Gestalt mit dem zarten, ovalen Gesicht und dem hoch auf den schmalen Kopf getürmten Haar gegenüber. Das war nicht Rillas ruhiger, freundlicher Blick, der dem seinen begegnete, sondern die strahlende Macht seines Herrn.

»Ich weiß nicht«, antwortete er. »Ich habe ihn nicht gefunden. Aber Natil und Rintar sind hier. Wir alle sind weit verbreitet unter dem Volk der Stadt und der Hochebene.«

»Gut. Dann hat alles seinen Sinn gehabt, und nun müssen wir warten. Was ist die Position dieses Melfidor?«

»Er ist Schiffskonstrukteur, so etwas wie ein Vorsteher der Docks, ein sehr wichtiger Mann«, antwortete Mirak stolz. »Er verbringt viel Zeit mit der Sonnengebieterin.«

Der Gedanke an Sholia ließ eine Woge von Übelkeit über Ghakazian hinwegspülen. Er fuhr sich mit der Zunge über trockene Lippen und fühlte ihre Nähe mit nur wenig Raum zwischen ihnen. Er war in ihre Macht verstrickt, ein ahnungsloses Opfer. Nein, korrigierte er sich schnell. Das All ist das Opfer, das darf ich nicht vergessen. »Gut!« sagte er wieder schroff. »Ich werde zu ihr gehen und sie fragen, ob ich hier im Palast arbeiten kann. Yarne, mein Bruder, ist keiner von uns, und ich möchte nicht länger bei ihm bleiben. Obgleich« – und hier kräuselten sich die Lippen – »er viel zuviel damit zu tun hat, fröhlich zu sein, um über eine Wesensveränderung bei seiner Schwester nachzudenken. Vernichte diese Flügel, Mirak! Ein fliegendes Schiff!«

»Ich sehne mich nach meinen Flügeln«, entgegnete Mirak schüchtern. »Ich bin an die Erde von Shol gekettet. Wir haben viele Opfer für dich gebracht.«

»Und für euch selbst«, entgegnete Ghakazian. »Was hättest du denn lieber verloren, deine Flügel oder deine Freiheit als Sterblicher? Hör auf zu jammern. Meine Flügel blieben ebenfalls hinter dem Tor von Ghaka. Ich kann nicht zurück. Das Tor ist geschlossen.«

Mirak starrte ihn entsetzt an. »Geschlossen? Warum? Wie kann ich nun dorthin zurückkehren? Sonnengebieter, sag Janthis die Wahrheit. Er muß es wieder öffnen!«

»Das wird er vielleicht als Belohnung für dich auch tun, wenn der Antischöpfer keine Bedrohung mehr darstellt«, antwortete Ghakazian milde. Die Lüge floß ihm leicht über die Lippen, aber Mirak war nicht getröstet.

»Hast du das Buch mitgebracht?« fragte er scheu.

Ghakazian schnaubte verächtlich. »Wie hätte ich das bewerkstelligen sollen ohne Hände, es zu halten? Geh zurück hinter Melfidors Geist, Mirak. Ich werde dich rufen, wenn ich dich brauche.«

Mirak seufzte, verbeugte sich und streckte die Hand aus, um die Halskette zu berühren, die nicht mehr da war. Melfidor legte leicht den Arm um Rillas Schultern. »Ich bin Planer«, sprach er freundlich. »Mein Kopf ist voller Ideen, von denen manche gut sind und andere aus einer Traumwelt stammen und absolut nicht umsetzbar sind. Doch ich ziehe sie alle in Erwägung, denn sie machen mein Leben aus.«

Die Erstarrung wich ein wenig von ihr, und sie lehnte ihre Wange gegen seinen Arm. »Es tut mir leid, Melfidor. Es ist nicht meine Angelegenheit, deine Arbeit zu verstehen. Doch ich wünschte, du würdest die Flügel wegwerfen. Irgendwie scheint ganz Shol von dem Wunsch zu fliegen besessen zu sein, doch das ist nichts Lustiges, kein neues Spiel. Es jagt mir Angst ein.«

»Mir ebenfalls«, sagte er und zog sie an sich. Das Bild von Telami, wie dieser weit oben auf gefährlicher Höhe in der Dunkelheit hockte, erfüllte ihr Denken. Doch keiner sagte etwas, und schließlich küßte sie ihn und ging zu ihrem Haus zurück, ohne den strahlenden Tag oder die wimmelnden Straßen zu beachten.

Mit erzwungener Leichtigkeit hängte sie ihren Umhang auf und versuchte, sich an die Arbeit zu machen. Bald merkte sie jedoch, daß sie wieder ins Brüten geraten war, die Nadel müßig in ihren Fingern ruhte und ihr Blick auf die vom Wind geschüttelten, kahlen Zweige im Garten gerichtet war. »Ich bin einsam«, sprach sie zum erstenmal in ihrem Leben und empfand die Bedeutung des neuen Wortes, ohne zu versuchen, es zu bestimmen. Ich möchte nicht mehr vom Morgengrauen bis zum Abend mit Yarne leben und in die Stille lauschen, während ich arbeite. Mein Vater war ein bedeutender Mann. Gewiß wird Sholia mir ein Zimmer im Palast gewähren, wo die Menschen kommen und gehen, und ich direkt unter ihrem Schutz stehe. Ich werde Yarne dieses Haus überlassen.

Der Raum umgab sie mit Unbehagen, so als hütete er eine tragische Erinnerung, die versuchte, mit ihr in Kontakt zu treten. Schließlich floh sie aus dem Zimmer und aus dem Haus und verbrachte den Rest des Tages auf den Märkten, auf dem flachen, von Menschen wimmelnden Land bei den Docks. Als die Sonnen untergingen, kehrte sie zurück. Sie machte jedoch nur die Tür auf. Die Schatten in der Halle raschelten ihr gierig entgegen, bereit, sie ins Innere zu zerren, und kein Licht fiel aus dem Kaminzimmer. »Yarne, bist du da?« rief sie. Als sie keine Antwort erhielt, schloß sie die Tür, schlug den Weg zum Palast ein und rannte in seine beständige Wärme, als würde sie verfolgt.

*

Sholia fand sie, wie sie finsteren Blickes in der Eingangshalle stand und mit der Hand über die Schiffe strich, die über den saphirblauen Ozean an der Wand schaukelten. Rilla, die sie kommen fühlte, hob den Kopf und blickte in den Glanz des alterslosen Gesichts. Sie nahm ihre Hand von der Wand und fuhr mit den Fingern leicht über den glatt-goldenen Kopf und gestattete ihnen, hinabzugleiten über die warmen, schweren Zöpfe mit einer eigentümlich besitzergreifenden Geste.

Sholia griff nach der wandernden Hand. »Wolltest du mich besuchen oder suchst du Melfidor?« fragte sie. »Brauchst du mich, Rilla?«

Ein eigenartiger Funke flackerte in Rillas Augen auf, doch sie lächelte, und sogleich war er verschwunden. »Ich kam zu dir«, erwiderte Rilla. »Ich kann zu Hause nicht länger arbeiten. Ich möchte dich bitten, mir hier ein Zimmer zu gewähren.«

»Warum kannst du zu Hause nicht arbeiten?«

Rilla zögerte. »Weil... weil ich Telami im Baum sah und eine Frau...« Sie hätte weitergesprochen und ihre Gedanken irgendwie zu einer Schlüssigkeit geordnet, wie Sholias Anwesenheit es immer verlangte, doch sie hörte, wie etwas in ihrem Denken scharf »Nein!« zischte. Sie stellte fest, daß sie den Faden verloren hatte und sich nicht erinnern konnte, was sie eigentlich aus ihrem Haus getrieben hatte. »Baltor ist dahin«, schloß sie schwach. »Ich möchte seinen Platz einnehmen.«

Sholia betrachtete sie eingehend. Irgend etwas war anders an Rilla, der Hauch eines Geheimnisses umgab sie. Ruhig erforschte Sholia ihr Denken und fand dort eine Angst vor dem Haus, ein Wirrwarr an Bildern von Vögeln und Flügeln und diese alles überschattende Einsamkeit, wie kein Sterblicher sie hätte empfinden dürfen. Verwirrt stieß Sholia tiefer vorbei an dem Wirbel bewußter Gedanken, in die sich Gefühle flochten, zu dem beständig unveränderten Strom des Geistes und fühlte sich selbst mit Entschiedenheit abgewiesen. Erneut tastete sie sich vor. Wieder traf sie eine Woge des Widerstands. Und doch wich Rilla ihrem Blick nicht mit der berühmtberüchtigten Scham aus, die ein Sterblicher an den Tag legte, wenn er in den ersten Stadien seines Falls ertappt wurde. Sholia hatte solche Augen viele Male auf nun vergessenen Welten gesehen. Was ist es dann aber? dachte sie. Welche Macht ist Rillas Geist erwachsen, daß sie mich zurückweisen kann? Welche Macht auf Shol übersteigt die meine? Mit zermürbender Vertrautheit kehrten ihre eigenen Ängste zurück, und sie verdrängte sie mit der Geschicklichkeit langer Gewohnheit. Ich werde ihr gestatten, hierher zu kommen, dachte sie, und ich werde sie ebenso beobachten wie die übrigen, liebevoll und beschützend, aber heute auch wachsamer als früher. »Wenn du Baltos Platz einnehmen möchtest, wirst du wenig Zeit für deine Stickerei haben«, bedeutete sie ihr freundlich.

»Ich mag nicht mehr sticken«, antwortete Rilla langsam und unterdrückte ein Schaudern. »Ich bitte nur, dir dienen zu dürfen, wie Baltor das getan hat. Wenn ich beginne, dich in den kommenden hundert Jahren zu verstehen, will ich es zufrieden sein.« Ich werde keine hundert Jahre benötigen, sagte eine höhnische, heftige Stimme in ihrem Innern. Ich kenne dich von Anbeginn. Rilla war nicht zum Palast gekommen, um diese Dinge zu sagen, und ihre eigenen Worte Sholia gegenüber entsetzten sie. Nun, da ihre Augen auf dem hell erleuchteten, faltenlosen Gesicht der Sonnengebieterin ruhten, fragte sie sich, warum sie jemals soviel Zeit mit Nadel und Faden zugebracht hatte, wo sie doch in Wirklichkeit nichts wollte, als mit Sholia zusammensein.

Die Sonnengebieterin neigte den Kopf. »Ich will dir nicht versagen, das Werk deiner Ahnen fortzuführen«, sagte sie. »So schreibt es das Gesetz deiner Art vor, Rilla. Du magst kommen. Melfidor wird sich freuen.«

Rilla zuckte mit den Schultern und lächelte. »Wahrscheinlich. Kann ich nun gehen?«

Sholia blieb stehen und sah zu, wie der aufrechte, rot-gewandete Rücken verschwand. Dann ging sie langsam zu ihrem eigenen Saal, durchschritt ihn und drehte sich um, um unter Shols Flagge Platz zu nehmen. Sie war zu der schrecklichen Ratsversammlung nach Danar gereist und hatte gesehen, wie Ghakazian so unverfroren sein Tor schloß, als habe dies keinerlei Bedeutung. Als sie zurückgekehrt war, hatte Shol sich verändert gehabt. In der Luft hing ein Gefühl der Erwartung, das so greifbar war wie der Sessel, in dem sie saß. Es stand als eigentümlich neue Anspannung in den Gesichtern der Sterblichen geschrieben, die sie besser kannte als diese sich selbst. Es lag in ihren Bewegungen, die nicht mehr leicht und frei waren, sondern flüchtig und unbewußt wie bei einem Volk von Schlafwandlern. Irgend etwas stimmte nicht, und doch hatte niemand sie gewarnt. Sie war in die Sonnen gegangen, doch diese verströmten ihre ungeminderte Kraft in sie ohne eine Spur von Schwächung, und sie wußte, daß sie und die beiden unbefleckt waren. Was hing drohend über Shol? Ich muß nach Danar gehen und um Erlaubnis bitten, die Menschen tiefergehend zu erforschen, dachte sie. Setzt bei ihnen eine vom Weltenschöpfer geplante Wandlung ein? Ich erinnere mich nicht, daß er einen solchen Plan erwähnt hätte, als er nach Shol kam und mit mir sprach, nur er und ich, die Sonnen, die Berge und das Meer. Oder hat seine Macht irgendwie begonnen hereinzusickern?

Sie erhob sich und begann, in dem Raum auf und ab zu gehen; im stillen verlangte sie nach mehr Licht, um die Schatten zu verjagen, die in jeder Nische lauerten. Janthis warnte mich, mich nicht von der Angst mitreißen zu lassen, doch ich glaube, hierum handelt es sich nun nicht; ich mache mir selbst etwas vor und achte nicht mehr auf die Ursachen. Werde ich das Opfer meiner eigenen Wachsamkeit? Liefere ich die Ursache zur Besorgnis und bereite meine Sterblichen durch meine intensive Angst erst auf den Antischöpfer vor? Vorsichtig verbannte sie das geringe Wissen um Veränderung auf Shol aus ihrem Denken und versuchte, sich selbst auszulachen, als sie nur noch eine geringe Bedrohung wahrnehmen konnte. Sie rief nach mehr Licht und immer mehr, bis der ganze lange Saal in gleißendem Sonnenschein erstrahlte. Sie schritt langsam ins Zentrum, fühlte sich immer noch von Kälte und Gefahr erfüllt und fand keinen Trost.

Es kam ihr vor, als ob die Bruchstücke des Unbehagens, die jahrhundertelang zäh an ihr geklebt hatten, sich schließlich sammelten und eine unheildrohende Gestalt annahmen, welche sie noch nicht erkennen konnte. An der Tür zu ihrem Schlafzimmer blieb sie stehen und spürte, wie ihre Finger sich um die Sonnenscheiben schlossen, die leicht auf ihrer Brust ruhten. Der Drang wegzulaufen erfaßte sie wie so oft. Sie wollte das Halsband zu Boden schleudern, aus dem Palast und der Stadt mit ihrem unheimlichen Glockengeklingel fliehen, um in den Bergen unterzutauchen und die endlose, nutzlose Verteidigung von Shol einem anderen zu überlassen. Eine Ewigkeit kämpfte sie mit dem Wunsch zu fliehen, der, wie sie wußte, durch das Tor gekrochen kam wie ein Befehl zur Aufgabe. Doch der Augenblick der Versuchung verstrich, und sie konnte unversehrt durch die Tür schreiten.

14

Sholia verließ mit Freuden den Palast und hoffte, daß die rein körperliche Distanz sie von dem lautlosen, unsichtbaren Ungeheuer befreien könnte, das in jedem Zimmer auf sie lauerte. Sie fühlte sich absolut verletzlich, so als habe sie irgend etwas unbemerkt ihrer Unsterblichkeit und Macht beraubt, daß sie kaum noch besser als die Sterblichen um sie her war, die das sahen und sie endgültig hinabrissen.

Sie zog ihr Licht um sich, trat von der Vorplatztreppe in die spröde Kühle des Wintergrases und entfernte sich rasch vom Palast. Die Lichter hoch oben auf den Friedenstürmen schimmerten in der Ferne am Rande der Ebene. Sie schlug den Weg dorthin ein, drehte sich ab und zu nach der dunklen, felsenumklammerten Fassade des Palastes um, wo Fenster wie Münder verächtlich Licht hinter ihr herspien. Ich kann nicht dorthin zurückgehen, dachte sie. Ich muß zu den Sonnen, muß nachdenken. Sie gelangte zu dem nächststehenden Turm, der etwas unterhalb der Ebene erbaut war und über schmale Steinwege, die den kleinen Abgrund dazwischen überspannten, mit ihr verbunden war. Hier blieb sie stehen, um die Menschen zu begrüßen, die auf den Brüstungen entlanggingen und ihr Licht über die Ebene auf sich zukommen gesehen hatten. Dann schlug sie den Weg zum Tor ein, blieb daneben stehen und blickte hinab auf die Stadt.

Shaban war von Unruhe erfüllt. Nur wenige Lichter waren zu sehen, doch tausendfaches Gemurmel und Stöhnen stieg zu ihr empor und vermischte sich mit den Glöckchen, deren eigene Musik ihr nun kalt und feindselig vorkam. Sie hatte den Eindruck, als wären die Straßen von heimlichem Kommen und Gehen erfüllt, das sie nur aus den Augenwinkeln erhaschen konnte. Jedesmal, wenn sie einer dunklen, steilen Straße ihre volle Aufmerksamkeit widmete, herrschte dort nur Stille und das schläfrige Seufzen der Nachtwinde. Sie rief eine ihrer

Sonnen, und bald erhellte diese das obere Drittel der Stadt. Doch in ihrem mittäglichen Glanz wirkte Shaban unschuldig und sicher, so daß sie sie wieder höflich entließ. Sie drehte sich um, aber nun schien die gleiche eigentümliche Gefahr hinter ihr zu lauern und ihr zu folgen, als sie wieder den Weg über die Ebene einschlug. Shol hat mich ausgestoßen, dachte sie entsetzt. Ohne die Andeutung einer bevorstehenden Veränderung hat es sich gegen mich gekehrt, anstatt an meiner Seite zu sein. Wie hat er das fertiggebracht? Sie blieb mitten auf der Ebene stehen, eine winzige Fackel flackernden Lichts, und ein übermächtiger Drang, ihr Tor zu schließen, befiel sie. Sie wollte alles hinter sich gebracht wissen, wollte es vollbracht haben, damit niemand von ihr Dinge verlangen konnte, die zu erfüllen sie nicht mehr in der Lage war. Sie begann zu laufen, rannte die Palasttreppen entlang, streifte die eingetopften Sträucher und gelangte an die Außentür der Wartehalle. Sie stürzte hindurch und hielt dann an. Im Tor stand ihr eine Frau mit auf die Brust gesenktem Kopf und schlaff herabhängenden Armen gegenüber. Sholia erkannte sie nicht, denn das braune Haar fiel ihr übers Gesicht. Sie konnte aber sehen, daß sie schlank war und an den Fingern blaue Edelsteine trug. Hinter ihr, die vom Tor säuberlich eingerahmt stand, wirbelte die Schwärze des interstellaren Raumes um die Gestirne, und das ewige Schweigen des Universums blies Stille in die leere Halle. Die Frau blickte nicht auf, so daß Sholia zu ihr trat.

»Wer bist du?« fragte sie entschieden. »Bist du auf dem Weg nach Shon oder Sumel, oder kommst du von einem der beiden?« Sie erhielt keine Antwort. Der Kopf verharrte gesenkt auf dem blauen Gewand, und die Hände rührten sich nicht. Schließlich sprach Sholia einen Befehl, und langsam und geschmeidig hob sich der Kopf, und das Haar fiel zurück. Es war eine Bürgerin der Stadt, deren Namen Sholia nicht kannte. Das Gesicht, das ihren Blick erwiderte, wies wenig Ähnlichkeit mit dem lächelnden Mund und den blitzenden Augen jener jungen Frau auf, die sie einst mit ihren Kindern unter den Bäumen hatte spielen sehen. Der Mund hing nun schlaff herab und stand leicht offen, die Lippen waren trocken vom Atem, der über sie hinwegstrich. Der starre Blick war stumpf, und die großen Pupillen reagierten nicht auf den Lichtstrom, als Sholia eine Hand an ihnen vorüberführte. Sie wiederholte ihre Fragen, doch sie sollte keine Antwort darauf bekommen. Dann beugte sie sich hinab und nahm eine Hand in die ihre, wo sie schlaff liegenblieb. Sie ergriff die Handfläche und preßte ihre eigenen Fingerspitzen gegen die der Frau.

Als sie begann, die Wurzeln dieser eigentümlichen Trance zu ertasten, wurde sie von dichtem, weißem Dunst umhüllt. Nebelfetzen streiften ihr Bewußtsein mit feuchter Kühle. Dann fiel ihr auf, daß der Nebel eine dichte Wolkendecke war. Sie stürzte hindurch, denn die Schwaden rissen auseinander, der Dunst sickerte über ihre Schultern hinweg, und sie befand sich hoch über der Erde und blickte hinab auf zwei von grauem Licht erfüllte Täler, die durch eine Bergkette getrennt waren. Über ihr bildeten die Wolken ein festes, niedriges Dach von regengesättigter Schwere, in der sich kein Lüftchen regte. Doch Wind rauschte in ihren Ohren und übte ständigen Druck auf ihre Stirn aus, während sie flog. Das Rascheln ihrer Flügel klang deutlich an ihre Ohren, und sie konnte das Kräuseln der Bewegung unter ihrer Rükkenhaut fühlen. Mit der rhythmischen Spannung ihrer Muskeln erwärmte sie ein Gefühl der Erfüllung und Befriedigung, und glücklich ließ sie ihren Blick über das üppig grüne, dahinfließende Panorama unter ihr schweifen. Durch die trägen Gedanken der Frau erblickte sie einen Höhleneingang hoch oben an einer Bergwand, hinter dem ein Feuer und brodelnde Speisen zu erkennen waren. Als die Frau in ihrem Flug innehielt und zu den scharfkantigen Felsen hinabzusegeln begann, setzte ein kühler, sanfter Regen ein, der hörbar auf ihre Flügel tropfte und in ihr Gesicht schlug. Sholia sah zu, wie ihr die Landschaft langsam entgegenflog, und als der Horizont durch halb in Wolken gehüllte Felswände zerrissen wurde, erschreckte sie ein bohrendes Gefühl von Vertrautheit. Sie war schon einmal hier gewesen. Sie hatte diese Täler gesehen, nicht von der Luft aus, doch von irgendeinem erhöhten Standort. Als die Frau einen Bogen machte, um aufrecht zu schweben, und die Berge plötzlich auch senkrecht standen, fühlte sie ihren Blick zu einem einzelstehenden, zerklüfteten Gipfel hingezogen, der hoch aus der Erde aufragte. Von der Spitze bis zur Hälfte seines steilen Abhanges hin war er geteilt durch einen schmalen, hoch aufsteigenden Bogen, der nun vom stärker werdenden Regenfall verschwommen erschien.

Dann wußte sie es. Ghaka! Oft hatte sie am Rande des Bogens gestanden, Ghakazians Halle hinter sich, ihn selbst neben sich und hatte hinausgeschaut auf die furchterregende Gewaltigkeit der Landschaft von Ghaka. Sie blieb nicht stehen, um noch mehr zu sehen. Mit pochendem Herzen und dem Zeichen eines schrecklichen Geheimnisses, das sich in ihr Innerstes grub, riß sie sich von der Frau los, nahm ihre Hand fort und trat zurück. Die Finger der anderen fielen hinab, streiften das blaue Gewand, und die Augen waren weiter blicklos und ohne zu blinzeln in die Ferne gerichtet. Kein Sholaner war jemals auf Ghaka gewesen, dachte Sholia wie rasend, nicht einmal in den Anfängen. Es kann keine Erinnerung an eine solche Reise unter meinen Sonnen geben. Das Tor von Ghaka war nun verschlossen, Ghaka ist eine sterbende Welt; deshalb gehört das, was ich sah, die Trance, die diese Sholanerin durchlebt hat, der Vergangenheit an, und zwar nicht Shols, sondern Ghakas Vergangenheit. Sie ist eine Fremde, eine Ghakanianerin auf Shol.

Dann traf sie die volle Wucht dieser Einsicht. Ein Ghakanianer in einem sholanischen Körper. Das Rätsel um Rilla, der unerklärliche Hauch von Bedrohung löste sich in ein Bild des Schreckens auf, hinter dem sich noch ein finsteres Geheimnis verbarg. Noch einmal versetzte sich Sholia in das Denken der Frau, und eine Sekunde lang stand sie in einer Höhle, den Blick in die warmen Flammen eines Feuers gerichtet, während die Höhlenmündung von niederprasselndem Regen verschleiert war. Dann hüllte sie ihren eigenen Geist um den der Frau und gab einen entschiedenen Befehl. Die Frau begann zu zittern und schrie auf vor Schmerz, doch Sholia sprach erneut, ungeachtet ihrer Greueltat. Sie hielt das Denken der Sholanerin unter ihrer steten Kontrolle, drängte sie zurück in die Wartehalle und trat der Frau entgegen, deren Gesicht plötzlich sehr bleich geworden war und die ihre Lippen fest zwischen starke Zähne preßte.

»Laß mich los!« zischte sie, deren Augen nun nicht mehr bar allen Ausdrucks, sondern von Angst und Haß erfüllt waren. »Es tut mir weh!«

»Wer bist du?« fragte Sholia. Die Frau wand sich mit zu Fäusten geballten Händen. »Antworte mir!«

»Laß mich los!« bettelte die andere hinter zusammengebissenen Zähnen hervor. »Ich habe Schmerzen, Sonnengebieterin.«

»Ich werde alle deine Erinnerungen ausbrennen, wenn du mir nicht antwortest«, sprach Sholia laut, wobei ihre Sonnenscheibe weißglühende Hitze verstrahlte. »Ich werde eine Hülse aus dir machen, eine absolute Leere. Wie bist du nach Shol gekommen?«

Schweiß stand auf der Stirn der Frau und ließ ihr Haar feucht werden. Doch während Sholia ihren Griff um den fremden Geist in diesem geschmeidigen Körper enger spannte, fühlte sie, wie ein Beben ihn durchströmte.

»Wenn du mich weiter quälst«, krächzte die Stimme zurück, »werde ich ihren Geist zerfetzen. Es ist dir untersagt, deinen Sterblichen auf irgendeine Weise Leid zuzufügen, das weiß ich, Sholia, also laß mich los!«

Heftiger Zorn brodelte in Sholia auf, verscheuchte alles Zaudern, und sie raffte sich in einem Energieschwall auf. »Du wagst es, so mit mir zu reden!« brüllte sie, so daß die tiefen, vibrierenden Töne von der

Decke widerhallten. »Das Gesetz gibt mir jede Macht über dich, denn du kannst Shol nicht mehr verlassen.« Sie streckte ihren Arm aus. Licht brach aus ihrer Fingerspitze und stieß mit einem Dröhnen in die gegenüberliegenden Wände. »Ich werde dich vernichten, Ghakanianer, ich werde ein qualvolles Feuer in sie setzen, das niemals erlischt!« Ihr Körper wurde transparenter und ergoß nun Hitze und Sonnenfeuer in den Raum. Ihr Gesicht hatte die Weichheit einer sterblichen Frau verloren und erschien nun als strahlender Schädelknochen unter einer Haut aus geschmolzener Weißglut, der ganz aus glühenden Augen zu bestehen schien.

Die Frau schrie auf und fiel zurück, kroch neben das Tor und beschirmte das Gesicht mit einer Hand. Der Ghakanianer aber, der sich unter dem Griff der Sonnengebieterin wand, war wie von Sinnen. »Verletze sie, und du wirst fallen! Du wirst fallen!« kreischte er schrill.

Sholia hielt inne. *Du wirst fallen.* Ja, es ist wahr, dachte sie, und ihr Zorn wich der Angst vor der Niederlage. Und wenn ich falle, ist Shol am Ende. »Ich werde dich aus ihrem Körper reißen«, schrie sie verzweifelt, doch ihr Griff hatte sich bereits gelockert, und der Ghakanianer drehte sich um und feixte ihr zu.

»Du kannst mich diesem Körper nicht entreißen, ohne zu töten«, spottete er. »Bring sie um, hol mich heraus, vernichte mich, was wirst du dann mit dem nackten Geist anstellen? Ihm sagen, wie leid es dir tut?«

Sholia ließ von dem Denken der Frau ab, und sie hörte den Geist des Ghakanianers hinter sich herlachen, als er hinter den der Sholanerin zurückkroch.

Die Frau führte beide Hände an ihr Gesicht und richtete ihre verwirrten Augen auf Sholia. »Sonnengebieterin?« flüsterte sie. Ihre Hände fielen herab, und sie lächelte schwach. »Ach, jetzt fällt es mir wieder ein. Ich wollte für kurze Zeit nach Sumel. Was wollte ich dort?«

»Geh zurück in die Stadt, geh nach Hause«, antwortete Sholia erschöpft. »Die Nacht ist fast vorüber, und du benötigst Schlaf.«

Die Frau wandte sich gehorsam zur Außentür, jedoch nicht ohne einen sehnsüchtigen Blick durchs Tor zu werfen, wo die Sterne kreisten und strahlten. »Ich wollte irgendwohin«, meinte sie müde. »Ich mag nicht schlafen. Ich mag auch nicht mehr träumen.« Dann verschwand sie mit gesenktem Kopf.

Sholia wartete nicht. Sie trat hinaus auf den schmalen Raum unterhalb des Tores, rannte die drei Treppen hinab und stürzte mit dem Ruf nach Danars Sonne in den Korridor. Sie tauchte aus Danars windigem

Tortunnel auf und blieb einen Augenblick stehen. Die Dämmerung vertiefte sich zu warmem Zwielicht. Der Haeliwald reckte seine Zweige unter der Last ruhiger Finsternis. Entschlossen gab sie der Hast ihrer Beine nach, nahm den Steinpfad, der sie zum Mittelabsatz der Treppe führte, und stieg schnell hinauf. Sie gelangte zu den marmornen Fliesen des Kreuzganges und trat mit einem Nicken zu den reglosen Corionen hinein.

In den Gängen herrschte Stille. Sie ging dort mit festem Schritt entlang und kam schließlich zu der Halle, wo nur zwei Sternensysteme in der schwarzen Weite des polierten Fußbodens funkelten. Shol und Danar strahlten sie ermutigend an, als sie unter die hohe Kuppel trat. Leichtfüßig lief sie zu dem Podium hinauf, schritt an der stumpf schimmernden Sonne an der Wand vorüber und klopfte an Janthis' kleine Tür.

Er öffnete sogleich und hieß sie höflich willkommen. Sie spürte die Überraschung hinter seinen freundlichen Worten. Sie bedachte nicht, wie erregt ihr Feuer noch unter ihrer Haut brodelte, und so sehr sie sich auch zu beherrschen suchte, stand doch noch Zorn in ihren Augen. Janthis folgte ihr in den Raum.

»Nun, Sholia«, erkundigte er sich, als sie sich zu ihm umdrehte. »Warum bist du nach Danar gekommen?«

Sie zögerte nicht. »Shol entgleitet meinem Griff«, antwortete sie knapp. »Ich weiß nicht, warum. Du mußt mir rasch helfen.«

Er schaute sie eine Weile nachdenklich an und forderte sie dann auf: »Erzähle!«

Das tat sie schnell und trug alle Spuren zusammen, die sich außerhalb der Reichweite ihres Bewußtseins gesammelt hatten, und sie zögerte nicht, bis sie auf die Frau am Tor zu sprechen kam. Dann führte sie die Hände in einer Geste zusammen, die er einzig als die ihre kannte. »Es war ein Geist von Ghaka, das weiß ich. Ich flog über die Täler, und ich sah den dunklen Spalt von Ghakazians Eingang!« Die Aufregung veranlaßte sie, sich umzudrehen und bis zu dem breiten Fenster auf und ab zu gehen. Sie starrte in die Sonnenkugel, die schwarz und leblos auf dem Fenstersims lag. »Ich vermag nicht die Spur dieses Geistes aufzunehmen und mich von Shol nach Ghaka vorzutasten. Wie gelangte er nach Shol und wozu? Fast hätte ich mich vergessen, Janthis, fast hätte ich den Geist in die Vergessenheit getrieben aus meiner Angst und meinem Zorn heraus.«

Angst, dachte Janthis. Immer muß man Sholia mit aufmunternden Worten aufrichten. Die Angst hat sie verletzbar gemacht, sie ihrer Kraft beraubt. Hat sie nun auch ihr Gehirn verzehrt? Rutscht sie ab ins schwarze Feuer durch ihre Beflissenheit, sich davon fernzuhalten? Er trat zu ihr, nahm sie bei den Schultern und führte sie zu einer der grauen, schmucklosen Wände.

»Du sagst, daß einige deiner Sterblichen, vielleicht auch alle, zu Wirten der von ihren Körpern entrissenen Geister von Ghakanianern wurden«, sagte er. »Sehen wir uns Shol an.«

Irgend etwas in seinem Ton erregte erneut ihren Zorn, doch nun schwangen darin die Verwirrungen des Zweifels und das Selbstmißtrauen mit. »Du glaubst mir nicht!« konstatierte sie fassungslos. Aber er führte nur einen Finger an seine Lippen.

»Schau her!« befahl er und berührte die Wand. »Shol«, sprach er, und sogleich wurde das Grau weicher. Es floß in der Mitte zusammen, als würde der Wand alle Farbe entzogen, um samtenem Schwarz zu weichen, das so dicht und wirklich war, daß Sholia das Gefühl hatte, durch es hindurch in einen neuen, unentdeckten Raumkorridor treten zu können. Das Grau huschte der Mitte zu, schrumpfte, war verschwunden und ließ die ganze Wand als klaffendes Maul zum Nichts zurück. Dann erwuchs aus dem Zentrum ein Licht, wurde nach außen geschleudert und dehnte sich, bis ein weiteres dahinter aufglühte und noch eines. Sie schossen auf den Raum zu und erfüllten die Wand mit zischelndem Feuer, das sich weiß auf den Gesichtern der Unsterblichen widerspiegelte. Dann barsten die Lichter und verschwanden am Rande der Wand. Sholia hatte das Gefühl, als würden sie einen langen, bestirnten Tunnel hinabgeschleudert. Als sie sich aber leicht hineinzubeugen begann, zog Janthis sie vorsichtig zurück und ließ seine Hand auf ihrem Arm liegen. »Erkennst du die Konstellationen?« murmelte er. »Diese Wand ist ein Spiegel, der draußen im Universum hängt.« Er begann, die Sternbilder zu benennen, wie sie auf ihn zuflogen, erblühten und in sich zusammenfielen. Die Beschleunigung begann, sich zu verlangsamen. Die Sterne rollten geradewegs auf Sholia zu, bis sie innehielten und strahlend verharrten. »Meine Sonnen!« rief sie nach einem Augenblick des Staunens aus.

Er nickte. »Und da sind Shol, Shon und Sumel wie drei Kristallperlen auf einer unsichtbaren Schnur. Hast du jemals etwas derartig Schönes gesehen, Sholia?«

»Meine Sonnen«, sagte sie wieder, aber diesmal waren die Worte ein geflöteter Lufthauch.

Janthis nickte. »Näher«, befahl er, und die Zwillingssonnen und ihre Planeten schwollen an, bis sie die ganze Wand erfüllten und ihr Licht in den Raum zu brechen drohte. Lange Zeit standen sie ganz ruhig und betrachteten inbrünstig, was der Spiegel ihnen zeigte. Seine

Hand ließ Sholia los und zeichnete geistesabwesend ein Muster auf sein Kinn. Sie bemerkte es nicht, so sehr war sie in den Anblick ihrer Welten versunken, die so klar und schön wie Edelsteine im Universum waren. Dann vollführte Janthis unvermittelt eine Bewegung, als schleudere er etwas in den Spiegel, und das Bild erlosch sogleich, um die kahle, graue Wand und ein Licht im Raum zurückzulassen, das ihnen beiden düster und schwach erschien.

Sholia tat einen bestürzten Schrei. Janthis kam näher auf sie zu und zwang sie, ihre Augen zu den seinen zu heben. »Nun«, spöttelte er, »ich konnte keinen Makel an deinen Sonnen, kein Nachlassen ihrer Leuchtkraft, keinen Hauch einer Umgarnung feststellen. Du denn?«

»Nein«, entgegnete sie widerwillig.

»Sie scheinen so beständig wie immer. Shol ist noch unversehrt.«

»Weil ich noch unversehrt bin!« schrie sie fast und wich vor ihm zurück. »Den Sonnen wird man nichts anmerken, bis ich untergehe, und ich gerate bereits ins Rutschen, Janthis. Ich fühle es, ich weiß es. Meine Sterblichen sind besiegt, und ich vermag nicht, die zu bleiben, die ich bin!« Sein ruhiges Mitleid machte sie wütend, und sie rang verzweifelt die Hände. »Ghakazian hatte recht! Du bist hilflos, du unternimmst nichts!«

»Ich kann dich nicht zwingen, deine umherschweifende Phantasie zu durchschauen«, entgegnete er ungeduldig. »Du sagst, Ghakazian hatte recht, aber wo ist er nun? Eingemauert in seine Trugbilder hinter einem geschlossenen Tor. Ich wurde lange vor allen anderen Sonnengebietern geschaffen, Sholia. Ich wanderte mit dem Weltenschöpfer durch das Universum. Ich kannte ihn. Warum hörst du nicht auf mich und vertraust mir?«

»Vielleicht liebtest du ihn zu sehr«, kam sie ihm rasch wieder entgegen. Enttäuschung brach über sie herein und dämpfte die Feuer augenblicklicher Aufruhr und das neue Entsetzen, das sie durchdrang. »Vielleicht bist du nicht bereit, all das gegen ihn ins Feld zu führen, wozu du in der Lage wärst. Ich bringe dir schlechte Nachrichten, und du weist mich ab!«

Er seufzte, trat auf sie zu und nahm ihre zitternden Hände in die seinen. »Dein Leben wird von Angst beherrscht«, sprach er besänftigend. »Das ist schon seit Generationen so. Nun denk einmal nach. Ist es nicht möglich, daß der Antischöpfer dich mit seiner ganzen Spitzfindigkeit angreift? Ist es nicht vorstellbar, daß er deiner Phantasie durch dein Tor eine Nachricht geschickt hat, mit der er noch größere Trugbilder erweckt?«

Die Hände, die in den seinen lagen, beruhigten sich plötzlich. »Du meinst, er möchte mich glauben machen, daß meine Sterblichen unrettbar verloren sind? Daß ich nur die Auswirkungen einer Idee sehe und fühle, die ich mir selbst zurechtgesponnen habe?«

»Das wäre doch möglich, nicht wahr?«

»Ja«, antwortete sie nach einer Weile. »Das wäre es. Aber ich glaube nicht, daß es so ist.«

»Du mußt standhalten. Shol begehrt er mehr als alles andere im Universum, und er wird sich mit allen ihm zur Verfügung stehenden Mitteln einen Weg in deine Welt zu erschleichen versuchen.« Sholia war erschüttert über die Bitterkeit, die aus seinen Worten klang und seine Finger kalt wirken ließ. »Er ist unfähig, aus eigener Kraft ein Tor zu durchstoßen, solange nicht die Vorboten seiner Macht ihr Werk vollbracht und eine Welt zerstört haben. Man vergißt zu oft, daß diese verwirrenden, geistigen Nadelstiche leicht abzuwehren sind, indem man sich ihnen einfach verschließt. Ach, Sholia«, fuhr Janthis fort, »das alles weißt du doch. Warum kommst du immer wieder wie ein verängstigtes Kind nach Danar gelaufen?«

»Weil ich ein verängstigtes Kind bin«, antwortete sie leise und entzog ihm ihre Hände. »Ich bin sein Kind. Ich fühle mich einsam. Mir fehlen Ixelion und Falia, doch am meisten von allen Ghakazian. Du, ich und Danarion sind die letzten, doch wir finden keinen Trost mehr ineinander. Komm mit nach Shol, Janthis, ich flehe dich an! Bilde dir selbst ein Urteil über die Dinge, und sage mir dann, daß ich am Abgrund zum Nichts den Träumen erlegen bin!«

»Ich werde nicht mitkommen, um weiteres Öl ins Feuer zu gießen oder zu löschen, das bereits in dir brennt, Sholia. Hör auf, dich wie ein jämmerliches, sterbliches Weib zu benehmen, das um ihr Leben bangt. Du bist nicht sterblich. Werde dir wieder deiner Unsterblichkeit bewußt. Benutze deine Machtmittel zur Erhaltung einer Welt, die selbst Ghakazian die Krone der Schöpfung nannte.«

Sie richtete sich auf. Worte des Flehens und der Demütigung lagen ihr auf der Zunge. Die Aussicht, allein nach Shol zurückkehren zu müssen, war so niederschmetternd, daß sie sich versucht fühlte, vor Janthis niederzuknien und zu bitten, auf Danar bleiben zu dürfen, doch sie tat es nicht. Statt dessen rauschte sie an ihm vorbei und ging zur Tür.

»Du und er«, sagte sie verächtlich, »ihr ergänzt einander. Du bist mit ihm verbündet, nicht wahr, Janthis? Das zwischen euch anfänglich geschmiedete Band wurde in Wahrheit niemals zerschlagen. Keiner half Falia. Keiner machte sich über Ixelions Kummer Gedanken, bis es zu spät war. Warum ist es denn immer zu spät, Janthis? Er hat sich uns einen nach dem anderen vorgenommen, und wenn Danarion und ich vernichtet sind, dann werdet ihr beide frei sein, das Universum zwischen euch aufzuteilen.«

»Der Fall der Sonnengebieter erfolgt durch ihre eigene Entscheidung«, antwortete er milde. »Was hätte ich deiner Ansicht nach dagegen tun sollen? Alle Tore gleich zu Beginn in der Annahme schließen, daß keiner von euch vertrauenswürdig wäre? Hast du den Gesetzesmacher vergessen, dem das Universum gehört?«

»Ich habe ihn nicht vergessen«, schloß sie mit verletztem Stolz, »aber er hat mich vergessen. Es tut mir leid, Janthis. Du täuschst dich, und ich habe recht, und Shol wird der Preis deiner Torheit werden.« Sie stieß die Tür so ruckartig auf, daß der Knall in der edelsteinbesetzten Kuppel widerhallte, und dann ging sie.

Na schön, dachte sie erzürnt, als sie die leeren, friedlichen Gänge hinabeilte. Ich werde nach Hause gehen. Ich werde jeden Sterblichen auseinanderreißen und jeden ghakanianischen Geist aus dem Tor stoßen. Wenn ich Shol gesäubert habe, werde ich selbst das Tor schließen. Ich werde das Gesetz Gesetz sein lassen und alle Macht anwenden, über die ich verfüge, um ein neues Shol aufzubauen. Es ist unmöglich, daß auf einem so dicht besiedelten Planeten wie dem meinen nicht einige Sholaner unversehrt bleiben sollten. Sie und ich werden uns an den Wiederaufbau machen, und der Antischöpfer wird für immer ausgesperrt bleiben. Danarion aber auch, entgegnete ein anderer Gedanke, und du selbst wirst nie wieder durch diese Hallen schreiten.

Sie stöhnte und blieb stehen. Ihre neue Entschlossenheit verflog mit ihrem verzweifelten Zorn auf Janthis. Sie konnte nicht denken. Ich gehöre hierher, nicht auf Shol. Eine Welt ist für Sterbliche. Sollen sie sie doch errichten und zerstören, wie es ihnen gefällt. Ich dürfte nicht die Verantwortung dafür tragen müssen. Ich bin eine Schwester der Sonnen, ich kann die Erde nicht begreifen. Aber Janthis würde mich selbstverständlich fortschicken.

Müde näherte sie sich dem Vorplatz und blieb noch einmal stehen, doch diesmal rasten ihre Gedanken. Janthis wird mir nicht helfen, doch hier auf Danar gibt es noch andere Hilfe. Wie habe ich das nur vergessen können! Das Buch. Das Buch wird mir sagen, ob ich einer Halluzination erliege, es wird mir einen Weg vorzeichnen, dem ich folgen kann. Sie hatte das Gefühl, als wäre hinter ihr eine Tür aufgegangen und als winke ihr dahinter eine freundliche, unsichtbare Hand. Sie drehte sich um, lief zurück durch die Halle und gelangte zu der Wendeltreppe. Als sie unten angekommen war, blieb sie stehen, hob den Kopf und lauschte. Das Labyrinth der Säle oben lag still, so daß sie mit angehaltenem Atem den kurzen, dunklen Gang entlangschlich. Die dicke Holztür, welche zu dem kleinen Zimmer mit den Büchern führte, war fest verschlossen und kein Licht fiel darunter hervor. Dort endete auch der Gang. Sie machte auf dem gleichen Wege kehrt und entdeckte eine weitere, in die düstere Wand eingelassene Tür. Ohne einen Laut und Licht zu verströmen, drehte sie mit beiden Händen den Eisenring, die Tür schwang auf und zog sie hinter sich her. Dann stand sie da, und blickte sich mit klopfendem Herzen um.

In dem Raum brannte Licht, doch nicht genug, daß es in den Flur hinausgesickert wäre. Danars Sonne verbreitete einen beständigen, matten Schimmer, der hier auf Janthis' Geheiß schien. Der Raum war kahl, die Wände von nacktem Weiß, der Boden aus Stein, und die Decke erstrahlte in Haeliholz. In der Mitte stand ein Lesepult, das dem im Nebenzimmer glich. Zu dessen Fuß kauerte ein Corion, der seine grünen Flügel zu beiden Seiten seines pelzigen Rückgrates angelegt hatte. Sein Kopf mit den Barthaaren und den gekräuselten Federn ruhte auf den Pfoten. Sholia starrte ihn an, doch er war wohl eingeschlafen. Sein Mund stand ein bißchen offen und zeigte blitzende Zähne, und die langen Augenwimpern erbebten, wenn er tief und laut einatmete.

Sie wandte ihre Aufmerksamkeit dem Lesepult selbst zu und wagte kaum zu atmen aus Furcht, sie könnte das Tier wecken, das seine Aufgabe so leicht nahm. Das Buch dessen, was sein wird, starrte sie mit so unbeteiligter Fremdartigkeit an, daß sie es nur widerwillig bewegen wollte. Das schwache, gleichmäßige Licht des Raumes schien an Kraft zu gewinnen, wo es auf den harten, glatten Einband des Buches stieß, und glitt darüber hinweg, als wäre es ein dunkler Spiegel.

Sie schlich sich langsam heran, und mit jedem vorsichtig gesetzten Schritt fühlte sie ihre Begierde wachsen. In dem Augenblick, da sie nahe genug herangekommen war, es zu berühren, pulsierte ihr ganzes Denken in dem Bedürfnis, alle Zweifel zu beseitigen und sie ein für allemal mit dem langen und kühlen Zug, dem das Lesen des Buches gleichkäme, zu ertränken. Ich dürfte nicht hier sein, dachte sie wankelmütig und aufgeregt. Doch eine andere Stimme in ihr drängte sie weiter. Janthis hat dich abgewiesen. Dich trifft keine Schuld, wenn du bei jemand anderem Hilfe suchst. Denn es kam ihr vor, als wäre das Buch kein Gegenstand, sondern eine unendlich geheimnisvolle Person, die sie aufforderte, ihr kompliziertes Innerstes zu ergründen.

Während eine Hand ihre Sonnenscheibe fest umklammerte, streckte sie die andere, strich über den Einband, der ehrfurchtsvolle

Finger zu dieser Liebkosung herausforderte, und hob ihn vorsichtig an.

Dann spürte sie, wie der Corion zu ihren Füßen sich regte. Ihre Hand zuckte zurück, und sie wollte nach dem Tier treten. Sie schaute hinab. Ein aufmerksames, braunes Auge war auf sie gerichtet, und als er sah, daß sie seinen musternden Blick bemerkte, hockte er sich auf geschmeidige Hinterbacken auf.

»Ich glaube, ich spreche mit der Sonnengebieterin von Shol«, schnurrte er weich, wobei sich die grünen Federn auf seinem Kopf aufrichteten. »Ich bin Chilorn. Hast du mich gesucht? Bringst du eine Botschaft von Janthis?«

Ja, ja, hätte Sholia am liebsten aus ihrem fieberhaften Bedürfnis heraus, eine Seite aufzuschlagen, gerufen. Er möchte dich sofort sprechen. Geh auf der Stelle! Doch eine Sekunde später war sie sehr froh, daß sie das nicht getan hatte, denn die lebhaften, runden Augen des Corions waren mit etwas Stärkerem als freundlichem Zwinkern auf sie gerichtet. Hinter der achtungsvollen Herzlichkeit schätzte er sie ernst und bedächtig ein und drückte den hellen Geist aus, der es gewohnt ist, die Taten Sterblicher und Unsterblicher gleichermaßen aus lebendiger Klugheit heraus zu beurteilen. Er weiß es, dachte sie. Wenn Janthis gewollt hätte, hätte er in sein Denken gesprochen, und das weiß der Corion ebenso. Sie hatte das Gefühl, als lachte der Corion sie freundlich an, bereit, ihre Begierde nach dem Buch und ihre Sorgen um Shol ins wohltuende Reich des Lächerlichen zu ziehen.

»Vergib mir, Sonnengebieterin«, sagte das Wesen und zog dabei die Lippen von den nadelscharfen Zähnen weg. »Wir haben fast Winter, und meine lange Ruhezeit rückt näher. Ich bin schon etwas schläfrig. Ich habe deine Antwort nicht gehört.«

»Das liegt daran, daß ich nichts gesagt habe, Chilorn«, antwortete sie schroff. »Ich glaube, du weißt, daß Janthis nicht nach dir geschickt hat und daß ich nicht hierherkam, um dich zu suchen.«

»Vergib mir noch einmal, Sonnengebieterin«, fuhr er ernst fort, »wenn ich darauf hinweise, daß hier nichts für dich ist. Wärst du bitte so freundlich, das Buch zuzuschlagen? Ich möchte es nicht gerne mit meinen ungeschickten Pfoten zerkratzen.« Er hob seine Pfote, und plötzlich fuhren sechs schwarze, geschwungene Krallen heraus. Er schaute sie fragend an, doch erneut fühlte sie nüchterne, unbestechliche Zielgerichtetheit hinter seinen großen Augen, und plötzlich mußte sie heiser auflachen und schlug das Buch zu.

»Mein lieber Chilorn«, sagte sie giftig, »weißt du nicht, daß ich dich mit einem Wort in ein Häufchen Asche verwandeln könnte? Weißt du, ich bin nicht so höflich wie du. Deine versteckten Drohungen rühren mich wenig.«

Die Federn auf dem Haupt des Corions hoben und senkten sich, er zog seine Krallen wieder ein, leckte seine Pfote und sah ihr in die Augen. »Du wirst mir kein Leid zufügen, wie du mich auch nicht anlügen könntest. Meine unterwürfigsten Entschuldigungen, Sholia, daß ich die Kühnheit besitze, es an Achtung fehlen zu lassen. Das Buch wird bald mit Storn in die Berge wandern. Möchtest du solange hierbleiben und dich mit mir unterhalten?«

Sie schüttelte wie benommen vor Enttäuschung den Kopf und ging zur Tür zurück. Doch als ihre Hand den Eisenring umschloß, drehte sie sich noch einmal zu Chilorn um. Das Tier war wieder auf den Boden gesunken, die schwarze Nase ruhte zwischen den Pfoten, und die Augen waren unerschütterlich auf sie gerichtet. Sie erwiderte seinen Blick, und in den Augenwinkeln nahm sie wahr, wie das Buch sie mit einem letzten, lockenden Flüstern rief. Hat Janthis es gelesen? fragte sie sich. Eine Woge schwindelerregender Begierde danach flutete über sie hinweg, und sie murmelte fast ohne nachzudenken: »Bitte!«

Der Corion rührte sich nicht. Ein leises Brummen brach aus seiner Kehle, und sie konnte nicht entscheiden, ob es nun ein warnendes Knurren oder ein Brummen zum Abschied war. Kurz darauf ging sie hinaus und schloß leise die Tür hinter sich. Doch sie trug das Sehnen eines unerfüllten Bedürfnisses mit sich, und als sie den Fuß auf Shol setzte, hatten die lautlosen, mitreißenden Energien des Korridors die Last nicht von ihren Schultern gefegt.

15

Janthis gewohnte sich im Laufe von Danars stillem Winter an lange Spaziergänge um die murmelnde Stadt und zog in weitem Zickzack durch die endlosen Haeliwälder, wo der Wind in den kahlen blauen Ästen sang. Er blieb stehen und sah zu, wie die Corionen über ihm dahinzogen auf dem Weg zu ihren Höhlen in den Bergen. Zu Hunderten flatterten sie am Himmel, so daß die Sonne auf ihren smaragdgrünen Flügeln blitzte. Er glaubte, Storn an der Spitze erkennen zu können, wie er das Buch fest in seinem Mund trug. Er stieg in die Hügel des Vorgebirges hinauf und saß stundenlang in den weiten, einsamen Wiesen, wo im Sommer Schafe und Ziegen weideten. Sein Blick folgte den weichen Rundungen des Landes, das weit unten zu Wäldern und Seen abfiel, die nun alle verschleiert lagen vom gleichen Winternebel, der das Sonnenlicht häufig diffus erscheinen ließ.

Der Winter war anders dieses Jahr. Niemals hatte er die Jahreszeiten gezählt, die er auf Danar hatte kommen und gehen sehen, denn der Verlauf der Zeit war für ihn unbedeutend. Doch nun registrierte er den Tageslauf der Sonne am Himmel von ihrem Aufgang bis zur Abenddämmerung. Er war plötzlich empfindlich gegen das Umschlagen des Windes, der Regen mit sich brachte, die Abkühlung der Erde, ein oder zwei Frostnächte, strahlenden Sonnenschein und wieder Regen. Er begann, sich vorzustellen, daß die Jahre Danar und die Sterblichen nicht von einem Anfang zum Ende führten, sondern sie an ein Rad ketteten, das sich immer und immer wieder drehte und sie unter seinem Gewicht erdrückte. Eine sinnlose und törichte Vorstellung, sagte er sich gereizt. Die Sterblichen werden geboren, leben und sterben dann, um von den Botschaftern abgeholt zu werden. Danar selbst ist es, das sich dreht und uns mit sich trägt. Und doch konnte er das Gefühl eines geschlossenen, leeren Kreises, der sich über ihm schloß, nicht abschütteln.

Eines Tages stand er am Ufer eines Sees, die Füße ins dunkle Wasser getaucht, und beobachtete, wie ein Unwetter die Oberfläche mit blinder Gewalt aufwühlte; er begriff plötzlich, daß die Sterblichen irgendwie freier waren als er. Danarion und ich sind es, die sich immer im Kreise drehen, dachte er, die gefangen sind in Danars verschlungener Bahn, die sich ewig weiterdrehen wird. Alles im Universum dreht sich im Kreis bis auf die Sterblichen. Niemals zuvor war ihm seine Unsterblichkeit als Last erschienen, doch nun dehnte sich die vor ihm liegende Zeit und versprach nichts weiter als endlose Vorhersehbarkeit. Er bringt mich auf solche Gedanken, dachte er, als seine nimmermüden Beine ihn über Danars Winterlandschaft führten. Er sickert überall herein. So wie Sholia mit der Zeit ganz von Angst geprägt ist und die Weiblichkeit einer Sterblichen annimmt, ganz wie Danarion allmählich immer mehr Zeit bei den Menschen in der Stadt verbringt und sie liebt, muß ich anerkennen, wie ich meinen Teil an Verzweiflung trage. Ich bin älter als jedes andere Lebewesen im Universum, außer dem Gesetzesmacher und dem Antischöpfer selbst. Sicherlich darf ich gelegentlich auch einmal müde werden.

Als der Frühling sich regte und die Haelibäume blaßgrüne Blätter entfalteten, kehrte er in sein Zimmer in dem leeren Palast zurück. Er rief nach Shol und stand sinnend vor der Wand, während die beiden Zwillingssonnen unverändert strahlten und Shol und seine Begleiter um sie ihre Bahnen zogen.

Die Blätter entfalteten sich voll, verloren ihren fahlen Glanz und spendeten tiefen, blaugetönten Schatten für die Menschen, die mit Picknickkörben in den Wald kamen. Sie entdeckten in diesen Tagen vor Sommerbeginn die wohlbekannten Pfade in dem Laubmeer vom vergangenen Jahr wieder. Die Corionen kehrten zurück, verteilten sich auf Stadt, Palast und Wald, und Danar hallte wider von der Musik des Lachens. Doch Janthis stand immer noch da mit auf Shol gerichtetem Blick und Denken. Als schließlich der Hochsommer heiß und schwer über dem Land hing und die blutroten Haeliblüten längst aufgehört hatten, ihre Blütenblätter auf die Erde regnen zu lassen, gab er das Bild auf und ließ Danarion rufen. Langsam schritt er durch sein Labyrinth leerer Säle, bis er zu den lichtgleißenden Fliesen des Vorplatzes und in den Trubel des geschäftigen Nachmittages gelangte.

Er ließ sich auf der obersten Stufe nieder und sah sogleich Danarion aus dem Zeitwald auftauchen; auf seiner Schulter hockte ein junger Corion. Das Tier flüsterte ihm etwas ins Ohr, und Janthis sah, wie Danarion lächelte, als er die Treppe heraufkam. Er blickte hoch, winkte und blieb stehen, um das kleine Wesen abzusetzen. Es schwankte an den Rand der Stufe und sprang hinab, breitete seine glänzenden Flügel aus und verschwand hinter den reglosen Rändern des Waldes. Janthis fühlte sich ganz plötzlich einsam und empfand die Kluft zwischen sich und allen anderen als unüberbrückbaren Kummer. Doch die Stimmung verflog, denn Danarion lächelte ihm zum Gruß zu und setzte sich unbeschwert neben ihn.

»Hinter der Westmauer der Stadt schwimmen Kinder und junge Corionen im See«, erzählte er. »Es sind so viele, daß man kaum noch sagen kann, wer welcher ist, und alle zusammen kreischen derartig, daß einem Sterblichen fast das Trommelfell platzt. Die kleinen Corionen sehen so drollig aus, wenn sie naß sind und ihr Fell vollgesogen an ihnen herabhängt. Es wundert mich nicht, daß die Erwachsenen sich vom Wasser fernhalten. Sie entwickeln schnell ein übersteigertes Würdeempfinden.«

Janthis empfand plötzliche Langeweile angesichts Danarions Geplauder und unterdrückte sie mit einem Anfall heftigen Zorns. »Ich rief dich, weil ich mit dir über Ghaka sprechen möchte«, sagte er unvermittelt.

Danarion verfiel auf der Stelle in Schweigen, verschränkte seine Finger und senkte den Blick auf das in die Stufe unterhalb gemeißelte Motiv. Grelinador. Einer der ersten Gefallenen, dachte er. Die aufgeregten Schreie der Kinder verhallten in seinem Innern schnell und mit ihnen verschwand das Glück dieses Tages. Ich habe dich als eine blaue Flamme in Erinnerung. Grelinador, der Felsschmelzer. »Was ist mit

Ghaka?« fragte er knapp.

»Erzähl mir nun, wenn du kannst, was du sahst, als du die Sterblichen von Ghaka aufsuchtest, ehe das Tor geschlossen wurde.«

Sogleich überflutete Danarion wieder das gleiche Entsetzen wie damals, und jedes Detail sah er wieder so klar und schrecklich vor sich, als stände er wieder auf der Treppe zum Tor. »Ich kann es, wenn du es befiehlst«, brachte er mühsam hervor. »Doch es ist nicht gut, im zerbrechlichen Frieden auf Danar solche Erinnerungen wiederzuerwekken.«

»Dann befehle ich es. Ich werde dir gleich erklären, warum.«

Wieder schwieg Danarion und rang um die Worte, die das Unbeschreibliche zum erstenmal beschreiben sollten, doch es gab keine Möglichkeit, dies schonungsvoll zu tun.

»Seine Sterblichen waren tot, allesamt tot«, brach es aus ihm heraus. »Ich stand auf der Treppe zum Tor, und noch ehe ich das Blutbad sehen konnte, roch ich es. Ich gelangte an den Fuß des Berghanges und ging nicht auf der Straße entlang. Ich zog querfeldein, und als ich an die Klippen gelangte, die das Tal umstanden, sah ich sie. Stapel, Haufen, Berge sterblichen Fleisches zerstört und übereinandergeworfen lagen dort.« Er schluckte und zwang sich fortzufahren. »Die ganze Böschung entlang war es das gleiche Bild. Ich verließ das Tal und suchte ein anderes auf, doch auch das war mit Leichen übersät. Ich rannte zu den Berghängen, doch die Höhlen waren leer und darunter lagen die Flügelbewehrten in verkohlten, schwarzen Haufen. Ich weiß nicht, wie er derart Schreckliches vollbracht hat. Nur darüber zu sprechen reißt eine Wunde auf, die nie wieder heilen wird. So viele Male stand ich mit ihm oben auf der Treppe. Viele Male seit sein Tor geschlossen wurde, kehrte ich mit ihm in die Vergangenheit zurück, hörte ihn liebevoll und stolz von Ghaka und von seinen Menschen erzählen. Er war so stark.«

»Vielleicht war er zu stark«, meinte Janthis ruhig, »und seine Stärke wurde zu einem Trieb, alles ringsum zu beherrschen. Der Antischöpfer hat seine Stärke mit Macht genährt, die er nicht ablehnen konnte. Mit dem Drang zu herrschen kam die blinde Gewißheit, daß er stets im Recht war, was immer er tat. Er fiel durch das Buch.«

»Wir alle haben eine gewisse Eigenschaft, die uns schwach macht«, entgegnete Danarion mit festerer Stimme. »Mehr kann ich dir nicht sagen, Janthis. Auf Ghaka lebte nichts mehr außer Aasvögeln und ein paar Schafherden.«

»Und Ghakazian.«

Danarion blickte überrascht auf. »Ja, natürlich. Was für ein Greuel, auf ewig das einzige Lebewesen auf Ghaka sein zu müssen.«

»Und was ist mit den Geistern, Danarion?«

Danarion erstarrte. Langsam drehte er den Kopf und sein Blick begegnete Janthis'. »An sie habe ich in meinem Kummer gar nicht gedacht«, sagte er. »Ich hätte nach ihnen suchen, stehenbleiben und sie befragen sollen.«

»Hast du nichts gefühlt? Kein Flüstern, keine Schatten, keine Präsenz?«

»Überhaupt nichts. Nur eine große Leere, als sei der Planet selbst plötzlich hohl geworden.«

Nur eine große Leere. *Es war ein Geist von Ghaka, das weiß ich!* hatte Sholia ihn fast angebrüllt. *Es hat keine Bedeutung*, hatte Ghakazian fast fröhlich in dem Augenblick, bevor sein Tor geschlossen wurde, gesagt. *Nichts von alledem ist letztlich von Bedeutung. Ich brauche euch nicht mehr.*

Janthis fühlte, wie das goldene Blut in seinen Adern gefror. »Danarion«, flüsterte er, und plötzlich lockerten sich seine um die Sonnenkugel geschlossenen Finger und begannen zu zittern. »Du hast die Geister nicht gefühlt, weil sie nicht mehr auf Ghaka waren. Wären sie dort gewesen, hätten sie dich gesehen, sich an dich gewandt und versucht, mit dir zu sprechen. Doch das taten sie nicht. Ghakazian schickte sie von Ghaka fort, ehe das Tor geschlossen wurde.«

Danarion versagte sich die Frage, die ihm auf den Lippen lag und begann nachzudenken, und es dauerte nicht lange, da wußte er, daß Janthis recht hatte. Sterbliche Körper konnten nicht durch das Tor und in den interstellaren Raum gelangen, Geister aber wohl. Bislang war dies niemals geschehen, doch Ghakazian hatte auf Ghaka alle gewohnheitsmäßigen Verhältnisse verkehrt. »Warum?« würgte er hervor, doch Janthis hörte ihm nicht zu.

»Sholia hatte recht, und ich habe ihr nicht geglaubt«, murmelte er heiser. »Ich habe ihr nicht zugehört! Sie sind nach Shol gezogen.« Er sprang auf die Beine, Danarion stand mit ihm auf. »Wie lange habe ich eigentlich in des Weltenschöpfers Netz von Zweifel und Unentschlossenheit geträumt?« Er schlug seine geballten Fäuste gegeneinander. »Einen Winter und einen Frühling auf Danar. Drei Jahre auf Shol. Drei Jahre… Und wo steckt Ghakazian?«

Er drehte sich um und begann zu laufen. Er rief Danarion zu, mitzukommen, und gemeinsam rannten sie durch die Eingangshalle, die Gänge entlang und gelangten schließlich zum Ratssaal. Janthis zauderte nicht. Er eilte über den glatten, schwarzen Fußboden, blieb jedoch plötzlich stehen. »Nein«, hauchte er, und Danarion blickte hinab. Zwei Lichter funkelten zu ihnen empor. Es waren die beiden letzten Sternbilder, die unbefleckt in dem langen, einsamen Boden verblieben waren. Unter ihren Blicken begann eines davon zu flakkern. Mit einem Aufschrei stürzte Janthis zum Podium, Danarion dicht hinter ihm. Er schoß die Stufen empor, riß die Tür zu seinem Zimmer auf und rannte hinein. »Shol«, brüllte er zu der Wand. Gehorsam erzitterte das Grau, zog sich zusammen und wurde vom Schwarz des Raumes ersetzt. »Rasch!« hauchte Danarion, dann flogen die Sonnen von Shol auf sie zu. Plötzlich wurden sie langsamer und erschienen für einen Augenblick wie immer. Doch bald verdüsterte sich ihr Schein und ein schwarzgeränderter Nebel wirbelte um sie herum. Er verdichtete sich und nahm eine hohe, weit aufragende Gestalt an, die plötzlich schrumpfte und in Shol verschwand. Danarion überraschte sich dabei, wie er mit beiden Händen Janthis' Arm umklammerte.

Nachdem mehrere Minuten verstrichen waren, begann eine der Sonnen anzuschwellen. Langsam wuchs ihr Umfang und gleichzeitig schien ihr Schein schwächer zu werden, so daß sie in ein stumpfweißes, rundes Zentrum starrten, das gegen das Universum pochte. Shol und seine Schwesterplaneten hatten begonnen, die schwarzen Ränder aufzuweisen, die Janthis so verdammt gut kannte. Die Ringe wurden dunkler, nahmen bedrohliche Substanz an, leckten mit schwarzen Flammenzungen begehrlich nach den Sonnen, doch die angeschwollene begann plötzlich zu erbeben. Sie zitterte einen heftigen Augenblick lang, zerrte an Shol und damit auch an den beiden anderen Planeten, und ehe Danarion blinzeln konnte, explodierte die riesige, bleiche Sonne. Fetzen strahlenden Lichts schossen auf sie beide zu. Danarion schrie auf und schlug die Hände vor die Augen. Die Sonne war verschwunden, als hätte sie niemals existiert. Der zweite Zwilling kämpfte, um seine Position wieder einzunehmen, flackerte, erlosch und flackerte wieder auf. Danarion deutete mit einem entsetzten Schrei auf den Anblick, der sich ihnen bot. Von den Welten war nur noch Shol übriggeblieben. Es bebte, beruhigte sich jedoch bald als winziger Nadelkopf reflektierten Lichts; Sumel und Shon existierten nicht mehr.

Doch etwas anderes erregte Janthis Aufmerksamkeit. Er trat näher an die Wand heran. Der Ring schwarzen Feuers war verschwunden. Ein grauer Dunstschleier hing über Shol und wollte sich nicht auflösen. Doch der gekrümmte Finger des Todes war nicht mehr zu sehen. »Laß uns das Tor sehen!« befahl er mit zitternder Stimme, und Shols verbliebene Sonne rollte auf sie zu, erfüllte die Wand und glitt vorüber, um Shol in ihr Blickfeld zu bringen. Obgleich der Nebel dunkler wurde, als er näher zu kommen schien, hatten sie ihn schnell durchdrungen, und der rechteckige Umriß des Tores schwebte vor ihnen.

Doch er war nicht so, wie sie ihn in Erinnerung hatten. Sein geschwärzter Rahmen war verzogen, als hätte eine Riesenhand ihn verbogen. Dahinter in der Wartehalle blähte sich eine schwarze Rauchwolke. Danarion wich zurück, doch Janthis hielt hoch aufgerichtet und aufmerksam stand. In der Halle kroch Sholia auf Händen und Knien mit erhobenem Kopf umher. Tränen rannen über ihr rußverschmiertes Gesicht. In einer blutigen Hand, die sie auf die gesprungenen, wogenden Fliesen drückte, hielt sie ihre Halskette, die vom Feuer gerissen und geschwärzt war. Eine der Sonnenscheiben war erloschen. Ihr versengtes Haar hing strähnig auf ihre Schultern herab. Sie sprach, schluchzte, und ihr Mund formte Worte, die sie nicht hören konnten. Dann war sie auch nicht mehr zu sehen, denn das beschädigte Tor begann sich mit Silberglöckchen zu füllen, die vor und zurückschwangen, als sie sichtbar wurden. Es dauerte nicht lange, und es waren nur noch die Glocken zu sehen, die in das Universum läuteten. Dann erkannte man gar nichts mehr, denn die Glocken verschmolzen ineinander und verklangen. Das Tor nach Shol war mit einer festen, blinkenden Silberscheibe verschlossen.

»Genug!« flüsterte Janthis und sogleich zeigte die Wand nur noch stumpfes Grau. »Das ist meine Schuld«, sagte er. »Ich trage die Schuld. Fort, sie alle, und ich habe nicht geleistet, was ich hätte tun müssen. Ich habe mich geweigert, die Wahrheit anzuerkennen.«

Danarion ging hinaus. Er schritt alleine durch die Ratshalle. Er wußte kaum, was er tat und wohin er ging, bis er unter der heißen Sonne, die hoch über dem Vorplatz hing, zu sich kam. Hinter ihm standen die Corionen auf ihrem Posten. Seine schmerzenden Augen schweiften über die gesunde, lichterfüllte Weite des Waldes. Dahinter waren die Turmspitzen der Stadt zu erkennen, die das Licht zurückwarfen, das sie umspielte; dann trug das erste Abendlüftchen einen wohlduftenden Hauch an seine Nasenflügel. Ich bin der letzte Sonnengebieter, war der letzte Gedanke, der ihm haften blieb. Einen anderen konnte er nicht mehr fassen.

16

Die Dämmerung erschien als ein Hauch in warmem Pink am Rande der Welt, als Sholia aus der Wartehalle trat und einen Augenblick mit dem sicheren Tor im Rücken stehenblieb; Shols Feindseligkeit war noch durch die Stille des Sonnenaufgangs gedämpft. Sie stand da und ließ alle Wut und alle Enttäuschung von sich gleiten und dachte an Chilorn und an das Geheimnis des Buches, während die erste Sonne und eine Zeitlang später weit entfernt die zweite aufging. Als ihr Licht von Scharlachrot in Gold übergegangen war und einen gleißenden Strahlenkranz bildete, verließ sie den Pfad, der über die Ebene zum oberen Teil der Stadt führte, und gelangte zum Fuß ihrer eigenen, breiten Treppe. Sie stieg langsam hinaus und hörte das morgendliche Treiben in den Friedenstürmen, als die Nachtwachen von der Tagschicht abgelöst wurden. Bis sie in die kalten Schatten trat, die noch in der Eingangshalle hingen, war sie fast davon überzeugt, daß Janthis recht gehabt hatte. Nur sie allein kränkelte auf Shol.

Mit einem raschen Wort vertrieb sie die Schatten, und der Palast wurde von ihrem Licht erfüllt. »Sholia ist zurück!« hörte sie jemanden rufen, so daß die Stimme von den hohen Balkonen und geschwungenen Treppenfluchten widerhallte. Lächelnd schlug sie den Weg zu ihren eigenen Räumen ein, kam dabei am Audienzsaal vorüber und warf einen Blick hinein.

Rilla saß auf Sholias Stuhl, den Kopf auf eine geballte Faust gestützt, den anderen Arm nachlässig über die geschnitzte Lehne gelegt. Obgleich der Sessel am anderen Ende des Raumes stand, erstrahlte der Raum im Sonnenlicht, und Sholia konnte das Gesicht der Frau deutlich erkennen. Sie hatte die Brauen zusammengezogen, und die Augen starrten finster ins Leere. Sholia trat unter dem Bogen hindurch und ging rasch auf Rilla zu, die endlich bemerkte, daß sie nicht mehr alleine war. Die Augen verloren ihre Starre und wanderten zu Sholia, die auf sie zukam. Doch erst als diese vor dem Sessel stehenblieb, wich die eigentümliche Erwartungsanspannung aus ihrem Gesicht, und Sholia hatte das Gefühl, als würde sie verächtlich und genau nach einem Maßstab abgeschätzt, von dem sie nichts wußte.

»Rilla, du solltest nicht in meinem Sessel sitzen«, sagte sie ruhig. »Er wurde mit vielen Zaubersprüchen für den Gebrauch eines Unsterblichen geschaffen und könnte dir gefährlich werden. Komm bitte herunter!«

Dann hatte sie den Eindruck, als umwölkte Verwirrung das Gesicht, doch einen Augenblick später glitt Rilla die beiden breiten Stufen herab.

»Was hast du hier gemacht?«

Rilla drehte sich um und sah ihr direkt in die Augen. »Auf dich gewartet«, erwiderte sie einfach, doch ganz Shol sprach zu Sholia mit solch selbstgefälligen Worten. Du bist alleine hier, flüsterte die Welt ihr zu. Wir haben auf deine Rückkehr gewartet. Wir sind vor und hinter dir. Die große, rot gekleidete Frau mit ihrem entschuldigenden Lächeln verbarg eine Gefahr, die Sholia fühlen konnte. Obgleich sie sich zwang, die Worte vernünftig und objektiv aufzunehmen und alle verborgenen Bedrohungen zu leugnen, traf sie doch die volle Wucht des Unbehagens, das von den Menschen um sie her ausging.

»Laß mich allein«, sagte sie schroff. »Ich wünsche deine Gesellschaft nicht.«

Rilla zeigte sich weder gekränkt noch verletzt. Sie verbeugte sich und ging in aufrechter Haltung und mit erhobenem Kopf davon, umhüllt von steifem Brokat. Sholia drehte sich zu ihrem Sessel um, doch ein langes, schwarzes Haar hatte sich in den Schnörkeln der geschnitzten Rückenlehne verfangen, glänzte dunkel und erfüllte sie mit einer Woge von Ekel. Sie sprach ein Wort und beobachtete dann, wie das Haar sich zu grauer Asche kräuselte. Aber auch dann konnte sie sich nicht dazu überwinden, sich zu setzen.

Sie trat aus dem Saal und stieg die Treppen empor, bis sie zu einem Balkon gelangte, von dem aus sie die gesamte Ebene und das höchste Stadtviertel überblicken konnte. Mit an die Wange gepreßten Sonnenscheiben beobachtete sie, wie der langsame Strom der Reisenden sich über den Weg zum Tor bewegte und es sich auf den Friedenstürmen geschäftig regte. Plötzlich erregte jemand auf dem Turm, der dem Palast am nächsten stand, ihre Aufmerksamkeit. Er hatte die Brüstungen erklommen, die das Gebäude zum Schutz umgaben, und ging dort mit auf dem Rücken gefalteten Händen und auf den Felsabgrund gerichteten Blick auf und ab. Sie konnte sein Gesicht nicht sehen, doch er bewegte sich voller Zuversicht und mit weit ausholenden Schritten. Ein oder zwei Leute gingen an ihm vorüber, doch sie beachteten ihn gar nicht. Gerade diese Gleichgültigkeit jagte Sholia einen Schauer über den Rücken. Sie hatte eine Hand erhoben, um ihn auf sicheren Boden zurückzuweisen, und war bereit, in sein Denken zu sprechen, als er plötzlich innehielt. Er hob sein Gesicht, ließ den Blick über den Horizont und empor zum Himmel schweifen, um die Gnade der Sonne auf sich wirken zu lassen, was bei ihm einen Ausdruck absoluten Glücks und träumerischer Zufriedenheit hervorrief.

Sholia begann zu zittern. Gegen diese Art von Wahnsinn kann ich nicht ankämpfen, dachte sie, und noch während sie zögerte, spreizte er die Arme, ging in die Knie und sprang, immer noch mit einem Lächeln auf den Lippen. Eine Sekunde lang schien er über dem Abgrund zu schweben, als verstünde Shol selbst nicht ganz, was er tat, doch dann stürzte er hinter dem Rand des Felsens ab, wo sie ihn nicht mehr sehen konnte. Noch immer kamen und gingen die Leute. Einige blieben stehen, um über die Brüstung zu schauen, zuckten dann mit den Schultern, machten eine Bemerkung und gingen weiter. Sholia beobachtete das Ganze fassungslos und wußte dann, daß sie Shol nicht mehr in der Gewalt hatte und daß dies auch nicht mehr Shol war. Das war ein verzerrtes, entstelltes Ghaka, das noch unter der Maske Shols gegen das Ersticken kämpfte. Doch es begann bereits, sich durchzusetzen und zu befreien, um eine Karikatur des wahren Ghaka zu werden.

Von Übelkeit erfaßt wich sie von dem Balkon zurück. Wenn Shol nicht länger Shol, sondern der Embryo von Ghaka ist, dachte sie, dann bin auch ich hier nicht mehr Sonnengebieterin. Meine Macht schwindet. Irgendwo da draußen zwischen den hübschen Häusern und steilen Straßen von Shaban wartet Ghakas Sonnengebieter auf den Zeitpunkt, wartet, ein Abbild von Ghaka zu beherrschen, wenn Shol seine Identität vergessen hat.

Sie lief von dem Balkon und rannte durch die Gänge. Als sie zum Audienzsaal gelangte, drehte sie sich zu ihrem Bogengang, breitete die Arme aus und setzte sogleich ein schimmerndes, undurchdringliches Siegel vom Boden bis zur Decke. Sie schwankte zu ihrem Sessel, setzte sich und lehnte sich mit geschlossenen Augen zurück. In die Sonnen, dachte sie unvermittelt. Meine einzige Zuflucht. Mühelos glitt sie dahin und ließ ihren Körper entspannt und reglos zurück. Ihre nähere Sonne wußte, daß sie kam und schickte begierige, weiße Flammenarme aus, um sie zu umfangen. Sie ließ sich in den glühenden Strudel fallen wie ein Regentropfen in einen tosenden Fluß. Das schlichtmütige, ehrfurchtsvolle Wesen umhüllte sie, und seine Freude war wie wohltuender Balsam für sie. Sie fühlte keine Fragen. Die Sonne war zufrieden, sie sanft zu wiegen, und lange Zeit schmiegte Sholia sich hinein. Gespeist aus ihrem Ursprung wuchs ihre Kraft, als sie ihre inneren Augen gegenüber allem außer dem Strom des Lebens, den die Sonne in sie ergoß, verschloß. Dann löste sie sich und blickte hinaus auf das Universum.

Sie sah zu, wie Shol, Shon und Sumel sich in gehorsamer Unterwürfigkeit um sie drehten, und mit ihren blitzenden Augen erkannte sie ihre farblosen Strahlen in Schwarz, Grün, Blau und Rot. Hinter sich erblickte sie die zweite Sonne weit entfernt und kleiner. Ich gehöre nicht auf Shol, sagte sie sich wieder. Ich stammte nicht von der Erde, sondern von den Sonnen, diesen Rädern des Raumes. Ich wurde geboren, um auf ewig Licht ins Universum zu tragen. Die Sonnen sind die wahren Herren, unveränderlich und bedürfnislos. Doch dort in der Reinheit der Andersartigkeit, ungestört durch das Wispern sterblichen Kummers, erkannte sie deutlich, daß das Licht nicht so war. Obgleich sie den Frieden der Tatenlosigkeit in ihren Sonnen finden und es zufrieden sein mochte, auf ewig in ihrer Umarmung zu liegen, so konnten diese ihr doch kein Glück schenken. Sie waren ihr nicht ebenbürtig. Ihre Bestimmung war es einzig und allein, das Universum zu erhellen und den Welten Schönheit zu verleihen, doch sie war geschaffen, um an beidem teilzuhaben. Die Sonnen erfüllten ihre Adern, doch die Sterblichen ihr Herz, und ihre Verantwortung ihnen gegenüber würde sie nicht zur Ruhe kommen lassen. Ihre Planeten rollten langsam an ihr vorüber, während sie in aller Ruhe überlegte, was zu tun sei. Im Verlauf der Jahre entdeckte sie den Zweck ihres Daseins wieder. Hier in der Sonne war sie eine Führerin ohne Volk. Sie mußte zurückkehren.

Widerwillig riß sie sich los, verließ den heißen Leib, aus dem der Weltenschöpfer sie ins Leben gerufen hatte, und zog zurück nach Shol. Ihr Augenblick der Schwäche war vorüber. Sie wollte nicht länger fortlaufen, denn sie war weggerannt und getröstet worden und kehrte nun zu ihren Pflichten zurück. Drei Shol-Jahre waren verstrichen; sie hatte sie von dem ruhigen Herzen ihrer Sonne aus vorüberziehen sehen, und nun war es an der Zeit, wieder einzutauchen in das strudelnde Leben.

Sie schlug ihre Augen auf und befand sich in ihrem stillen Saal; sie fühlte Wohlergehen und geharnischte Macht in ihrem Körper vibrieren wie schon seit vielen Jahrhunderten nicht mehr. Doch die Atmosphäre auf Shol hatte sich verändert. Hier herrschte nun ein Hauch ungeklärter Angst, die sie langsam in Shols Luft und die Bewegungen der Menschen kriechen sah. Es war, als habe diese Angst sich in ihrer Abwesenheit derartig verschärft, daß sie nun die Welt spalten könnte. Sie kostete sie vorsichtig, als sie aufstand und durch den Bogen trat. Als erstes muß ich das Tor schließen, sagte sie sich. Dann muß ich versuchen, Shol wieder unter meine Gewalt zu bekommen. Ich muß Ghakazian suchen, herausfinden, warum er dies getan hat, und versuchen ihn zu überzeugen, mit mir zusammenzuarbeiten, um zu retten, was noch zu retten ist. Die Menschen müssen akzeptieren, was aus ihnen geworden ist. Wir werden Kompromisse finden.

Sie gelangte zu dem Siegel und sah, daß Rilla dahinter stand und von sanften Zuckungen geschüttelt wurde. Ruhig beugte Sholia sich hinab, berührte dreimal den Boden, und das Siegel verschwand. Sie trat hindurch und Rilla kam auf sie zu.

»Du hast den Palast versiegelt«, sagte sie fast vorwurfsvoll. »Ich konnte nicht zu dir gelangen.«

»Das ist mein Vorrecht«, antwortete Sholia entschieden, »und alles, was du mir zu sagen hast, Rilla, wird warten müssen.« Sie schritt davon, doch Rilla folgte ihr.

»Du hast uns drei lange Jahre lang ausgeschlossen«, protestierte sie. »Bist du böse auf uns, Sholia?«

Sholia blieb plötzlich stehen, wirbelte herum, nahm die langen Finger in ihre Hände und lächelte freundlich. »Nein«, sagte sie »Nicht auf euch. Da ist zu vieles, das du nicht verstehen kannst.«

Plötzlich flackerte hinter Rillas ernstem Blick ein Fünkchen Erheiterung auf, und Sholia ließ unter dem inneren Stich eines Gefühls von Ohnmacht die Hände los. Ich werde mich nicht verdrängen lassen, dachte sie hartnäckig. »Baltor, dein Vater, hat mein Verhalten niemals in Frage gestellt. Dies stand ihm nicht zu, und dir steht es ebensowenig zu. Du mußt lernen, zu schweigen und mich nicht zu behindern. Du bist weder mein Gefängniswärter noch mein Richter, Rilla.« Wieder traf sie ein Blitzen boshaften Humors, doch sie ignorierte es. »Ich werde mit dir sprechen, aber später. Ich bin unterwegs zum Tor.« Sie wollte sich entfernen, doch Rilla folgte ihr wieder.

»Du verläßt uns schon wieder?« fragte Rilla, als sie gemeinsam durch den Eingang traten.

Ohne ihre Schritte zu verlangsamen antwortete Sholia: »Nein, nie wieder. Ich werde das Tor schließen.«

Ghakazian blieb fassungslos stehen. Das ist ein Trick, dachte er. Sie wird das Tor nicht schließen und ihn aussperren, nicht, wenn das Buch der Wahrheit entspricht. Wo ist sie in den vergangenen drei Jahren gewesen, während sie in Trance in ihrem Audienzsaal saß? War sie in der Vergangenheit oder in einer ihrer beiden Sonnen? Oder suchte sie ihn in den Raumkorridoren? Fand sie ihn und ging nun zum Tor, um ihn zu begrüßen? Was soll ich tun?

Er rannte die Treppe hinab und holte sie am unteren Ende ein, wo sie den Weg zur Wartehalle einschlug. Er packte sie am Arm, und sie schaute ihn an und sah Rillas verwirrten Blick und ihre bleichen, zitternden Lippen.

»Das kannst du nicht machen!« platzte Rilla heraus. »Würdest du dem Volk Shon und Sumel verwehren? Warum, Sholia? Willst du dich wirklich um die Gesellschaft von deinesgleichen bringen? Du wirst Danar gewiß nie wiedersehen, wenn du mit diesem Wahnsinn fortfährst!«

Sholia ließ Hitze in die Hand schießen, die sie umschloß, und sogleich ließ Rilla los. »Was weißt du von Danar?« fragte Sholia leise, deren Augen sich plötzlich verengten. »Nun spreche ich zu dir, Ghakanianer, wer immer du sein magst, nicht zu Rilla. Ich weiß, daß du das bist. Ich weiß, daß dein Sonnengebieter hier irgendwo auf Shol umgeht, ungehindert und vorsichtig. Danar ist die letzte unberührte Welt, und sie ist zu kostbar, um durch mein offenes Tor gefährdet zu werden. Sag Ghakazian, daß ich gegen ihn und Shol keine Gewalt anwenden werde. Ich werde mich bald mit ihm auseinandersetzen.«

»Tatsächlich?« erwiderte Rilla mit tieferer Stimme. Die großen Augen waren hart geworden, und der Mund hatte sich zu einer Linie verschmälert. »Der Sonnengebieter von Ghaka ist mächtig. Nur er wagte es, das Unvorstellbare zu vollbringen. Er kennt deine Treulosigkeit, die Finsternis in dir, die du so geschickt verbirgst.«

Sholia antwortete nicht, obgleich die Stimme in ihrem Geiste an die Grenze einer Erinnerung anklang, und hinter Rillas Augen stand die Spur von etwas Altbekanntem. Sie drehte sich um und ging weiter.

Ghakazian blickte ihr nach. *Ich werde mich bald mit ihm auseinandersetzen.* Sie geht zum Tor, um den Antischöpfer zu begrüßen, ich weiß es. Das ist der Augenblick, den ich im Buche sah.

Er wirbelte auf dem Absatz herum, rannte die Stufen zurück und brüllte: »Mirak! Schnell!« Dann lief er durch den Eingang, und als er auf die Unterkünfte der Sterblichen zuhielt, kam ihm Melfidor entgegen. »Die Zeit ist fast für uns gekommen«, keuchte er. »Eile hinunter in die Stadt, alarmiere jeden Ghakanianer und schick auch andere los. Sholia wartet am Tor auf den Antischöpfer. Sie hat gedroht, die Macht zu behalten und mich zu vernichten. Sie wird ihre Sterblichen gegen uns mobilisieren, wenn wir nicht den ersten Zug machen und sie schlagen, ehe sie ihr gehorchen können. Beeil dich!« Mirak nickte und ging. Er selbst eilte im Palast von Zimmer zu Zimmer und klopfte an jede Tür. Einer nach dem anderen erkannten sie ihn, als er sie rief; das schwarze Haar löste sich allmählich aus dem festen Knoten auf dem schmalen Kopf und hing wirr um Rillas Gesicht, die mit angespannten Gesten ihrer beringten Hände die Dringlichkeit der Worte unterstrich. Die kleinen, weichbeschuhten Füße sausten wie der Wind durch die Korridore, und das rotsilberne Gewand raschelte hinter ihnen her. »Es ist Zeit!« rief er in jedes Zimmer, und Rintar tauchte hinter Chantis Denken auf und lächelte Ghakazian zu. Natil schaute ihn durch Fitrecs sanften Blick an, und Maram fühlte, wie Angst sich um Veltims Herz legte.

Als Ghakazian alle alarmiert hatte, ging er nach draußen und stieg langsam die Treppe hinab. Was ist mit den Nomaden, dachte er, mit den Bergarbeitern und den Fischern am fernen Meeresstrand? Werden sie es erfahren? Ja, das werden sie. Ganz Shol wird wissen, wenn der Antischöpfer den Fuß vor das Tor setzt, und die Ghakanianer werden es verstehen.

Er gelangte an den Fuß der Treppe, blieb für einen Augenblick stehen und ließ den Blick über die weite Ebene schweifen. Von der Stadt erklang nicht das leiseste Geräusch, kein langsam anschwellendes Murmeln, als Melfidor und die anderen von Haus zu Haus huschten. Der beißende Wind, der seit Tagen durch das Gras der Ebene peitschte, hatte sich plötzlich gelegt und das trockene Rascheln der dunkelgrünen Sträucher, das ferne Dröhnen von Shaban und das noch leisere Geräusch des Ozeans, der an das Ufer der Bucht schäumte, mit sich genommen. Die Stille wurde nur noch intensiver und schloß den Himmel in ein eintöniges, schweres Grau, durch das kein Sonnenlicht zu dringen vermochte. Damit einher kam ein Gefühl der Bedrücktheit auf, das Rillas schmale Schultern beugte und das die Vögel, die über die Ebene flatterten, unbeholfen zu Boden zwang.

*

Als Sholia vor dem Tor stand und mit sich rang, fühlte sie, wie ihr Denken sich verdüsterte und ihr eigenes, warmes Feuer in ihren Adern flackerte. Warum zaudere ich? dachte sie. Es muß vollbracht werden. Und noch während sie zögerte, stiegen tausend süße und glückliche Bilder in ihr auf. Sie sah sich mit Danarion zwischen den Haelibäumen umhergehen, und die Wartehalle schien sich mit dem Duft der herabregnenden, roten Blüten zu füllen. Sie sah sich selbst in vergangenen Zeiten, da ihr noch alle Welten offenstanden, frei und unbesiegbar im Korridor stehen. Sie starrte durch das Rechteck des Tores hinaus und sah die Sterne wie weiße Kerzen funkeln, die ihr zuriefen und ihre eigene Musik erklingen ließen, auf die ihr Blut mit Sehnen antwortete. Doch Danars Schicksal lag schwer in ihren Händen, und unter dem rasch wachsenden Gewicht einer eigentümlichen Bedrücktheit erhärtete sich ihr Entschluß, zu tun, was sie tun mußte.

Sie zog sich selbst hoch und bewegte sich, als hinge ihr ein Stein um den Hals. Sie streckte die Arme aus, die sich so schwer anfühlten wie Shol selbst. Dann machte sie den Mund auf, hatte die Formel zur

Schließung schon auf den Lippen, hielt dann aber inne. Weit draußen im Raum sah sie einen dünnen Nebel, finsterer als die Dunkelheit zwischen den Sternen, der auf Shol zuzog und mit ihm einher kam eine Verwirrung, die alle ihre Gedanken verstummen und ihre Glieder erstarren ließ. Langsam schlängelte er sich aufs Tor zu, begann sich hindurch und an ihr vorbeizuwinden, erfüllte die Halle und zog hinaus in die Ebene. Sie hörte etwas in ihrem Kopf brüllen: Schließe das Tor! Schließe es nun! und rang um die entsprechenden Worte. Sie erkannte, was sie da sah, doch ihre Zunge brachte nur ein Stammeln zustande, ihr Feuer verdichtete sich und brach von ihren Fingern wie ein kalter, toter Ast. Die Stimme schrie sie weiter in schrillen, panikerfüllten Tönen an, doch dahinter erklang ein Flüstern. Möchtest du ihn nach so vielen Jahrtausenden nicht wiedersehen? Er kommt zu dir. Willst du ihn denn aussperren?

Ein letztes Mal versuchte sie es. Sie richtete sich auf, doch die Worte hatten nun in ihrem Kopf einen wilden Tanz begonnen, so daß sie sie nicht mehr zu fassen bekam. Mit einem Schrei drehte sie sich um und floh aus der finsteren Halle hinaus auf die bleiern graue Ebene und hinüber zum Fuß der Palasttreppe, die nun bleich unter dem tiefen, bedrohlichen Himmel schimmerte.

Als sie hinaufstolperte, nahm sie aus dem Augenwinkel ein rotes Zucken wahr, und sie sah, daß Rilla sich hinter einen der Sträucher duckte, der nun reglos in seinem stumpf orangefarbenen Topf stand. Doch sie blieb nicht stehen. Schluchzend rannte sie auf ihr Zimmer, warf sich über ihren Sessel und vergrub den Kopf in beiden Armen. »Nein«, weinte sie, »nein, nein«, und ihre neugewonnene Stärke schwand dahin und ließ in ihrem Mund den bitteren Nachgeschmack von Schrecken und Niederlage zurück.

Der Nebel kam nun heraufgezogen und sickerte langsam in ihr Zimmer, wo er einen Geruch von Kälte und Zeitlosigkeit verströmte. Obgleich er Verzweiflung in ihr aufkeimen ließ, vermochte er nicht ihren Geist zu durchdringen. Sogleich erhob sie sich mit dem Gesicht zur Tür gewandt, die nun kaum zu sehen war. Ich hätte das Tor in dem Augenblick schließen sollen, da ich von Danar zurückkehrte, dachte sie dumpf und erschöpft. Doch nun ist es zu spät. Letzten Endes ist die Zeit von Shols Fall gekommen, und ich habe versagt.

Die erstickende Atmosphäre schien sich plötzlich zu verdichten, und in sie verwoben herrschte eine erdrückende Stille. Die Menschen auf Shol sahen einander an, blickten zum bedeckten Himmel empor und betrachteten die düstere Erde mit wachsendem Schrecken.

Panik beschlich ihre Glieder, die nur zittern konnten im Wunsch zu fliehen, denn die erdrückende Last, die sich auf Geist und Körper legte, verhinderte jede zusammenhängende Bewegung und jeden schlüssigen Gedanken. Sholia hatte das Gefühl, als legte sich eine große Müdigkeit auf ihre Augenlider, und zum ersten Male überwältigte sie der Wunsch, sie geschlossen zu halten und sich in diesem Zustand der Halbruhe, des Halbtraums, der das Reich der Sterblichen war, zu verlieren.

Dann setzte ein Dröhnen ein, so als würden weit hinter Stadt und Palast alle Trommeln der Erde gerührt, und Shaban begann tief in seinen Fundamenten zu erbeben. Sholia blieb bleich und still stehen, fühlte die Erschütterung in ihren Beinen und sah die Mauern wanken. Das Geräusch schwoll ab und rollte weiter, um das Meer und die weit entfernten Täler aufzuwühlen. Doch die mit dem Getöse eingetretene Furcht blieb zurück, um wie ein übles Gift ihr Blut hochzupeitschen, ihr Feuer zu dämpfen und ihre Macht wie Nebel zu verwehen. Unbeholfen drehte sie sich zur Tür um. Mit beiden Händen umklammerte sie die Sonnenscheiben, die schwer und rasch erkaltend auf ihrer Brust hingen, so als duckten auch sie sich vor demjenigen, der nun kam. Er hatte einen Fuß über die Schwelle des Tores gesetzt und betrat just in diesem Augenblick die Wartehalle; sie wußte dies. Er betrat den zurückzuckenden Boden von Shol. Er kam.

In diesem Augenblick wollte sie sterben. Sie wollte sich auf den Boden werfen und ihr Leben verebben lassen, damit sie ihn nicht sehen müßte. Lauf zu den Sonnen, zischte ihr Innerstes vergeblich, spring zurück in die Vergangenheit! Doch selbst in ihrem absoluten Entsetzen war sie sich im klaren, daß er sie aus beidem mühelos zurückrufen konnte. Im Geiste sah sie ihn groß und prächtig die Stufen emporsteigen, wie sie ihn zuletzt bei den Ratsversammlungen vor vielen Zeitaltern erlebt hatte. Gleichzeitig empfand sie den Schmerz einer gewaltigen Sehnsucht nach ihm.

Ein eisiger Windstoß, der durch die Tür zu pfeifen begann, traf sie und entriß ihr die letzte Wärme, so daß ihr Feuer zu einem schwachen Glimmen erlosch. Sie begann zu zittern und bemühte sich, die Sonnenscheiben, an denen ihre Finger reglos und starr hingen, loszulassen. In diesem Wind erklang das Raunen einer Stimme, die ihren Namen mit all der verzweifelten Einsamkeit flüsterte, die das Reich des Antischöpfers bedeutete, und das erfüllte sie mit neuer, stiller Trauer. Draußen im Korridor erklangen feste, selbstsichere Schritte, von denen ein jeder so sehr mit dem Rhythmus ihres Herzschlages übereinstimmte, daß sie ihre Tränen fortwischte und sich um eine aufrechtere Haltung bemühte. Zu Falia, dachte sie verschwommen, und zu Ixelion war er nicht gekommen. Zu mir jedoch kommt er persönlich, wie ich es in meinem Innern stets gewußt habe. Wird er mich quälen? Sie versuchte, sich die strahlende Fröhlichkeit von Danar und die Gesichter von Danar und Janthis vorzustellen, doch sie schwebten nur für einen Augenblick als bleiche, gestaltlose Wesen vor ihrem inneren Auge und waren dann verschwunden.

Ein Schatten fiel lang, schwarz und bedrohlich über die Schwelle und reichte fast bis zu ihren Füßen, wo sie am entgegengesetzten Ende des weiträumigen Saales stand. Dies ist die höchste Macht des Universums, dachte sie. Sie herrscht und hat immer geherrscht. Ob hell oder dunkel, gut oder böse, das ist die letzte Wirklichkeit. Dann zog sich der Schatten zurück, und er selbst stand im Türrahmen. Er verharrte dort, dann trat er ein. Er war genauso, wie sie ihn in Erinnerung hatte, groß, geschmeidig und von makelloser Gestalt; sein langes, braunes Haar wehte zurück aus dem perfekt konturierten Gesicht, daß es ihr vor schmerzlicher Freude einen Stich gab. Er streckte die Arme aus, um sie zu begrüßen. Der Mund war leicht zu einem freudigen Lächeln geöffnet und die weit auseinanderstehenden Augen strahlten sie so fröhlich an, als läge das verwunderte Erwachen ihrer ersten Regung bei ihrer Schöpfung nur einen Augenblick zurück. Langsam, königlich schritt er auf sie zu; der geschmeidige, nackte Körper bewegte sich mit müheloser Kraft, die ihn silbern und rosig umschimmerte, so daß Sholia vor ihm auf die Knie fiel. »Schöpfer«, schluchzte sie, und alle Furcht und die Kümmernisse von Panik und Schrecken waren verflogen. Nur ein ehrfurchtsvolles, reumütiges Kind blieb zurück. »Schöpfer. Weltenschöpfer.« Er blieb vor ihr stehen, und sie konnte ihn nicht länger ansehen, so sehr verwirrte sie die Schönheit seines Gesichts. Sie senkte ihren Blick, streckte eine Hand aus und berührte den schmalen Fuß, der dicht bei ihr stand. »Oh, Schöpfer«, flüsterte sie, »so lange hast du mir, hast du uns allen gefehlt, die wir versuchten, ohne dich zu leben, doch du verließest uns und gingst fort. Was hatten wir getan, daß wir dich so erzürnten?«

17

Er beugte sich hinab, legte beide Hände auf ihren Kopf und ließ sie besänftigend hinabgleiten, bis sie auf ihren Schultern ruhten. Dann nahm er ihre Arme und zog sie zärtlich empor. »Sonnenkind«, sprach er, und seine Stimme klang für Sholia wie das Regen einer Million erster Atemzüge bei Dämmerung seines ersten Schöpfungstages. »Ich bin nicht zornig auf dich. Bin ich denn nicht wieder hier bei dir auf Shol? Ich bin gekommen, dich aller Ängste zu entheben und alle deine Bedürfnisse zu stillen. Gib dich selbst in meine Hände, liebe Sholia. Nimm deinen rechtmäßigen Platz als meine Untertanin ein, Frucht meines Denkens, und ich werde dich aller Verantwortung entheben. Ich bin gekommen, die Herrschaft auf Shol zu übernehmen. Wenn du mir gehorchst, wirst du nie mehr von mir getrennt sein müssen. Wir werden einander Kraft geben. Kann es etwas Herrlicheres geben?«

Sie wäre am liebsten wieder vor ihm niedergefallen, um sich auf ewig an ihn zu klammern. Sie wollte alles tun, worum er sie bat, denn sie wußte, wenn er sie erst wieder verlassen würde, würde der Kummer um seine Abwesenheit zum tödlichen Gift in ihren Adern werden, bis zum Ende ihrer Sonnen. Doch sie konnte ihm nicht antworten, denn ihr Blick war zu seiner von dem glänzenden Haar halbverdeckten Halskette gewandert. So war sie früher nicht, als ich am Ratstisch saß und zu ihm emporblickte, dachte sie entsetzt. Sie fühlte sich weich umhüllt, hörte etwas murmeln von unbedeutenden Kleinigkeiten, das ihre Gedanken ersticken wollte. Aber sie focht dagegen an. Seine Amtskette, die aus weißem Sternenlicht und den Kräften des Gesetzesmachers geschaffen worden war, wirkte nun schwarz und entstellt wie Schlacke, die bei der Läuterung von Metall anfällt. Er sah, woran ihr Blick haftete, und legte leicht einen Finger auf ihre Wange. Aus der Tiefe ihres Innern begann eine Stimme im Schmerz über Betrug und Verlust zu weinen und zu klagen. Ach, nein! Nein! Sie sollen Lügner sein, alle Sonnengebieter der Zeitalter sollen sich getäuscht haben, soll Janthis sie in die Irre geführt haben, doch laß den Weltenschöpfer wahrhaftig sein! Sie konnte nicht den Blick von dem Ding um seinen Hals wenden, um den leisen Vorwurf in seinen Augen zu sehen. Mit einer Anstrengung, die sie die letzte ihr zur Verfügung stehende Kraft kostete, einer Anstrengung, als müßte sie ihrem Körper die Seele entreißen, wich sie einen Schritt von ihm zurück.

»Du bist der Antischöpfer!« stieß sie schluchzend hervor. »Mehr als alles im Universum wollte ich glauben, daß du dich nicht verändert hättest, daß die Vergangenheit ausgelöscht wäre. Und als ich dich auf mich zukommen sah, denjenigen, der mein einziger Gott war, als ich dich so prächtig erblickte, wie ich dich in Erinnerung hatte, war ich voller Freude. Du jedoch hast dafür gesorgt, daß meine Augen mich belogen.« Sie hielt inne, um die wenigen Kräfte zu sammeln, die ihr geblieben waren, während eine wehklagende Stimme in ihr jammerte. »Du kamst in Boshaftigkeit und Haß nach Shol, in der Absicht, das von dir Geschaffene zu vernichten und in Finsternis zu stoßen.«

Noch während sie sprach, konnte sie zusehen, wie sich der reine Glanz seines Körpers zu stumpfem Grau mit dunkelroten Einschüssen verdichtete. Das Licht wich aus seinem Gesicht und hinterließ es grausam und voller kläglich verborgener Feindseligkeit. Er hatte sich verändert und war doch der gleiche. Der Hauch ehrfurchterregender Reinheit und Freude war von ihm gewichen, doch seine unvergleichliche Schönheit blieb ihm erhalten. Sie schöpfte wieder ein ganz klein wenig Zuversicht. Hoffnung keimte in ihr, und ihre Augen zeigten ihn ihr immer noch als den Weltenschöpfer. Lange Zeit musterte er sie, und noch einmal umstrich sie der eigentümliche Wind aus der Tiefe seiner Finsternis, vereiste ihr Herz und knebelte ihr Denken. Dann ergriff er das Wort.

»Komm hinaus, Sholia«, sagte er, und seine Stimme klang nun krächzend und gemasert vom Eis seines turbulenten, dienstbaren Windes. »Ich möchte dir etwas zeigen.«

Seine Worte waren ein Befehl. Er ergriff ihren Arm, und nun riefen seine Finger Schmerz in ihr hervor. Sie ging ungeschickt, bedeutete doch seine Nähe ein überwältigendes Wirrwarr von Freude und Abscheu. Sie folgte ihm wie eine Schlafwandlerin mit gefühllosem Arm und leerem Denken. Er blieb oben auf der Treppe stehen und ließ sie los. »Sag mir, was du siehst«, befahl er, und sogleich hoben sich die grauen Nebel, schrumpften und waren verschwunden. Schwaches Sonnenlicht sickerte über die Ebene, schien an den Friedenstürmen herab, funkelte auf dem Meer, und Sholia ließ über all das langsam ihren Blick schweifen. Es erschien ihr nicht als real, sondern wie ein fadenscheiniger Abklatsch ohne dritte Dimension, als eine schlampige, grobe Imitation, und sie antwortete stockend: »Ich sehe Shol.«

»Und wie wirkt Shol auf dich?«

Ekel vor ihrer Welt durchflutete sie. Shol war ein derber, plumper Ort, erdverhaftet und stinkend. Sie sah sich selbst leicht und frei zu einer ihrer Sonnen ziehen. Doch sie wußte, daß der Antischöpfer ihr wieder eine Lüge vorspiegelte, und so war es irgendwie einfacher, seine verborgene Botschaft abzulehnen. »Ich bin für Shol verantwortlich«, entgegnete sie. Ihr Arm fühlte sich immer noch wie betäubt an und ihre Lippen doppelt so groß wie gewöhnlich. »Ich bin die Hüterin von Shol.«

»Jawohl, Hüterin«, verhöhnte er sie. »Du Herrin, ohne die Macht zu beherrschen, du Unsterbliche, ohne die Befugnis einzuschreiten. So wollte ich es am Anbeginn, doch heute habe ich andere Vorstellungen über die Sonnengebieter. Sieh dir Shol genau an, Kind. Ich bin bereit, dir wirkliche Macht in die Hände zu legen. Die Macht zu herrschen, jedes Lebewesen unter deinen Sonnen in deiner Gewalt zu haben, Shol, Shon und Sumel genau nach deinen Wünschen zu befehligen. Du wirst nicht länger Wächterin sein, du wirst die Königin werden. Wirkliche Macht, Sholia, Macht zu zerreißen oder zu einen, zu schaffen oder zu vernichten. Kein Gesetz wird für dich Gültigkeit haben. Du wirst über und jenseits des Gesetzes stehen, genau wie ich. Die vergangenen vier Sholjahre haben dir viel Zweifel und Elend gebracht. Mit meinem Angebot könntest du die Ghakanianer zerschmettern und Shol nach deinen Vorstellungen neu gestalten. Keine Zweifel mehr, Sholia, kein Zögern mehr, kein Gesetz. Sei Herrscherin von Shol. Empfange die Verehrung deines Volkes, die dir zusteht. Du bist eine Unsterbliche, was sind sie im Vergleich zu dir? Du bist eine Göttin. So ergreife auch die Macht einer Göttin.«

Seine Worte erfüllten Sholia plötzlich mit wilden, strahlenden Bildern. Sie sah sich selbst in ihrem Sessel sitzen, doch es war nun ein Thron. Ihre Sterblichen kamen auf Händen und Knien zu ihr, um eine Berührung ihrer feuerglühenden Hand gewährt zu bekommen. Sie sprachen zu ihr in ehrfurchtsvollem Flüstern und wagten es kaum, die Augen zu ihr zu erheben, denn die Macht, die der Antischöpfer ihr gegeben hatte, verlieh ihr eine unglaubliche Schönheit. Ihre Sterblichen liebten sie mit der ängstlichen, ungestillten Leidenschaft von Sklaven. Ja, dachte sie, es steht mir zu. Ich verdiene es.

»Und was ist mit Ixelion, Falia und Ghakazian?« fragte sie noch zögernd.

Der Antischöpfer lachte; es war ein Laut ohne jede Heiterkeit. »Ihnen habe ich nichts geboten. Warum hätte ich es sollen? Du und Shol, ihr seid das Zentrum meines Universums. Nur dir, meiner Geliebten, mache ich dieses Angebot.«

»Und was, Antischöpfer, willst du dafür von mir haben?« Er wirbelte zu ihr herum, und in seinen Augen blitzte solche Gier, daß sie glaubte, er wollte sie verschlingen. »Ich verlange nur, daß du mich als deinen Oberherrn anerkennst«, sagte er, wobei seine Stimme vor Begierde zitterte. »Du brauchst nicht vor mir zu knien. Sprich nur die Worte aus. Du hast sie viele Male zuvor gesagt. Sie werden dich nichts kosten, Sholian, und dir doch alles bringen.«

Ja, ich habe sie früher ausgesprochen, dachte sie und schreckte vor seinem verzerrten Gesicht zurück. Doch in jenen Tagen folgten andere Worte auf diese. *Über uns beiden steht das Gesetz.* Sie machte den Mund auf, um das zu sagen, doch der Antischöpfer war zurückgezuckt, so als habe allein schon ihr Gedanke ihn verletzt.

»Nicht die letzten Worte«, zischte er. »Nicht sie. Nur die ersten.

Du hast nichts zu verlieren. Wenn die Sonnen verglühen, wirst du nicht mehr sein. Dann wird all das keine Rolle mehr spielen. Sprich die Worte!«

In diesem Augenblick wurde Sholia bewußt, daß sie ihn nicht mehr liebte, weder ihn, noch etwas von ihm Geschaffenes. Janthis hatte ihr das oft genug gesagt, doch solange noch Hoffnung in ihr keimte, konnte sie das nicht glauben. Wie, so hatte sie damals gedacht, könnte ein Schöpfer jemals das von ihm Geschaffene hassen. Gewiß würde noch einige Liebe in ihm vorhanden sein, so sehr seine Veränderung ihn auch umgewälzt haben mochte. Doch nun erkannte sie, daß er noch unter dem Schmerz seines eigenen, schrecklichen Falls litt, der im Verlaufe der Zeitalter nicht nachgelassen hatte. Vielmehr nagte er mit gierigen Zähnen an ihm. In seiner Pein schlug er um sich, wollte sich am Gesetzesmacher rächen, indem er all seine Schöpfungen verstümmelte. Er wollte nicht alleine leiden. Er würde die Welten mit sich in die Tiefe reißen.

Sie wandte den Blick von dem unter ihr entfalteten Panorama und sah, daß er sich erholt hatte. Harte, verbitterte Augen bohrten sich in die ihren, und er schien sich herabzusenken wie eine schwarze, bedrohliche Unwetterwolke. Sie richtete sich auf und faßte Mut. »Nein«, stieß sie hervor. »Ich werde die Worte nicht aussprechen. Es verstößt gegen das Gesetz, dich als Höchstes zu verehren, Antischöpfer. Wenn ich dich als meinen Herrn anerkenne, kann ich keine Hoffnung auf eine positive Beurteilung durch die Botschafter mehr hegen, denn ich werde außerhalb des Gesetzes stehen genau wie du. Es bricht mir das Herz«, schloß sie flüsternd, »doch ich muß dir den Gehorsam verweigern.«

»Du törichte, fehlgeleitete, kleine Närrin«, schnauzte er sie an, wobei seine Stimme vor Zorn bebte. »Willst du so blind die Reine und Treue spielen, während das übrige Universum sich vor mir neigt! Ich habe dir unbeschränkte Macht geboten, Allmacht, wie man sie sich nicht erträumen kann, und ich werde das kein zweites Mal tun. Ein Augenblick von Großmut ließ meine Hand innehalten. Ich hätte mir nicht die Mühe machen sollen, dich freundlich anzusprechen. Denk in den kommenden Jahren an die Gelegenheit, die du ungenützt hast verstreichen lassen. Ich werde dich im Berg einschließen. Ich werde die Zeit anhalten und in dir das gleiche Gefühl erwecken wie in den Sterblichen, daß jede verstreichende Sekunde wie die Ewigkeit selbst ist. Ich werde deine Minuten mit solcher Sehnsucht nach mir füllen, daß du nie wieder Frieden oder Vernunft kennen wirst. Ich werde dafür sorgen, daß du diesen Augenblick immer und immer wieder durchleben mußt, damit du die Folgen deines arroganten Fehlers voll auskosten kannst.«

Mit diesen Worten stürzte er auf sie zu; sie schrie auf, zog sich das Haar vors Gesicht, um ihn nicht zu sehen. In dem grauroten Licht, das ihn umflutete, ergossen sich schwarze Ströme um seine Knie, schmiegten sich um seine Taille und erstrahlten um sein ausgezehrtes, aschfahl krankes Gesicht. Seine Augen waren verschwunden, und aus den leeren Höhlen sprang noch mehr Feuer mit schwarz- und orangefarbenen Flammen.

Es war um so schrecklicher, als sich die verkohlten, zerstörten Überreste seiner Schönheit mit dem Ding vermischten, das er geworden war, und Sholia dachte an Ghakazian, als sie vor ihm zurückwich. Ghakazian bei seiner Torschließung, als er schweigend zu ihr von der Trance des Todes gesprochen hatte.

Sie stürzte mit fest geschlossenen Augen auf die Knie und kroch vor ihm auf dem Pflaster, das unter seinen Füßen aufgebrochen und schwarz geworden war. Er beugte sich über sie und schrie: »Ich werde auf Shol bleiben! Ich habe es geschaffen, und mir gehört es! Zeitalter über Zeitalter habe ich mich danach verzehrt, es unter meiner Faust zu halten, und ich werde mich nicht mehr damit zufriedengeben, an den Rändern des Universums umherzustreifen! Aber ich werde dich unter meiner Ferse zermalmen, Sholia, und du wirst gewiß wünschen, ich hätte dich nie erschaffen!« Er drehte sich um und schritt zu der höchsten Stufe der Treppe, sein öliges Unfeuer hinter sich herzerrend. Er hob die Arme und schien zu einem Turm der Bedrohung anzuwachsen, der die Säulen zwergenhaft erscheinen ließ. Er wurde größer als die Berge, öder und trostloser als die Ebene, über die der Schatten fiel. »Shol!« rief er mit dröhnender Stimme. Noch einmal erbebten die Friedenstürme in ihren tiefen Fundamenten und die ganze Stadt erzitterte.

Dann kam Raserei über die Einwohner Shols, die aus ihrer Todestrance erwachten, um den Tod direkt auf sich zurasen zu sehen. Die ghakanianischen Geister hatten die schwächeren Ichs der Sholaner hinter sich gedrängt und erhoben sich zur Schlacht; in ihnen bohrte die Stimme des Antischöpfers wie ein roter Stachel der Vernichtung. Mütter kehrten sich mit Küchenmessern in den Händen gegen ihre Kinder; Frauen sahen ihre Männer mit nach ihren Kehlen greifenden Händen auf sich zustürzen. Auf den Schiffen, draußen bei den Nomaden, in den Bergwerken und am Meeresufer führte der Tod ein schreckliches Regiment. Die Stadt begann zu schreien. Blut färbte das Wasser rosa. Ohne sich umzudrehen brüllte der Antischöpfer Sholia zu: »Siehst du das? Hörst du es? Und du wagtest es, dich mir zu widersetzen?« Dann lachte er, und Sholia wandte den Kopf ab und hielt sich die Ohren zu.

*

Im Augenblick der Stille stand Gahakazian mit vor Aufregung rasendem Herzen in der Ebene. Sholia war in der Wartehalle verschwunden, doch er war überzeugt davon, daß sie trotz ihrer Worte das Tor nicht schließen würde. Der Zeitpunkt seiner Bewährungsprobe war gekommen. Während er beobachtete, wie die Vögel kreisten und sich unbeholfen im Gras niederließen, fragte er sich, ob er seinen Leuten in die Stadt folgen, in den Palast zurückkehren oder einfach abwarten und zusehen sollte, was Sholia täte. Er beschloß zu warten. Der Weg über die Hochebene lag ungeschützt da. Er zog unbehaglich die Schultern hoch und versuchte, sich von der gleichen Bürde zu befreien, die die Vögel hatte verstummen lassen. Er fand, daß es schwer war, Atem zu holen. Ängstlich blickte er zum Palasteingang. Graue Nebelfetzen sickerten aus der Wartehalle, durch die Sholia nun gestürzt kam. Von augenblicklicher Panik erfaßt rannte Ghakazian davon, um sich in die unsichere Deckung eines der Sträucher des Palastes zu bringen. Er wußte, daß Sholia ihn sah, als sie die Palasttreppe hinauffloh. Aber er machte sich keine Gedanken mehr um sie, denn aus der Halle begann sich dicker Rauch zu ergießen und umhüllte das Wesen, das ihr folgte.

Die Zeit stand still. Ghakazian schalt sich selbst für seine Schwäche, und wußte, daß er sie besiegen mußte. Aber seine ganze Willenskraft war von ihm gewichen. Dann vernahm er von oben Schritte und wandte mit aller Kraft, die er noch aufbringen konnte, den Blick hinauf.

Aus dem schummrigen Licht der Eingangshalle tauchten Sholia und der Antischöpfer auf. Außer Ghakazians unleugbarer Freude über den Anblick seines Schöpfers erfaßte ihn auch noch eine schnell anschwellende Welle des Triumphs. Das Buch sprach die Wahrheit, dachte er fieberhaft. Ich erinnere mich! So sah ich mich, verborgen hinter dem Strauch, um Rillas schlanke Gestalt zu verstecken, während die beiden einander begrüßten. Durch Rillas dunkle Augen beobachtete er, wie sie miteinander sprachen. Gleichzeitig fühlte er, wie sich Shol hinter ihm am Rande des Abgrundes sammelte. Die Ghakanianer sind bereit, sagte er sich. Jeden Augenblick können sie nun zu töten beginnen, und ich muß die Treppen erklimmen und dem Antischöpfer gegenübertreten. Vorfreude gemischt mit Furcht durchzuckte ihn. Es verstarb jedoch rasch und ließ Erstaunen zurück, denn der Antischöpfer hatte sich plötzlich auf Sholia gestürzt, die zurücktaumelte und vor ihm mit aschfahlem Gesicht niederfiel. Dann verwandelte sich der Antischöpfer unter Ghakazians Blick. Er wurde schwarz und furchterregend. Er beugte sich über Sholia wie ein hungriges Raubtier, das im Augenblick des Triumphs innehält, um jeden Schmerz seiner Beute auszukosten.

Plötzlich spürte Ghakazian, wie sich etwas in seinem Denken regte, sich verschob und gleichzeitig seine Gedanken neu ordnete, sie an neue Positionen stellte und ihnen neue Töne verlieh. Er fühlte sich, als hätte man ihn emporgehoben und in Teile zerlegt, um ihn dann an seine ursprüngliche Stelle zurückzulegen. Doch er war nicht mehr der gleiche. Er begriff nun. Die Wahrheit brach über ihm zusammen. Er packte die spröden Zweige des Strauches vor sich mit den beiden starken Frauenhänden, um nicht laut loszuheulen. Nein! dachte er entsetzt. Das konnte doch nicht sein! Ich habe alles getan, was das Buch verlangte, und das Buch untersteht dem Gesetz. Es kann nicht lügen. Nein, Ghakazian, es log nicht, wisperte etwas Kühles, Ruhiges in ihm. Es zeigte dich hier hinter dem Busch. Es zeigte die beiden, wie sie sich vor dem Palast unterhielten. Diese Dinge sind Wirklichkeit geworden. Doch die leeren Visionen des Buches hast du mit deiner Phantasie ausgestaltet. Du warst der Lügner, nicht das Buch. Die Zukunft ist zur Gegenwart geworden, und du wurdest deiner eigenen Vernichtung entgegengeführt.

Er riß seine Hände von dem Strauch los und schlug sie auf seinen Mund, schwankte vor und zurück, stöhnte vor Schrecken und Entsetzen vor sich hin. Just in diesem Augenblick drehte sich der Antischöpfer um und sprach zu Shol. Ein Messer bohrte sich in Ghakazians Herz, doch noch ehe er voll abschätzen konnte, was seines Wissens nach als nächstes geschehen mußte, brach die Stadt los. Schreie erfüllten die Luft, panikgeschwächte Stimmen schallten mit flehentlichen Bitten um Gnade durch die Straßen und Todesseufzer gingen in dem Getöse unter. Ghakazian warf sich der Länge nach auf den Boden, doch er konnte nicht weinen. Ich bin getäuscht worden, sagte er sich, doch für jede Art von Wiedergutmachung ist es nun zu spät. Wohl denn. Ich bin verloren, alles ist nun gleichgültig. Ich werde warten, vielleicht kann ich hier auf Shol noch Rache und eine Art Frieden finden. Ich darf mir keine Gedanken mehr machen. Verbitterung und Selbstvorwürfe verdüsterten sein Denken. Er raffte sich vom Boden auf und begann, über die Ebene zu schwanken.

*

Sholia lag schwach und erschöpft mit auf die Fliesen gepreßter Wange am Boden, so daß ihre Nase erfüllt war vom Gestank des versengten Steins. Schauer hatten ihren Körper geschüttelt, als er sich über sie gebeugt hatte. Doch nun war er von ihr gegangen, um sich an den Rand der Stufe zu stellen. Der Klang seiner Stimme über der Ebene war schrecklicher als die Blöße, die sie unter seinem Blick empfunden hatte. Shol erwachte zum Chaos, doch sie hörte es kaum. Was soll ich tun? stöhnte sie leise. Oh, was soll ich nur tun? Mühsam zog sie sich auf Hände und Knie empor, und die schwarzgestreiften, eiskalten Sonnenscheiben baumelten von ihrem Hals; sie kroch auf ihn zu. Die Furcht hing wie Ketten an ihren Knöcheln und zerrte an ihrem Rükken, und Angst ließ ihr den Schweiß golden und feucht das Rückgrat hinabrinnen. Doch sie rang darum, die kurze Entfernung zwischen sich und seinen schwarz umhüllten Beinen hinter sich zu bringen, während er Shol betrachtete und lachte. Er sprach zu ihr, doch seine Worte ergaben keinen Sinn, sondern verdichteten nur den Schleier des Schreckens in ihrem Herzen. Sie wußte nicht, was er machen würde, wenn sie bei ihm anlangte, doch sie durfte nicht in feiger Ergebenheit auf den Steinen liegenbleiben.

Als es ihr dann gelungen war, eine Hand zu heben, so daß sie ihn hätte berühren können, ertönte in ihr etwas. Eine leise, ruhige Stimme drang deutlich und süß in ihr Denken und brachte den Hauch von warmem Sonnenschein und Lachen mit sich, so daß sie erstaunt innehielt. Du hast zwei Sonnen, sagte diese Stimme. Sholia fühlte, wie sie wieder ein wenig Kraft sammelte. Natürlich, sagte sie, als sie sich mühte aufzustehen, wo sie der Schmerz seines Feuers nun umtoste. Aber, ach, meine prächtigen Sonnen. Er hörte sie aufstehen und wirbelte zu ihr herum; sie legte eine Hand um die eine Sonnenscheibe und suchte mit der anderen Halt an der Balustrade. »Ich gebe dir eine Chance, Shol freiwillig zu verlassen«, sprach sie ruhig zu ihm. »Wenn du dich weigerst, werde ich dich hinauswerfen.«

Für einen Augenblick wurden die schwarz-orangefarbenen Räder in ihren Höhlen wieder zu den Augen, die sie einst gekannt hatte. Es waren zwei harte Bälle, die sein augenblickliches Erstaunen widerspiegelten. »Kann das Geschöpf den Schöpfer befehligen?« spottete er. »Du bist beklagenswert, Sholia. Beuge dich vor mir!«

»Ich habe zwei Sonnen«, flüsterte sie schwach und umklammerte die Sonnenscheiben, so als wollte sie sie zerdrücken. Es kam ihr vor, als keimte unter dem Druck ihrer Finger ein winziges Fünkchen neuer Wärme in ihnen. »Zwei Sonnen, Antischöpfer«, wiederholte sie, und plötzlich umwölkte Zweifel das verwüstete Gesicht. Lange Zeit erwiderte sie seinen Blick, und er ließ allen Schrecken und alle Angst, die er aufbieten konnte, in sie strömen. Eines der goldenen Feuer der Sonnenscheiben wuchs unter ihrer Hand, und sie hielt ihm stand. Unter ihnen auf der Ebene drängten sich Menschen durch das Tor neben den Türmen und liefen ziellos davon. Einige fielen, andere stolperten in Richtung des ausgehöhlten Berges, doch Sonnengebieterin und Antischöpfer standen einander selbstvergessen gegenüber.

Schließlich rührte er sich und lächelte sie langsam an. »Ich habe auch die Sonnen geschaffen«, sagte er. Sie beachtete die Spur von Übermacht hinter seinen Worten gar nicht, denn die innere Stimme hatte Mut in ihr aufkeimen lassen. Sie wußte, was auch kommen würde, er würde ihr Denken nicht länger mit unausgesprochenen Lügen und zweifelgeplagten Träumen erfüllen.

»Wirst du gehen?« fragte sie ihn ruhig, obwohl ihr Herz bis zum Zerspringen klopfte. Er schüttelte den Kopf.

»Shol gehört mir, und hier bleibe ich.«

Darauf schloß sie die Augen, tastete durch den Raum nach der Sonne, zu der sie erst kürzlich geflohen war, um sich Trost und Kraft zu holen, und sprach zu ihr. Oh, meine Sonne, hör mich an. Ich bitte dich um deine ganze Kraft, dein ganzes Licht, auch wenn es unser beider Ende bedeuten sollte. Ich strecke dir nun meine Hände entgegen. Lege dich hinein und gehorche mir. Ich flehe dich an, um der Rettung Shols willen und der Erhaltung von Danar. Und wenn es denn sein sollte, nimmst du den Tod von mir an? Sie erhob ihre Hände mit nach oben gewandten Handflächen, und wieder lachte der Antischöpfer. Sie aber ignorierte seinen Spott, denn eine sanfte, gefügige Präsenz trat in ihr Denken, und sie fühlte, wie ihre Finger zitterten und Funken stoben. Dann vernahm sie zum ersten und zum letzten Mal die Stimme ihrer Sonne, heiser und sengend: *Ich weiß alles,* hauchte diese. *Ich werde mich hingeben.*

»Wie vieles hast du zerstört«, sprach Sholia laut zum Antischöpfer. »Wie viele schmerzliche Trennungen hast du verursacht!« Sie richtete sich zu voller Höhe auf und sprach ein einziges, ruhiges Wort. Licht brach aus ihr heraus, strömte aus ihrem Haar, schoß weiß von ihren Fingern und schien plötzlich blendend grell aus ihrem Gesicht.

Der Antischöpfer trat zurück, immer noch lächelnd, so als wollte er sie einen Moment gewähren lassen, doch alles Freundliche wich aus seinem Gesicht, als sie erneut das Wort ergriff. Ein Flammenmeer tanzte um sie her, erstreckte sich von der Balustrade bis zu den Säulen und brodelte heiß und kraftvoll neu zwischen ihnen. »Du willst also mit deinem hübschen Spielzeug spielen!« brüllte er. »Doch das Spiel täuscht mich nicht, Sholia. Du gleichst einem Sterblichen, der den Wind mit bloßen Handflächen zurückhalten will.«

Sie sah, wie er tief Atem holte, und als er aushauchte, erbrach er einen Schwall von Schwärze, der gegen ihn zurückschlug. Durch den wabernden Schein ihres eigenen Feuers sah sie, wie er in dunkle Flammenzungen ausbrach. Er hatte sich nicht durch eine Flammenmauer geschützt wie sie. Sein Körper selbst schien zu explodieren. Er wurde größer, zu einer lebendigen, sengenden Flamme, die kälter war als der Raum selbst. Nur sein Gesicht blieb erkennbar unverändert, ein lebhaftes, ausgezehrtes Oval, das sie aus dem Zentrum der Flamme anstarrte. Er bewegte die Arme, schickte eisige Wellen auf sie zu, und ihr eigenes Feuer ging von Gelb in Rot über und begann zu sinken. Dieses Feuer, das einem Sterblichen das Leben gekostet hätte, war machtlos, die Quelle allen Feuers zu vernichten. Sholia suchte verzweifelt in ihrem Gedächtnis nach jenem mächtigen Spruch, den man ihr einst beigebracht, den sie jedoch niemals angewendet hatte. Der Antischöpfer kam bebend auf sie zu, und sie fühlte, wie ihre Haut taub wurde, als er sich ihr näherte, doch sie hielt stand, und ihre Zunge fand einen neuen Bann. Halt aus für mich, meine Sonne, flehte sie. Gib mir nicht nur dein Feuer, sondern dein ganzes Sein.

Hoch über Shol begann die Sonne anzuschwellen. Sie wuchs und fing an zu vibrieren, erfüllte den Himmel mit pulsierender Weißglut, und obgleich die Flammenmauer ins Nichts zusammensank und verschwand, begann es im Palast wärmer zu werden. Der Stein unter Sholias Füßen erwärmte sich und hinter ihr hörte sie, wie die Säulen barsten und Wände und Decken brachen. Er wußte, was sie vorhatte. »Du wirst dich selbst vernichten!« kreischte er. Doch sie, die ihr Blut schneller und heißer strömen und ihren Geist summen fühlte, antwortete ruhig: »So soll es sein!« Sie hätte weiter gesprochen, aber das Summen schwoll an und verzehrte damit die Gewalt, Worte zu bilden. Sie konnte nicht mehr hören, und das Blut, das in ihrem Körper kreiste, glich geschmolzenem Metall, das sich in jedes Organ ergoß, es veränderte und umgestaltete. Er sah sie keuchen. Der Atem, der ihrem Mund entfleuchte, flackerte bläulich, doch sie hielt die Sonne nicht zurück, die ihr Wesen in sie ergoß, wie sie es erbeten hatte.

Ihre Haut wurde durchscheinend, und für einen Augenblick konnte er ihre Adern und Knochen, das pochende, arbeitende Herz, die blau angefüllten Lungen, die zuckende Zunge und das siedende Gehirn sehen, die alle ein blendend weißes Licht verströmten. Dieses ließ die Feuer, die hinter seinen eigenen Augen glühten, zurückweichen und schrumpfen. Dann schien sie mit dem Getöse zweier aufeinanderprallender Sonnen zu explodieren. Lichtstrahlen brachen aus ihr heraus, so daß er aufschrie, sein Gesicht abwandte und die Stufen hinablief. Das Gras auf der Hochebene fing Feuer und kleine, rote Flammenrinnsale liefen rasch wie entrollte Bänder über die Erde. Am Fuße der kahlen Felswand, in welche der Palast erbaut war, loderten die Bäume plötzlich wie rote Kerzen auf. Die obersten Stadtviertel und die Spitzen der Friedenstürme schwärzten sich, rissen und neigten sich langsam nach vorn, um unter Getöse in sich zusammenzufallen. Die ihres Wesens beraubte Sonne begann am Himmel zu zittern. Wie trunken schwankte sie vor und zurück in den Fängen des Todes, und sie zog Shol mit sich. Die Erde bebte. Die Berge barsten und rauchten. Doch die Säule wilder, wirbelnder Energie, die nun Sonne und Sonnengebieterin in einem war, schritt die Stufen herab und ging unerschütterlich zwischen Funken und herabstürzenden Ästen hindurch.

Am Fuße der Treppe hatte der Antischöpfer sich umgedreht und sammelte alle seine Kräfte. Seine eigene Macht war wie ein fester, schwarzer, zerklüfteter Eisberg, um den dienstbares, dunkles Feuer tanzte. Obgleich er den weißen Schein des Wesens, zu dem Sholia geworden war, bei weitem überragte, fühlte sie nichts. Sie wurde verzehrt, sie war eins mit ihrer Sonne. Sie war das Feuer, das dem Universum Licht spendete und speiste sich niemals endend aus sich selbst. Von einander getrennt waren Sonne und Sonnengebieter wie Zwillinge. Gemeinsam, zu einer Einheit verschmolzen, bildeten sie eine allmächtige Gewalt, deren beide Hälften sich lückenlos ineinanderfügten, um ein vollkommenes Ganzes zu ergeben.

Hinter ihnen brach die Treppe mit einem plötzlichen Donnerschlag zusammen und darüber stürzten die Säulen um. Antischöpfer und weißes Feuer standen einander jedoch schweigend gegenüber. Plötzlich stieß der Antischöpfer einen Schrei aus und stürzte sich auf Sholia. Die beiden Feuer trafen aufeinander, und Shol und die leere, gequälte Sonne am silbernen Himmel schrien vor Pein. Die Stadt schwankte, brach in sich zusammen und begann auf das dampfende, wogende Meer zuzurutschen. Hundert Schluchten klafften auf der Ebene auf, und die zarten, luftigen Träger des Palastes verschmolzen ineinander. Der Antischöpfer hatte das Gefühl, als würde auch er in Stücke gerissen. Dreimal bemühte er sich, das Ding, das Sholia und ihre Sonne war, zu schmelzen, dreimal erschauderte das schwarze Feuer und brach in tausend Flämmchen, während ihn ein niemals erlebter Schmerz durchzuckte und ihn erschüttert und geschwächt zurückließ. »Ich habe dich geschaffen!« Und obgleich er zerschmettern und vernichten, zerreißen und zerfetzen wollte, wußte er in einem überwältigenden, haßerfüllten Zucken, daß Sholia ihn bezwungen hatte.

Er drehte sich um und schritt in Richtung des Tores, doch das Feuer folgte ihm, riß an seinen Fersen und versengte seinen Nacken. Einmal drehte er sich um und glaubte, inmitten des rasenden Kraftstromes die Umrisse eines Gesichts zu erkennen, das er gehofft hatte niemals wiederzusehen, ein Gesicht von jenseits des Universums. Echtes Entsetzen preßte seine Zähne zusammen, daß er mit einem Aufschrei zu laufen begann.

Obgleich die Wartehalle in Flammen stand, war sie noch nicht zusammengestürzt, denn starke Magie beschützte das Tor jener Welt vor allen Unglücken bis auf das Wort des Sonnengebieters. Die Edelsteine und bunten Bilder, die die Wände verziert hatten, waren geschmolzen und liefen herab, um zischend auf den rotglühenden Steinboden zu fließen. Der ganze Raum war erfüllt von Rauch und beißendem Schwefelgestank. Hier, wo das Tor ihn vor dem Hintergrund der Sterne und kühler Dunkelheit umrahmte, drehte sich der Antischöpfer ein letztes Mal um. »Ich werde nicht aufgeben«, krächzte er. »Das ist nicht das Ende!« Und Sholia und die Sonne zogen die letzte Sonnenkraft an sich und sahen ihn in weiter Ferne und unbedeutend klein werden.

Werde ich auch sterben? dachte Sholia, doch sie verband keinerlei Regung mit dieser Frage. Der Tod war gleichgültig, völlig gleichgültig. Der Antischöpfer mußte weit fortgetrieben werden von Shol. Doch selbst diese Tat betrachtete sie vor dem Hintergrund der gesamten Geschichte des Universums von dem Augenblick an, da der Gesetzesmacher den Weltenschöpfer ins Leben gerufen hatte und dieser in die Welt getreten war. Nun war sie bereit.

Eine Sekunde lang sammelte sie sich, dann sprach sie zu ihm mit der fremden, schwülstigen Stimme der Sonne. *Kehr zurück zu deiner eigenen verfluchten Heimstatt, Antischöpfer. Verschwinde von Shol.* Sie sah, wie der Antischöpfer emporgerissen und leibhaftig durchs Tor geschleudert wurde. Sie hörte ihn schreien, als er fiel, und die Schwelle des Tores wogte und bäumte sich auf. Doch hinter der Wahrnehmung durch Augen und Ohren stand ein Schmerz, der mit Lichtgeschwindigkeit auf sie zugeschossen kam. Ihr eigener Schrei mischte sich mit dem seinen, als die Sonne explodierte und ihr Licht für immer erlosch. Shon und Sumel wurden in diese letzte Feuersbrunst hineingerissen, loderten heftig auf und vergingen.

Sholia kam auf Händen und Knien liegend vor dem Tor zu sich. Ihre Finger umklammerten fest ihre Halskette und ihr zerzaustes, versengtes Haar hing um ein von Tränen verschwollenes Gesicht. Es war zerschrammt, zerschlagen und übel zugerichtet, doch es war ihr eigenes Gesicht, ihr eigener, schmerzender Körper. Sein plötzliches Gewicht zog sie hinab, und sie wäre am liebsten zusammengebrochen, um sich mit geschlossenen Augen hinzulegen und sogleich in die unmittelbare Vergangenheit zurückzukehren. Sie wollte die wenigen Augenblicke immer wieder erleben, die sie über allem gestanden hatte, ein Wesen von unvergleichlicher Schönheit und unbezwingbarer Macht. Doch sie war selbst für diese Reise zu schwach. Schwer von Blut und Knochen, innerlich leer bis auf ihre eigene, geringe Gedankenwelt kroch sie näher ans Tor heran und bot ihren ganzen Willen auf, um einen letzten Ruf hinauszuschicken. Komm schnell zu mir, bat sie ihre eine verbliebene Sonne. Das Leben schwindet aus mir. Ich bitte nicht für mich selbst, sondern für die Schließung des Tores. Die Sonne, die immer noch von der Gewalt des Todes ihrer Gefährtin zitterte, antwortete ihr, und ihr Licht umspielte sie scheu und durchschien den wehenden Rauch, der die Wartehalle erfüllte. Sholia konnte weder aufstehen, noch fand sie die Kraft, die ganze Formel aufzusagen. »Ich, Sonnengebieterin von Shol, befehle dir, dich zu schließen«, flüsterte sie aus geschwärzten Lippen dem Tor zu. »Ich bitte dich im Namen des Gesetzesmachers.«

Lange Zeit geschah nichts, und Sholia begann zu schluchzen, wohlwissend, daß sie nicht in der Lage war, den Spruch von seinem feierlichen Anbeginn an zu sprechen. Doch mit zartem, leisem Läuten erschien plötzlich ein Silberglöckchen nach dem anderen im Tor, schwenkte an einem unsichtbaren Strang, so daß die kleinen Klöppel vor- und zurückzuckten, und erfüllte die zerstörte Wartehalle mit süßer Musik. Aus zwei wurden zwanzig, und die zwanzig vervielfachten sich rasch, bis eine ungezählte Menge kleiner Glocken zu den Sternen erklang und sich eng zusammenscharte, daß ihr Lied das Tor erfüllte. Lange Zeit weinte Sholia vor Erleichterung, lauschte Shols Stimme aus seiner Vergangenheit, bis ein Glöckchen nach dem anderen verstummte. Als der letzte, leise Ton zu vibrieren aufhörte, verschmolzen sie säuberlich und rasch, um eine blitzende, glatte Silberwand zu bilden. Das Tor war verschlossen.

Sholia kroch langsam zu der Wand, doch als sie eine Hand ausstreckte, um sich hochzuziehen, verbrannte sie sich daran. Auf Händen und Knien schleppte sie sich zur Tür, stellte fest, daß diese kühler war, zog sich hoch und blickte hinaus auf Shol. In jeder Richtung stieß ihr Blick auf Feuer. Die Friedenstürme waren verschwunden. Sie wußte, daß die Stadt nicht mehr am Hang eines Felsens hing, denn die aufgeworfene Ebene war kürzer, und ihr neuer, zerklüfteter Rand war zwischen den Rauchschwaden hindurch, die aus den Klüften zogen, zu erkennen. Zu ihrer Linken lag zermalmt unter Felsgeröll die Palasttreppe. Der Eingang zum Palast selbst war von einem Stein versperrt, der von weiter oben herabgedonnert war. Ströme von Lava ergossen sich in die Ebene und bis auf die Geräusche von Feuer und berstendem Fels schwieg Shol. Sholia verdrängte den Gedanken an Shon und Sumel, ihre Obstgärten und ihre sonnengebräunten Menschen. Sie wandte sich von der Vernichtung um sich her ab. Sie schaute weg von Palast und Tor und begann über die Ebene zu schwanken zu der Stelle hin, wo einst der Berg sich hinabgeneigt hatte, um in von Flüssen durchzogenes, bewaldetes Vorgebirge überzugehen. Die Flüsse waren zu Dampf und das Vorgebirge zu einem rauchenden Aschehaufen geworden, doch dahinter gab es weitere Täler, versteckte Gegenden, weit fort von dem Schauplatz ihres Schmerzes.

Sie hatte noch keine zehn Schritte getan, als ein Rumpeln hinter ihr ertönte. Sie drehte sich um und sah gerade noch, wie eine Kaskade von Findlingen über der Tür zur Wartehalle herabstürzte. Als der Staub sich gelegt hatte, war der Eingang nicht mehr zu erkennen, die Türen selbst waren aus den Angeln gerissen und unter dem Fels begraben worden. Sie blickte nach vorn zum zerstörten Horizont und zurück zu der Stelle, wo das Tor nun verborgen lag. Dann schleuderte sie ihre Halskette zu Boden und machte sich auf den Weg über die Hochebene. Ich bin keine Sonnengebieterin mehr, dachte sie, aber das macht nichts. Ich habe meine Aufgabe erfüllt, und Shol braucht mich nicht mehr.

TEIL 2

18

Danarions kleines Holzhaus lag am Stadtrand. Drei Haelibäume standen in seinem Garten zusammen, spendeten dem Rasen blauen und verschwommen goldenen Schatten und warfen jeden Herbst Unmengen dürren Laubs ab. Dahinter befanden sich die Gartenmauer und ein Tor, hinter dem wiederum die Straße verlief. Er hätte mit Janthis im Palast wohnen können, denn Danar unterstand rechtmäßig seiner Obhut, und seine Sonne hatte ihn hervorgebracht. Aber er zog es vor, dort zu leben, wo er bei Tag den Lärm der Stadt hören und bei Nacht die Lichter der Häuser ringsum durch die Bäume hindurchblitzen sehen konnte.

Jeden Morgen pflegte er über das taubenetzte Gras zum Tor hinauszugehen und der Straße zu folgen, die ihn zur Stadt brachte. Er verlebte seine Tage, indem er umherging und mit denen sprach, die ihm über den Weg liefen, und in Häuser trat, wann immer man ihn dazu einlud. Er suchte fast unbewußt nach unterschwelligen Strömungen einer düsteren Veränderung unter der langsamen Gezeitenfolge der üblichen, sterblichen Ebbe und Flut. Er fand keine. Im Sommer rauschten die Corionen über seine Mauern und legten sich unter seine Bäume, um träge zu plaudern. In dem kurzen Winter sammelte er die schillernden Federn, die die Vögel bei ihrem Zug verloren, genau wie seine Nachbarn es taten, um sie in Vasen zu stellen, damit sie sich mit seinem eigenen Sonnenschein vermischten und in den stillen Nächten Licht spendeten. Er befaßte sich ein wenig mit dem Garten, kochte gelegentlich für seine Nachbarn und lernte sogar spinnen und weben. Er half im Wald Bäume zu fällen, die der Stadt zu nahegerückt waren, und leistete Hilfestellung beim Hausbau. Die Welt der Sterblichen faszinierte ihn; so war es ihm schon immer ergangen, doch nun stieß er in seiner Einsamkeit in die Tiefe vor.

Manchmal gelang es ihm fast zu glauben, er könnte die in ihm schlummernden Kräfte vergessen. Wenn er bisweilen mit einer Aufgabe beschäftigt war oder am Kamin eines Sterblichen im Kreis der Familie saß, stellte er sich vor, sein Blut strömte rot statt golden und sein Platz wäre in einem solchen Haus mit einer eigenen Frau und Kindern. Doch nachts, wenn die Sterblichen schliefen und träumten, stand er am Fenster und beobachtete, wie die ruhigen, reglosen Schatten sich über seinen Rasen breiteten, wohlwissend, daß er nur ein Spiel spielte. Die Zeit würde ihn nicht als ihren Diener annehmen. So sehr er sich auch bemühte, neigte sie sich weiter vor ihm, wich ihm ehrfurchtsvoll aus und trennte ihn von den Menschen, deren Häuser sich so dicht um das seine drängten.

Er versuchte nicht zu beobachten, wie aus Kindern Erwachsene und aus Erwachsenen starke, lebhafte Greise wurden, während sein Spiegelbild in den aufgewühlten Pfützen auf den Straßen nach dem Regen seit tausend, seit sechstausend Danarjahren unverändert geblieben war. Er bemühte sich, die Sonne wie ein Sterblicher zu grüßen mit einem Moment der Dankbarkeit, was bald unterging unter den Tagesaufgaben. Aber Abend um Abend tat sein Herz einen Sprung, wenn seine Schwester den Horizont berührte, und er wollte seinen Körper verlassen und auf sie zuschweben, um tief in ihre großherzige Umarmung zu fliegen. Das blasse Trugbild, das er während des Tages um sich gebaut hatte verschwand, und mußte mühsam neu errichtet werden.

Er ging selten zum Palast, denn Janthis hatte sich in sein kleines Zimmer eingeschlossen. Er verbrachte die Jahre damit, vor seinen Wänden zu stehen, eine Welt nach der anderen zu rufen oder das kahle, feste Grau anzustarren. Danarion fürchtete den langen Weg zu dem kuppelgekrönten Ratssaal, wo auf jedem Platz außer Sholias schweigend die Halsketten lagen. Nur Danars Sonne funkelte in der gesamten, ernsten Stille des Bodens, der sich vom Fuße des Podiums bis in die Unendlichkeit selbst zu erstrecken schien.

Ein oder zweimal im Jahr zur Zeit der Samenfeuer begab er sich in den Zeitwald und setzte sich gedankenverloren in die trockenen, goldenen Blätter, die raschelnd herabsegelten. Er beobachtete, wie die Samen sich von den Bäumen lösten und in rote Flammen ausbrachen, wenn sie auf den Waldboden trudelten. Dünner, blauer Rauch wie von wohlduftendem Räucherwerk hing dann zwischen den Bäumen; Danarion sog ihn stets ein und dachte unwillkürlich an die Mitglieder seiner Familie, die er niemals wiedersehen würde.

Die Corionen liebten die Samenfeuer. Storn und die übrigen staksten in die Wälder, schnüffelten und betrachteten das ganze Schauspiel, als gäbe es nie wieder einen Herbst. Und selbst im Zeitwald sah Danarion sie als dunkleres, flüssiges Gold zwischen den helleren Tönen der Blätter, wenn die Schatten über sie hinwegglitten und sie aus seinem Blickfeld huschten.

Er wußte nicht, ob die so schnell an ihm vorüberziehenden Jahre des Friedens eine letzte Bastion vor dem endgültigen Angriff oder ein Vorspiel zu tieferer Verzweiflung angesichts des Untergangs des Universums waren. Er wußte nur in den Augenblicken, da er ehrlicher zu sich selbst war, daß er einen nutzlosen Anachronismus darstellte. Er war der letzte einer einzigartigen Spezies, der dazu verurteilt war, in demütigender Scheinzufriedenheit sein Dasein zu fristen, weder als Sterblicher noch als voll berechtigter Sonnengebieter mangels der Gesellschaft seiner Brüder.

Seine Gespräche mit Janthis drehten sich alle um Dinge, die bereits vor einer Million Jahre gesagt worden und geschehen waren, denn die Gegenwart stellte eine unveränderliche Einöde vorhersehbarer Bewegungen dar, und die Zukunft strömte ihnen nicht mehr entgegen, seit Sholia ihr Tor geschlossen hatte. Doch die gemeinsamen Erinnerungen zogen sie nicht zueinander hin. Sie erinnerten sich gegenseitig nur an Dinge, die ihnen schmerzlich waren. Janthis empfahl, daß man Danars Tor schlösse. Aber dies schien eine sinnlose, klägliche Geste und hätte keine andere Folge, als die Sterblichen auf Yantar und Brintar von ihren Freunden und Verwandten auf Danar abzuschneiden. Keine Händler kamen mit Waren für Sterbliche und Corionen, und die Tür zu dem Zimmer mit den Büchern der Überlieferung blieb geschlossen.

Danarion bemerkte eine leichte Veränderung in der Art, wie die Sterblichen ihn wahrnahmen, als er wieder durch die Stadt schlenderte und eine Generation die vorangegangene ablösen sah. Am Anfang, nachdem Sholia ihr Tor geschlossen hatte und Danar zum Gefangenen geworden war, waren die Menschen herausgelaufen, um ihn zu begrüßen, wenn er an ihren Häusern vorübergegangen war. Sie hatten ihn mit liebevoller Ehrerbietung berührt und ihn Sonnengebieter genannt. Er war durch die unsichtbare Wand von Ehrfurcht und Respekt zwischen ihnen unfähig gewesen, mit ihnen zu kommunizieren. Nun klopfte er an die Türen ihrer Nachfahren, die ihn schlicht Danarion nannten, ihn hereinbaten und ihm Speisen anboten, die er nicht verzehren und Getränke, die er nicht schlucken konnte, um mit ihm zu schwatzen, als wäre er einer der ihren. Sie verliehen ihm nicht mehr seinen Titel, obgleich sie wußten, daß er nicht zu ihnen gehörte und anders war. Ihre langen Familienerinnerungen lehrten sie, was er wirklich darstellte. Doch im Laufe der Jahrhunderte verblaßten auch diese und wurden zu Geschichte, so lebendig und deutlich sie auch sein mochten. Sie wurden zur wahren Legende eines längst zurückliegenden Danar, und Danarion, der ihnen zulächelte und mit ihnen ums Feuer saß. Es blieb nicht mehr als eine Kuriosität. Das Tor brachte sie mühelos zu den anderen Planeten ihres Systems, und sie dachten nicht mehr nach über die anderen Welten, deren Sterne über ihnen am Nachthimmel hingen, als über das Tor selbst, das es immer gegeben hatte.

Er war versucht, seine eigene Vergangenheit aus seiner Erinnerung zu streichen und die Zeiten des Kummers und der großen Macht zu vergessen. Aber häufig waren seine einzigen Gefährten die Geister, die ihn auf Ixel, Fallan, Ghaka und Shol bedrängten. Anfänglich hatte er sie aus dem Bedürfnis heraus besucht, so zu tun, als hätte sich nichts verändert. Er ritt mit Falia über Fallans weite Landstriche. Mit Ixelion stand er unter Ixels Wasserfällen, und sie lachten beide und keuchten, wenn das Wasser um sie klatschte. Doch als Jahr auf Jahr folgte, rückte die Vergangenheit in weitere Ferne, und jedesmal, wenn er in seine Gegenwart zurückkehrte, war das wie eine Heimkehr aus fernen Ländern, wo er ein Fremder gewesen war.

Die Jahrhunderte vervielfachten sich auf Danar, wurden zu Jahrtausenden, und es machte den Eindruck, als wäre die Angelegenheit von Gesetzesmacher und Antischöpfer, gefallenen Welten und verführten Sonnengebietern ins Reich der Träume eingegangen.

Der Sommer hing heiß und reglos über Danarions Garten, als er plötzlich gerufen wurde. Er hatte unter seinen Bäumen gesessen und mit Tandil, der kleinen Tochter seines Nachbarn gesprochen, als Janthis' Stimme klar und deutlich in sein Denken drang: Danarion, komm schnell. Du wirst gebraucht.

Überrascht stand er auf, schickte das Mädchen in seinen eigenen Garten zurück, trat aus seinem Tor und bog nach rechts ein fort von der Stadt. Er folgte der Straße bis an eine Gabelung und nahm dann den schmalen, grasüberwucherten Pfad, der in den murmelnden Schatten des Zeitwaldes tauchte.

Er ging schnell und fühlte das vertraute und doch fremde Zerren an seinen Knöcheln, als die Zeit der Sterblichen ihren Griff um ihn löste und seine eigene ihn umflutete. Der Wald war leer, und es dauerte nicht lange, daß er die breite Steintreppe im Sonnenlicht blitzen sehen konnte, welche das Dach aus weichen, nachgiebigen Haeliblättern nicht zu durchdringen vermochte. Dann kam er ins Freie unter eine

Sonne, die hoch im Zenith stand. Er grüßte sie mit einem Wort, als er die Treppe erklomm, die immer noch von Corionen bewacht wurde, die das Gähnen unterdrückten und ihn aus azurblauen Augenwinkeln beobachteten.

Auf halbem Wege blickte er zur Brücke, die sich zum Tor hin spannte, denn Janthis Ruf war so knapp gewesen und ein Hauch von Furcht hatte daraus geklungen, daß er sich fragte, ob etwas Bedrohliches bevorstände. Doch der verzierte Eingangsbogen glänzte ruhig in der Hitze, und kein Reisender störte seinen Schlaf.

Er nahm die letzte Stufe und schritt in die kühle Dunkelheit, um die Eingangshalle zu durchqueren. In gemessenem Tempo begab er sich schließlich in die bedrückende Stille des Ratssaales. Noch ehe er zu seinem eigenen Stuhl gelangt war, hatte Janthis die Tür geöffnet, und Danarion sprang auf die Empore, um ihm entgegenzugehen.

»Komm mit in mein Zimmer«, sagte Janthis ohne Einleitung. »Ich muß dir etwas zeigen.« Nachdem Danarion hinter ihm in den Raum geschlüpft war, schloß er die Tür und wandte sich zu einer der Wände. »Ich rufe täglich die Welten«, erklärte er knapp. »Ich beobachte sie auf Veränderungen, und in den letzten tausend Jahren hat es keine gegeben. Bis heute. Paß auf, Danarion.«

Auf ein leises Wort hin löste sich das Grau der Wand in das weite Schwarz auf, das Danarion so gut kannte, und auf ein weiteres Wort hin, begannen die Sterne auf ihn zuzuschießen. Das hatte ich ganz vergessen, dachte er verwundert. Die ekstatische Freude der Korridore, die Freiheit des Raumes, der Kitzel müheloser Kraft, das alles hatte ich vergessen. Doch nun ist es, als wären meine Jahre bei den Sterblichen zerbrechliche Visionen, die so schnell, so schnell verblassen.

»Ixel«, gebot Janthis, und gehorsam rollte Ixels Sonne auf sie zu. Ihr gelber Strahlenkranz war von einer schwarzen Aura umgeben. Dann glitt sie an ihnen vorüber. Ixel selbst erfüllte die Wand, und seine neblige Atmosphäre war schwarz durchschossen. »Näher, ich will das Tor sehen«, sagte Janthis und dann stand es vor ihnen mit dem schimmernden kalten, grünen Lixkristall. »Sag mir, was du siehst, Danarion«, befahl Janthis, ohne sich umzudrehen.

Danarion antwortete verblüfft: »Ich sehe das Tor, wie wir es verließen, verschlossen und versiegelt durch die Hände. Ich kann keine Veränderung feststellen.«

Janthis nickte knapp, streckte seine Finger aus und Ixel verschwand. »Ghaka!« fauchte er, und wieder flogen die Sterne auf sie zu, teilten sich, und Ghakas stumpfe, purpurne Sonne wölbte sich ihnen entgegen. »Ghakas Tor«, sagte Janthis, und da stand es mit den steinernen, im Flug erstarrten Vögeln auf der glatten Oberfläche, mit den zwei zur Mahnung ausgestreckten Händen. Wieder befragte Janthis Danarion, und wieder konnte Danarion nichts Außergewöhnliches feststellen, außer dem grausamen und einzigen Stempel, den sie Ghakas Ruine aufgedrückt hatten. Janthis zwinkerte mit den Augen und Ghaka verschwand. »Nun paß genau auf«, sagte er. »Ich werde Shol rufen.« Shols eine, verbliebene Sonne raste auf sie zu, flog vorüber und ließ Shol alleine in dem kleinen Zimmer hängen. Wo einst Shon und Sumel in der Dunkelheit das Licht funkelnd reflektiert hatten, war nun lediglich tiefere Schwärze. »Das Tor«, wisperte Janthis diesmal mit bebender Stimme, und der Spiegel wölbte sich nach innen. Danarion wartete, um Shols Sonne auf der Silberplatte blitzen zu sehen, die, wie er wußte, da sein mußte, doch nichts tat sich. Die Wand blieb leer. Wieder sprach Janthis seinen Befehl, doch der Spiegel regte sich nicht. Da war kein Silber zu sehen, keine tief eingeprägten Hände und keine geschwärzten, verbogenen Schwellen.

Danarion drehte sich zu Janthis um. »Was hat das zu bedeuten?« fragte er. »Wo ist das Tor? Gehorcht der Spiegel dir nicht mehr?«

Janthis warf ihm einen Blick zu und sah dann wieder zur Wand. »Der Spiegel besitzt kein Bewußtsein, um zu entscheiden, ob er gehorchen will oder nicht«, entgegnete er kurz. »Er wurde mir zum Nutzen geschaffen und zeigt mir genau, was ich verlange. Ich forderte einen Blick auf Shols Tor, und das sehen wir hier.«

»Aber das ist kein Tor! Da ist gar nichts! Wo ist das Tor?«

Janthis entließ das Bild und drehte sich schließlich um, so daß er Danarion gegenüberstand. »Das Tor ist verschwunden«, sagte er müde. »Wenn wir in Shols Wartehalle stünden und zum Tor schauten, sähen wir den Umriß einer in die Wand eingelassenen Tür. Die materiellen Bestandteile des Tores existieren noch, doch seinen Geist hat es eingebüßt. Und das ist Anlaß zu ernster Besorgnis.«

Danarion hätte in seiner Angst am liebsten hinausgelacht. »Wie kann ein Tor verschwinden? Welche Macht könnte es verschieben und warum?«

»Ich hatte gedacht, daß allein die Macht des Schöpfers Derartiges vollbringen kann«, meinte Janthis ernst, »und dann auch nur, wenn das Tor offen stände und der Verlagerung innerhalb einer Welt bedürfte. So etwas ist noch niemals vorgekommen. Die Tore wurden zu Anbeginn an den vorgesehenen Stellen errichtet. Ich kann deine Frage nicht beantworten, Danarion. Der Wille des Antischöpfers arbeitet hinter einem geschlossenen Tor weiter. Seit er aufhörte, der Weltenschöpfer zu sein, sind viele Dinge geschehen, die ich nicht habe erklären können.«

»Dann wirkt auf Shol eine neue Magie?«

»Ich nehme es an. Ich fürchte, dort könnte irgendein dunkles Machtwerk seinen Anfang nehmen, und wir müssen erfahren, welche Absicht dahinter steckt.« Janthis legte seinen Arm um Danarions Schultern, und sie gingen gemeinsam hinaus in den Saal. Eine düstere Vorahnung erfüllte Danarion, als wüßte er schon, was Janthis als nächstes sagen würde. Die Berührung durch den anderen war weder beruhigend noch tröstlich, und als Janthis seinen Arm fortnahm, sah Danarion, daß er in der anderen Hand die schwach erleuchtete Sonnenkugel hielt. Er begann, sie gedankenverloren von einer Hand in die andere zu werfen, und Danarion wartete.

Sogleich seufzte Janthis und blickte hoch. »Wir beide sind einander kein großer Trost gewesen, Danarion«, sprach er sanft. »Zu viele Sorgen belasten uns. Für mich lag eine gewisse Sicherheit in dem Bewußtsein, daß du von meiner Art bist, daß ich nicht der einzige Unsterbliche auf Danar bin.« Er verstummte und fuhr dann etwas spröder fort: »Wir können das Geheimnis von Shols Tor nicht ungelöst lassen. Es wäre leicht, wenn wir einander versicherten, daß wir nicht viel tun können. Solange wir aber die Macht haben, unsere Verantwortlichkeiten zu übernehmen, dürfen wir dem nicht den Rücken kehren. Die Zeit ist gekommen, daß wir uns trennen.«

Furcht beschlich plötzlich Danarion. »Was meinst du?« fragte er heiser, doch er wußte es bereits, und dieses Wissen erfüllte ihn mit Schrecken.

»Einer von uns muß nach Shol, um das Tor zu finden und, wenn möglich, es wieder in der Wartehalle einsetzen. Falls es irgendwo offen herumhängt, muß es wieder geschlossen werden.«

Danarion wäre am liebsten vor ihm und seinem Spiegel fortgelaufen, um durch sein eigenes, kleines Tor zu treten und es zu schließen, um sich dann ins Gras seines friedvollen Gartens zu legen, bis die Dämmerung sich leise und warm über ihn stehlen würde. Er hatte gegen den Antischöpfer nicht gekämpft. Er hatte nicht um das Gleichgewicht einer Welt gerungen, die von gierigen Flammen umtost wurde, welche dort Zugang suchten. Er hatte gesehen, wie seine Gefährten einer nach dem anderen untergegangen waren. Er war über Welten geschlendert, die er niemals wiedersehen würde, doch er war in der Lage gewesen, nach Danar und in seine Sicherheit zurückzukehren. Danar war unberührt geblieben, ohne daß der Weltenschöpfer es beachtet hätte, als er zuletzt Shol erobern wollte. Danarion gestand sich durchaus ein, welche Erleichterung er empfunden hatte, als der lange Kampf um Shol zu einem Ende gekommen war. Und nun bin ich an der Reihe, dachte er finster. Ich hatte meine ruhige Zeit, nun muß ich den Preis dafür bezahlen. Er wagte nicht, Janthis zu antworten, und dieser sprach weiter.

»Danar ist deine Welt«, sagte er langsam, »und letztlich bist du für seine Verteidigung verantwortlich. Ich kann nur Ratschläge erteilen. Ich kann dir nicht befehlen, nach Shol zu ziehen. Du kannst diese Aufforderung ablehnen, ohne daß deine Unversehrtheit Schaden nähme. Aber wenn das Tor auf Shol offensteht, bedeutet das Gefahr für Danar, und Danar ist alles, was uns blieb. Wirst du gehen?«

»Ich glaube nicht, daß das möglich ist, selbst wenn ich deiner Ansicht wäre«, antwortete er. »Du kennst die Schließungsformel: ›Von nun an soll weder Sterblicher noch Unsterblicher, weder Schöpfer noch Botschafter noch irgendeine Kreatur hier mehr Zutritt finden.‹ Und wenn das Tor fehlt, gibt es ohnehin keine Möglichkeit, Shol zu betreten.«

»Ich sagte nicht, daß du das Tor benutzen würdest. Gewiß wäre das unmöglich, selbst wenn es noch an seinem ursprünglichen Platz stünde. Ein Botschafter wird dich dorthin bringen.«

Danarions Feuer flackerte überrascht auf. »Was?«

»Ich habe bereits einen gerufen und mit ihm gesprochen. Er sagte mir, er könnte dich nach Shol bringen, wenn du dazu bereit bist. Er verfügt über die entsprechende Macht, doch bislang war dergleichen verboten. Er wandte sich an den Gesetzesmacher und kehrte mit dessen Einwilligung zurück.«

Danar ließ seinen Blick rasch durch den Raum schweifen, doch es gab kein Zeichen für die vertraute Spirale kreisenden Lichts. Die Sommerhitze hing drückend in dem Saal und der Sonnenschein fiel durch die hohen Fenster. In ihm erwachte ein winziges Fünkchen Hoffnung, und er wandte sich wieder an Janthis. »Der Gesetzesmacher weiß also Bescheid«, sagte er. »Er hat uns nicht vergessen, er beobachtet uns noch.« Janthis nickte, und Danarion drehte sich um und schaute blicklos die lange Halle hinab. Wenn ich gehe, kehre ich vielleicht niemals zurück, wandere vielleicht nie mehr durch die dicht gedrängten sonnendurchfluteten Straßen der Stadt und nehme nie wieder mit Augen und Nase das Wunder der Samenfeuer wahr. Doch wenn ich ablehne, wenn ich dem Palast den Rücken kehre, wird Danars Sicherheit auf ewig in Gefahr sein. Er konnte keinen Groll gegen Janthis empfinden, der ihm diese große Last aufgebürdet hatte. Er hatte gesehen, wie dieser die Fassung verloren hatte, als sie die Schließung von Shols Tor miterlebt hatten, und zweifelte nicht daran, unter welch schweren

Wunden Janthis litt. Und doch durchforstete er sein Denken nach irgendeiner anderen Möglichkeit, wie er sicher auf Danar bleiben könnte, ohne seine Ehre zu beflecken.

Janthis warf ihm einen raschen Blick zu, hielt die Sonnenkugel fest umklammert und brach dann in Danarions rasend arbeitendes Denken ein. »Du kannst nicht in deinem Körper gehen, wenn du überhaupt zu dem Entschluß kommst, daß du es machen wirst«, sagte er. »Du mußt die Risiken kennen, Danarion. Der Botschafter reist außerhalb der Korridore durch Gegenden, wo du nicht einmal in einem Körper wie dem deinen überleben könntest. Und selbst, wenn du dazu in der Lage wärest, würden die Sholaner dir ansehen, daß du anders bist als sie. Der Botschafter wird dich in den Körper eines Sterblichen übertragen. Du wirst ein Sholaner sein.«

»Und meine Kräfte?« flüsterte Danarion, ohne ihn anzusehen. Janthis sagte ihm die Wahrheit. »Du wirst nicht in der Lage sein, Shols Sonne voll zu beherrschen, denn das können nur Sholia und ich. Du wirst einen Teil der Kraft deiner eigenen Sonne mit dir nehmen müssen, doch wieviel dir das hilft, kann ich nicht sagen. Dein Körper wird ein Gefangener der Sholzeit sein und nicht leicht und willig, denn die muß auf Shol wie überall feindselig sein. Dein Wirtskörper wird bluten, Schmerz empfinden und sogar sterben, Danarion, und ich vermag nicht zu sagen, ob diese Dinge auch dich betreffen oder nicht. Aber sei sehr vorsichtig, daß du deinen Geist nicht mit dem Denken des Sholaners verschmelzen läßt, denn damit würdest du deine Unversehrtheit einbüßen und fallen.«

»Du bist der Ansicht, daß ich gehen werde!«

Janthis lächelte. »Wenn ich gehen könnte, würde ich es tun«, antwortete er milde. »Aber das geht nicht. Es muß etwas geschehen, und nur du bist dazu in der Lage. Hast du dir nicht manchmal gewünscht, ein Sterblicher zu sein?«

»Aber nicht ein gefallener Sterblicher auf Shol, nicht auf einer Welt, wo jeder Schritt für mich eine Qual bedeuten würde!«

»Dein Körper bleibt hier in meiner Obhut. Deine Füße werden den Boden von Shol nicht betreten. Wirst du gehen, Danarion?«

Nach einer langen Pause, während der Danarions Licht sich ungehindert über den Boden ergoß, hob er den Kopf. »Ich erkenne die Wahl an«, sagte er förmlich. »Ich werde gehen.«

Janthis dankte ihm nicht, sondern nickte bloß. »Dann geh, nimm in deinem Sessel Platz und lege deine Halskette vor dich auf den Tisch. Verstehst du, was du auf Shol tun mußt?«

»Ja, ich verstehe es.« Danarion schritt die Stufen hinab, setzte sich auf seinen Platz, streifte die Halskette über den Kopf und legte sie auf den Tisch. Ich habe nicht einmal gefühlt, daß dies kommen würde, dachte er und hielt die Hände über der Sonnenscheibe gefaltet. Ich habe zu lange mit den Sterblichen gespielt. Das hier ist mein Urteil. Er fühlte, wie Janthis aufstand und neben ihn getreten war. Plötzlich war der Raum von einem würzigen, starken Duft erfüllt. Er wagte es nicht, den Blick zu dem Wesen zu heben, dessen Macht wie ein Wind durch den Saal brauste.

»Du besitzt große Kenntnisse über die Lebens- und Denkweise der Sterblichen«, sagte Janthis, dessen Stimme von weit herzukommen schien. Danarion fühlte, wie ihm kurz eine Hand auf die Stirn gepreßt wurde. »In einem sterblichen Körper zu wohnen, wird deine Macht einschränken, doch es wird dir vielleicht auch ein gewisses Maß an Freude schenken. Lebewohl, Danarion.«

Die kurze Berührung hatte Ruhe mit sich gebracht, und Danarion fühlte, wie sein Kopf kühl und wachsam wurde. Er hörte, wie Schritte sich entfernten und Janthis' Tür dann geschlossen wurde. Der Botschafter kam näher. Danarion konnte sehen, wie seine Silber- und Blautöne auf der polierten Oberfläche des Tisches waberten. Er verkrampfte sich vor Spannung, und dann ertönte eine Stimme, eine Stimme ohne Wärme und mit einem Atemhauch, der über eine Zunge strich, eine dünne, unmenschliche Stimme, die ihn erzittern ließ.

Schließ deine Augen und bewege dich auf deine Sonne zu, sagte sie, und Danarion gehorchte. Einen Augenblick lang spürte er, wie er auf seine Sonne zuschoß, die sich bereitmachte, ihn geflissentlich bei sich aufzunehmen. Doch dann spannte sich zwischen ihm und seiner Sonne ein breiter Silbervorhang aus, der mit Streifen blauen Lichts übersät war. Er blähte sich, löste sich auf und wurde erst grün, dann rot. Er konnte seine Geschwindigkeit nicht reduzieren und fiel gegen das Netz. Dann hing er darin fest. Es schloß sich um ihn und unvermittelt klärte sich seine Sicht.

Letzten Endes befand er sich nicht seiner Sonne gegenüber, sondern in einem Käfig aus durchschimmernder Flüssigkeit, so als stände er inmitten von Wasserfällen. Hinter dem gleitenden, bebenden Vorhang lag die Weite des Universums um ihn her, unter und über ihm. Er mußte an Janthis' Spiegel denken, denn die Sterne sausten an ihm vorüber, hinterließen zischende, weiße Spuren, und es kam ihm so vor, als befände sich alles außer ihm selbst in Bewegung. Als er seinen Blick dorthin wandte, wo seine Füße sich hätten befinden müssen, erkannte er, daß er in einer Säule hing, die genau unter ihm in Streifen blendend bunten Lichts aufbrach, das einen Augenblick verharrte, ehe es in einem schweigenden Schauer von regenbogenfarbenen Funken zersprang. Er blickte nach oben, doch die Säule reichte soweit er sehen konnte, und über ihm standen die Sterne fest und reglos.

Er hatte das Gefühl, als senkten sich seine Gedanken mit unvorstellbarer Trägheit in sein Bewußtsein und als funkelte ein jeder vor Güte und Kohärenz, doch er vermochte keinen von ihnen festzuhalten. Schließlich gab er das Denken ganz auf. Das Universum schoß an ihm vorüber, der Wasserfall schimmerte, und er nahm dies alles hin, wie er seine eigene Existenz einfach hingenommen hatte. Er wußte nicht, ob die Zeit sich vor- oder zurückbewegte oder völlig stehengeblieben war. Er begann zu glauben, daß er immer zwischen den Sternen gehangen hatte und es auf ewig bleiben würde.

Dann kehrte sein volles Bewußtsein zurück, denn der Botschafter hatte haltgemacht und zog sich zusammen. Die transparente Materie waberte heftig und verwandelte sich wieder in das nebelsilberne Netz, das Danarion zwischen sich und seiner Sonne ausgeworfen gesehen hatte. Verschwommen und sehr weit entfernt konnte er dadurch Shols eine Sonne erkennen, die in grauem Dunst gefangen hing, wie er es kürzlich in dem Spiegel gesehen hatte.

Danarion streckte in einer flehentlichen Geste die Arme aus, die er nicht hatte, und die Sonne rückte näher. Er glaubte, sie weinen zu hören, und die grauen Fransen, die sie umgaben, leckten nach ihr, als der Botschafter darauf zuflog.

Einen Augenblick lang, als der Botschafter vor- und zurückgeworfen wurde, fühlte Danarion sich selbst umhergeschleudert. Aber dann hatten sie die Sonne hinter sich gebracht und Shol kam als winziges Fünkchen schwachen Lichts in Sicht, das anschwoll, als sie lautlos darauf zuschossen. Der Botschafter verlangsamte ihren Flug zu einem langen Dahingleiten. Die Sterne blieben stehen und wurden zu einzelnen Kristallen, die grün und rot durch das Netz funkelten. Shol war ein Halbmond, dessen Horizont sich unklar krümmte, und wieder begann die Zeit an Danarion zu zerren.

Der Horizont stieg an und ebnete sich, der Nebel wurde zu einer tiefen, vom Sonnenuntergang geröteten Wolke. Zu seiner Linken erblickte Danarion eine Bergkette, die von einem einzigen, massiven, kahlen Gipfel überragt wurde. Flüsse quollen wie graues Blut aus dem Fels, doch er befand sich noch zu weit oben, um die Strömung des Wassers erkennen zu können. Unter ihm erstreckte sich eine weite Ebene, die ebenfalls grau und mit Seen dunkel gesprenkelt war, und zu seiner Rechten war die Weite des Meeres. Er schaute nach vorn, um die Erde nicht auf sich zurasen sehen zu müssen.

Weit in der Ferne glaubte er die Widerspiegelung von einem Strahl frühen Tageslichts zu erkennen. Die Glocken von Shaban, dachte er mit plötzlicher Erleichterung und Vorfreude, doch dann erinnerte er sich, und der Schrecken kehrte zurück. Die Berge schossen neben ihm in die Höhe. Die Ebene entrollte sich und wurde so flach, daß die Seen nicht mehr erkennbar waren. Der Botschafter landete über der Erde. Danarion schaute hinab.

19

Am Rande des Sees lag ein Mann, dessen schwarzbehaarter, zerzauster Kopf zur Seite gedreht war und dessen geöffnete Hände sich nach dem Wasser streckten. Unter seinen Beinen wuchs derbes Gras, das dem weiten Uferbogen folgte, und Dornensträucher suchten mit ihren Wurzeln verzweifelt Halt im Sand und Gestein hinter ihm. Er lag ganz ruhig da. Die breiten Schultern verharrten reglos unter der besudelten, braunen Tunika.

Plötzlich bemerkte Danarion, daß um beide Handgelenke breite, mit verschlossenen Haken befestigte Metallbänder angebracht waren. Aber noch ehe er sich Fragen stellen konnte, rührte sich der Botschafter, und die Szenerie begann zu verschwimmen. »Nicht in diesen Körper!« flüsterte Danarion entsetzt. »Dieser Sterbliche ist tot!« Doch der Botschafter sagte nichts, und für einen Augenblick umhüllte Danarion große Ruhe, so als könnte er letztendlich doch den Schlaf der Sterblichen kosten. Dann schien es plötzlich, als bräche der Botschafter in tausend Stücke. Das Netz schrumpfte und wehte fort. Die Berge ächzten, die Flüsse dröhnten, und der stete Durst der häßlichen, staubigen Büsche erklang als murmelndes Stöhnen.

Er fühlte, wie er hinabgeschleudert wurde. Instinktiv rief er nach seiner Sonne, doch er erhielt keine Antwort. Laß mich nicht allein! dachte er inbrünstig, laß mich an diesem schrecklichen Ort nicht im Stich. Wann wirst du mich wieder abholen? Und wo? Wirst du mich überhaupt finden können?

Seine Sehfähigkeit und sein Gehör setzten aus, als er sich plötzlich in völliger Finsternis befand, wie in einer tiefen, unterirdischen Höhle von solcher Leere, daß selbst das Bewußtsein dessen einen Hohlraum darstellte, das immer existiert hatte. Der Sterbliche ist tot, dachte er. Sein Geist ist fort. Er hätte zum Tor gebracht werden müssen, wo Geist und Körper enger miteinander verschmolzen und zur weißen Fracht eines Botschafters wurden. In seiner augenblicklichen Panik hatte er alles vergessen. Als er dann aber darum rang, ruhig zu bleiben, durchflutete ihn ein eigentümliches Gefühl, halb Ekel und halb Vorfreude. Natürlich ist der Tod auf Shol nun anders. Doch wohin gehen die Geister? Wo hält sich dieser Mann nun auf? Im Schatten eines Tores, das nicht mehr existiert? Ich bin in einem toten Körper. Ich bin ein Sterblicher, und ich bin tot. Das ist der Körper, den ich benutzen muß. Es tut mir leid, so leid, wer immer du warst, der durch diese schwarzen Augen blickte.

Er begann sich auszustrecken und suchte in der Leere nach den Gliedmaßen. Er tastete sich bis ins Knochenmark, bis in die Geheimnisse der Zellen und fand in jeder den verblassenden Abdruck des Sterblichen, dessen Gedanken sie erwärmt, dessen Energie sie bewegt und ihnen Leben und Sinn gegeben hatten. Die nebulöse, durchdringende Kraft hatte eine schwache Ausstrahlung hinterlassen, die Danarion fremd war. Er dachte an die Zeit, die er mit seinen eigenen Sterblichen um deren Kamine verbracht hatte, und versucht hatte, sie zu verstehen und wie einer der Ihren zu sein. In diesem Sterblichen war etwas, das in einem Bewohner von Danar nicht existiert hätte. Es war eine Mischung aus Vollkommenheit und Zerrissenheit, eine Sorge um die Sicherheit seines Leibes und ein überwältigender Drang sich zu verändern und zu zerstören, ein wilder Strudel von Haß, Liebe, Stolz und Selbstlosigkeit, die alle zerschlagen, doch auch ineinander verwoben waren. So ist es also, ein gefallener Sterblicher zu sein, dachte er. Dieser schreckliche, innere Krieg, der zu keiner Lösung führen kann. Sholia schloß das Tor, zu spät jedoch um einer drohenden Gefahr vorzubeugen, für die es nicht Ende und nicht Sieg geben kann, weder für den Antischöpfer, noch für sie. Ich darf mich nicht davon durchdringen lassen, obgleich es mir in diesem Körper so nahe ist wie ein angehaltener Atemzug. Wer bin ich jetzt?

Er ertastete das Gehirn. Ein dunkler Strom von Furcht und Trotz warf ihn zurück, als er sich nähern wollte, um die erstarrten Erinnerungen, die der Geist zurückgelassen hatte, zu erschließen. Er wußte, daß Furcht zum Augenblick des Todes gehört hatte, als der Mann nicht mehr hatte weiterlaufen können, in die Enge getrieben worden war, und der Hauptmann seinen Bogen erhoben und der Pfeil sein Ziel gefunden hatte. Danarion erforschte den Schrecken und stellte fest, daß der Trotz sich gegen Jshban und die Herrin richtete. Dieses Gefühl war derartig stark, daß nicht einmal der Augenblick des Todes es ausgelöscht hatte. Was ist Jshban, dachte er. Und wer die Herrin? Ob Sholia sich noch immer in der Stadt aufhält? Warum dann dieses Sterben, dieses Töten? Ich weiß zu wenig, ich weiß nicht, wo ich anfangen und wie ich suchen soll. Aber ich muß anfangen. Er fühlte, wie er von jeder Zelle als fremde, aber annehmbare Präsenz geduldet wurde, und er tat den letzten Schritt und ließ sein Bewußtsein in das Gehirn strömen. Dann schlug er die Augen auf.

Schmerz durchflutete ihn, er schrie auf und suchte den beglückenden Schutz von Shols Sonne. Diese jedoch erkannte den Ruf nicht, und der Körper hielt ihn noch wie ein enges, schweres Leichentuch gefangen. Er versuchte sich aufzusetzen, was ihm aber nicht gelang, doch er drehte den Kopf und sah eine trockene, bräunlich-rote Farbkruste im Sand. Er ließ seinen Blick den Körper hinabschweifen. Ein Pfeil ragte mit abgebrochenem Schaft aus seiner Seite. Als er die Wunde betrachtete, erwachten schließlich die Erinnerungen in Danarion zum Leben, und diesmal wurden sie von einzelnen Gefühlen begleitet: einem Schmerzensstoß, der das Herz hatte stehenbleiben lassen, und dahinter viele geringere Schmerzen, vom Laufen geschwollene Füße und Knöchel, eine Schürfwunde an der linken Schulter, wo der Körper beim nächtlichen Überklettern der Stadtmauer gestürzt war, die brennenden Muskeln und die Erschöpfung von der Flucht.

Danarion bewegte einen Arm. Seine Finger umfaßten den Pfeil und zogen daran. Langsam glitt er heraus, wobei die Widerhaken das Fleisch aufrissen. Dann ließen die Finger ihn fallen und ertasteten das Loch, das er hinterlassen hatte. Danarion ließ den Kopf zurücksinken, während er das Herz zum Schlagen und die Wunde zum Heilen anregte. Das Blut begann wieder zu pulsieren, im Vergleich zu dem seinen war es kühl und träge. Er schlug die Augen zum Sonnenlicht auf, doch der Anblick blendete ihn, und sie schlossen sich wieder ohne sein Zutun. Hinter geschlossenen Lidern sah Danarion das gleißende Licht. Er erkannte besorgt, daß er das meiste seiner Kraft eingebüßt hatte, daß sie versunken war zwischen diesem fremden, roten Blut und den langsam arbeitenden, steifen Organen; ihm verblieb nur mehr die Kraft, sich selbst zu befehligen. Die Fähigkeit, eine Sonne zu beherrschen, lag nicht mehr in seiner Macht. Er fühlte sich nackt und nur durch dieses weiche, von spröden Knochen gestützte Gefüge geschützt.

Er ließ den Körper still liegen, als er ruhig das neue Leben beobachtete, das er geschaffen hatte, indem er die Wunde heilte, die Muskeln entspannte und die Zellen mit fremder Lebenskraft erfüllte. Gleichzeitig jedoch bemerkte er etwas anderes, etwas das von seinem Leib ausging, das ihn durchtränkte und ihn nun zu überfluten suchte, und er ließ es kommen. Ich stehe nicht mehr außerhalb der Zeit, dachte er. Sie ist nun in mir. Ich fühle, wie sie an mir zehrt wie an den Sterblichen, ein Vorrat an Sand, der langsam dahinrinnt, ein winziger und steter Zerfall in diesen Zellen, auf den ich keinen Einfluß habe. Er versuchte, das Gefühl zu analysieren. Es war nicht nur eine Angelegenheit der Zellenveränderung von einem Augenblick zum nächsten, wie dies für Sterbliche auf einer nicht gefallenen Welt wäre, und nicht nur ein Wandel auf einer Ebene. Die Zeit stellte hier einen aktiven, feindlichen Teilhaber dar, der in den Lauf der Dinge eingriff und sie in fortgeschrittene Stadien des Zerfalls drängte. Jede Sekunde entzog dem Körper Lebenskraft. Die Zeit selbst nährte sich vom Leben. Vorsichtig versuchte Danarion, dem parasitären Festmahl Einhalt zu gebieten, doch als er dies tat, gaben die Zellen ihre Funktion auf. Er wußte, daß er verzehrt wurde. Dieser Körper stirbt wieder, dachte er. So also fühlt sich das an. Ich bin auf dem Pfad des Todes, und es gibt kein Entrinnen mehr. Das letzte Geheimnis offenbart sich mir, und ich muß den Mut finden, es zu ertragen. Nun, wie lautet mein Name?

Die Gehirnzellen antworteten. Ich bin Chilka, Sklave von Yarne im Hause der Herrin. Ich bin ein Eingeist-Sholaner. Ich bin wieder einmal auf der Flucht zu den Bergen, wo die Überlebenden meines Volkes hausen, wo meine Frau und mein Sohn seit sechs Jahren warten, daß ich von der Jagd zurückkehre. Die Soldaten verfolgten und töteten mich. Nun bin ich frei, um nach Hause zu gehen, und brauche nicht mehr den Wahnsinn der Zweigeister mitanzusehen, ihr schlafloses Flüstern bei Nacht zu hören und in Ketten zu liegen, während sie schwach und irre durch die Hallen des Hauses geistern. Frei nach Hause laufen, laufen und laufen! Ich bin Chilka!

Das Hochgefühl dieser Gedanken brachte Danarion auf die Knie. Er schaute dorthin, wo die Berge lockten und als gewaltige Masse einen langen, vormittäglichen Schatten warfen. Er kroch auf die Beine, und mußte nun seinen Körper nicht mehr befehligen. Meine Beine strecken sich, sagte er im stillen. Mein Kopf dreht sich. Entschlossen kämpfte er gegen die drängenden Befehle des Gedächtnisses an und blieb schwankend stehen. Er hatte eine Hand auf die Seite gepreßt, wo sich eine neue Narbe gebildet hatte. »Welchen Sinn haben die Berge für mich?« sagte er laut. Ich suche doch das Tor und Sholias Palast. Vielleicht ist jenes Haus der Palast und sie die Herrin. Ich muß nach Shaban gehen, und Chilka muß mir den Weg zeigen. Dann lachte er. Der unbeholfene sterbliche Körper beugte sich hinab, schöpfte von dem brackigen Wasser und trank, bis sein Durst gestillt war. Er ging locker und ohne Abstimmung, bis Danarion begriff, daß er nicht jeden Muskel befehligen mußte. Nicht er, sagte er sich. Das bin ich. Ich bin das. Er spähte in die Büsche und fand den Lederbeutel, den Chilka auf der Brust getragen hatte. Die Verfolger hatten ihn ausgeplündert. Das Messer und der Umhang waren fort, doch daneben lag etwas Brot in der Sonne. Danarion hockte sich nieder, brach den Laib und zwang sich die trockenen Krumen in den Mund.

Eine seiner eigenen Erinnerungen erwachte in ihm. Er saß auf Danar bei seinem Nachbarn am Tisch mit dem kleinen Mädchen auf den Knien. Er lehnte das Essen ab, das sie ihm hinhielt, und spürte so erneut die Mauer zwischen sich und den Sterblichen, die er gerne einreißen wollte. Die Erinnerung war vage und verblaßte bald, und er kaute zufrieden das trockene Brot. Nun weiß ich es, dachte er, und das Wissen gefällt mir. Er schluckte, packte dann den Beutel, zog ihn sich über den Kopf und bemerkte dabei sein Spiegelbild im Wasser. Er sah einen zerzausten Bart, zwei wilde, schwarze Augen und zerfurchte, schmutzige Haut. Chilka, dachte er, ich grüße dich. Der Mund erwiderte sein Lächeln. Er richtete sich auf, kehrte dem See den Rücken zu und schlug den Weg zum Meer ein.

Er ging ununterbrochen einen Tag und eine Nacht. Er wußte, daß Chilka das Land wiedererkannte und bahnte sich seinen Weg nach den Erinnerungen des Mannes. Doch für ihn als Danarion war das alles fremd. Er hatte Sholia einige Male besucht, hatte gesehen, wie die Stadt sich am steilen Hang emporzog und daß zu ihren Füßen der Ozean und die weite, graue Ebene begann, die zum Palast führte. Er wußte, daß am Rande der Ebene Wälder gewachsen waren, durch welche sich Flüsse zum Meer schlängelten und daß sich jenseits davon kilometerweit baumbestandenes Land erstreckte, wo im Sommer die Nomaden lagerten. Er konnte nur vermuten, daß er sich weit entfernt von dieser Landschaft befand, die er kannte. Seine Füße begannen in der Hitze, die aus dem Sand emporstieg, anzuschwellen, und die Sonne ließ die riesigen Felsbrocken, die ihm wahllos im Weg lagen, funkeln und tanzen. Von den Bergen schob sich ein Ausläufer fort, der sich wand und in der Ferne verlor. Auf diesen Ausläufer hielt er zu, immer links an den Bergen entlang.

Er trank aus kleinen, im Schatten verborgenen Pfützen im Gestein, fand jedoch nichts zu essen. Als Danarion sorgte ihn das nicht, doch Chilkas Körper lechzte nach Nahrung trotz Danarions Kraft, die ihn vorwärtstrieb. Dieser Körper brauchte auch viel Schlaf, und wenn er in den dunklen Stunden irgendwo unbehaglich an einem Fels oder ins Gras gedrückt lag, hatte Danarion Zeit, seine Erinnerungen zu durchforsten. Chilkas Vorfahren waren dort nicht vertreten. So sehr Danarion sich auch bemühte, so konnte er doch nichts vor Chilkas drittem Lebensjahr finden. Seine Geburt, das Leben seines Vaters und seines

Großvaters waren niemals Teil seines Bewußtseins gewesen und an ihrer Stelle erstreckte sich dort weit ausgedehntes Unbehagen, als habe eine derbe Hand sie fortgewischt und nur ein schwaches Pochen dumpfen Schmerzes zurückgelassen.

Das Kind war in den Bergen aufgewachsen. Danarion sah kalte Tagesanbrüche und Fußspuren von Wildtieren im Schnee. Er erblickte rote und graue Sonnenuntergänge im Sommer, die der Junge nackt beobachtete, und er konnte die Hitze ebenso riechen wie fühlen. Rasch verfolgte Danarion die Jahre. Da war eine kleine, hellhäutige, hübsche Frau. Chilka war nun ein Mann und trug bereits den Keim der Verbitterung gegen die Zweigeister in sich. Er lauschte begierig und mit gemischten Gefühlen den Geschichten von Shols Vergangenheit. Danarion, der gleichermaßen auf die Erinnerungen lauschte wie auf das Murmeln und Seufzen von Chilkas Körper im Schlaf, hörte zum erstenmal von der Zerstörung, deren Opfer Shol geworden war.

Die Legenden berichteten, wie ein Heer von Zauberern von anderen Sternen gekommen war und eine Geisteskrankheit auf Shol eingeschleppt hatte, so daß die Menschen nicht mehr einheitlich sondern in sich zerrissen waren. Mit den Zauberern waren Feuer und Tod und eine gewaltige Erschütterung am Himmel gekommen. Einige sagten, Shol hätte zwei Sonnen besessen, und die Zauberer hätten die eine mit riesenhaften Felsen beworfen und sie zerstört. Das, so hatte der Sagenerzähler erklärt, als Chilka die Augen ungläubig zusammengekniffen hatte, sei schwer zu glauben. Aber noch schwerer zu glauben sei die Sage von anderen Welten am Himmel, welche das Volk von Shol bereiste, Welten, welche die Zauberer ebenfalls zerstört hätten. Wie waren denn diese Zauberer? Danarion vernahm die etwas großsprecherische und doch von Wissensdurst erfüllte Stimme von Chilkas Körper. Der alte Mann lächelte nachsichtig. Die Sage berichtet, daß sie wie wir gebaut waren, allerdings zwei mächtige Flügel hatten und herabschwebten, um Feuer und Krieg über Shol zu bringen. Sie konnten einen Mann im Schlaf um den Verstand bringen und trugen die Schuld, daß Sholaner sich gegen Sholaner erhoben. Nur wir, die Eingeister, blieben unberührt. Unsere Vorväter liefen davon und versteckten sich in den Bergen. Wir sind die wahren Sholaner. Die Zweigeister gehören auf die Sterne. Woher kamen sie? fragte Chilka, während der Wind um die Höhle heulte und das Lagerfeuer sich rot in seinem Gesicht widerspiegelte. Von Raka, sprach der alte Mann leise, und Chilka hatte laut herausgelacht. Raka? Eine für das Auge kaum erkennbare Konstellation, und das auch nur mitten im Winter, wenn die Luft trocken und kalt ist. Wie sollten jemandem Flügel wachsen, daß er eine solche Entfernung überwinden könnte? Ein Zauberer könnte dies, erwiderte der alte Mann mit einem Anflug von Lächeln.

Ich mag mich nicht streiten. Meine Aufgabe ist es lediglich, die Sagen lebendig zu halten. Wird hier denn ein einziges Kind geboren, das sich nicht vor Vögeln fürchtet? Wir töten und verzehren die Vögel und sprechen dabei Worte, die uns mit ihrer Magie erfüllen sollen. Warum? Die lauschenden Menschen begannen untereinander zu flüstern. Man tat sich nicht leicht, über solche Dinge zu sprechen. Man tötete und wisperte die Worte, aß und dachte nicht allzuviel darüber nach. Die Zweigeister sind nicht glücklich, fuhr der alte Mann fort: Sie haben Angst vor den Sternen wie wir vor den Vögeln. Deshalb töten wir sie im Dunkeln, wenn ihr Denken umwölkt ist von Angst und Krankheit. Vielleicht fürchten sie eine Bestrafung von den Sternen. Wer weiß? Die Legende besagt, daß ihre Herrin, die niemals stirbt, einst eine der unsrigen war und den Zauberern um den Preis ihrer Unsterblichkeit Zutritt gewährte; sie soll es gewesen sein, die das Feuer über Ishban brachte, die Berge bersten und die Wälder verbrennen ließ. Natürlich gibt es für dieses Kindermärchen auch einen guten Schluß, spottete Chilka laut, und der alte Mann betrachtete ihn milde und nickte. Vielleicht nicht unbedingt einen guten, denn nichts kann wieder werden, wie es einmal war. Sholaner werden nie wieder Welten jenseits ihrer Sonne besuchen. Aber die Legende besagt, daß ein Gott kommen und die Zweigeister heilen wird. Vermutlich von einem anderen Gestirn, meinte Chilka, und der alte Mann lächelte. Von Danic, erklärte er. Chilka gähnte. Deine Neuigkeiten von der Stadt interessieren mich mehr, sagte er. Hör auf, Märchen zu erzählen, und liefere mir einige Fakten. Der alte Mann erfüllte diesen Wunsch, doch die Menschen lauschten ihm nicht wirklich aufmerksam, da ihre Gedanken von den alten Überlieferungen erfüllt waren. Ihre Gesichter strahlten im tanzenden Feuer und widerspiegelten so ihre Hoffnung.

Diese Erinnerung, die so deutlich in Chilkas Gehirn stand, gab Danarion viel zu denken, als sein Körper sich zu dem Felsausläufer schleppte, der nun beständig größer wurde. Er erinnerte sich der Worte des alten Mannes mit solcher Klarheit, daß Danarion wußte, wie sehr Chilka sich trotz seines Spotts danach sehnte, die Sage möge Wahrheit sein. Aber ich kenne die Wahrheit, dachte Danarion, zumindest den größten Teil davon. Ist es der Antischöpfer selbst, der in Sholias Körper im Palast residiert? Wo aber steckt dann Ghakazian? Seine Geister nahmen sholanische Körper in Besitz, soviel ist klar, und sie sitzen hier gefangen. Solches Wissen nützt mir nichts bei der Suche nach Shols Tor. Muß ich dem Antischöpfer alleine in einem sterblichen Körper ohne nennenswerte Macht gegenübertreten? Gewiß ist er nicht hier. Gewiß ist es nur sein Hauch, nicht seine Gegenwart, der Shol infiziert hat. Meine einzige Aufgabe besteht darin, das Tor zu suchen und es für Danar abzusichern, wenn ich dazu in der Lage bin. Wenn ich mich in die Kämpfe zwischen den Sterblichen verwickeln lasse, büße ich die Distanz ein, die mich so knapp von seinem Fleisch trennt, und werde selbst halbsterblich. Ich muß mich um Danar und Janthis sorgen.

Der Körper schwitzte und stolperte. Die Seite, an der die Narbe verlief, schmerzte und schwoll böse an, und der Durst schnürte seine Kehle. Er brauchte dringend eine Ruhepause und etwas Wasser und für eine erschreckende Sekunde haßte Danarion diesen Leib. Dann setzte er sich zitternd nieder, strich zärtlich mit einer entschuldigenden Geste darüber, als sich sein Haß in Mitleid wandelte. Er blickte über die Landschaft hinaus und bemerkte, daß er im Schatten des Gebirgsausläufers saß, der keine klare Kontur aufwies, sondern sich wie ein zerklüftetes Gebiß in der Ferne im Dunst verlor, der, wie Danarion wußte, das Meer war. Der Sand war weitgehend in rauhes, graues Gras übergegangen, knorrige Sträucher erhoben sich, und am Ende des Ausläufers war das Grün von Pflanzen zu erkennen. Als er sich setzte, hörte der Körper zu keuchen auf, und sein Herzschlag verlangsamte sich. Mit einem Seufzen stand er auf und machte sich wieder auf den Weg, als er plötzlich ein Rufen vernahm.

»Chilka!« Es traf ihn wie ein Schlag und hallte von den glühend heißen Berghängen wider.

Er drehte sich um. Sechs Männer kamen auf ihn zugelaufen. In Chilkas Gehirn war der Drang zu fliehen und eine Woge von Panik kam in ihm auf, der jedoch Erleichterung wich, als er die Gesichter erkennen konnte. Er hielt an und ließ sie auf sich zukommen. Doch zehn Schritte von ihm entfernt blieben sie stehen. Danarion erkannte ihre Unsicherheit, ihren Zweifel, in den sich Ehrfurcht und Angst mischten. Er lächelte.

»Ja, ich bin es«, sagte er fest. »Ich bin so froh, euch zu sehen.«

Noch immer sprachen sie kein Wort. Schließlich trat ein junger Mann vor. Er hob Chilkas Arm, fuhr mit dem Finger die Narbe hinab, strich verwundert über die verschorfte Schulter und schließlich zögernd über die Wange und den zerfurchten Mund.

»Was ist los, Sadal?« fragte Danarion, und der andere ließ die Hand sinken. Sadal schüttelte den Kopf.

»Wir haben beobachtet, wie sie dich erschossen haben«, sprach er leise. »Wir sahen, wie du am See entlangliefst. Ich konnte gar nicht glauben, daß du es warst nach deiner letzten Flucht. Wir sahen, wie dich der Pfeil traf. Nachdem sie deinen Mantel und dein Messer genommen hatten, ritten sie fort, und wir kamen, um nach dir zu schauen.« Er schluckte, und Danarion fühlte, wie die Augen des anderen ihn finster und mißtrauisch musterten. »Du warst tot«, erklärte Sadal unumwunden. »Candar versuchte noch, den Pfeil herauszuziehen, aber er riß das Fleisch zu sehr auf, und obwohl du tot warst, wollten wir dich nicht... so zurichten...« Er verstummte und blickte zu Boden.

»Ich brach den Pfeil ab«, schrie Candar fast. »Deine Augen standen offen und füllten sich mit Sand. Du hast nicht mehr geblutet. Deine Brust war reglos. Der Atem war entwichen. Wer in Sholias Namen bist du?«

Der alte Fluch ließ Danarion hochfahren. »Was geschah dann?« erkundigte er sich ruhig.

Sadal zuckte mit den Schultern. »Da wir befürchteten, die Soldaten könnten zurückkehren, wagten wir es nicht, dich fortzutragen. Wir zogen uns eine Weile zurück und warteten ab. Als wir wiederkamen, warst du weg. Wir dachten, sie wären vielleicht zurückgekehrt und hätten deinen Leichnam in den See geworfen, doch die Spuren sagten etwas anderes. Wir folgten ihnen ohne zu wissen, was wir finden würden.«

»Und hier bin ich«, schloß Danarion für ihn. »Kam es euch nicht in den Sinn, daß ich nur verwundet sein könnte?«

Candar lachte. »Selbst wenn in jenem Körper noch Leben war, hätte es mehr als Lallins Pflege bedurft, um aufzustehen und fortzugehen. Wer bist du?«

Sogleich erwachte wahre Angst in ihren Blicken, und Danarion sah, wie sie vorsichtig die Hände um ihre Waffen legten und dort verharren ließen. »Ihr glaubt, daß sie mich in jenem Haus irgendwie in einen Zweigeist verwandelt haben«, sagte er langsam, »oder daß es dort am Fluß geschah. Und daß ich nun ein Feind bin. Ihr täuscht euch.« Was soll ich ihnen sagen? dachte er voller Unbehagen. Sie würden die Wahrheit durch ihre Denkweise entstellen, da mein Zustand dem der Shol-Ghakanianer zu ähnlich ist, und sie würden nicht lange zaudern, Chilka zu töten. Ich könnte den Körper wieder zusammenflicken, doch eine solche Bemühung wäre sinnlos.

»Wohin wolltest du gehen?« fragte Candar scharf. »In dieser Richtung liegt Ishban.«

Danarion täuschte Überraschung vor. »Tatsächlich?« sagte er. »Ich hatte solche körperlichen und seelischen Schmerzen, als ich mich am

Seeufer erhob, daß ich die Orientierung verloren haben muß. Überleg doch einen Augenblick, Candar! Wenn ich zu einem Zweigeist geworden wäre, der euch ausspionieren soll, wäre ich dann aufgestanden, um nach Ishban zurückzukehren? Jedenfalls können die Zweigeister doch ihre Zahl nicht vergrößern.«

»Du sprichst nicht wie Chilka«, knurrte Candar, »doch es ist schon wahr, daß die Zweigeister sich nicht vermehren können. Sadal?«

Der jüngere Mann lächelte und seine blauen Augen begannen zu strahlen. »Lallin wird es uns sagen können.« Er grinste, und die anderen lachten. Im Gehirn des Körpers fand Danarion ein Gesicht; schmal, von blondem Haar umrahmt, mit braunen Augen und einem breiten Lächeln. Chilkas Frau Lallin. Bei ihr stand ein Junge, und die Erinnerung umflutete ihn voller Wärme. »Wenn das ein Geheimnis ist, so ist es ein süßes«, fuhr Sadal fort. Wieder strich er über Chilkas Lippen. »Wir wußten alle, daß sie dich nicht lange würden halten können. Sei willkommen zurück in den Bergen, Eingeist Chilka!«

»Aber nicht an diesem Berg.« Candar blickte empor und dann zu der untergehenden Sonne hin, die noch hoch am Himmel stand, aber schon etwas von ihrer nachmittäglichen Hitze eingebüßt hatte. »Die Toten bevölkern diesen Ort. Ich kann sie fühlen.« Er drehte sich um, und die anderen folgten ihm. Sadal ging neben Danarion her, bot ihm dabei Brot und eine Wasserflasche an. Danarion fand es schwierig, dem sporadischen Gespräch des Mannes zu folgen. Es gab anderes lebenswichtiges Wissen, das er aus Chilkas Überresten entlehnen mußte, und er gab dem massigen, kahlen Berg einen Namen. Der Berg der Trauer. Der Ort, zu dem man die Toten brachte. Der Ort, mutmaßte Danarion voller Mitleid für Sterbliche, wie er es nie zuvor empfunden hatte, an den die Geister, denen das Tor verwehrt war, verbannt waren, um all die langen Jahre wartend auszuharren. War das auch so auf anderen Welten, Fallan, Ixel, Ghaka? Nein, nicht auf Ghaka. Was geht mit meinem Gedächtnis vor sich? dachte er bekümmert. Hier werden die sholanischen Geister freigelassen, während die der Ghakanianer sich neue Körper suchen müssen. Wie? Chilkas Gehirn hatte keine Antwort parat.

»Was sagte Yarne denn zu dir, als sie dich vor einem Jahr zurückgeschleppt haben?« wollte Sadal wissen. »Zwei Fluchten in sechs Jahren müssen ihn doch böse gemacht haben.«

»Yarne ist niemals böse«, entgegnete Danarion automatisch und bemerkte, daß er sich immer tiefer in Chilkas Bewußtsein einnistete. »Er warnte mich, daß die nächste Flucht meinen Tod bedeuten würde, und sagte, es würde ihm leid tun, mich zu verlieren.«

»Stimmt es, daß er ein abtrünniger Eingeist ist? Steht er deshalb so hoch in der Gunst der Herrin?«

»Um ihn kreisen viele Gerüchte«, antwortete Danarion zu seiner Überraschung. »Einige sagen, sie hätte einst einen Bruder mit gleichen Namen gehabt, doch er war sterblich und verschied, und sie benutzte ihre Zauberkräfte, um Yarne nach seinem Bild zu gestalten. Andere behaupten, es hätte viele Yarnes gegeben, und daß sie insgeheim bei den Sklavenhändlern nach jungen Männern suchen läßt, die ihrem Bruder ähneln, um dann ihre Geister auszuschalten und ihnen seine Erinnerungen einzugeben. Ich selbst kann nicht sagen, was davon wahr ist. Ich weiß nur, daß sie ihn sehr liebt und ihn häufig zu sich kommen läßt, und daß er nicht älter wird. Vielleicht verabreicht sie ihm des Nachts Zaubertränke, um ihn jung zu erhalten. Vielleicht ist er letzten Endes doch sterblich. Ich kann nichts machen: Ich mag ihn einfach.«

»Ich weiß, daß du nicht dagegen ankommst«, antwortete Sadal, »und ich frage mich warum. In den Bergen sagt man, er ist lediglich ein Renegat, der die Aufmerksamkeit der Herrin auf sich gelenkt hat und nun in weichen Kleidern mit allen Freiheiten und Befugnissen umhergeht und nichts unternimmt, um seinem Volk zu helfen.«

»Das mag schon stimmen«, entgegnete Danarion, »doch das kann man ihm nicht vorwerfen. Er kümmert sich nur um seine Geschichtsforschungen. Er ist unschuldig. Unsterblicher oder Schwindler, jedenfalls hat er von nichts anderem eine Ahnung. Er ergeht sich zufrieden und glücklich in der Vergangenheit.«

Sadal warf ihm einen scharfen Blick zu. »Du hast dich niemals sehr damit befaßt, dich selbst zu verstehen, Chilka«, sagte er, »und du wolltest von einem Menschen nicht mehr wissen, als ob er für oder gegen uns war. Du hast dich verändert.«

»Ich bin lange Zeit fortgewesen«, sagte Danarion leichthin, »und vielleicht habe ich Vorsicht gelernt. Vergiß Yarne. Er ist harmlos.«

»Er kann nicht harmlos sein, wenn die Herrin so große Stücke auf ihn hält. Ich glaube, er ist ein schlauer Eingeist-Verräter, der aus ihrer besessenen Liebe zu ihrem toten Bruder Nutzen zieht und sich hinter einer Maske von Gutartigkeit versteckt.«

»Du kennst ihn ja nicht einmal«, gab Danarion knapp zurück, und sie verfielen in Schweigen und gingen rasch weiter. Der lange, rote Arm des frühen Sonnenuntergangs legte sich um sie und der Berg der Trauer versank wieder einmal im Dunst hinter ihnen.

20

In den fünf Tagen, die sie benötigten, um den Weg zurück vorbei an den seichten, stehenden Seen zu nehmen und in die Deckung der Berge zu gelangen, beobachteten die Männer Danarion aufmerksam. Wenn er des Nachts unter dem strahlenden Sternenhimmel lag, fühlte er ihre Blicke auf sich gerichtet, und während er Chilkas Augen geschlossen und seine Glieder locker hielt, starrte er selbst in den Himmel hinauf. Ghakas Sonne war tatsächlich kaum zu sehen, wie Chilka im Gespräch mit dem alten Mann so skeptisch eingewendet hatte, sondern pulsierte als stumpf rötlicher Stern ungleichmäßig durch Shols Atmosphäre. Danarion konnte gerade noch Ghaka selbst wahrnehmen, wenn er sich sehr konzentrierte. Wenn er den Himmel weiter westwärts hinabblickte, sah er in fadem Cremeton Ixels Sonne und Ixel selbst in mattem Weiß funkeln. Nur Lix schien kalt und strahlend durch die Finsternis.

Danarion betrachtete eingehend das edelsteinbesetzte Schwarz, sagte die Namen der anderen Sternbilder vor sich hin und gedachte der Seele eines jeden. Es erschien ihm, als wäre der Himmel müde und hinge erschöpft und irgendwie benommen an seinem Platz. Die leisen Schlafgeräusche um ihn her, der warme Atem der Männer, ihr Murmeln, die vom Mondlicht gezeichneten Schatten der Felsen und der Ruf eines Nachttieres umgaben ihn wie ein Mantel von Sicherheit und Frieden. Die Gesichter seiner wirklichen Gefährten aber wirkten blaß und unwirklich wie Wasser, das sich in der Ferne kräuselte.

Er beobachtete, wie die Sonne aufging und die tägliche Hoffnung mit sich brachte, die sie in der Welt der Menschen erzeugte. Er bemühte sich heftig, es wollte ihm jedoch nicht gelingen, sich im Herzen dieses gleißenden Feuers vorzustellen. Er dachte an seine eigene Sonne und den Botschafter, der ihn durch die Tiefen des Raumes nach Shol geführt hatte. Bis er aufgestanden war, Chilkas Körper zu essen und zu trinken gegeben und seinen Lederbeutel umgehängt hatte, war das Bewußtsein seiner eigenen Unsterblichkeit erneuert.

Kurz vor Mittag kamen sie ans Ziel. Die Berge waren nicht kahl und massiv, wie Danarion geglaubt hatte. Zwischen jedem Grat erstreckten sich breite, flußdurchzogene Täler voll von Bäumen und bestellten Feldern, und ein, zwei Dörfer zogen sich stets an den Wasserläufen entlang. Sie durchwanderten drei solche Täler und gelangten dann durch die Schlucht des Flusses heraus an eine Stelle, wo sie hoch über dem vierten standen. »Endlich wieder zu Hause«, sagte Sadal und lächelte Danarion zu. Ein Schwall von Stolz und Erleichterung durchflutete Danarion, und er grinste zurück, lief den steilen Pfad hinab und trat in einen Hain, den er kannte. Seine Augen, Chilkas Augen, suchten weit unten seine eigene Hütte, und er fühlte, wie er zitterte. Chilkas Beine begannen zu rennen. Die Bäume flogen an ihm vorüber. Es war, als wäre eine noch in Chilkas Gehirn schlummernde Kraft zu freudigem Leben erwacht und bezwänge Danarion.

Schließlich mußte Chilka langsamer gehen. Seine Seite schmerzte und seine Brust wogte. Er schritt durch die reifenden Felder und rings um ihn her stoben die Vögel erschreckt auf und flogen kreischend davon. Chilka zuckte zusammen, doch Danarion beachtete sie gar nicht und fühlte nur einen sehnlichen Wunsch in diesem Körper und in diesem Gehirn. Die Felder waren nun zu Ende und Blumen erblühten in Blau und Scharlachrot. Er ging zwischen den Hütten hindurch, die sich am Fluß entlangzogen. An jeder Tür hing ein kleiner Glockenstrang. Danarion hörte sie voller Wehmut erklingen, als Chilka vorüberging. Mit den Vibrationen des altertümlichen Klanges erstand Sholias Bild vor ihm, wie das Licht ihr goldenes Haar durchströmte und aus ihren Augen, Nasenflügeln und dem leicht geöffneten Mund floß. Sie lachte. Die Erinnerung war so stark, daß er fast nicht bemerkte, wie Chilka stehenblieb, sich umdrehte, auf eine Tür zulief, den Riegel zurückschob und fast hineinstolperte.

Eine Frau, die im Licht des kleinen Fensters gesessen hatte, erhob sich, griff hinter sich nach dem in eine Ecke gelehnten Speer, dann jedoch fuhr die Hand zu ihrem Gesicht empor, und sie rief: »Chilka!« Danarion wurde in die Gegenwart zurückgerissen und anstelle Sholias unsterblicher und unveränderlicher Schönheit flog ein anderes Gesicht auf ihn zu, ein schmales Gesicht mit kleinen Fältchen um die Augen, kurzem, unordentlichem Haar, dessen Sterblichkeit ihm geradezu einen Schock versetzte. Nein! dachte er angewidert. Berühre mich nicht, ich bin ein Gott. Besudle mich nicht! Doch Chilka breitete die Arme aus, und die Frau warf sich hinein.

»Chilka! Ich kann es gar nicht glauben... Du hast fliehen können nach sechs Jahren... Ich kann es nicht glauben!«

Er drückte sie an sich und hielt den warmen, zierlichen Körper fest. Wider seinen Willen wurde Danarion von der überwältigenden Erleichterung und Freude erfaßt, die Chilkas Körper erfüllte. Daß so viel zurückbleibt, nachdem der Geist entwichen ist, dachte er verwundert. Alles war verblaßt, nur das nicht! Lange Zeit hielten sich die beiden Menschen umfangen, dann hob Danarion seinen Kopf und trat von ihr fort.

»Und Nenan?« fragte er heiser.

»Er ist nun erwachsen«, erwiderte sie flüsternd. »Sechs Jahre sind eine lange Zeit, Chilka. Er ist für uns auf der Jagd. Er hat sehr gut für mich gesorgt. Man hat mir berichtet, du wärst einmal entflohen, aber nicht weiter als bis zur Mauer gekommen. Sechs Jahre...«

Eine eigentümliche Steifheit trat zwischen sie, und eine Weile lächelten sie einander nur an, bis Chilka ans Feuer trat.

»Mach mir doch etwas von deinem Eintopf«, sagte er, »und fülle mir eine Tasse mit Wasser vom Fluß. Ich mag nun nicht sprechen. Ich möchte dich nur anschauen.« Sie kam scheu auf ihn zu, küßte ihn auf die bärtige Wange und machte sich am Feuer zu schaffen. Danarion saß im Sessel am Fenster und betrachtete sie. Der Raum war von großer Einfachheit, doch auch behaglich; dicke, handgewebte Teppiche bedeckten den Boden, der Kamin war aus grauen Feldsteinen gemauert und das Mobiliar war kunstvoll aus Berghölzern geschnitzt. »Gab es viele Überfälle in meiner Abwesenheit?« fragte er. Sie hielt in ihrer Arbeit inne, das Messer in der Hand und lächelte ihn noch einmal lange und freudig an, ehe sie antwortete.

»Ach, Chilka! Deine Stimme in diesem Haus wieder zu hören und dich am Fenster sitzen und mich anlächeln zu sehen! Wir haben in diesem Tal nicht viele Verluste gehabt, weil wir so weit in den Bergen sind, doch die anderen Dörfer wurden zweimal jährlich überfallen. Nicht immer mit Erfolg. Die Zweigeister erreichen nicht immer den Schutz des Tieflandes, ehe die Nacht hereinbricht, und unsere Leute sorgen oft dafür, daß es ihnen nicht gelingt. Nenan berichtete, sobald die Sonne unterginge, überkäme sie ihr Wahnsinn und sie ständen am Rande der Klippen, streckten die Arme aus und jammerten. Sadal und seine Leute haben sie alle hinabgestoßen.«

Danarion versank tief in Gedanken. Fünf Tage hatten sie gebraucht, um vorbei an Vorgebirgen und Seen hierher zu gelangen, doch als er weiter in Chilkas Denken suchte, fand er einen zweiten Weg. Es war ein Pfad, der direkt auf der anderen Seite des Berges in die Ebene hinabführte, zwei Tage und eine Nacht harten Marsches vom Dorf aus. War man aber erst einmal in der Ebene, lag die Stadt nur einen Drei-Stunden-Ritt entfernt. Erregung wühlte ihn auf, denn diesmal hatte die Landschaft, die durch Chilka vor ihm ablief, etwas Vertrautes an sich. Doch gleichzeitig kam die Angst vor großen Höhen, Falken und Adlern. Lallin drehte sich wieder um, und Danarion schwieg.

Als das Essen fertig war, stellte sie es vor ihm auf den kleinen Tisch, nahm eine große Holztasse vom Haken an der Kamineinfassung, ging hinaus und ließ die Tür hinter sich offen. Das Sonnenlicht strömte in breitem Strahl in den Raum. Danarion sah, wie sie zum Fluß ging, ihren Rock mit einer Hand hob und sich bückte, um die Tasse zu füllen. Am Ufer saß ein Mann, der dem Wasser den Rücken zukehrte und mit starrem Blick die Hütte fixierte. Lallins hohe, aufgeregte Stimme drang zu Danarion herein. Der Mann nickte ein- oder zweimal, doch wenn er etwas zu ihr sagte, konnte Danarion es nicht hören. Es war Candar, der ihn noch immer finster und mißtrauisch überwachte. Lallin kam zurück, stellte die randvolle Tasse neben den Eintopf und setzte sich ihm gegenüber. Danarion hob die Tasse, zögerte, tauchte dann seine Finger in das Wasser und spritzte die Tropfen auf den Boden. »Für Sholia, wo immer sie sein mag«, sprach er, ehe er trank.

Lallin wurde bleich. »Das hast du niemals zuvor gemacht«, sagte sie leise. »Es ist ein Märchen, eine Geschichte, mit der man Kinder besänftigt und die Träume alter Männer beruhigt, so hast du zumindest immer zu mir gesagt. Was ist dir widerfahren?« Danarion zuckte mit den Schultern, lächelte ihr zu und ergriff den Löffel. »Vielleicht bin ich letzten Endes abergläubisch geworden«, erwiderte er. »Vielleicht will ich nur kein Risiko eingehen. Es ist, als wäre ich von den Toten auferstanden, Lallin.«

»Je länger ich dir zuhöre, um so mehr Veränderungen bemerke ich an dir«, sagte sie wieder, immer noch mit blassem Gesicht. »Die Worte, die du wählst, die Art, wie du sie aussprichst, sind sanfter, weniger heftig. Sechs Jahre haben mir einen anderen Mann zurückgegeben.« Sie versuchte zu lächeln, doch Danarion fühlte die Unsicherheit dahinter. Er streichelte ihre Hand und wandte sich wieder seinem Essen zu.

Den ganzen Nachmittag rührte er sich nicht aus seinem Sessel. Menschen kamen, klopften an die Tür, um ihn zu Hause willkommen zu heißen; ihre Stimmen klangen zögernd, ihre Hände lagen kalt in der seinen, und Danarion begriff schnell, daß die Geschichte von der scheinbaren Auferstehung Kreise gezogen hatte. Er wußte, daß er nicht bleiben konnte, daß er bald davonschlüpfen, die Stadt suchen und den unmöglichen Pfad hinabsteigen mußte, der sich wie eine düstere Drohung durch Chilkas Erinnerung zog. Doch die Erschöpfung des Körpers war in ihn gesickert, und er gab sich damit zufrieden, in dem Sessel zu sitzen und die Begrüßung von Chilkas Gefährten entgegenzunehmen. Sadal kam ohne die zweifelnde Haltung, wie die anderen sie zeigten, und setzte sich Knie an Knie vor ihn.

»Wir können dort weitermachen, wo wir aufgehört haben, Chilka.« Er lächelte. »Ich habe die Pläne, die wir einst schmiedeten, nicht vergessen. Bessere Verbindungen zu unseren auf Shol verstreuten Gefährten zu schaffen, ein Heer aufzustellen und schließlich jeden Zweigeist auf der Welt zu vernichten. Man sagt, Ishban wäre einst unser gewesen. Nun, wir werden es zurückerobern, jetzt da du nach Hause gekommen bist.«

»Ishban hat euch niemals gehört«, sagte Danarion leise und abwesend. »Shaban, die Stadt unter dem Meer, war einst der Sitz der Eingeister.«

Sadal blinzelte und war sehr still, so daß Danarion plötzlich begriff, was er gesagt hatte. Lallin stand schwankend über ihm, und er sah, wie Sadal sie verblüfft anschaute. »Du glaubst genausowenig an Märchen wie ich, Chilka«, sprach Sadal freundlich, und Danarion verstand, daß er es einem verletzten, erschöpften Mann durchgehen ließ. »Wenn Shaban jemals existierte, so läßt sich das nicht beweisen, solange wir keine Möglichkeit entdecken, unter Wasser zu atmen. Chilka, erzähl mir nur nicht, daß sie dich in den Jahren deiner Gefangenschaft angesteckt haben!« platzte er schließlich erzürnt heraus.

Mit großer Anstrengung hob Danarion eine Hand und lächelte. »Nein, Sadal. Es tut mir leid. Die Zweigeister glauben nur so fest und voller Angst an die Existenz der alten Stadt, fast als dächten sie, sie könnte eines Tages wieder aus dem Meer auftauchen und sie irgendwie verschlingen, daß es einem schwerfällt, Tag für Tag solcher Narrheit zu widerstehen.«

»Nun, das hat nichts mit uns zu tun«, brummte Sadal besänftigt. »Du bist wieder da. Ich gebe uns nun fünf Jahre, um sie niederzuringen, was, Lallin?« Doch sie starrte Chilka an und hatte ihm nicht zugehört. Einige Zeit später, nachdem sie einen Feldzug zur Besiegung der Herrin und der Besetzung der Stadt geplant hatten, ging Sadal fröhlich nach Hause, und Lallin setzte sich in den freigewordenen Sessel.

»Chilka«, sagte sie heiser, »was hast du gemeint, als du zu Sadal sprachst, als ob er und du nicht eins wären? Da ist irgend etwas, was ich nicht verstehe.« Doch sie kam nicht weiter, denn die Tür wurde aufgestoßen und ein kalter Nachtwind fegte ins Haus. Danarion bemerkte mit Schrecken, daß die Sonne schon längst untergegangen war. Ein junger Mann kam angerannt und Danarion hatte kaum die Zeit, sich zu erheben, ehe er erdrückt wurde.

»Vater!« rief der junge Mann. »Ich kam gerade ins Dorf gelaufen, als man es mir sagte! Oh, willkommen, willkommen!«

Das war also Nenan. Danarion machte sich los in einem Ringen gegen die Fesseln von Liebe und Heimatgefühl, die sich hier um ihn zu legen begannen, und nahm das Gesicht zwischen seine Hände. Chilka zeigte ihm ein schlaksiges Bürschchen von zwölf, das ganz aus dunklen

Augen zu bestehen schien, doch er sah jetzt einen breitschultrigen, geschmeidigen Mann von achtzehn vor sich.

»Nenan, mein Sohn«, sagte er, und es versetzte ihm einen eigentümlichen Stich. »Sechs Jahre verändern einen Mann nicht sehr, aber sie machen aus Jungen Männer. Jetzt bist du so groß wie ich.«

Nenan entwand sich ihm, hielt jedoch Chilkas Arm mit einem Ausdruck von ungläubiger Freude fest. »Du hast fliehen können! Ich habe immer gewußt, daß du es schaffen würdest. Ishban wird meinen Vater nicht lange festhalten können, sagte ich mir immer wieder, wenn die Nächte an den Berghängen lang und kalt waren und das Wild sich nicht sehen lassen wollte. Ich habe, so gut ich konnte, für Mutter gesorgt.«

»Sie hat es mir gesagt.« Danarion stellte fest, daß der Knoten in Chilkas Kehle von seiner eigenen Rührung stammte. »Du hast es sehr gut gemacht.«

Nenan ließ ihn los. »Mutter, draußen liegen zwei Kaninchen, und ich habe Hunger.« Er grinste seinen Vater an. »Und was für einen Hunger! Ich werde etwas von dem Eintopf essen. Suchen sie nach dir, Vater? Möchtest du darüber reden, oder wird es noch eine Weile weh tun?«

Er hatte also nichts von der Ermordung erfahren. Danarion ließ sich seinem Sohn gegenüber in den Sessel sinken und empfand plötzlich eine Verantwortung für diese beiden Sterblichen, für ihre unverdiente Liebe und ihre glückliche Zuversicht, daß ein Schuldgefühl in ihm aufstieg. Was habe ich mit ihnen zu schaffen? versuchte er sich zu sagen. Ich habe mit den Kämpfen der Sterblichen nichts zu tun. Ich bin hier, um das Tor zu sichern, auf einen Botschafter zu warten und nach Danar zurückzukehren. Dann sah er sein Haus inmitten von Gras und blauen Haelibäumen vor sich, doch das Bild war leblos. Um ihn her flackerten Lallins dicke Kerzen, in seiner Nase hing der Duft des Eintopfs, und Nenan schüttelte immer noch voller Verwunderung und mit einem Lächeln den Kopf. In diesem Augenblick lernte Danarion richtige Furcht kennen, die Furcht vor Verwirrungen, vor unlösbarem Engagement und Veränderung. »Ich glaube, heute nacht möchte ich nur Ruhe«, sagte er langsam.

Nenan nickte freundlich.

»Dann werde ich bei Sadal schlafen. Mutter wird dich für sich alleine haben wollen.«

»Ist Candar noch draußen?« fragte Danarion.

»Ja. Deine Rückkehr muß ihm einen Schock versetzt haben. Er konnte kaum mit mir reden, als ich an ihm vorüberkam.« Nenan beendete seine Mahlzeit und stand auf. »Ich werde nun gehen«, sagte er und umarmte Chilka noch einmal, »aber morgen früh bin ich wieder da.« Er ging pfeifend hinaus, und Lallin begann den Tisch abzuräumen. Er beobachtete ihre geschickten Hände und ihre wohlüberlegten Bewegungen. Sie schaute ihn nicht an. Als sie fertig war, blieb sie stehen, kam dann auf ihn zu, legte ihre Arme um seinen Hals und küßte ihn auf den Mund.

Danarions gesamtes Wesen zuckte zurück. Pfade von Intimität und Leidenschaft, die Chilkas Denken ihm zuvor nicht gezeigt hatte, taten sich unter ihm wie ein Strudel heißer Dunkelheit auf. Er war erschreckt und angewidert, doch unter Lallins weichen Lippen reagierte Chilkas Körper, und Danarion stellte fest, daß er es nicht verhindern konnte. Dann wich sie zurück, zog ihn hoch und küßte ihn wieder mit um ihn geschlungenen Armen und eng an ihn gepreßtem Körper. Plötzlich stieß sie ihn unvermittelt weg, und ihre Hand zuckte zu ihrem Mund empor.

»Wie ich dich sprechen hörte, wußte ich, daß du dich verändert hast«, sagte sie betroffen. »Jedes deiner Worte und jede deiner Bewegungen sagt mir, daß die sechs Jahre wie ein Zauberfluch auf dich gewirkt und dich in jemanden verwandelt haben müssen, den ich nicht mehr kenne. Dich zu küssen ist, als küßte man einen Fremden. Gibt es in Ishban heute nacht eine Frau, Chilka, mein Ehemann, die vergeblich auf dich wartet?« Sie war bemüht, sich ihren Kummer nicht anmerken zu lassen, doch für Danarion war er offenkundig. »Ich werde es verstehen«, sagte sie lauter. »Ich kann nicht erwarten, daß du sechs Jahre lang enthaltsam gelebt hast. Du bist wieder hier, das muß mir genügen.«

Nun herrschte völlige Dunkelheit. Das Fenster zeigte nicht länger die Felder und die kahlen Berggipfel, sondern war zu einem Spiegel geworden. Danarion sah darin ihr verzerrtes Spiegelbild: ein langes Gesicht und einen verunstalteten Körper. Kerzenlicht umtanzte das Bild, so daß es für ihn aussah, als brenne sie vor Zweifel und Eifersucht, gegen die sie ankämpfte. Er wandte sich ihr wieder bedächtig zu, ergriff ihre Hände und schob sie sanft in den Sessel.

»Lallin«, sagte er ruhig, »ich muß dir die ganze Wahrheit sagen. Cander vermutet, ich wäre ein Zweigeist, der nur gekommen ist, euch auszuspionieren. In gewisser Weise hat er recht, aber ich schulde dir die ganze Wahrheit, weil du Chilka geliebt hast und er für dich gestorben wäre. Und das tat er auch gewissermaßen.« Ihr Gesichtsausdruck blieb unverändert, aber es kam jetzt eine Ruhe über sie, eine innere Erstarrung als Schutz gegen jeden weiteren Kummer. Er ließ ihre Hände sinken. »Ich bin nicht Chilka«, fuhr er ernst fort. »Ich benutze seinen Mund, seine Augen, ich tauche in seine Erinnerungen, damit ich weiß, wohin ich gehen muß, was ich zu erwarten habe. Doch, das was du liebtest, der Geist, die Flamme deines Mannes, ist dahin.«

Sie lächelte scheu, und ihr Gesicht zeigte wieder angespannte Beherrschung. »Was versuchst du mir zu sagen, Chilka? Ist es, daß mir dein Herz nicht mehr gehört sondern einer Frau in Ishban, die für dich sorgte? Ist sie eine andere Sklavin, ein Zweigeist oder vielleicht eine Freundin von Yarne?«

»Nein!« Er wollte sie so nicht in dieser zerbrechlichen Ruhe gefangen sehen. »Wenn Chilka in der Stadt eine andere Liebe gefunden hätte, wäre das hier«, – er tippte sich an den schwarzen, zottigen Kopf –, »in seinen Erinnerungen, seinem Gehirn, dem Echo seines Bewußtseins. Er liebte nur dich. Als er starb, war er auf der Flucht zu dir. Er hatte schon vorher zwei Fluchtversuche unternommen, und sie galten nur dir. Die Soldaten ritten hinter ihm her, erwischten ihn an einem der Seen und erschossen ihn mit einem Pfeil. Frag Candar oder Sadal, ob das nicht die Wahrheit ist.«

»Offensichtlich nicht«, entgegnete sie immer noch ganz ruhig, »sonst würdest du nicht vor mir stehen und mir irgendwelchen Unsinn erzählen. Deine Gefangenschaft hat dich um den Verstand gebracht, Chilka.« Plötzlich wurde ihr Gesicht weicher. »Ach, mein Liebster«, sagte sie zärtlich. »Es ist unwichtig. Nun kann man dir kein Leid mehr zufügen.«

Zur Antwort hob er sein Hemd empor, wo die Narbe sich rot und hoch auf seiner braunen Haut abzeichnete. »Hier war der Pfeil eingedrungen«, sagte er. »Er durchstieß Chilkas Magen und traf sein Herz.«

Diesmal zeigte sie Verwirrung. Sie legte einen Finger auf die Narbe. »Die ist neu«, gab sie zu, »aber die Schürfung auf deiner Schulter ebenfalls.« Sie hob seinen Arm, und ihre Finger fanden eine andere Wunde neben seiner Achselhöhle, eine glatte, alte Narbe, die nun nicht mehr schmerzte. »Du bist Chilka«, sagte sie entschieden. »Ich werde dir zeigen müssen, daß du es bist.«

»Lallin, gerade eben warst du mißtrauisch. Kann denn die Wahrheit so absurd sein, daß du sie nicht verstehst? Ich bin nicht Chilka, ich bin kein Sholaner. Ich bin ein Unsterblicher, ein Gott, wenn du willst. Ich fiel vom Himmel in Chilkas Körper und muß ihn für eine Weile benutzen. Dein Mann ist tot.«

Sie stand auf. »Die Sklaverei bewirkt wunderliche Dinge beim Menschen«, sprach sie langsam. »Eine Frau mag die Schultern zucken und sie hinnehmen, doch die Würde eines Mannes, und deine ganz besonders, verlangt augenblickliche Flucht. Wenn nicht über eine wirkliche Mauer, so wenigstens innerlich. Deine Flucht spielte sich inwendig ab, hin zu den Sagen. Chilka, du bist verrückt geworden.« Ihr Mund zitterte, sie kam zu ihm, schlang wieder die Arme um ihn und legte ihren Kopf an seine Brust. »Es spielt keine Rolle. Es ist mir gleichgültig. Eines Tages wirst du wieder zu dir kommen.«

Danarion ließ es zu, daß seine Arme reagierten, doch Verzweiflung hatte ihn erfaßt. Sie würde nichts glauben, was er ihr auch sagte. Es war alles von zu weit hergeholt. Er dachte lange Zeit an Shol und an die Tage der Gefahrlosigkeit, als auf dem Hin- oder Rückweg von Shon oder Sumel Unmassen durch das Tor strömten, als er und die anderen Sonnengebieter sich offen und fröhlich unter sie gemischt hatten und der Weltenschöpfer selbst durch den Ozean gewatet war. Wie lange war das her, fragte er sich. Zehntausend Sholjahre? Hunderttausend? Ich muß fort. Ich kann nicht hierbleiben. Seine Hast entsprang seiner Furcht vor Lallin und Chilkas unverbrüchlicher Bindung an sie.

Er setzte sie vorsichtig ab, nahm ihr Gesicht in beide Hände und versuchte, all seine Kraft aufzubieten. »Lallin«, flüsterte er, »ich möchte, daß du dich nun hinlegst. Geh schlafen. Ich werde dir einen Traum von meiner Welt, von Danar eingeben, und wenn du aufwachst, wirst du dich nicht grämen, daß ich fort bin. Ich schwöre dir, wenn ich kann, werde ich wiederkommen. Ich mache dir aus deiner Ungläubigkeit keinen Vorwurf.« Sie öffnete groß die Augen und hätte widersprochen, doch er umhüllte ihr Denken mit dem Bedürfnis zu schlafen.

»Bring mich zu Bett, Chilka«, murmelte sie. »Ich bin so müde. Wir können morgen weitersprechen.«

Er fing sie auf, als sie umfiel, legte sie auf das Bett und deckte sie zu. Er blies die Kerzen aus und schlüpfte lautlos aus der Tür.

Candar war fort. Das Flußufer lag friedlich und verlassen da, und das Wasser, auf dessen Schaumkronen sich das Sternenlicht verfing, plätscherte schnell dahin. Danarion schlich an den Hütten entlang, und bald lag das Dorf hinter ihm. Er watete wieder durch irgendwelche Getreidepflanzen, die seine Schenkel streiften. Beim Gehen zwang er Chilkas Denken, ihm den Weg hinab auf der anderen Bergseite zu zeigen, die gefährliche Route, die die Zweigeister nahmen, wenn sie auf Sklavenfang waren. Doch nur Teile des Pfades waren in das Gehirn des Sterblichen eingegraben. Die Lücken dazwischen waren von Finsternis und Furcht beherrscht. Er ging hinab durch das Tal, durch den Wald, über einen kurzen Abhang zu der Stelle, wo der Wasserfall herausschoß. Dann kamen Felsen und ein bedrohlicher Steilhang zur Rechten, der, wie Danarion wegen Chilkas Entsetzen annahm, die Rückseite des Berges der Trauer darstellte. Hier setzten die Erinnerungen aus und sickerten erst wieder durch, als die Hochebene erreicht war, und die Zinnen von Ishban am Horizont emporragten.

Danarion ging weiter. Das Tal begann sich zu verschmälern, und der dunkle, verschwommene Umriß des Waldes ragte bedrohlich empor. Er verließ die Felder und schlug sich zwischen die Bäume, wobei er einem schwachen, aber erkennbaren Pfad folgte. Danarion war sich der extremen Erschöpfung des Körpers bewußt. Er hatte seit dem Morgen unter großer Anspannung gestanden und bedurfte nun der Ruhe, um sich dem senkrecht emporsteigenden Schrecken des Berges zu stellen. Widerwillig verließ er den schmalen Pfad und kuschelte sich in ein Nest aus Moos und Blättern vom letzten Jahr. Er schloß Chilkas Augen. Eine Weile irrten seine Gedanken ziellos umher. Er mußte an das Gefühl von Lallins Lippen auf den seinen denken. Dann gab es nichts mehr zu erinnern oder zu vergessen.

21

Er schreckte aus dem Schlaf hoch. Wo bin ich gewesen? dachte er besorgt. Ich war mit Storn auf Danar, doch das liegt Äonen zurück, denn Storn ist schon vor langer Zeit mit einem Botschafter fortgegangen. Ist das Schlaf? Vereinnahmen mich Chilkas Zellen und fressen sie mich auf? Mit einem Schaudern setzte er sich auf, um zu sehen, wie das erste, schwache Dämmerlicht den Dunst um ihn her tönte, und ein Mann neben ihm kniete. Er verharrte immer noch in einem eigentümlichen, fremdartigen Nebel träger Gedanken und Schwere. Dann stieß er einen Schrei aus und erkannte den Mann als Nenan.

»Ich beobachte dich seit zwei Stunden«, sagte Nenan heiser. »Du brabbelst merkwürdige Dinge im Schlaf, Vater. Warum bist du weggelaufen?« Seine Stimme klang angespannt, und Danarion sah, daß Nenan schluckte, um die Beherrschung zu wahren.

»Woher wußtest du, daß ich weggelaufen bin?«

»Sadal und ich haben Candar zu Hause besucht und kamen gerade zurück, als ich die Glocken hörte. Sie läuteten, als du vorübergingst. Sadal hörte es nicht, aber ich kenne ihren Klang. Ich wollte es nicht glauben und folgte dir. Wohin gehst du? Was hast du Mutter gesagt?«

Danarion konnte sehen, daß er den Tränen nahe war. Oh, laß mich doch gehen! dachte er plötzlich. Ich leide Qualen in diesem Körper, ich möchte nur die mir gestellte Aufgabe erfüllen und tausend Jahre zur Genesung in meiner Sonne verbringen. Müde erhob er sich und strich die Blätter von seinen Kleidern und Haaren.

»Ich gehe nach Ishban«, antwortete er knapp. »Mach dir keine Gedanken um deine Mutter. Ich habe sie schlafen gelegt, und wenn sie wieder aufwacht, wird sie ihren Frieden gefunden haben. Ich bin nicht dein Vater, Nenan.«

Der junge Mann zischte, es war ein Seufzen der Erwartung, nicht der Überraschung. »Dann hatte Candar also recht«, sagte er laut. »Ich kenne die Geschichte. Er hat sie mir erzählt. Er und Sadal stritten sich fast die ganze Nacht wegen dir. Dann sagte Sadal, Mutter müßte es ja wissen, und wir bräuchten nur bis morgen zu warten. Ich schämte mich für Candar und war auch wütend auf ihn. Nun weiß ich nicht, was ich machen soll. Wahrscheinlich sollte ich versuchen, dich zu töten...« Seine Stimme versagte unter den aufsteigenden Tränen, und er wandte den Kopf ab.

»Du könntest mich nicht töten, Nenan, selbst wenn du es versuchen würdest«, antwortete Danarion freundlicher. »Du könntest den Körper durchstoßen, den Körper deines Vaters, aber ich würde ihn immer wieder heilen und weitergehen. Füge ihm nicht weitere Verletzungen zu, ich bitte dich. Ich brauche ihn. Er ist für mich zu einer Heimstatt geworden, und die Erinnerungen deines Vaters sind mir wie ein lieber Freund.«

»Du bist ein Zweigeist!« Nenan hatte immer noch den Kopf weggedreht.

»Nein«, widersprach Danarion geduldig. »Ich komme von den Sternen. Ich habe auf Shol eine Aufgabe zu erfüllen. Ich konnte den Raum nicht in meinem eigenen Körper durchqueren, und so wurde ich, als ich hier ankam, in den deines Vaters gesteckt.«

»So reden die Zweigeister, wenn ihr Wahnsinn sie befällt«, gab Nenan finster zurück. »Sie glauben, sie wären von den Sternen gefallen und gehörten nicht auf Shol. Ich kann mich noch erinnern, wie du das Lallin erzählt hast, als du das erstemal geflohen warst. Beweise mir, daß du keiner von ihnen bist.«

Danarion dachte: Warum sollte ich? Es hätte doch keinen Sinn. Wenn er meinen Worten keinen Glauben schenkt, obgleich er sieht und hört, daß ich nicht Chilka bin, dann wird er nichts glauben, was ich ihm auch zeigen mag. Seine Anerkennung oder Ablehnung ist mir gleichgültig, und ich vergeude nur Zeit. Doch dann empfand er wieder etwas von der Liebe von dem Augenblick, als er Nenan zum ersten Mal begegnet war. Mein Sohn.

»Weit entfernt von meiner Sonne besitze ich nur wenig Macht«, sagte er langsam. »Ich kann Shols Sonne nicht bitten, schneller aufzusteigen für dich. Aber vielleicht kann ich dir mich selbst im Körper deines Vaters offenbaren.«

»Ich hoffe für dich, daß du nichts Geringeres als ein Gott bist«, würgte Nenan hervor, während ihm Tränen aus den Augen schossen und sie noch größer und leuchtender erscheinen ließen, als sie es ohnehin waren. »Ich werde mich nur mit einem Gott zufriedengeben. Wenn es dir nicht gelingt, mich zu besänftigen, werde ich meinen... Vater in so winzige Stücke hacken, daß man sie nie wieder zusammenflicken kann, und sie begraben!«

Danarion hatte nicht den Drang, den unverschämten Trotz dieses Sterblichen zu verlachen. Er empfand allmählich Achtung vor diesem komplizierten, stolzen Wesen. »Dann muß ich mir einen anderen Körper suchen, und du hast deinem Vater eine schwere Beleidigung zugefügt«, sagte er. »Paß auf, Nenan.«

Nenan stand widerspenstig und steif auf und betrachtete Chilka. Sechs Jahre hatten mehr Falten um Mund und die dunklen Augen gezogen, als er sich erinnern konnte, dachte er voller Schmerz, und die Haut war derber geworden. Neu waren der schwarze Bart und das lange Haar. Chilka war dünner, ausgezehrter, irgendwie verbraucht und alt geworden. Liebe, mit dem Bedürfnis ihn zu beschützen, durchflutete Nenan. Er wollte dieses geschundene Wesen, seinen Vater, an der Hand nehmen, ihn wie einen Blinden nach Hause führen und ihm sagen, daß alles gut würde. Er machte den Mund auf, um zu sprechen, als Chilka sich aufzulösen schien. Seine Züge nahmen eine Ruhe an wie im Tode. Nenan schaute plötzlich in sanfte, goldene Augen in einem Gesicht von größerer Schönheit, als er es jemals gesehen hatte. Das Haar, das es umrahmte, hatte einen tiefen Goldton, und voller Leben schien es in heißem Wind zu wehen. Der Körper war aufrecht, die Gliedmaßen jugendlich und kräftig. Unter der Haut pulsierte weißes Licht und erfüllte die Morgenkühle des Waldes mit Hitze und einem berauschenden Duft, der in Nenan den Wunsch erweckte, laut zu lachen und herumzutanzen. Ein blau-goldenes Halsband lag um seine Kehle. Nenan, der geblendet war und doch klarer als jemals zuvor in seinem Leben sah, fiel auf die Knie. »Bist du die Seele eines Zweigeistes?« stieß er hervor, immer noch von den alten Zweifeln und Ängsten gepeinigt.

Die Stimme, die zu ihm sprach, war tief und kräftig. »Die Zweigeister besitzen zwei Seelen, von denen eine Flügel hat. Siehst du bei mir Flügel, Sterblicher?«

»Nein!« Nenan schlug die Hände vor die Augen. Sogleich erloschen Feuer und Licht, und die Stimme seines Vaters sagte freundlich: »Ich bin nicht hier, um jemandem ein Leid zuzufügen. Du kannst dich nun entscheiden, Nenan. Du kannst nach Hause gehen zu deiner Mutter und ihr berichten, was du gesehen hast, oder du kannst mit mir kommen.«

Nenan blickte hoch, und Chilkas dunkle Augen lächelten ihn an. »Ein Gott!« flüsterte er. »Also sind die Sagen wahr.«

»Das sind sie, oder vielmehr, sie enthalten eine Menge Wahrheit. Ich bin kein Gott, Nenan. Ich wurde ebenso wie ihr geschaffen. Doch ich lebe ewig, bis meine Sonne ausbrennt, und meine Gaben sind die der Sonne. Euer sind die Gaben der Erde, aus der ihr erschaffen seid. Ich muß nach Ishban.« Er erhob sich und streckte Nenan die Hand hin. »Ich muß den Weg über den Berg der Trauer nehmen, weil in den Erinnerungen deines Vaters etwas ist, das ich mir ansehen muß. Du kennst den Weg. Du kannst mir die Teile des Aufstiegs zeigen, an die dein Vater sich nicht erinnern will.«

Nenan schauderte es. »Sie würden mich versklaven«, sagte er bekümmert, »wie… wie Chilka. Er ist *wirklich* tot, nicht wahr?«

»Ja, er ist tot. Willst du mitkommen? Ich werde nicht zulassen, daß dir in Ishban etwas geschieht.«

»Wenn meine Mutter, wie du sagst, nicht traurig ist, werde ich mitkommen.« Nenan nahm seine Hand und stand auf. »Ich kenne den Weg. Er ist fürchterlich. Aber ich nehme an, wir werden dort sicher sein.«

Danarion war plötzlich froh über den unerklärlichen Drang, der ihn dazu verleitet hatte, um Nenans Begleitung zu bitten. »Dir wird nichts geschehen. Ich wäre bis Sonnenuntergang gerne auf der Hochebene, also müssen wir aufbrechen. Der Wald ist nahe.«

*

Bis Mittag gelangten sie an den Rand des Waldes und hinaus unter die heiße Sonne, wo sie den Weg zum Wasserfall einschlugen. Sie hatten ihn schon gehört, lange ehe sie ihn sehen konnten, als ein unablässiges Dröhnen, das den Boden unter ihren Füßen erbeben ließ. Sie standen nun an seinem Rand, und Nenan wies einen Weg. »Wir steigen dort hinab!« versuchte er das rauschende Wasser zu übertönen. »Hoffen wir, daß uns keine Soldaten entgegenkommen! Hebst du mich empor und fliegst mit mir davon?«

Danarion lachte. »Nein. Wir müssen klettern.« Er ließ seinen Blick über den fast senkrechten Lauf des Flusses unter sich schweifen und sah einen schmalen, kurvenreichen Pfad, der sich die Klippe hinabschlängelte. »Die Zweigeister haben keine Höhenangst«, rief Nenan wieder, »besonders nicht bei Nacht.«

Danarion nickte. »Ich werde vorangehen«, brüllte er zurück, trat eifrig über den Rand und stützte sich mit Händen und angespannten Waden ab. Nenan folgte ihm weniger sicher. Als sie sich erst einmal am Hang befanden, stellte Danarion fest, daß er weniger steil war, als er ausgesehen hatte. Die Gefahr lag in dem durch die ständigen Sprühnebel feuchten Gestein, dem anhaltenden Lärm des Wasserfalls, dem Beben unter ihren Füßen und der Gefahr, das Gleichgewicht zu verlieren. Doch innerhalb einer Stunde standen er und Nenan neben dem tosenden, weißschäumenden Wasser und grinsten einander an.

»Das war leicht«, stellte Nenan fest. »Der schwierige Teil beginnt erst jetzt. Ich bin noch nie weitergegangen als bis hierher und kenne den Weg nur vom Erzählen, aber du bist ihn schon einmal gegangen.« Er errötete und biß sich auf die Lippen; Danarion schüttelte den Kopf.

»Dein Vater hat ihn verdrängt«, sagte er. »Ich sehe keine Erinnerungen.«

Nenan antwortete nicht. Er drehte sich unvermittelt um. Dort unten spannte sich eine rauh gezimmerte Holzbrücke, aneinandergefügte Baumstämme und ein Seil als Handlauf, über die das Wasser flutete und die Füße der Reisenden naß werden ließ.

»Warum habt ihr diese Brücke niemals abgerissen?« erkundigte Danarion sich neugierig. Nenan erwiderte, ohne sich umzudrehen: »Weil wir nicht wollen, daß sie sich einen anderen Weg in die Täler suchen. Der hier ist der schnellste und gefährlichste, selbst für sie. So können wir viele von ihnen töten.«

Danarion trat neben ihm aufs andere Ufer. Dort befand sich in der tiefen Finsternis eines vorgeschobenen Felsens kaum sichtbar eine Öffnung. Nenan zögerte, und Danarion sah in seinen Augen eine Herausforderung aufleuchten. »Der Tunnel ist nicht lang, so sagen zumindest die Älteren, aber sehr kantig und absolut dunkel. Ich habe keine Lampe. Du bist ein Sonnengott. Kannst du uns Licht spenden?«

Vertrauen schwand hinter neuen Zweifeln. Danarion seufzte tief in seinem Innern. »Ich glaube schon. Mein eigenes Licht wird ausreichen.« Er trat unter den Vorsprung, blieb stehen, und ein schwaches, gelbes Licht schien aus Chilkas ausgestreckten Händen zu strömen. Nenan sagte nichts mehr.

Der Tunnel war tatsächlich nicht lang, aber das Gewicht des Gesteins und die Dunkelheit erzeugten große Enge, und der unebene, mit

Steinstücken übersäte Boden ließ ihn noch länger erscheinen. Als sie wieder auftauchten, stand Danarion auf einem schmalen Felssims, das ihn plötzlich heftig an Ghakazians großes Felsentor erinnerte und für einen Augenblick erstarren ließ. Der Berg der Trauer war so nahe zu seiner Rechten, daß man ihn fast berühren konnte. Es war ein riesiges, hoch aufragendes kahles Massiv, das beständige Schatten warf. Merkwürdige, graue Disteln wuchsen gelegentlich an seinen steilen, sandigen Hängen. Und über dem allen schwebte eine spürbare Feindseligkeit.

Nenan schauderte. »Ich habe Angst vor den Toten«, sagte er mit hoher Stimme. »Das andere ist es, die Präsenz, das Unbekannte, das um den Berg geistert. Die Zweigeister können es kaum ertragen, doch ihr Bedarf an Sklaven läßt sie ihre Angst überwinden.«

Danarion betrachtete den Berg näher und versuchte, das Getöse von Fluchtgedanken, Schmerz und Gefahr zu verdrängen, das zusammen mit der Erinnerung in Chilkas Denken losbrach. Die sichtbaren Felsen fielen nicht senkrecht herab! Schräge Vorsprünge und glatte Hänge, die in flache Stellen übergingen wurden deutlicher, je länger er hinsah. Es war schwierig, irgendwelche Einzelheiten ohne direktes Sonnenlicht auszumachen, aber es erschien Danarion tatsächlich so, als wären Unebenheiten im Gestein: Flecken in schwachem Weiß oder eine Anhäufung von grauen Stöcken. Schweigend fragte er Chilka danach, und hinter der pochenden Angst und dem neu erwachsenden Mut hörte er die Antwort. Es waren die Toten, die in weißes Leinen geschlagen zum Berg gebracht wurden, und deren Träger danach neben der Bahre ein kleines Abschiedsmahl nahmen und sich fortschlichen; sie ließen den Leichnam an den Hängen zurück, damit die wilden Tiere über das verwesende Fleisch herfielen. Es war jämmerlich, eine klägliche Parodie auf die frühere sholanische Sterbensweise, dachte Danarion. Das weiße Gewand, die mit fröhlichen Gratulanten gefüllte Wartehalle und der jenseits des Tores wartende Botschafter waren auf diese unvorstellbare Verzerrung reduziert worden. Warum hier? fragte er sich. Warum hier? Und Chilkas Herz schlug schneller.

»Chilka wurde auf dieser Route fortgeschleppt«, erklärte Danarion Nenan und deutete an den Hang. »Sie mündet auf der Hochebene in Höhe der Stadt. Doch ich möchte weiter südlich ankommen. Wir müssen über den Berg.«

Nenan schüttelte den Kopf und wich zurück. »*Niemand* besteigt von hier den Berg«, flüsterte er. »Die Leichenzüge kommen von der anderen Seite, glaube ich, früh morgens, damit sie bei Dunkelheit wieder weit fort sind vom Berg. Wir würden bei Sonnenuntergang immer noch oben sein. Ich komme nicht mit!«

»Nun gut«, sprach Danarion sanft. »Geh nach Hause, wenn du nicht anders kannst. Die Toten können dir nichts anhaben und würden es auch nicht wollen, selbst wenn sie dazu in der Lage wären. Und wenn dort oben etwas anderes lauert als Angst, Nenan, dann kann es mir nichts tun. Verstehst du denn nicht? Nichts auf Shol kann mich vernichten, und du bist sicher in meiner Begleitung.«

Nenan zögerte, hin- und hergerissen zwischen Angst und Stolz. »Mein Vater hätte Angst, doch wenn er hier wäre, würde er dich begleiten, das weiß ich«, sagte er schließlich. »Na schön. Ich habe auf dieser ganzen Welt nichts zu verlieren.« Danarion strich ihm kurz über den Arm, eine anerkennende und ermutigende Geste, aber Nenan zuckte zurück. Sie traten aus dem Schutz der Tunnelmündung in den kalten Sand und wendeten sich dann hin zum Berg.

Am frühen Nachmittag kämpften sie sich die kahlen Hänge hinauf. Bei Sonnenuntergang standen sie auf dem Gipfel einer flachen, leicht abgerundeten Höhe, wo es nichts als schwarzen und grauen Fels gab und einen Abendwind, der nächtliche Kälte versprach. Vor ihnen lag die grüne, mit Bäumen durchsetzte Ebene, hinter der sich rosig und blaugrau am Horizont das Meer erstreckte. Links war die Stadt Ishban zu sehen, die kilometerweit entfernt im Abenddunst versank.

Nenan schauderte. »Es ist kalt hier oben«, sagte er, »und ich bin hungrig und sehr durstig. Ich hatte nichts bei mir, als ich dir folgte.«

»Ich habe weder Essen noch Wasser dabei.« Danarion zog ihn in eine kleine Senke im Fels. »Morgen werde ich uns in der Ebene etwas suchen.«

»Die Ebene wimmelt von Zweigeistern, die dort Obstbäume und Reben ziehen. Sie sagen, dort wäre es wärmer bei Nacht und kühler bei Tag.«

Danarion wußte, daß Nenans ruhige Stimme sein Entsetzen verbarg, als die Sonne als Halbscheibe auf dem Ozean schwebte, und er rückte näher zu dem jungen Mann. »Hättest du gerne, daß ich dich schlafen lasse wie Lallin?« fragte er liebevoll.

Nenan dachte nach und schüttelte dann in schwacher Abwehr den Kopf. »Ich werde nicht davonlaufen, jetzt nicht. Sag mir, woher du kommst. Ergänze die Lücken in den Legenden.«

Und als die Nacht hereinbrach und die Sterne so nahe an dem schwarzen Gewölbe über ihnen erschienen, daß Danarion den Eindruck hatte, er könnte die Hand nach ihnen ausstrecken und sie liebkosen, erzählte er Nenan von Danar, von dem Palast der Unsterblichen und dem mächtigen Tor. Er berichtete von Shol zu den Zeiten, da es neu und unbefleckt gewesen war, von Sholia, von Shaban und seinen steilen Straßen, seinen Traumsuchern und seinen vielen Glocken. Nenan lauschte ganz benommen und hauchte nur hin und wieder gefesselt: »Ich kann es nicht glauben! Ich kann es einfach nicht glauben!« Einmal fragte er: »Willst du damit sagen, daß alle Welten Tore hatten? Daß Shol ein Tor besaß, durch welches die Menschen zu den Sternen reisen konnten?«

»Nicht zu den Sternen«, entgegnete Danarion. »Nur nach Shon und Sumel, doch die wurden zerstört, als Shols andere Sonne explodierte.«

»Und wenn du das Tor findest, wirst du es dann wieder öffnen, damit die Menschen hindurchziehen können?«

Traurig begriff Danarion nun, daß Nenan nicht ganz verstanden hatte, daß er zu viel von ihm verlangte. »Die Menschen können nicht mehr hindurch«, sagte er. »Ich suche es nur, um sicherzugehen, daß es für alle Zeiten fest verschlossen ist.«

Wenn ich ein Gott gewesen wäre, hätte ich das alles nicht zugelassen!« erklärte Nenan verbittert. »Wir Sterblichen haben nichts getan, wir waren unschuldig. Warum sollen wir unter der Schlechtigkeit von Wesen leiden, die wir nur aus Erzählungen kennen?«

»Alle Geschöpfe mußten leiden«, antwortete Danarion ernst, »da alles vom Gesetzesmacher selbst in einem Gesamtzusammenhang geschaffen wurde. Ich habe dir nun genug erzählt, mein Sohn. Leg dich jetzt schlafen.« Nenan murmelte einen Protest, doch Danarion strich über seine Augen, so daß er ausatmete und sofort in tiefen Schlummer fiel.

Danarion blieb sitzen und schaute in die Dunkelheit. Chilkas Körper brauchte auch Schlaf, aber Danarion hatte Angst, sich zu entspannen, aus Furcht, er könnte in den Graben des Unbewußten fallen, wie es ihm in der vorangegangenen Nacht ergangen war. Er ignorierte deshalb den erschöpften Körper, der ihn umschloß. Eine Weile betrachtete er die Sterne und wurde sich allmählich bewußt, daß er nicht alleine war. Ein Wind, der die Luft nicht aufrührte, seufzte um den Berg. Dieser war erfüllt von den fernen Stimmen unsichtbarer Heerscharen, die hin und her über den Gipfel strichen, vom Nichts ins Nichts und zurück. Das Klagen der Geister ängstigte ihn nicht. Er lauschte ihnen geistesabwesend, während seine Gedanken frei umherschweiften. Plötzlich bemerkte er, daß etwas vor ihm stand. Der Eindruck war so stark, daß er in der Erwartung scharf emporblickte, einen Rumpf zu erblicken, hinter dem die Sterne verschwanden. Doch Chilkas Augen und sein eigener innerer Blick zeigten ihm nichts. Nur sein Instinkt sagte ihm, daß jemand in der Nähe seiner Füße stand.

Wie er so dasaß und lauschte, erreichte ihn ein schreckliches Flehen und flutete über ihn hinweg. *Bitte komm, bitte*... Der Drang sich zu erheben und dem Nichts zu einem unbekannten Ort zu folgen, war sehr stark, doch er widerstand ihm. »Ich kann den Toten nicht helfen«, flüsterte er. »Ich kann nichts tun. Ich suche das Tor und mehr nicht.« Den Rest der Nacht bestürmte das Wesen ihn stumm und kalt weiter, doch als der Himmel heller wurde, fühlte Danarion, wie es von ihm wich. War es Chilka, fragte er sich, der sehnsuchtsvoll seinen Körper betrachtet hatte? Plötzlich wollte er das ihn umgebende Fleisch behalten und schlang die Arme fest um sich, als Nenan sich fröstelnd aufsetzte.

»Die Sonne geht auf«, murmelte er, »und ich habe noch mehr Hunger als zuvor. Für Lallins heißen Eintopf würde ich jetzt alles geben.« Er sah sich um, halb in Erstaunen, daß er sich immer noch unversehrt auf dem Berg befand.

Danarion stand unvermittelt auf. »Es ist nicht weit zu den Obstbäumen«, sagte er. »Wir müssen gehen.«

Doch Nenan packte ihn am Arm und deutete vor sich. »Schau! Ein Leichenzug kommt hier entlang! Wenn wir laufen, sehen sie uns, aber wenn wir hierbleiben, kommen sie direkt auf uns zu.«

Die schweigsame Gesellschaft befand sich nun fast auf ihrer Höhe. Sie kletterte lautlos und mit gesenkten Häuptern, allerdings, wie Danarion glaubte, nicht aus Trauer, sondern wegen der Anstrengung des steilen Aufstiegs. Der Mann an der Spitze trug ein langes, rotes, ärmelloses Gewand, das vorne mit zwei Sonnen geschmückt war, einer gelben, vor die sich eine schwarze geschoben hatte. Hinter ihm kamen zwei Männer, die sich unter dem Gewicht einer riesigen Metallsonne beugten, welche im frühen, frischen Licht strahlte. Ihnen folgte eine Familie: ein Mann fortgeschrittenen, mittleren Alters mit grauem Bart und stattlicher Haltung, eine dicht verschleierte Frau, ein junger, sehr hübscher Mann, nach seinem Aussehen kaum älter als Nenan, und zwei kleine Jungen. Danach kamen ein Halbdutzend Diener, die ein jeder eine Ladung Holz und Fässer auf dem Rücken trugen. Nenan keuchte vor Angst und klammerte sich an Danarions Arm. »Wenn sie uns sehen, bringen sie uns um. Das ist keine gewöhnliche Totenfeier.« Danarion blickte zur Sonne empor, die ihm nun voll in die Augen schien. Sie stand ein gutes Stück über dem Horizont und stieg weiter. »Nimm meine Hand«, sagte er zu Nenan, »und rühr dich nicht und sprich kein Wort. Wir beide werden versuchen, uns dünn zu machen, du und ich, die Farbe zu wechseln und eins zu werden mit der Sonne.« Danarion blickte starr vor sich hin, ergoß sich durch die eng verschränkten Finger in den jungen Mann in dem Bemühen, in Shols Sonne einzutauchen, damit sie sie versteckte.

Die Prozession hielt nur einen Steinwurf von Danarion entfernt an. Noch immer war kein Laut zu hören. Es war, als handelte es sich bei den Leuten um Schlafwandler. Der Mann in der Robe wies auf eine Stelle, und die Diener begannen, Holz aufzustapeln und es mit Öl zu tränken; ihre Bewegungen waren flüssig und automatisch. Die Sonnenscheibe wurde auf einen großen Stein unweit des Scheiterhaufens gelegt. Dann blieben sie alle so still stehen, daß Danarion sich fragte, ob sie sich unter Drogeneinfluß oder in Trance befanden. Einige Minuten waren vergangen, als der Mann, der zuerst erschienen war, eine knappe Handbewegung machte, worauf der Vater der Familie zu dem Haufen öligen, glänzenden Holzes trat und sich darauflegte. Der älteste Sohn setzte sich auf die Kupfersonne. Fassungsloser als je zuvor und mit wachsendem Unbehagen beobachtete Danarion die Vorgänge. Er sah keinen Leichnam, der hätte verbrannt werden können. War das eine Art Hinrichtung? Er wagte es nicht, sich in Chilkas Gehirn zurückzuziehen, denn Shols Sonne hatte seine Bitte nur widerwillig erfüllt, als hätte sie sie kaum gehört. Er war gezwungen, sich auf die Verbindung mit ihr zu konzentrieren.

Der Mann in der Robe zog ein Licht hervor und führte es langsam, fast gleichgültig an das Holz. Der Mann auf dem Scheiterhaufen wehrte sich nicht und schrie nicht, als die Flammen emporschlugen als die einzigen lebhaften Dinge auf dem windigen Berg. Lange Zeit sahen sie alle mit ausdruckslosen Gesichtern zu, und Danarion hielt Nenan ganz fest aus Angst, der könnte einen Schrei ausstoßen. Die Gestalt auf der Scheibe rührte sich nicht, sondern blieb mit geschlossenen Augen entspannt liegen. Obwohl Danarion nicht bemerkte, zu welchem Zeitpunkt der ältere Mann starb, glaubte er beim Zusehen durch den windgepeitschten, trudelnden Rauch bleiche Flügel sich entfalten zu sehen wie ein Blütenblatt im Licht. Das Fleisch auf dem Scheiterhaufen begann zu krachen und zu zischen; Nenan keuchte, doch der leise Laut ging in den Geräuschen des Feuers unter.

Dann ließ Danarions Griff um die Sonne einen Augenblick nach, denn der junge Mann auf der Scheibe hatte sich aufzubäumen begonnen. Er ruderte mit Armen und Beinen. Plötzlich riß er entsetzt die Augen auf. »Nein!« schrie er. »Nicht mich! Bitte nicht!« Obgleich nichts zu sehen war, das ihn hielt, schien er zwischen den Schulterblättern festgepinnt zu sein. Die anderen beobachteten das Ganze völlig regungslos, während er allmählich in Schweiß gebadet war, der auf seine weiße Tunika durchschlug und seine Wangen herablief.

So plötzlich, wie er zu schreien begonnen hatte, verstummte er. Der Mann in der Robe machte wieder eine Handbewegung, und die Diener traten hinzu, um den jungen Mann auf die Beine zu stellen. Als er stand und sich zu Danarion umdrehte, sah dieser, daß seine blauen Augen hell, ruhig und strahlend waren und vom neuen Leben und neuer Kraft funkelten. Die Prozession nahm wieder Aufstellung, wandte sich vom Feuer ab und zog davon.

Zitternd löste Danarion seinen Griff um die Sonne und sank zu Boden, wo er Chilkas Körper schweißgebadet vorfand. Nenan beugte sich mit einem Stöhnen nach vorn und erbrach sich. »Kein Eingeist hat es jemals miterlebt«, krächzte er, als er sich den Mund an dem Ärmel wischte. »Solcher Irrsinn, solche scheußliche, unverständliche Verderbtheit. Nach den Gerüchten machen das nur die Zweigeister in höchsten Stellungen. Bei den anderen ist es nicht so.«

Danarion antwortete nicht. Er ergriff den Arm des Jungen, hievte sich selbst auf die Beine, die zu schwach schienen ihn zu tragen, und sie machten sich an den Abstieg vom Berg. Unverständlich nicht, dachte Danarion, nachdem er Chilkas Erinnerungen nach etwas durchforstet hatte, das zu dem eben Gesehenen passen könnte. Die geflügelten Ghakanianer mußten festgestellt haben, daß es leichter war, vor dem Tod von einem alten Körper in einen jungen umzusiedeln, und der Körper eines Kindes würde ihnen nichts nützen. Besser die jungen Männer und Mädchen, die gerade die erste Reife hinter sich hatten.

»Sag mir«, bat Nenan zitternd, »ist die Sonne ein lebendiges, denkendes Wesen, oder bin ich so verrückt wie die Zweigeister? Ich fühlte da etwas neben dir.«

»Die Sonnen sind die Kinder des Weltenschöpfers«, erklärte Danarion und war froh, daß Nenan seine Gedanken auf etwas anderes zu lenken versuchte als das Entsetzliche, dessen Zeuge sie gerade geworden waren. »Sie sind unvorstellbar mächtig, doch scheu und gehorsam uns gegenüber, die wir von ihrer Art stammen.«

Nenan brachte ein kurzes Lachen zustande. »Sie haben uns immer erzählt, die beiden Sonnen auf Shols Flagge würden Tag und Nacht bedeuten, aber ich weiß es jetzt besser.«

22

Es dauerte nicht lange, und dann gingen sie in üppigem Gras, das sich unter ihren Füßen, die so lange Zeit nur Steine gespürt hatten, weich und biegsam anfühlte. Bäume in reichem Sommerkleid bildeten ein Dach über ihnen. Schließlich setzte sich Danarion mit dem Rücken gegen einen breiten Baumstamm, während Nenan Früchte sammeln ging und so viele zurückbrachte, daß er seinen Hunger stillen konnte. Er saugte gierig den Saft aus; Danarion aß schnell und ohne den Geschmack auszukosten und durchforstete dabei Chilkas Gedächtnis. Die Bäume waren nicht Teil eines Waldes, sondern über mehrere Quadratkilometer hinweg in säuberlichen Reihen gepflanzt. Zwischen ihnen und der Stadt war weiterer Fels und grauer, fester Sand, den eine Straße durchquerte, über welche die Privilegierten reiten konnten, um an heißen Sommernachmittagen Schatten und Früchte zu genießen.

Die Straße führte an einer Stelle vorüber, die er unbedingt sehen wollte, denn er hatte endlich die Orientierung gefunden. Irgendwo zwischen hier und Ishban an einem Berghang lagen Sholias Palast und die Wartehalle. Wenn er geradewegs durch die Bäume marschierte, stieße er auf den Ozean, der sich unterhalb einer kilometerlangen Klippe auszudehnen begann, welche seinerzeit unbeschädigt geblieben war bis auf die steile Bucht, auf der Shaban erbaut gewesen war.

Nenan blinzelte nach oben, wo das Sonnenlicht durch die grünen Blätter flutete. »Sei gegrüßt, Sonne«, sprach er bei sich. »Du bist wunderschön.«

Danarion schreckte hoch und lächelte. »Es ist Zeit zum Aufbruch«, sagte er. »Wir müssen uns nun an die Straße halten.«

»Ich glaube, wir sollten bis zum Abend warten«, meinte Nenan zweifelnd. »Die Straße liegt ziemlich ungeschützt. Was hast du überhaupt vor, wenn wir in Ishban sind?«

»Ich weiß es nicht genau«, antwortete Danarion vorsichtig. »Ich werde jede Gelegenheit wahrnehmen, die sich mir bietet. Zuerst muß ich in das Herrschaftshaus kommen.«

Nenan hob die Augenbrauen. »In diesem Fall sollten wir unbedingt gehen. Auf der Straße werden wir mit absoluter Sicherheit verhaftet.«

Danarion lächelte über die fröhliche Spöttelei. »Ich möchte soviel wie möglich bei Tageslicht sehen«, sagte er und stand auf, »sobald du genügend Obst gemampft hast, Nenan.«

Sie traten aus dem Schatten und gingen unter den Bäumen entlang auf die Stelle zu, wo ein Streifen hellen Sonnenlichts das Ende des Hains erkennen ließ. Zu ihrer Rechten war der Ozean zu vernehmen, ein angenehmes Rauschen, in das sich die Schreie der Seevögel mischten. »Meine Vorfahren waren Fischer«, erzählte Nenan plötzlich, »doch ich habe noch nie einen Fuß ins Meer gesetzt, und in Ishban gibt es keine Schiffe. Die Zweigeister fürchten sich vor allem, selbst vor dem Meer.«

»Sie fürchten sich vor Shaban, der Stadt unter dem Meer«, entgegnete Danarion, worauf Nenan ihm einen respektvollen Blick zuwarf und schwieg.

Sie gelangten zu den letzten Bäumen und traten in den vollen Sonnenschein eines sholanischen Sommermittags hinaus. Nenan beschirmte die Augen mit der Hand und blickte die Straße hinab. Danarion wurde beim Anblick von Ishbans Türmen, die weißgrau im Dunst der See schimmerten, von plötzlicher Ehrfurcht ergriffen. Zum ersten Mal, seit er neben Janthis gestanden und eine fast unkenntliche Sholia neben dem Tor dieser Welt gesehen hatte, kehrte er völlig in die Erinnerungen zurück. Er und Sholia gingen über die Ebene und unterhielten sich. Eine Sonne ging unter. Die andere, die weiter entferntere, war auch im Sinken begriffen, und Shaban warf lange, spitze Schatten über ein ruhiges, grünblaues Meer. Die Palaststufen erstrahlten weiß in Sholias Licht, das sich aus jedem der hohen Fenster ergoß. Weit unten am Fuße der Stadt drängten sich die kleinen Fischerboote mit den bunten Segeln wie übermütige Welpen um den Kai, und die Friedenstürme waren hell erleuchtet. Hinter den Steinbrüstungen gingen Männer auf und ab. Er konnte ihre Stimmen hören und roch den frischen Abendwind, der gerade aufgekommen war, um das lange Gras unter seinen Füßen zu zerzausen und die vielen Glöckchen der Stadt erklingen zu lassen. Sholia war verstummt, und sie gingen zufrieden schweigend dahin.

»Chilka!« Nenan tätschelte seinen Arm. »Chilka!«

Danarion bemerkte, daß er unter der heißen Sonne schwitzte. Der sich ihm bietende Anblick verschmolz kurz mit der lebendigen Erinnerung, so daß Shaban in der Luft zu hängen schien, wo es nun kein Fels mehr trug, und Ishban überlagerte die Friedenstürme. Dann war die Erinnerung fort. Es blieb nur der Eindruck von Zerrissenheit. Die Stadt war zu nahe, die Klippen zu seiner Linken zu zerklüftet, die Ebene auf unmögliche Weise verkürzt. Langsam ließ er seinen Blick über das ganze Panorama schweifen. Wo einst der Palast gewesen war, lagen nun herabgestürzte Felsen. Die Stadt selbst schmiegte sich sicher auf die Ebene, und wo diese herabgebrochen war und Shaban in die

Tiefe gerissen hatte, erhob sich nun hoch und ohne Tore die Stadtmauer, hinter der ein Hang schwindelerregend steil zur Brandung hinabführte. »Wir können hier nicht den ganzen Nachmittag stehenbleiben.«

Danarion nickte, und sie machten sich auf den Weg. Sie fühlten sich sehr ungeschützt, als die Bäume hinter ihnen immer kleiner wurden. Danarion wunderte sich, daß alles so leer war. Eigentlich hätten doch Sklaven Obst pflücken, Pferde und Männer kommen und gehen und Frauen in Sänften auf die Kühle des taubenetzten Grases und der gesprenkelten Schatten zuschaukeln müssen.

Sie kamen schnell voran, während sie so nebeneinander hermarschierten. Danarions Blick strich häufig über die Felswände, die sich zu seiner Linken erhoben, doch Nenan hielt den Kopf gesenkt und zuckte bei jedem Vogelschrei zusammen. Eine Stunde vor Sonnenuntergang kamen dann die Möwen aufs Landesinnere zugesegelt, und Nenan wurde bleich und blieb zitternd stehen.

»Es tut mir leid«, sagte er atemlos, »ich kann sie nicht ertragen. Ich kann nicht bis Sonnenuntergang weitergehen.«

»Weißt du denn nicht, daß sie harmlos sind«, fuhr Danarion ihn an, als er sich aus Chilkas Erinnerungen losriß. »Deine Angst gilt anderen geflügelten Wesen, nicht den Vögeln. Das ist die Erinnerung, Nenan, die lange Erinnerung deines Volkes.«

Danarion schaute zu der Felswand empor und entdeckte dort eine Art weiträumiger Aushöhlung. Ein holzumrahmtes Loch klaffte dort finster, und darunter war die Ebene mit Steinschutt übersät. »Sehr schön«, sagte er. »Dort drinnen können wir rasten.« Er deutete empor. »Die Vögel fliegen zu ihren Nestern am Felsen, das ist alles. Die Ebene wird bald leer von ihnen sein.«

Nenan begann von Panik getrieben zu laufen. Danarion ging hinter ihm her. Das ist Yarnes Besessenheit, sagte ihm Chilkas Gehirn. Immer das Suchen, das mühsame Brüten über dem Buch, die Ausgrabungen hier, die viele Sklaven aus den Bergen erwecken das Bedürfnis, die finsteren Schleier von Shols Geschichte zu lüften. Welches Buch? fragte Danarion heftig. Ein Buch voller Rätsel und unverständlicher Mythen, erklärte ihm Chilkas Gehirn. Die Linie, die die späte Nachmittagssonne von Kühle und Zwielicht trennte, stand unmittelbar bevor, und Danarion schauderte. Kaltes Blut, dachte er. So kalt!

»Hier ist Wasser«, sagte Nenan, dessen Stimme von den Felswänden zurückgeworfen wurde. »In Wannen. Vermutlich für Sklaven, um sich darin zu waschen. Es ist schmutzig, aber das ist mir gleichgültig.« Er beugte sich darüber und formte mit den Händen eine Schale, während Danarion sich umsah.

Er befand sich in einer großen, rechteckigen Halle. Zuerst glaubte er, es sei nur eine Höhle und war vor Enttäuschung ganz niedergeschmettert. Aber langsam gewöhnten sich Chilkas Augen an das Halbdunkel. Das späte Tageslicht strich über Wände und Decke und erzeugte kleine, stumpffarbene Flecken, die kamen und gingen, während Danarion langsam den Kopf drehte. Kies und Staub lagen auf dem Boden, und die Wände waren uneben, doch wo man sie weit abgetragen hatte, enthüllten sie das Werk eines Künstlers. Nenan hatte genug getrunken und betrachtete den Türrahmen, durch den sie getreten waren. Er streckte die Hand aus. »Oh, komm einmal her und sieh dir das an!« sagte er voller Verwunderung. »Was hat das zu bedeuten?« Danarion lief zu ihm. Das Kupfer war schwarz von Alter und Zerfall, verschrammt und befleckt. An manchen Stellen war es schwer verbrannt, an anderen war es geschmolzen, und die Reliefs waren ineinander übergeflossen. Doch stellenweise war die alte sholanische Handwerkskunst noch zu erkennen, und dort erhob sich ein metallenes Shaban, ein großes Stadtviertel über dem anderen bis zur Decke.

Danarion spähte nach oben. Die Gestirne funkelten ihm schwarz in Stein verhaftet, doch an den richtigen Stellen entgegen und zeigten, wo die Sklaven sich abgemüht hatten, die Skulpturen eines Künstlers, der vor langer Zeit gelebt hatte, freizulegen. Danarion fiel auf die Knie, ergriff einen Stein und begann, gegen eine unebene Stelle an der Tür zu hämmern. Chilkas ganze Kraft lag in seinen Schlägen, und sogleich krachte ein kleines Steinstück und brach los. Danarion warf es hinter sich. Nun war ein sholanisches Schiff zu sehen, das über einen friedlichen, heißen, bronzefarbenen Kupferozean um die träge Mittagszeit segelte. Als Danarion aufstand, bemerkte er, daß seine Beine zitterten. Er spähte in die Halle. »Hier müssen andere Türen sein«, hauchte er vernehmlich. Sie waren niemals geschlossen gewesen, und dahinter hing schwarz und kristallen das Universum. Er ging wohlbedacht zur gegenüberliegenden Wand und stellte zu seiner Überraschung fest, daß seine Wangen feucht waren. Er wußte, daß Chilka an seiner Trauer keinen Anteil nahm.

Die Ausgräber hatten den Torbogen gefunden. Nur der Sturz war geblieben. Die riesigen, mit Sholias Ebenbild geschmückten Doppeltüren und die beiden Zwillingssonnen waren verschwunden, weggeschmolzen, zerbrochen, zerfallen oder in die Stadt geschafft worden, er wußte es nicht. Er fuhr mit der Hand über den rauhen Stein, und seine Finger rutschten nur so über die kalte Glätte des Kupfers dahin. Die Gräber hatten eifrig den Fels durchstoßen, der die Tür versperrt hatte, vielleicht in der Annahme, dahinter einen alten Schatz zu finden. Doch da war nichts gewesen, nur die unerschütterliche Festigkeit weiterer Felsen. Die Schrammen und Furchen von ihren Werkzeugen zeigten, daß sie eine Weile halbherzig weitergearbeitet hatten. Offensichtlich hatten sie aber geahnt, daß dahinter nur der Berg liegen würde. Wie töricht, mußten sie gedacht haben. Wie zwecklos, eine Tür zu errichten, die nur zu Gestein führte. Die Ahnen waren ein Rätsel, bei denen Verrückte sinnlose Dinge taten und sagten. Und doch, dachte Danarion, während seine Hände die Tür streichelten, wenn sie nur gewußt hätten, daß Shols größter Schatz jenseits dieses großen Türrahmens lag. Über seinem Kopf waren Kerben in der Wand und Furchen in der Decke. Das Dach hatte aus Haeliholz bestanden, erinnerte er sich nun.

»Was ist das für ein Ort?« flüsterte Nenan ehrfurchtsvoll. »Irgendein Königspalast? Wie wurde er verschüttet? Ist er so alt, daß die Zeit den Berg darübergeschoben hat?«

»Er ist wirklich alt«, zwang Danarion sich zu antworten trotz des Knotens in seiner Kehle. »Er wurde beim Anbeginn dieser Welt errichtet, vor Zehntausenden deiner Jahre. Die Zeit war damals unbedeutend für ihn. Zauberformeln bewahrten ihn vor dem Verfall.«

»Was ist das? Was für Zauberformeln? Sind wir nicht gefährdet in seiner unmittelbaren Nähe?«

Danarion drehte sich zu ihm um und hätte ihn in seiner Ahnungslosigkeit und seiner Unschuld am liebsten umarmt. Er fühlte seinen Geist eigentümlich und schwach. Nenan war frisch und jung an diesen Ort der Zerstörung gekommen. Er verdiente nicht die Früchte dessen, was vor langer Zeit hier geschehen war, lange bevor er geboren wurde. Haben wir trotz all unseres Geschwätzes vom Beschützen und Bewahren, so dachte er, eigentlich wirklich verstanden, für die uns unterstellten Sterblichen zu sorgen? War unsere Liebe nicht wirklich nur blinde Eigenliebe? Bedeuteten all unsere Hingabe, unsere rasenden Verteidigungsanstrengungen letzten Endes nur eine Art kosmischen Egoismus? Ich liebe dich, Nenan, aber das ist nicht die Liebe von Sonnengebieter zu Sterblichen. Es ist etwas Größeres, denn in Chilka bin ich nicht mehr vollkommen. Ich liebe dich als meinen Sohn, von gleich zu gleich, als Verwundeter, der den Verwundeten umklammert. Deine eigenen, kleinen Leiden sind mir wichtiger als die ewige Pein meiner Sonnenfamilie. Ich weiß nicht, ob ich die Kraft haben werde, das Tor zu finden und dann einfach wieder zu verschwinden.

»Das war Shols Wartehalle«, antwortete er. »Das hier«, er schlug gegen den verzerrten Türrahmen, »war das Tor selbst.«

»Das verstehe ich nicht«, sagte Nenan. »Dahinter ist nichts. Nur der Berg.« Er schaute Danarion an, und selbst in diesem Zwielicht war der Skeptizismus seines Vaters in seinen Augen zu erkennen.

»Das war der physische Teil des Tores«, versuchte Danarion ihm zu erklären. »Es wäre unmöglich zu erwarten, aus einem physisch vorhandenen Tor auf Shol in den Raum zu treten. Doch das Tor besaß auch einen Geist, der die Menschen in andere Dimensionen führte und auf Shon und Sumel trug, wo andere Tore standen.«

»Warum kann ich dann die Sterne hierdurch nicht sehen?« Nenans Stimme klang rauh und unnachgiebig.

»Weil Sholia das Tor geschlossen hat. Aber vielmehr, wenn sie es geschlossen hätte und der Geist wäre noch da, könntest du sehen, wie die Tür mit einer Silberplatte gefüllt ist, die die Symbole von Shol tragen, die Glocken Shabans. Und du könntest dich ihr nicht nähern.«

»Du sprichst sehr zungenfertig«, gab Nenan zurück. »Du besitzt solche Tricks wie vielleicht die Philosophenpriester der Zweigeister, trotzdem frage ich mich, wer du wirklich bist.«

Danarion antwortete nicht. Er trat von dem Tor zurück, hob die Arme, berührte die verbogene Schwelle und stieß ein Wort hervor. Ein leises Donnern war zu vernehmen, das durch den Boden rollte, den Türrahmen leicht erbeben ließ, mehr jedoch nicht. Wieder sprach er, diesmal lauter, doch wieder erfolgte nur eine Vibration im Fels. Er seufzte. »Das Tor ist fort, genau wie Janthis es befürchtete.«

»Dann war dies kein Herrschaftshaus?« Nenan haderte immer noch mit Danarions Worten.

»Nein. Der Palast war dort«, Danarion winkte in Richtung der Felswand, »ein paar hundert Schritte entfernt.«

»Eigenartig«, murmelte Nenan, »dies ist kein verwunschener Ort. Ich fühle mich hier sicher.«

»Du kannst aber sicher sein, daß von Ishban sich niemand hier wohl fühlt!« Danarion lächelte finster. »Nur Yarne wagte es, diesen Ort zu erforschen. Das ist euer Erbe, Nenan, für die Zweigeister jedoch symbolisiert es den Schrecken ihrer Ankunft und ihrer langen Gefangenschaft hier.«

»Dann kamen sie gar nicht freiwillig?«

»Nein, und sie wollten Shol eigentlich auch gar nicht erobern. Sie wurden durch ihren Sonnengebieter und ihre Bedürfnisse getrieben. Sie gehören nach Ghaka.«

Nenans Schultern sackten herab. »Es klingt alles wie ein wirres Kindermärchen«, sagte er. »Sie sind dort in der Stadt, und ich bin hier in dieser Ruine, das ist alles, was ich sicher weiß.«

»Ich kann hier nichts mehr tun.« Danarion wandte sich ab von dem geschwärzten Türsturz und dem zerschlagenen und geborstenen Gestein. »Wir müssen gehen. Ich glaube, die Vögel sind jetzt in ihren Nestern, Nenan. Wir können uns am Fuß der Felsen halten und dann im Dunkeln über die Mauer klettern.«

Nenan sagte nichts. Tief in Gedanken verloren folgte er Danarion hinaus auf den Weg unter den späten Nachmittagshimmel. Die Sonne fiel langsam dem Westen zu. Die Straße lag ruhig und verlassen da. Danarion machte einen scharfen Bogen, und bald gingen er und Nenan an der linken Klippe entlang, wo sich zwischen ihnen und der Straße achthundert Meter Geröll und Sand erstreckten. Das Land lag friedlich um sie her, und in den Stunden, die sie brauchten, um zur Stadt zu gelangen, begegneten sie keinem anderen Wesen.

Die Sonne ging von Gelb in ein üppiges, strahlendes Purpurn über und glitt über den Horizont hinab. Ein unstetes Lüftchen brachte ihnen Kühle und verlieh ihren Schritten neues Leben. Licht fiel in schrägen Strahlen über die Ebene, verwandelte die Straße in ein blutiges Band, streifte die Mauern der Stadt und verlieh ihnen ein unheilvolles stumpfes Rot. Danarion sah zu, wie der Streifen breiter wurde. Hinter der Mauer waren nur die Turmspitzen zu erkennen, und sie schienen ohne jede Kunstfertigkeit den zerklüfteten Bergspitzen selbst nachgebaut. Spitztürme drängten sich zusammen, so als kämpften sie um mehr Platz. Sie erinnerten Danarion plötzlich lebhaft an die Kristalleiszapfen von Lix, doch sie bestanden aus unbearbeitetem Stein und funkelten nicht im letzten Sonnenlicht. Sie hatten viele hohe Fenster, und um ihre Mauern wanden sich zahllose Rampen und Aufgänge, die in ihm, der sich seines Körpers bewußt war wie niemals zuvor, ein Schwindelgefühl erweckten. Eine Ahnung, dies alles bereits zu kennen, machte ihm zu schaffen. Eine solche Ansammlung ungeschliffener Gipfel hatte er schon einmal gesehen. Dann fiel es ihm ein. Die Stadt war nach dem Abbild der höhlendurchzogenen Gipfel von Ghaka erbaut. Mit dieser Erkenntnis kam gleichzeitig der nackte Schrecken darüber, daß einem eine solche Kleinigkeit derart entfallen konnte. Wem entfallen, fragte er sich. Als Danarion ist mein Gedächtnis unfehlbar. Aber als Chilka… Ich lasse es zu, daß ich mit Chilka verschmelze trotz Janthis' Warnungen.

Die Dunkelheit brach herein, und sie gelangten an die Mauer. Danarion berührte sie mit der Hand.

»Sie ist viel zu hoch, um sie zu überklettern«, flüsterte Nenan, »und sie wird sicherlich bewacht.«

Danarion suchte in seinem Denken. »Die Wachen sind von ihrer

Geburt an ausgebildete Eingeister und deshalb aufmerksam bei Nacht«, sagte er. »Es gibt nur ein Tor, das führt in die Ebene und ist um diese Zeit schon geschlossen. Doch auf der Meeresseite, wo das Land steil abfällt, wird die Mauer nicht bewacht. Dort bin ich bei meiner Flucht hinübergeklettert. Die Mauer erscheint hoch, doch innen sind die Häuser direkt angebaut, und durch die Lage des Landes reichen die Dächer bis fast nach oben. Dort können wir hinüber.«

Sie brauchten eine Stunde, bis sie die Mauer halb umkreist hatten. Als sie an den Rand der Ebene kamen, wo der Boden plötzlich abbrach und weit unten nur durch einen schmalen Streifen schäumender Brandung erkennbar das Meer begann, setzten sie sich mit den Rücken an die Mauer und ruhten sich aus. Von der anderen Seite kam kein Geräusch, kein Hundegebell oder Wagengerassel, keine Menschenmengen, die lachend durch fackelerleuchtete Straßen zogen. Doch Danarion, dessen Sinne jede Bewegung wahrnahmen, konnte ein unterschwelliges, heimliches, beständiges Flüstern vernehmen, ein leises Anschwellen und Abklingen wie das weiche Plätschern des Wassers auf den Kieseln weit unten am Strand. Schließlich blieb er stehen und spähte in die Höhe. Hier war die Mauer nicht in gutem Zustand. Die Angst der Menschen vor dem Ozean hatte mit ihrer Liebe zu Höhen im Streit gelegen, und die Angst hatte den Sieg davongetragen. Die Mauer war von salzigen Winden und der Zeit zerfressen und trotz ihrer gewaltigen Höhe nicht unbezwingbar. »Du gehst voran«, sagte er zu Nenan. »Ich werde mich direkt hinter dir halten für den Fall, daß du abstürzt.«

Nenan stand ebenfalls da und starrte mit weit aufgerissenen Augen und einem verhaltenen Lächeln in die Dunkelheit. »Der Geruch des Meeres«, erklärte er. »Er ist süß und winkt mir zu wie ein alter Freund. Ich wäre gern Fischer geworden wie meine Vorfahren.« Er drehte sich um und begann zu klettern, indem er Hände und Füße in den brüchigen Stein preßte. Danarion folgte ihm. Eigentümlich, dachte er. Vor ein paar Tagen setzte ich mein Leben aufs Spiel, um von der Stadt fortzukommen, und jetzt bemühe ich mich, wieder hineinzugelangen, und meine Hände und Füße benutzen genau die gleichen Spalten und Nischen.

Es erschien ihm, als hätte er ewig die Arme emporgereckt, mit den Fingern gesucht und ertastet. Seine Armmuskeln begannen zu schmerzen, der Schweiß zu laufen, und sein Atem ging keuchend und schnell, als er Nenan grunzen hörte. Dann erklang ein scharrendes Geräusch, und er lag oben auf der Mauer. Für einen Augenblick schloß er die Augen und entspannte sich, dann ließ er sich unter Nenans stützenden Händen auf das Dach eines schmalen Hauses rollen.

Plötzlich schlug Nenan die Hand auf den Mund und deutete nach vorn. Sie waren nicht allein. Vom Sternenhimmel hob sich die dunkle Silhouette eines Mannes ab. Er stand locker und gelöst mit leicht gespreizten Beinen und schlaff an den Seiten herabhängenden Armen auf den Dachpfannen; der Wind spielte in seinem langen Haar. Nenans Hand zitterte, und Danarion faßte nach den kalten Fingern des jungen Mannes. Er begriff die Angst. Es war nicht die Furcht vor Entdekkung, sondern vor etwas Unfaßbarem und wenn auch die Augen nur einen Mann sahen, einen großen Umriß in der Dunkelheit, so hörte der Geist ein hektisches Flattern von Flügeln gegen einen Käfig. »Ich glaube nicht, daß er uns hören oder sehen kann«, sagte Danarion. »Fasse Mut, Nenan. Wir beachten ihn gar nicht.«

Er führte Nenan zu der Dachrinne und sprang geschickt in den Garten. Nenan folgte ihm, drehte sich dann aber um und blickte hinauf. Der Mann hatte sich immer noch nicht gerührt. »Ihr solltet sie bemitleiden und nicht fürchten«, sagte Danarion laut, doch jener Teil von ihm, der Chilka war, dachte daran, wie ein schnelles Messer sich widerstandslos in den Leib stieß. »Wir müssen uns beeilen.« Chilka kannte den Weg. Er huschte rasch durch die Straßen. Nenan hielt sich dicht an ihn.

Ishban bei Nacht war eine Stadt der wandelnden Toten. Sie schleppten sich mit blicklosen Augen durch die Straßen. Sie standen auf Dächern, in weit ausladenden Bäumen und hoch auf den sich eng beieinander emporwindenden Türmen. Der Hauch ihrer Verzweiflung war ein sehnsüchtiges, klägliches Stöhnen, das Nenans Angst zu Panik werden ließ. »Es ist die Stadt der Vögel!« flüsterte er Chilka heiser zu und war kaum in der Lage weiterzugehen, so schwach fühlten seine Beine sich an. Chilka nickte. Er hatte seine eigenen Augen und Danarions fassungsloses Denken auf die verzierten Eisentore, die Läden und die Eisenzäune gerichtet. Überall, wo einst Glöckchen gehangen hatten, waren nun Flügel, und Danarion begriff, daß es das Fehlen von Shabans ständigem Geläut war, das ihn die ganze Zeit, seit sie die Mauer überwunden hatten, gestört hatte.

Häufig gingen sie alleine durch sternenerhellte, einsame Straßen, dessen unbeleuchtete Gebäude wie leere Gewölbe auf einem Friedhof dastanden. Aber ebenso oft bogen sie um eine Ecke und befanden sich inmitten einer ruhigen, still dahinziehenden Menschenschlange. Doch niemand beachtete sie.

Einmal blieben sie stehen. Eine Frau stand einsam vor ihrem Tor und hatte ihr Gesicht zum dunklen Himmel emporgereckt. Danarion nahm ihre Hand, streichelte ihre Wange und murmelte etwas in einer Sprache, die Nenan nicht verstehen konnte. Doch obgleich die Frau sich um eine Antwort bemühte und ihre Lippen zuckten, blieben ihre Augen undurchsichtig, und sie brachte kein Wort heraus. Danarion küßte die Hand und ließ sie fallen, und in diesem Augenblick wich Nenans Furcht.

Viel später blieben sie vor einer Mauer innerhalb der Stadt stehen, deren Kupfertore mit zwei gewaltig emporragenden Flügeln verziert waren. Chilka zog Nenan in den Schatten zurück. »Dieses Tor wird von Eingeistern bewacht«, flüsterte er. »Dahinter liegt das Haus. Um hineinzukommen, müssen wir die Männer überwältigen. Wir wollen sie aber nicht töten, denn sie gehören zu uns. Bist du dazu in der Lage?« Nenan nickte. Gemeinsam schlichen sie sich näher, und Chilka nahm den riesigen, gepolsterten Klopfer von einem Wandhaken und schlug ihn gegen das Gitter. Das Dröhnen hallte durch die Straße und in den dahinter liegenden Innenhof und verebbte dann. Sie warteten.

Sogleich wurde einer der Torflügel langsam und vorsichtig ein paar Zentimeter weit aufgeschoben. Chilka wartete erst gar nicht ab, daß man ihn genau musterte. Er stellte den Fuß dazwischen und sprang hinein. Den Mann riß er mit sich. Seine Hände fanden die Kehle des anderen, und er schmetterte ihn auf den Boden. Erst als er ruhig dastand, erinnerte er sich daran, wer er war, und daß er den Wachposten mit einem leisen Wort außer Gefecht hätte setzen können. Entsetzt blickte Danarion auf Chilkas Finger, die sich öffneten und schlossen und dann auf den Mann, der stöhnend und halb bewußtlos zu seinen Füßen lag.

Nenan trat rasch zu ihm und rieb sich die Schultern. »Ich habe einen Tritt abbekommen«, sagte er kläglich, doch seine Augen blitzten. »Der andere Wachmann schläft neben der Mauer. Was wird geschehen, wenn sie zu sich kommen, Chilka? Vielleicht sollten wir sie doch töten.«

Danarion war immer noch verwirrt und schüttelte den Kopf. »Nein! Es wird dann keine Rolle mehr spielen. Ich wollte nur hereinkommen. Bis sie Alarm schlagen und feststellen, daß kein Angriff erfolgt, werde ich keine Bedrohung mehr für sie darstellen.«

»Und was wird aus mir?« Nenan schaute sich unbehaglich um. Der Innenhof war voller Schatten. Das Haus ragte kahl und zerklüftet vom Boden auf und lief in Spitzen aus, die bis zu den Sternen zu reichen schienen. »Wie lange willst du hierbleiben? Soll ich besser nach Hause gehen?«

Danarion zögerte. »Ich weiß es nicht, Nenan. Vielleicht finde ich hier die Antwort auf all meine Fragen oder auch nicht. Es könnte lange Zeit in Anspruch nehmen. Ich weiß nur, daß ich wieder meine Arbeit als Yarnes Sklave aufnehmen muß. Ich wäre froh, wenn du bei mir bliebst. Yarne wird dir ein Bett neben mir geben und meine Motive nicht in Frage stellen. Du wirst verstehen, wenn du ihn kennenlernst. Er ist... eigenartig.«

»Wenn ich dir irgendwie nützlich sein kann, werde ich bleiben«, sagte Nenan einfach. »Was immer du bist, und ich glaube deine Geschichten nicht ganz, so möchte ich doch bei dir bleiben, denn sechs Jahre sind eine lange Zeit.«

Danarion trat impulsiv nach vorn und umarmte ihn. »Mein Sohn«, sagte er und hielt die Augen geschlossen. »Was du auch sonst glauben magst oder nicht, so bleibst du doch mein Sohn. Nun folge mir jetzt.«

Er ging voran über den Innenhof und um die Ecke zur Seite des Hauses. Hier befand sich eine kleinere Tür ohne Schloß oder Wächter. Chilka stieß sie auf und zerrte Nenan in einen dunklen Gang mit ähnlichen Türen, aber diese waren alle verschlossen und mit drei oder vier großen Schlössern gesichert. »Hier leben die Sklaven«, sagte er leise. »Sie müssen jeden Abend eingesperrt werden, sonst könnten sie einfach fortgehen. Es können nicht genügend Eingeister als Wachleute ausgebildet werden. Dies hier ist meine Zelle. Ich sehe, daß sie sie noch nicht neu belegt haben.« Er stieß die Tür auf, die angelehnt gewesen war, und Nenan folgte ihm hinein. Chilka schloß die Tür hinter ihnen. »Du kannst das Bett nehmen«, sagte er. »Ich lege mich auf den Boden. Ich ermüde nicht so wie du.«

Nenan sah sich um. Die Zelle hatte kein Fenster. Das einzige Licht fiel unter der Tür hindurch und zeigte ihm lediglich ein Bett und einen Schemel. Er trat zu dem Bett und wurde sich plötzlich seiner Erschöpfung bewußt. Er legte sich hin und zog die Decke über sich. »Hoffentlich ist Mutter nicht traurig«, sagte er schläfrig, und Danarion durchzuckte sogleich Sorge und Sehnsucht nach Lallin. »Nein, sie ist nicht traurig«, antwortete er, und der junge Mann schlief auf der Stelle ein.

Danarion streckte sich auf dem Fußboden aus. Eine Weile versuchte er, an Ghakazian, Sholia und das fehlende Tor zu denken und Mutmaßungen darüber anzustellen, wer die geheimnisvolle Herrin des Hauses sein mochte. Aber Chilka war hundemüde, und seine Erinnerungen an diesen Ort waren zu frisch und zu stark, als daß er sie hätte verdrängen können. Er spürte, wie sein Denken und Bewußtsein auf einer See halb ausformulierter Gedanken und nebulöser Traumfetzen dahintrieb. Die Straße war leer wegen des Leichenzuges, dachte er schläfrig. Natürlich. Lallin, meine Liebste, du fehlst mir so sehr. Dann schlief er ein.

23

Er erwachte erst, als die Tür aufgerissen wurde. Mit einem Ruck setzte er sich sofort hoch und empfand seinen Körper als eine Masse merkwürdiger Schmerzen und Zerrungen von seiner Kletterei. Nenan schwenkte seine Beine auf den Boden.

»Chilka!« sagte ein Mann in roter Tunika mit der gelben und schwarzen Sonne. Sein Gesicht war vor Schreck bleifarben geworden. »Du bist tot. Sie haben dich auf der Flucht erschossen. Der Hauptmann sagte mir, er hätte dich tödlich getroffen. Was ist das für eine Zauberei?«

Chilka grinste ihn an. »Nicht tot genug, Digran. Zu Pferd ist der Hauptmann ein kläglicher Schütze. Ich kroch fort, leckte meine Wunden und beschloß, zurückzukehren und meinen Kopf noch einmal in den Schlund der zweiköpfigen Bestie zu stecken. Die Berge sind harte Meister. Ich bin des Weglaufens müde.«

Sigran wich zurück, als Chilka aufstand und sich streckte. »Halte dich fern von mir. Diesmal werden wir ganze Sache machen. Drei Fluchtversuche bedeuten Hinrichtung, und ich werde dich mit meinen eigenen Händen verscharren. Du bist tot!«

Chilka gähnte. »Das ist mein Sohn Nenan«, sagte er. »Nenan hat mich nach Hause geschleppt, und als ich mich entschloß zurückzugehen, hat er mich begleitet. Wo steckt Yarne?«

Der Mann stand zu sehr unter Schock, um über die fadenscheinige Geschichte nachzudenken. Bei der Erwähnung von Yarnes Namen sackte er zusammen. »Du hast recht«, knurrte er. »Yarne wird niemals zulassen, daß du erschossen wirst. Er ist bei seinen kostbaren Altertümern.«

»Gut. Nenan, bleib hier, bis ich dich holen lasse. Sigran, sorge dafür, daß der Junge etwas zu essen bekommt und nicht behelligt wird.«

»Wer bist du, daß du mir Befehle erteilst, Eingeist?« platzte der Mann heraus, doch Ehrfurcht gebot ihm zu schweigen. Er unternahm nichts, um Chilka aufzuhalten, als dieser sich an ihm vorbeischob und in den Gang trat.

In dem Haus herrschte rege Betriebsamkeit. Schwatzen und Gelächter, das Geräusch vieler Füße, die kamen und gingen, das Sonnenlicht, das sich hell durch die schmalen Fenster ergoß, Küchenduft – es war, dachte Danarion, als existierten zwei Häuser in verschiedenen Dimensionen auf der gleichen Stelle, zwischen denen keinerlei Berührungspunkte bestanden.

Er trat hinaus auf den sonnigen Innenhof, ging zu den großen Türen, die offenstanden und hinein in die Halle. Hier hallten Stimmen wider, und Füße tappten auf den mächtigen Steintreppen, die schwindelerregend emporführten, um sich unter dem Dach zu verlieren. Ein Feuer brannte, und obgleich es noch früh am Tage war, scharten sich bereits Bittsteller und Verwaltungsbeamte darum, schwatzten und warteten darauf, zu einem der drei Richter zugelassen zu werden, die Ishban regierten. Chilka sagte ihre Namen auf, als er die Treppe erklomm. Melfidor. Veltim. Fitrec. Alte, ehrwürdige sholanische Namen, die nun von fremdem Abschaum benutzt wurden.

Er stieg immer höher hinauf, und die brabbelnde Menge in der Halle schrumpfte zu kleinen, lustig bekleideten Köpfen zusammen, die einander zunickten. Der Rauch des Feuers verdünnte sich hier zu grauem Dunst, der ihn husten ließ. Er kam an einer links von ihm in die geölte Wand eingelassenen Tür vorüber, dann an noch einer, und seine Schulter streifte im Vorübergehen die Wand. Obgleich die Treppe so breit war wie er hoch, befand sich auf der Außenseite kein Geländer. An der dritten Tür blieb er stehen, klopfte und stieß sie auf.

Als er eintrat, verschwanden der Rauch und die dröhnenden Stimmen von unten. Leise schloß er die Tür. Das Verstummen des Lärms hüllte sich wie eine Decke um ihn, als er weiter in den Raum eindrang. Die Stille war mehr als das Fehlen jeglichen Lärms. Sie war eine Atmosphäre tiefer Gedankenversunkenheit, eine Schale voll des ruhigen, zielgerichteten Friedens geistiger Arbeit. Chilka erinnerte sich daran und fand das normal, aber Danarion empfand hier eine andere Stille, die leidenschaftslosen Rätsel alter Mysterien, die unsichtbaren Überreste der Vergangenheit. Zwei hohe Fenster gaben den Blick frei auf die verschlungenen Straßen der Stadt, in denen nun Leute geschäftig umherliefen. Fahnen knatterten und flatterten im Wind, mit Handelswaren vollgetürmte Handkarren klapperten über den Steinboden, Geschäftsinhaber lehnten sich in die Türrahmen ihrer Läden und schwatzten, und fast kaum noch erkennbar zeichnete ein schwach goldenes Glitzern das ferne Meer ab. Um die Wände des Zimmers reihten sich taillenhohe, sonnenüberflutete, zum Teil offene Truhen. Licht lag auch auf dem glatten Steinboden und fiel in schrägem Strahl über den Holzschreibtisch, vor dessen Papierstapeln ein junger Mann mit zum Fenster gewandtem Gesicht saß.

Er war schlank, und seine weiße Tunika zeichnete eine schmale Taille und zarte Schultern ab. Die Haut seines sonnenbestrahlten Gesichts und der graziösen, vor ihm ruhenden Hände war so feinkörnig und durchschimmernd, daß sie fast eine schwach bläuliche Tönung aufwies. Als die Tür zufiel, drehte er unvermittelt den Kopf, und sein weißgoldenes Haar fiel locker um den glatten Hals. Seine Augen waren von einem blassen, strahlenden Saphirblau. Er verkörpert all meine Erinnerungen vom Shol von einst, dachte Danarion überrascht. Er ist ein reiner Sholaner, ganz in Weiß, Blau und Gold.

Yarne ließ sich keine Überraschung anmerken. »Du bist also zurückgekommen«, sagte er mit einem milden Vorwurf in der leisen Stimme, als er sich erhob. »Und du siehst älter und erschöpfter aus als zu dem Zeitpunkt, da du wegliefst. Sie werden dich nun vermutlich erschießen wollen. Dies ist dein dritter Versuch, weißt du. Aber ich werde es nicht zulassen, du hast mir gefehlt. Bist du bereit, heute morgen gleich wieder an die Arbeit zu gehen? Du solltest die Hände waschen und mir frische Tinte bringen.« Als er zu sprechen aufgehört hatte, blieb er völlig regungslos stehen; eine Hand ruhte flach auf dem Schreibtisch, auf seinem zarten Mund stand ein Lächeln. Die einzige Bewegung zeigte sich an der Kehle, wo sein regelmäßiger Herzschlag gegen den Halsausschnitt seiner Tunika pulsierte. Es war, als wäre tief in seinem Innern ein Kontakt zustande gekommen und er hätte gesprochen, dann war dieser aber unterbrochen worden und hatte ihn leblos und steif zurückgelassen, bis er wieder aufgefordert wurde, zu sprechen oder sich zu bewegen. Sein Kopf war zu einer Seite geneigt, das Lächeln wirkte wie erstarrt.

»Du hast mir auch gefehlt«, antwortete Chilka. »Ich kam bis zu den Bergen, Yarne, aber ich mag die harten Lebensbedingungen dort nicht mehr so wie früher ertragen, also kam ich zurück.«

Yarne nickte, und das seidige Haar fiel über seine Schultern. »Ich habe gehört, daß dir in den Bergen mehr als nur die harten Lebensbedingungen widerfahren sind«, sagte er. »Ich hörte, sie hätten dich getötet. Bis Sonnenuntergang wird die ganze Stadt von dem Eingeist reden, der von den Toten zurückkehrte. Bist du das tatsächlich?«

Danarion blickte ihn erstaunt an. Er hätte genau in diesem heiteren Tonfall fragen können, ob sein Sklave gut geschlafen hatte. »Ja«, hörte Danarion sich sagen. »In gewisser Weise bin ich das.«

»Nur in gewisser Weise? Aber ich verstehe. Ich selbst werde jeden Morgen neu geboren. Ich denke eine Menge über den Tod nach, wahrscheinlich weil meine Schwester und ich niemals sterben werden. Für mich ist das wie ein Spiel, mir vorzustellen, wie das sein muß. Die

Zweigeister sterben auch niemals, aber das ist etwas anderes, keine wirkliche Unsterblichkeit, weil sie die Körper ihrer Söhne und Töchter annehmen. Wie riesige Raubvögel, nicht wahr, Chilka? Doch du hast den gleichen Körper, wenn auch ein wenig schlimmer zugerichtet als zuvor. Erneuern die Eingeister irgendwie ihr Innerstes? Ist es das, was du sagen willst?«

»Du selbst bist ein Eingeist«, gab Chilka zurück. »Du bist in den Bergen geboren.«

»So geht das Gerücht.« Yarne setzte sich. »Aber es stimmt nicht. Ich kann mich nicht an die Berge erinnern. Ich glaube, wir gehen nun an die Arbeit.«

»Noch etwas zuvor.« Chilka kam an den Schreibtisch und sah sich wieder dem plötzlichen Aussetzen von Yarnes Lebenskraft gegenüber. »Ich habe meinen Sohn Nenan mitgebracht. Ohne deinen Schutz wird er an jemanden im Haus verkauft werden. Wirst du ihn aufnehmen?«

»Wie außergewöhnlich!« sagte Yarne, jedoch wieder ohne ein Anzeichen von Überraschung. »Wenn ihr Eingeister beginnt, eure Familien in die freiwillige Sklaverei zu führen, wird sich in Ishban eine peinliche Situation ergeben. Wenn ich ihn nicht nehme, wird er sicher an Maltor übergeben, der gestern seinen Vater verbrannte und nun als Vorstand seines Hauses einen Sklaven braucht. In Ordnung, Chilka. Er muß nichts tun, doch ich werde bekanntmachen, daß er unter meiner Herrschaft steht. Sie munkeln schon über mich, daß ich dich eher wie einen Bruder anstatt wie einen dummen Sklaven behandle.« Er packte Chilkas Arm; seine Hand war kalt, doch in seinen Augen stand eine scheue Zuneigung. »Sie verlachten mich jedesmal, wenn du davonliefst«, sagte er. »Sie wagen es nicht, mir ins Gesicht zu lachen, aber ich weiß es. Ich fühlte mich verraten, doch ich hasse dich nicht. Ich kann dir nicht sagen, wie froh ich bin, daß du nach Hause gekommen bist.«

Chilka wand sich unter einem Gemisch aus Liebe und Scham wie ein Mensch, der zum Verrat an seinem Volk getrieben wurde und die Notwendigkeit dazu doch klar einsah. Danarion war es, der sich verneigte und die durchschimmernden Hände küßte, die wie weiße Blumen auf seinem derben, schmutzigen Hemd lagen. Er empfand eine Zuneigung für diesen jungen Mann, der ihn an die Händler erinnerte, die einst zwischen den Welten umherzogen. Wie sie schien auch er jenseits von Gut und Böse zu stehen und schlichtmütig und arglos zu sein. »Ich würde dir niemals absichtlich Kummer bereiten, mein alter Freund«, sagte er. »Hab Dank für die Behandlung von meinem Sohn. Nun werde ich mir die Hände waschen und dir Tinte holen.«

Yarne lächelte. Chilka trat zu einer Tür hinter dem Schreibtisch, die in ein Vorzimmer mit Waschbecken, Krug und an den Wänden hängenden Geschirregalen führte. Er wusch sich schnell, nahm zwei kleine Töpfe herunter, vermischte Pulver, fügte Wasser hinzu und nahm mehrere Schreibfedern mit, als er zu Yarne zurückkehrte.

»Nun hol mir das Buch«, bat Yarne. »Leg es auf das Lesepult.«

Chilka trat zu einer der Truhen, hob den Deckel und nahm das Buch vorsichtig in die Hände. Seine Erinnerungen an dieses Zimmer, diese Arbeit und dieses Buch hatten Danarion nichts Ungewöhnliches vermittelt. Für Chilka war dieses Buch nur das Eigentum seines Herrn. Als Danarion jedoch auf den dicken roten Einband mit den krakeligen Goldbuchstaben blickte, fühlte er, wie diese Erinnerungen brüchig wurden und wie Stücke von verstreuten Herbstblättern herabrieselten. Einen Augenblick lang vergaß er, daß er in Chilkas Körper steckte. Er sah, wie seine eigenen goldenen Hände das Buch umfangen hielten und es in Licht badeten, das in den verblaßten Buchstaben so etwas wie Leben erweckte. Und wieder wie schon zuvor, als er in den Ruinen der Wartehalle gestanden hatte, fühlte er sich unerträglich alt. Ich bin älter als die Steine dieses Hauses, dachte er, älter als die Berge, aus denen sie geschlagen wurden. Dieses Buch ruhte auf Shol, ehe der Weltenschöpfer das Meer schuf und die Berge an ihren Platz setzte. Die Last einer solchen Anhäufung von Zeit drängte sich von allen Seiten gegen ihn und erdrückte ihn. Ich bin in meiner eigenen Unsterblichkeit gefangen, während das ganze Universum um mich her sich verändert hat und mich hier in diesen eigenartigen Raum schleuderte, auf diesen eigentümlichen Planeten. Ich hatte sie mir anders vorgestellt. Ich träumte, ich wäre ein Sonnengebieter unter tausend strahlenden Unsterblichen, und am Himmel fände ein Krieg statt, eine Million Millionen Jahre der langsamen Zermürbung. Habe ich geträumt? Nur das Buch stellt das Bindeglied zu meinen Visionen dar. Ich bin ein Sklave, aber wessen und wozu?

Die Annalen von Shol las er und schlug den Einband auf. *Vor den Anfängen war der Gesetzesmacher*, las er in Sholias flüssiger, sicherer Handschrift. *Und der Gesetzesmacher rief den Weltenschöpfer ins Leben und befahl ihm, gemäß seiner Natur zu erschaffen. Und der Weltenschöpfer schuf die Welten…*

Der Schock ließ nach, er verharrte schaudernd. Hastig schlug er die Seite um, und ungeschickt wie er war, riß sie mit einem leisen, schabenden Geräusch. Keine Schutzesformeln konnten die Äonen seit ihrer letzten Eintragung überdauern. Yarne stieß einen Schrei aus. »Chilka, was fällt dir ein? Das ist unschätzbar kostbar! Um Sholias willen, leg es hin!« Wieder der alte Schwur, der nun bedeutungsleer war und wie so viele Dinge auf Shol genauso einen Anachronismus darstellte, wie Danarion sich selbst empfand. Schwankend ging er zum Lesepult und legte das Buch dort nieder. »Ich habe nichts mehr getan, seit du weggegangen bist«, brummelte Yarne leise. »Die Sklaven arbeiten in dem eigentümlichen Hohlraum im Berg, doch ihre Entdeckungen werfen nur neue Fragen auf.« Er hatte sich erhoben und trat ans Lesepult. Chilka wußte, was er zu tun hatte.

Er ging zum Schreibtisch, nahm dahinter Platz, holte sauberes Papier hervor und tauchte eine Feder in die Tinte. »So geringe Fortschritte, obgleich ich Tag und Nacht darüber nachdenke«, flüsterte Yarne halb vor sich hin, als er begierig in den Seiten blätterte. »Legenden für die Geschichtskundigen des Volkes, Mythen und Märchen für die Eingeister und Tod für die Zweigeister, die auch nur wagen, in Anfängen daran zu glauben. Und für mich ein Wirrwarr von allen dreien ohne einen Bezug zum heutigen Shol, ohne den geringsten Bezug. Womit plagen wir uns eigentlich ab, Chilka? Mit einem ausgeklügelten Rätsel, hinter dem sich eine so schreckliche Wahrheit verbirgt, daß die Worte nicht unumwunden niedergeschrieben werden können? Mit einem Kode?« Er war an seinem Platz angelangt. »Bist du bereit? Ich habe vergessen, dir zu erzählen, daß die Ausgräber im Osten im Sand einen Krug gefunden haben mit einem Liebesgedicht oder einem Lied darin. Ich bin mir noch nicht schlüssig, um was von beidem es sich handelt. Ich werde es dir später zeigen, und du kannst meine Gedanken dazu auf einem anderen Blatt niederschreiben.« Seine blitzenden Augen verharrten einen Augenblick auf dem Fenster. »Hundert Jahre Ausgrabungen«, sagte er traurig, »und was finden wir? Liebesgedichte. Ein paar Erzählungen, die albern wirken, wie von den vier Männern, die unter einem Baum saßen, der keinem Baum auf Shol glich, und sich einen Tag lang an Händen hielten. Keine Kriegsepen, keine Raubberichte, und doch muß es Kriege gegeben haben. Und *irgend etwas* fiel vom Himmel herab und begrub Shaban unter sich. Falls Shaban jemals existierte.« Er seufzte und räusperte sich. »Fang an!«

Danarion schrieb mit zitternder Hand, als Yarne aus dem Buch vorlas und zu dem Gelesenen seine eigenen Kommentare verfaßte. »›Sholia ging durch das Tor nach Danar. Janthis lehnte ihre flehentlichen Bitten um Hilfe ab. In einem Raum befand sich das Buch Dessen, Was Sein Wird, und wurde von Chilorn bewacht. Aber Sholia geriet in Versuchung und wäre fast gefallen ...‹ Zumindest wissen wir, daß der Verfasser mit Danar das Sternbild Danic gemeint haben muß. Was aber das Tor-Symbol zu bedeuten hat, können wir bislang nur raten. Vielleicht war es ein religiöses Monument. Wenn die Ahnen die Sterne von Danic als Gott verehrten und ihnen einen Tempel mit einem geheiligten Tor erbaut hatten, dann ist das Problem teilweise gelöst. Vielleicht stellt die geräumige Halle, die wir bei neueren Ausgrabungen im Berg entdeckten, einen solchen Tempel dar.« Danarion schrieb die Worte nieder. Übelkeit hatte ihn erfaßt, und hätte Yarne ihm eine Frage gestellt, wäre er nicht in der Lage gewesen zu antworten.

Um die Mittagszeit erklang in ihrem Raum eine Glocke ganz rein und lieblich. Yarne schloß das Buch und streckte sich. »Meine Herrin ruft mich«, sagte er. »Lege das Buch fort, Chilka, und geh essen. Bringe später deinen Sohn mit. Vergiß nicht, die Tinte zu verschließen.« Er ging hinaus, Danarion holte das Buch, legte es in die Truhe zurück und trat dann langsam an die anderen Truhen.

Yarnes Ausbeute war bescheiden. Es gab nur Fetzen von Brokatstoffen, verrostete, vom Alter verkrustete Glöckchen, einen Brunnenspeier, der einem Corion von Danar nachgebildet war, etwas Schiffsholz, auf dem sich nur Kristalle abgelagert hatten, das aber immer noch den schwach bläulichen Schimmer von Haeliholz erkennen ließ, und am widersinnigsten von allem eine vom Meer verrottete Dachpfanne von Shaban. Alles Nahrung für eine Besessenheit, dachte Danarion ganz benommen von der psychischen Erschöpfung. Warum ist Yarne so versessen darauf? Warum fühle ich einen Mangel in ihm, etwas Unbestimmtes? Und warum kann er, der so wohlhabend und vom Glück begünstigt ist, nicht schreiben? Chilka wußte keine Antworten. Danarions Geist krümmte sich unter Schmerzen. Er schraubte seine Tintengläser zu und trat hinaus in das Echo unablässigen Gebrabbels und in den Rauch, der sich in einer Säule von der Halle unten bis zu dem nicht mehr erkennbaren Dach emporschlängelte.

Nenans vertraute Stimme wirkte wie Balsam auf Danarions Wunde, als dieser fröhlich seine Abenteuer vom Vormittag berichtete. Gemeinsam überquerten sie den Innenhof und betraten den geschwärzten Speisesaal, wo die Sklaven unter der Aufsicht mehrerer Wachen aßen; Nenan grüßte erst einen, dann einen anderen Sklaven mit solcher Selbstverständlichkeit, daß Chilka wußte, wie der junge Mann seinen Vormittag zugebracht hatte. »Es ist aber nicht nur ein Ort des Schreckens«, erklärte ihm Nenan zwischen zwei Löffeln Suppe. »Ich habe den Eindruck, daß die Sklaven nicht mißhandelt werden und eine Menge Freiheiten haben, wenn natürlich auch in Grenzen. Ich habe bis jetzt noch keinen Zweigeist getroffen. Aber wie schön und dicht bevölkert die Stadt durch die Spalten im Tor aussieht!«

»Und wie verlockend!« Chilka grinste. »Die Mädchen sind hübsch, Nenan, und die Früchte reif. Der Wein ist süß und die Sonne heiß. Aber warte, bis die Nacht hereinbricht, bis wir beide in unserer Zelle eingesperrt sind und nicht frei auf den Straßen wie vergangene Nacht, und du nicht weglaufen kannst!«

Am Nachmittag stellte Chilka Nenan Yarne vor. Yarne lächelte nur, nickte ihm zu und erklärte ihm, was er zu tun hätte; er beauftragte ihn mit ein paar kleineren Pflichten, die seine eigenen Quartiere betrafen, und schickte ihn dann fort. Chilka verbrachte die restlichen Stunden bei Tageslicht am Schreibtisch, während Yarne die alte Sprache des Buches übersetzte und seine Deutungen hinzufügte; später bereitete er das Essen für den jungen Mann zu und servierte es am Schreibtisch. Yarne wohnte in der Kammer neben dem Altertümerzimmer, wo er ein Bett, eine Truhe für seine Kleider und einen Tisch, allesamt reich ausgestattet, besaß. Aber er schlief nur dort. Er lebte zwischen seinen Ausgrabungen, wenn er nicht zu einer der Ausgrabungsstätten ritt.

Bei Sonnenuntergang holten die Wachen Chilka ab, der sich ihnen mit einem höflichen Gute-Nacht-Wunsch an seinen Herrn anschloß. Als man ihn die Treppe hinabführte, hörte er im Altertümerzimmer wieder die Glocke einmal läuten und wußte, daß die Herrin ihren Bruder zu sich gerufen hatte. Die Nacht brach herein. Chilka entzündete eine Kerze, und Nenan und er setzten sich auf den Boden und unterhielten sich. Ishban verstummte plötzlich.

»Ich wünschte, die Zelle hätte ein Fenster«, klagte Nenan, doch Chilka schüttelte den Kopf.

»Ich glaube, wenn du erst einmal viele Nächte hier zugebracht hast, wirst du froh sein, daß du nicht nach draußen sehen kannst, nicht einmal in den Innenhof. Zu Anfang ist es nicht schlimm, doch nach einer Weile beginnt Ishbans Wahnsinn dich zu befallen. Manchmal folgt er dir in deine Träume. Und die Zweigeister sind nicht immer so harmlos, wie es uns gestern nacht vorkam. Einmal, bevor ich zum erstenmal gefaßt wurde, sind mitten in der Nacht alle Zellen aufgeschlossen worden. Die Sklaven wurden alle auf das Dach des Hauses gezerrt zu der gewundenen Brüstung, die wir sehen konnten, und einer nach dem anderen in den Innenhof gestoßen. Sie sagen, die Zweigeister sprechen nicht. Sie verfügen einfach über ihre Sklaven.«

Nenan schauderte. »Gewiß hätten die Wachen sie doch aufhalten können!«

»Die Wachen erlitten das gleiche Schicksal. Hör zu, Nenan. Nun hat es angefangen.«

Eine Weile saßen sie schweigend da, während hinter der Mauer leises Wehklagen ertönte und von oben Geräusche der Verzweiflung zu ihnen durchdrangen.

In der Zelle nebenan begann ein Mann zu singen. Er hatte eine kräftige Stimme voller Leben und Sonnenlicht und stimmte ein Trinklied an, das das Seufzen und die schlurfenden Schritte von draußen übertönte. Doch bald war er mit seinen Liedern am Ende, und wieder sikkerte der Wahnsinn durch ihre Zellwände. Nenan spielte mit der Kerze, pickte von dem geschmolzenen Wachs ab und fuhr mit dem Finger durch die Flamme; er war sehr bleich geworden.

»Was für einen Eindruck hattest du von Yarne?« erkundigte sich Chilka, um ihn von der Raserei ringsumher abzulenken. Nenan lächelte.

»Er ist wunderschön, aber nicht weibisch, obwohl ich noch nie eine Frau von seiner Schönheit gesehen habe. Ist er so sanft, wie er wirkt?«

»Ich glaube nicht, daß es Sanftmut ist. Yarne denkt einfach ganz anders als alle anderen.«

»Was macht er nachts?«

Chilkas Blick richtete sich langsam auf den gelben Kerzenschein. »Die meisten der dunklen Stunden bringt er bei der Herrin zu. Seiner Schwester.«

Am Morgen schien die Sonne. Die Zellen wurden aufgeschlossen, und das Leben im Haus nahm wieder seinen fröhlichen, chaotischen Gang. Nachdem sie gefrühstückt hatten, nahm Chilka Nenan und einen Wächter und ging mit ihnen in die Stadt zum nächsten Markt, wohin die Produkte der näheren Umgebung bei Tagesanbruch frisch gebracht wurden. Er wählte sorgfältig die Lebensmittel für Yarne aus, und Nenan durfte im Blickfeld des Wächters umhergehen. Er schaute in die Ladeneingänge, entlockte den Mädchen ein Lächeln und begaffte wie ein Junge vom Lande, der er ja auch war, die Menschenmassen um ihn her, während die Bauern hinter ihren Gemüsekarren und ihren herabhängenden Kaninchen standen und ihre Waren lautstark anpriesen.

Nachdem er seine Besorgungen gemacht hatte und zwischen den Ständen umherging, hörte er jemanden sagen: »Ist er das nicht?« Köpfe drehten sich in fassungsloser Neugier nach ihm um. »Das ist der Eingeist!« brüllte jemand. Es dauerte nicht lange, daß sie Chilka bedrängten, versuchten ihn zu berühren, an seinen Haaren zogen und alle zugleich redeten.

»Er ist von den Toten zurückgekehrt!«

»Er bekam einen Pfeil mitten ins Herz, hat mein Mann mir erzählt.«

»Die Herrin war als Soldat verkleidet dabei und hat ihm wieder das Leben eingehaucht...«

»Die Herrin hat einen Zweigeist aus ihm gemacht...«

»Nein, er ist ein verkleideter Gott. Er ist nach Shol gekommen, um hier Weisheit zu erlangen.« Der Wächter war aufgesprungen, um Chilka zu beschützen, und Nenan bahnte sich mit Ellbogen den Weg zurück durch die aufgeregte Menge.

»Ist es wahr? Wie hast du das gemacht? Hast du die Herrin gesehen? Wie sieht sie aus?«

Chilka versuchte, seinen Korb davor zu bewahren, umgestülpt zu werden, und schaute sich einen Augenblick fassungslos um.

Das Getöse der Menge wurde von einem lauteren, dringlicheren Schrei übertönt. »Rette uns!« Das Geschrei verstummte. Stille breitete sich aus, und die Menschen schwiegen plötzlich. Dann griff ein anderer den Ruf wieder auf, und plötzlich war der Platz von Gesang erfüllt. »Rette uns! Rette uns! Rette uns!« In dem Ruf schwang gleichzeitig ein Unterton von Verzweiflung und von Bedrohung mit. Chilka, der endlich Nenan erblickte, sah, daß der junge Mann sich wieder hinter seiner Reserve verschanzt hatte. Sein Blick war furchtsam und respektvoll. Es war der Blick eines Fremden. Chilka packte ihn beim Arm.

»Mach dich langsam auf den Weg zum Haus«, sagte der Wächter, der unter dem Getöse selbst bleich geworden war. »Wie auch immer, fang nicht an zu laufen.« Nenan schob sich an die Spitze. Chilka folgte ihm, den Blick starr auf seinen aufrechten Rücken gerichtet, und der Wächter bildete die Nachhut. Langsam verließen sie den Markt, doch die Menge schob sich singend hinter ihnen her. Die am Weg standen, reihten sich ein, ohne zu wissen, was vor sich ging, aber glücklich darüber, zu singen und zu winken. Die Menschenflut spülte sie wie eine Woge an das Tor und brach, als die drei Männer hindurchschlüpften.

Der Wächter wischte sich über die Stirn. »Man glaubt es nicht: ein Gott!« schimpfte er. »Ich weiß nicht, wie solche Gerüchte aufkommen. Vom Hauptmann gehen sie nicht aus, wahrscheinlich von seinen Soldaten. Geh an deine Arbeit, Chilka. Sie werden es bald leid sein, ihre Zeit zu vergeuden, außerdem werden sie schnell genug nach Hause gehen, wenn es Abend wird.«

Chilka und Nenan gingen schwankend zu den Küchen. »Ich hatte es fast vergessen«, sprach Nenan leise. »Ich wollte es vergessen!«

Chilka blieb stehen und drehte sich zu ihm um. »Ich möchte es auch vergessen, Nenan«, erwiderte er zutiefst bekümmert. »Manchmal vergesse ich es auch, und es ist gut, nur Chilka zu sein. Laß es uns beide vergessen, bis für mich die Zeit zum Handeln gekommen ist.«

Nenan lächelte schwach, doch Danarion fühlte die Distanz, spürte, wie er sich zurückzog, und es tat ihm über alle Maßen weh.

Direkt vor Sonnenuntergang löste sich die Menge auf, doch an diesem Abend kam es Chilka vor, als wären die Geräusche von Kummer und Angst im Schatten jenseits des Tores lauter als sonst. Er bildete sich ein, mehrmals im Haus seinen Namen zu hören. Nenan lag auf dem Bett und beantwortete seine Versuche, ein Gespräch zu führen, mit nichtssagendem Grunzen. Bald schlief er ein, doch er schlief unruhig, und Chilka beobachtete, wie er zuckte und stöhnte.

»Bist du wirklich ein Gott?« fragte Yarne ihn am nächsten Morgen, ehe sie sich an die Arbeit machten, und Chilka lachte.

»Nein, Herr. Ich bin Chilka, dein Sklave.«

»Nun, warum stehen dann die Menschen vor dem Tor und rufen nach dir? Der Hauptmann ging hinaus und erklärte ihnen, daß du nur verwundet warst.«

»Sie glauben es nicht. Sie wollen etwas anderes glauben.«

»Was denn?«

»Daß ich gekommen bin, sie von sich selbst zu erlösen.«

Yarne antwortete nicht. Wieder befiel ihn diese eigenartige Ruhe, dieses scheinbare Fehlen der winzigsten Bewegung, die das Leben selbst des regungslosesten Menschen ausmacht. In seiner Kehle pochte der Herzschlag völlig unveränderlich und gleich in seinem schweren Rhythmus. Er sprach erst wieder, als er zu diktieren begann.

24

Viele Tage lang strömte die Menge weiter am Tor zusammen. Soldaten versuchten sie auseinanderzutreiben, doch die Menschen kamen immer wieder zurück. Die drei Richter, Melfidor, Veltim und Fitrec, die in ihren steifen Brokatroben mit Soldaten vor und Sklaven hinter sich über den Innenhof schritten, widmeten ihnen verächtliche Worte. Doch auch das hatte wenig Erfolg. Nachts kam es Chilka häufig vor, als versammelte sich ganz Ishban um den schwachen Schutz seiner Zelle und stöhnte und klagte vorwurfsvoll und sehnsüchtig. Die Zeit schaffte schließlich, wozu Herrschende und Soldaten nicht in der Lage gewesen waren. Chilka tat gut daran, im Haus zu bleiben und sich nicht sehen zu lassen. Schließlich vergaßen sie, warum sie gekommen waren, verloren das Interesse und gingen nach Hause. Nur eine Handvoll Starrsinnige kamen jeden Tag in der Überzeugung, daß sich hinter dem zerfurchten Gesicht des Sklaven ein Ding von unvorstellbarer Macht oder das Anzeichen eines Wunders verbarg. Aber Chilka schaffte es, mit Nenan ungesehen an ihnen vorbeizuschlüpfen.

Wie ein Tag sich an den anderen reihte, fühlte Danarion sich immer stärker an den Mann von einst gebunden, und sein Geist grub sich tiefer in Chilkas Zellen. Es kostete ihn immer mehr Mühe, sich seiner Mission in Ishban zu erinnern. Er nahm an, daß die geheimnisvolle Herrin die Antwort auf den Verbleib des Tores kannte. Wenn er nur in der Lage gewesen wäre, bis zu ihr vorzudringen! An den Abenden schlich er durch das Haus, bis die Wächter ihn abholten. Er erklomm die Treppe zu jener Tür ohne Klinke und Schloß, hinter der sie lebte, indem er den wenig benutzten Gängen folgte, die vielleicht zu einem anderen Zugang zu ihrem Zimmer führten. Er gelangte jedoch stets nur in staubige Lagerräume oder auf vergessene Balkone. Manchmal stand er vor dem Haus und spähte zu den schmalen Fenstern ihres Zimmers empor; angesichts der kahlen Felswand übermannte ihn die Enttäuschung. Er las die Annalen von Shol, wenn Yarne bei seiner Schwester weilte, und hoffte, Sholias Worte würden einen Schlüssel enthalten. Er belauschte das Geschwätz in den Straßen und das häufig zusammenhanglose Gebrabbel der Zweigeister bei Nacht. Er hörte jedoch nichts Bedeutungsvolles. Allmählich erlahmte sein drängendes Gefühl so weit, daß ein Augenblick eintrat, an dem er vor der Tür der Herrin stand und sich fragte, warum er überhaupt da war. Er wußte, daß er sie sehen wollte, und daß sie irgendwie mit der Sache in Verbindung stand, die ihm am See widerfahren war. Doch Chilka flüsterte in sein Denken: Du warst so schwer verwundet. Der Tod schlich sich einen Augenblick in dein Inneres und brachte eigentümliche Visionen mit sich, die dich verändert haben. Dein Bewußtsein trägt eine Narbe wie die Schwellung auf deinem Körper. Dieser Wahnsinn wird verschwinden, dieser Traum von Sonnengebietern und Welten im Raum, dieses falsche Ich, das solche Macht besitzt, wird langsam schwächer werden, wenn die Erinnerung an den Tod verblaßt. Lallin hatte recht, als sie dir sagte, du wärst verrückt geworden. Seine Hand glitt unter sein Hemd, betastete die Narbe und genoß das beruhigende Gefühl. Das Schicksal hat es gut mit mir gemeint, dachte er, als er sich zur Treppe umdrehte. Es hat mir das Leben zurückgegeben.

Auf den Sommer folgte der Herbst, eine kurze Jahreszeit mit Regen und heftigen Winden, die in leichten Schnee und wäßrige Himmel übergingen. Irgend etwas sagte Chilka, daß Shol solche jahreszeitliche Bestimmung eigentlich fremd war, daß Schnee neu war und die Jahreszeiten früher nur durch eine andere Färbung des Laubs an den Bäumen und des Ozeans und am anderen Geruch zu erkennen waren. Aber er verfolgte den Gedanken nicht weiter.

Je mehr Zeit verstrich, um so stärker vermißte er Lallin. Er sah sie vor sich, wie sie mit einem Schal um die Schultern alleine in der Hütte saß, das Gesicht ruhig dem Feuer zugewandt. Manchmal stellte er sie sich nackt vor, und der Feuerschein spielte auf ihren zierlichen, festen Gliedmaßen und ihren weichen Brüsten. Jene Gedanken aber waren alte, dunkle Erinnerungen, zu denen die Verbindung durch das, was ihm im Sommer zugestoßen war, abgerissen war.

Nur bei der Arbeit mit Yarne in der gedämpften Stille des Altertümerzimmers dachte er nach. Yarne verwirrte ihn auf eine Weise, wie er sich nicht erinnern konnte, jemals zuvor verwirrt worden zu sein. Die Routine seines Alltags hatte den quälenden Zweifel nicht besänftigt. Yarne war ebenso unglücklich über den leeren Bauch eines Sklaven wie über eine Hinrichtung in der Stadt. Es war nicht schwer, ihn zu lieben, da seine herzliche Sorge Chilka und Nenan galt. Seine Hingabe an die Aufgabe, die er mit der Genehmigung der Herrin sich gestellt hatte, stellte dabei kein Hindernis dar. Seine Schönheit ließ einem den Atem stocken. Chilka war jeden Morgen wieder neu erstaunt über den glatten Schimmer der Haut, die strahlenden Augen, die Grazie von Händen, Stimme, Gang und den bleichen Glanz des unvergleichlichen Haares.

Doch hinter alledem stand ein Geheimnis, ein Meer unbekannter Dinge. Manchmal wirkte Yarne wie ein Gegenstand, den man sich bewegen und sprechen, lächeln und lachen ließ und dazwischen abschaltete, wie man ein Tor auf- und zumachte. Er schien weder Hitze noch Kälte zu empfinden. Als der Schnee fiel und Chilka am Schreibtisch fröstelte, trug er seine dünne, ärmellose Tunika und ging mit nackten Füßen über den Steinboden. Doch wenn er seinen Sklaven voller Zuneigung oder mit leichtem Widerspruch berührte, waren seine langen Finger stets kalt. Er war ein Mensch, dachte Chilka, ohne Gefühlswallungen, bis auf die leichten, äußerlichen Regungen. Chilka wußte, daß er Yarne kennenlernen mußte, daß es von Bedeutung für ihn war, zu dem Herz vorzustoßen, das das ständige Pochen in der weißen Kehle hervorrief. Aber es kam ihm häufig in den Sinn, daß Yarnes Inneres vielleicht hohl war.

Er arbeitete und beobachtete und wurde sich nicht bewußt, daß er auch wartete. Er kochte und bediente, wusch Yarnes Kleider und machte sein Bett, mischte seine Tinten und verfaßte Notizen. Zweimal täglich pflegte das winzige Glöckchen seinen höflichen Ruf erklingen zu lassen. Yarne sagte ihm dann, er sollte das Zimmer aufräumen und ging hinaus, um die Treppe bis ganz nach oben zu erklimmen, wo unter dem zerklüfteten Dach des Hauses die Herrin wohnte.

Niemand bekam sie jemals zu Gesicht, doch sie war allgegenwärtig. Nichts geschah ohne Bezugnahme auf sie. Sie beherrschte jedes Gespräch in der Stadt und in den Sklavenzellen. Sie war ein Objekt der Verehrung, der Mutmaßungen, der Schwüre und Ängste. Manchmal trat Chilka an die Tür, um seinem Herrn nachzuschauen, wie er leichtfüßig die Treppe hinauflief, und um in die Finsternis zu spähen, die stets im Innern der Spitztürme des Hauses zu herrschen schien. Doch wenn er auch häufig sah, wie die großen Doppeltüren sich öffneten, um Yarne einzulassen, so bekam er doch niemals die Hand zu sehen, die sie im Innern aufschwenkte.

Ishban bei Tag übte auf Nenan eine nicht enden wollende Faszination aus. Er und Chilka erforschten es vom Tor bis zur Stadtmauer und zurück; sie waren die einzigen Sklaven, denen dieses Privileg gestattet wurde. Doch in Nenan war eine Ruhelosigkeit aufgekommen, die mit seiner Angst vor den Spuknächten Ishbans zunahm. Eines Abends fragte er Chilka in der Zelle schüchtern: »Vater, ist es nicht Zeit, daß wir zu den Bergen zurückkehren? Du weißt, daß du jederzeit entfliehen kannst. Hast du das erreicht, weshalb du hierher gekommen warst?«

Warum kam ich hierher? fragte sich Chilka. Flügel, Glocken und ein Tor. Ich versprach Yarne, ich würde ihm nicht mehr weh tun. Aber ist es das wert, Lallin auf mich warten zu lassen, ohne daß sie wüßte warum, und zuzusehen, daß mein Sohn hier in Ishban zum Mann heranwächst? Worauf warte ich? Er zuckte mit den Schultern und brachte mühsam ein Lächeln zustande. »Ich glaube nicht. Ich weiß es nicht genau.«

In Nenans Gesicht spiegelten sich Enttäuschung und Wut wider. »Vielleicht ist das alles nur eine miese Lüge«, flüsterte er. »Vielleicht haben sie vor sechs Jahren einen Fluch über dich verhängt, daß du dir Ishban niemals aus dem Herzen reißen kannst. Können die Zweigeister das Wesen ihrer Sklaven mit Worten vergiften? Sind Furcht und Haß solche Gifte? Ich empfinde jedenfalls beides. Du hattest recht. Ishban ist ein Trugbild, eine Vision jenseits meines Verständnisses. Ich beginne, meine eigenen Erinnerungen in Zweifel zu ziehen.«

»Ich auch.« Chilka versuchte zu lächeln. »Ich weiß, daß ich mein Leben auf Shol zugebracht habe. Ich weiß, daß ich in den Bergen eine Frau habe, die immer noch mit unerschütterlicher Geduld auf mich wartet. Doch manchmal bin ich genauso überzeugt, daß ich erst im letzten Sommer nach Shol kam und auf Danar einen Obergebieter habe, der meinen leeren Körper bewacht und in einem Spiegel nach einem Tor sucht, das nicht mehr da ist.« Er seufzte und legte sich aufs Bett. »Vielleicht bin ich verrückt, doch in meinem Innern drängt mich etwas, meinen Wahnsinn bis zum Ende zu verfolgen. Ich muß warten, Nenan.«

Nenan blickte finster drein. »In den Bergen hast du mir Visionen vorgeführt, so daß ich dir glaubte. Doch mit der Zeit verblassen Visionen, und jetzt möchte ich nur noch nach Hause gehen.« Er setzte sich auf den Boden und war bereit zu disputieren. Als er aufblickte, sah er, daß sein Vater schon eingeschlafen war.

Am Morgen ließ Yarne Chilka holen. Er erklomm die Stufen, die frei im Raum über dem schreckenerregenden Nichts des hohlen Hauses zu hängen schienen, und klopfte an die kleine Tür; er hörte Yarnes »Herein« und stieß die Tür auf. Er hatte nicht gut geschlafen. Er hatte lebhaft und unerklärlich angstvoll vom schwarzen und furchterregenden leeren Raum zwischen den Sternen geträumt. Dieser Traum kam ihm jetzt wieder in den Sinn, als er das Zimmer betrat. Kein Sonnenlicht fiel durch die schmalen, hohen Fenster. Der Himmel war düster und hing schwer voll von Schnee. Yarne stand schwach erleuchtet am Fenster, und Chilka bildete sich ein, die Fahlheit des Tages sei irgendwie in seine bläulich getönte Haut gesickert und hätte die funkelnden Augen getrübt.

»Ich habe unsere Aufzeichnungen geordnet«, sagte Yarne. »Heute werden wir mit der Besprechung von dem Gedichtfragment beginnen, das in dem Krug gefunden wurde. Ich habe das Buch leid. Ich möchte mich heute nicht damit befassen.«

Chilka war entsetzt. Das Buch stellte Yarnes Familie dar, seine Geliebte, seinen Freund. »Nun gut«, sagte er, trat an den Schreibtisch, schraubte die Tinte auf und ergriff einen Federhalter. Vor ihm lag sauberes Papier. Er hob den Lampenstumpf, entzündete ihn und setzte sich dann wartend zurück. Die Augenblicke rannen dahin. Yarne starrte immer noch abwesend aus dem Fenster. Dann wehten auch schon ein paar Schneeflocken an seinem ernsten, grauen und schweigenden Gesicht vorüber. Chilka fiel auf, daß er einen weißen Umhang und Stiefel trug. Dann ergriff Yarne das Wort, immer noch ohne den Kopf zu drehen.

»Ich hatte vergangene Nacht einen Traum«, berichtete er. »Ich habe zuvor noch niemals geträumt. Ich träumte, ich wäre tot, ich wäre kein Unsterblicher, sondern schon tausend Male immer und immer wieder gestorben. Mein Leben bestand aus tausend Leben, die sich alle glichen und am Ende tausend Tode, ebenfalls alle gleich. Ich träumte von einem großen Nichts draußen zwischen den Sternen. Ich träumte von dir.« Nun drehte er sich um, und Chilka sah, daß er unter dem warmen Umhang fröstelte. »Ich träumte von dir«, wiederholte er und lehnte sich gegen den Fensterrahmen, so daß sein Gesicht nicht mehr im Dunkeln lag, sondern gelb aussah im Lampenschimmer. »Du warst das Buch, und das Buch war du. Da draußen, wo kein Leben herrscht, war nur das schwarze Nichts. Sag mir, Chilka, wie ist es zu sterben?«

Der Schnee fiel nun schneller und wirbelte leicht zischelnd gegen die Scheiben. Chilka fühlte, wie sein Mund trocken wurde. »Ich bin nicht gestorben, Yarne. Das sagte ich dir doch schon. Ich war nur schwer verletzt.«

Yarne seufzte. »Du bist der einzige, der das glaubt«, sagte er, wobei seine Worte langsam und ungenau herauskamen. »Als ich aufwachte, bedrückte mich das Nichts in meinem Traum. Ich versuchte, es mit Erinnerungen anzufüllen, doch ich kann mich nicht an einen Vater oder eine Mutter, an eine Kindheit in den Bergen, die ich angeblich erlebt haben soll, oder an ein anderes Haus als dieses erinnern. Da gibt es auf ewig nur mich und meine Schwester. Ich bin ein Nichts, Chilka. Ich bin sogar mir selbst ein Rätsel.«

Der junge Mann wirkte so einsam und verletzt, daß es Chilkas Herz rührte. »Hast du deiner Schwester diesen Traum erzählt?«

Yarne lächelte müde. »Das habe ich. Lange Zeit sagte sie nichts dazu. Sie schaute mich nur an. Und dann fragte sie mich nach dir.« Chilkas Herz begann schneller zu schlagen. Er legte die Feder nieder, bewahrte jedoch Schweigen. »Sie sprach heftig mit mir. Ich mußte ihr alles berichten, was ich von dir erfahren habe, seit du in Ketten vor mir standest.«

»Es war nur ein Traum, Yarne«, sagte Chilka liebevoll. »Im Schlaf streift der Geist umher, das ist alles, und heute ist ein kalter, grauer Tag. Morgen wird die Sonne wieder auf den Schnee scheinen, und dann wirst du das Ganze vergessen haben.«

Doch Yarne betrachtete ihn aus zusammengekniffenen Augen. »Ich habe bereits alles vergessen«, entgegnete er heiser. »Ich besitze keine Erinnerungen, Chilka. Nur das Buch und meine Schwester halten mein Leben zusammen. Heute wünsche ich mir zum erstenmal, die Gerüchte, ich sei ein aus den Bergen entführter Eingeist, der in die Familie der Herrin aufgenommen wurde, wären wahr. Ich wünsche mir, du wärst mein Vater und Nenan mein Bruder.«

»Aber du hast eine Schwester, die die mächtigste Frau auf der Welt ist«, erinnerte ihn Chilka, dem das Herz immer noch bis zum Halse klopfte. »Du wirst geliebt, Yarne.«

Yarne wandte sich ab, so daß sein Gesicht nicht zu sehen war. »Dann müssen sie und ich also ewig so weitermachen«, sagte er verzweifelt. »Ich glaube nicht, daß sie mich liebt.«

Etwas Starkes und Vertrautes begann sich in Chilka zu regen. »Erzähle mir, wie sie ist.«

Tödliche Stille befiel Yarne. Chilka wartete, daß der eigenartige Augenblick verstrich. Danach legte Yarne einen gekrümmten Finger an die Scheibe und folgte dem erratischen Weg einer Schneeflocke. Plötzlich sah Danarion, der halb blind und schläfrig hinter der Mauer von Chilkas Bewußtsein kauerte, daß der Finger keine warme Spur hinterließ, in der der Schnee auf der Außenseite schmolz. Wer bist du? rief er in seinem Innern und schob Chilkas Gedanken verzweifelt beiseite. Chilka leistete halsstarrig Widerstand. Er kämpfte um den Halt an der Wirklichkeit einer Verwundung und Genesung, die seinen Geist etwas verwirrt hatte, während Danarion aus Leibeskräften darum focht, der Wahrheit zum Durchbruch zu verhelfen. Nein, Chilka, sprach er mitleidig in seinem Innern. Du bist tot. Nur Erinnerungen sind übriggeblieben, die kein eigenständiges Leben führen. Dein Gehirn hätschelt die Illusion einer Lebenskraft, die du nicht mehr besitzt. All deine Gefühle, all deine Gedanken entstammen der Vergangenheit. Du kannst sie nicht erneuern.

»Wie sie ist.« Yarne wiederholte tonlos Chilkas letzte Worte und nahm dann seinen Finger von der Scheibe. »Sie ist wunderschön. Sie berührt mich, und ich werde wieder jung. Sie...« Er zuckte hilflos mit den Schultern. »Sie ist.«

Sie ist. Danarion riß heftig an Chilkas verzweifeltem Selbstbetrug. Sie ist wer, sie ist was? Sie ist der Schlüssel. Er erhob sich, trat zu Yarne, nahm dessen Kopf zwischen beide Hände und zwang ihn, ihm in die Augen zu sehen. Wie immer fühlte sich das Fleisch kalt und tot an. »Yarne, ich möchte sie kennenlernen. Bring mich zu ihr.« In diese blaßblauen Augen zu schauen, war, als spähte man in den Raum selbst, als stünde man am Rande des Universums, ehe man sich durch das Tor stürzte. Yarne entzog sich Chilkas Umklammerung, und völlig verwundert durch das immer weitergreifende Geheimnis erkannte Danarion, daß er Yarne durch keinerlei Willensauferlegungen zwingen konnte.

»Nein, das kann ich nicht, solange sie dich nicht zu sehen wünscht«, sagte Yarne. »Sehr wenige Sterbliche haben jemals ihr Gesicht gesehen. Wenn du eine Petition hast, so trage sie einem der Richter oder mir vor. Ich dachte, wir wären Freunde, Chilka.«

»Das sagte ich dir doch.« Danarion war von der weißgekleideten

Gestalt zurückgetreten. »Aber du bist unglücklich. Die Herrin sprach grob mit dir, als du Trost suchtest. Warum hat sie das getan?« Er sprach jetzt mit sanfterer Stimme, und Yarne brachte ein verzagtes Lächeln zustande.

»Vermutlich habe ich sie mit meinem Traum verärgert.«

»Meinst du, daß irgend etwas an dem Traum sie in Angst versetzt hat?«

Yarne starrte ihn verständnislos an. »Nichts kann sie in Angst versetzen, du verstehst das nicht. Sie ist wie ich. Sie empfindet nichts außer den kleinen konventionellen Regungen. Aber vergangene Nacht...« Er schauderte und zog seinen Umhang dichter um sich. »Vergangene Nacht habe ich erfahren, was Angst heißt. Meine Angst war es, die sie zornig gemacht hat.«

Und unsicher? fragte Danarion sich leise. Niedergeschlagen machte er die Augen zu. Hier gab es Rätsel über Rätsel. »Vielleicht, wenn wir beide zusammen gingen...«

»Wozu?« Yarne schwenkte von dem Fenster herum. Seine Stiefelabsätze klapperten über den Boden, als er zum Schreibtisch wankte und mit erhobener Hand auf und ab zu gehen begann. »Wir wollen nun arbeiten. Ich hätte dir nicht von dem Traum erzählen sollen. Es war töricht. Setz dich, und notiere meine Worte.«

Danarion tat, wie ihm geheißen. Während Chilka die Feder über das reine Papier führte, zog er sich hinter den Sholaner zurück und begann Möglichkeiten zu ersinnen, wie er zu der Herrin gelangen könnte, die wie der Weltenschöpfer selbst alleine und unnahbar lebte.

Der Morgen verging. Yarne unterbrach mehrere Male seine Überlegungen, trat an den Schreibtisch und ließ sich das Geschriebene noch einmal vorlesen. Jedesmal beobachtete Danarion ihn genau, den Puls in seinem Hals, die leeren Augen und den kalten Atem, wenn er sich über ihn beugte.

Es wurde Mittag. Danarions umherschweifender Blick fiel auf den kleinen, silbernen Brieföffner, der unter der gleichmäßigen Flamme der Lampe ruhte. Er nahm ihn an sich und tat, als wollte er ein Blatt zu sich heranziehen. Yarne blieb stehen und trat an den Schreibtisch. »Da du mit dem Blatt zu Ende bist, können wir hier aufhören«, sagte er. »Meine Schwester wird mich ohnehin bald rufen.« Er streckte die Hand aus. Danarion änderte seinen Griff um das Messer und zog es heftig über die faltenlose Handfläche. Er sprang auf und wollte sich wortreich entschuldigen, doch die Worte erstarben unausgesprochen auf seinen Lippen. Yarne zuckte nicht einmal. Er sah auf seine Handfläche, beugte die Finger und lächelte. »Du wirst es neu schärfen müssen, wenn du Papier schneiden willst«, sagte er ruhig. Danarion starrte ihn an. Es war eine scheußliche Wunde, die knochentief vom Handgelenk bis zum Zeigefinger klaffte, doch sie blutete nicht. Die Wundränder waren trocken, das Fleisch purpurn. Yarne strich mit den Fingern der anderen Hand darüber, so daß sich die Wunde unter Danarions fassungslosem Blick schloß und keinerlei Narbe zurückließ. »Sieh nicht so entsetzt drein, Chilka«, sprach Yarne herzlich. »Es war meine Schuld, zwischen Messer und Papier zu geraten. Es ist nichts passiert.«

Tief im Innern von Chilkas Körper spürte Danarion, wie sein Feuer schwächer wurde. Kleinigkeiten prägten sich lebhaft in sein Bewußtsein ein: das Geräusch des Schnees an der Fensterscheibe, der Lampenschein, der wie ein goldenes Netz auf Yarnes Haar lag, das Rascheln von Papier unter Chilkas zitternder Hand. Yarne war kein Sterblicher, denn er hatte nicht verhindert, daß das Messer seine Haut durchdrang, und er besaß auch nicht das goldene Blut der Sonnenmenschen. Das Pulsieren in seiner Kehle, das kräftig die warmen, dunklen Lebensströme anzeigte, die Danarion so gut in Chilkas eigenem Körper kannte, war ein Trugbild, eine Täuschung. Denn Danarion wußte, was Yarne war. Er war ein Toter, ein Leichnam wie jene, die am Berg der Trauer verfaulten, und was immer ihn noch beseelte, war nicht menschlicher Natur. »Ich träumte, ich wäre tot«, hatte er gesagt. »Ich wäre tausend Male immer und immer wieder gestorben...« Danarions Blick fiel auf das Messer. Es war sauber und trocken. Er ließ es los, und es fiel klirrend auf den Lampenfuß. Yarne blieb regungslos stehen, immer noch das mitfühlende Lächeln auf den schön geformten Lippen, und die Stille im Raum griff weiter um sich, als Danarion sein eigenes, breites Wissen mit rasender, fast panikartiger Geschwindigkeit durchforstete. Was bist du?

Dann ertönte von irgendwo aus der Dunkelheit süß und laut die Glocke. Yarne streckte seine Hand aus und legte sie auf die von Chilka. »Geh mit deinem Sohn essen«, sagte er. »Ich muß ebenfalls gehen. Vergiß nicht, die Tinte zu verschließen. Wir sehen uns in zwei Stunden.« Er ging hinaus, wobei sein Umhang leise über den Boden schleifte, und seine Absätze klapperten. Danarion schaute wieder das Messer an, das ihn unverschämt anzugrinsen schien. Schwankend trat er ans Fenster, machte es auf, lehnte sich hinaus und ließ die beißende, kalte Luft ihn umwehen. Schnee legte sich begierig auf sein schwarzes Haar und begann, auf sein Hemd niederzurieseln. Von der Stadt unter ihm konnte er nichts erkennen, doch in der kalten Luft wurde jedes Geräusch verstärkt. Ich habe ihn noch nie essen sehen, fiel es ihm plötzlich auf. Er braucht keine Nahrung, genau wie wir. Ich bereite sein Essen zu und gehe dann, und wenn ich wiederkomme, sind die Teller sauber. Der Körper wird von etwas anderem erhalten. Etwas Gewaltiges jagt Leben durch die alten Glieder, regt die Zunge zum Sprechen an und erhellt alle noch vorhandenen Erinnerungen. Aber was immer es ist, es funktioniert nicht auf die gleiche Weise wie ich in Chilka. Nicht mit Mitgefühl.

...Sie berührt mich, und ich werde wieder jung...

Ich beginne, mich vor dieser Herrin zu fürchten. Er zog das Fenster zu und strich sich abwesend den Schnee von Brust und Schultern, als die Tür aufging. Der Hauptmann, der Chilka erschossen hatte, schaute herein. Hinter ihm kam Nenan.

»Auf diese Art wirst du nicht entkommen«, blaffte er, als er die kleine Pfütze sah, die sich um Chilkas Füße bildete. »Die Herrin hat dich zusammen mit deinem Sohn und mir zu sich gerufen. Beeil dich.« Danarion erkannte die Angst hinter den derben Worten. Angst vor der Herrin und Angst vor diesem Mann, den er, wie er genau wußte, ohne alle Zweifel getötet hatte.

Chilka trat zu ihm, worauf dieser an der Treppe zurückwich. Nenan stellte sich mit besorgtem Blick neben seinen Vater. Noch ehe er etwas sagen konnte, lächelte Chilka, schüttelte den Kopf und ging voraus zu den Doppeltüren hoch oben in der Finsternis des zerklüfteten Daches, zu denen weder Rauch noch irgendein Geräusch aus der Halle von unten vordrang.

25

Der Hauptmann keuchte schwer, bis die drei sich auf dem obersten Treppenabsatz zu einem verängstigten Häufchen zusammenscharten. Zu ihrer Linken führte die Wendeltreppe ins Nichts. Hinter ihnen befand sich nur das hohle Zentrum des Hauses, und zu ihrer Rechten war eine kleine, verschlossene Tür ins unbearbeitete Gestein eingelassen. Nenan zitterte. »Das ist ganz anders als Berge zu besteigen«, flüsterte er seinem Vater zu. Danarion faßte ihn bei der Hand und klopfte mit der anderen an die Kupfertür. Das Geräusch klang gedämpft, doch sogleich öffneten sich die beiden Flügel. Weitere Stufen führten in die zeitlose Düsternis eines grauen Winternachmittags, den die Wände und ein Dach aus schwarzem Gestein noch finsterer werden ließen.

Zögernd gingen sie weiter, und als ihre Füße die sechste und letzte Stufe betraten, schnappten hinter ihnen die Türen zu. Sie standen am Ende einer langen, finsteren Halle. Unter ihnen erstreckten sich massive Fliesen bis in die Ferne, deren düsterer Farbton nur zweimal gefleckt war von fahlen Pfützen schwachen Lichts, das durch die schmalen Bogenfenster einfiel. Das Dach, das sich fast im Dunkeln verlor, war das verschachtelte Innere der steilen Spitztürme, die Danarion über die Mauer hatte ragen sehen, als er und Nenan sich der Stadt genähert hatten. Keinerlei Teppiche bedeckten den kalten Boden oder die rauhen, fast feindselig rohen, dicken Wände. In der Ferne konnten sie jedoch ein Podium über die ganze Breite des Raumes ausmachen, aus dessen Mitte sich ein gewaltiger Sessel erhob. Etwas oder jemand saß in dem Sessel, doch in der konturlosen Finsternis war nichts zu erkennen.

»Tretet vor«, erklang Yarnes Stimme, die ein kaltes Echo nach sich zog. »Habt keine Angst. Ihr seid keine Verbrecher, deren Todesurteil hier verkündet werden soll. Meine Herrin möchte euch einige Fragen stellen, das ist alles.«

Der Hauptmann zuckte zusammen, als ob Yarnes Stimme Schmerzen bei ihm hervorgerufen hätte und wischte die feuchten Hände an sein Hemd. Nenan ließ Chilkas Hand los, und sie alle machten sich auf den langen Weg bis an den Fuß des Podiums. Etwas Vertrautes rührte an Danarions Bewußtsein, als ihre Schritte durch den weiten Raum hallten. Er mußte an Ghakazians mächtige Bergfeste mit ihrem Felsschacht denken, der senkrecht hinab zu den Wurzeln des Berges führte, an ihre lange Halle und an die Steinempore. Einen Augenblick lang flutete Licht über ihn hinweg, und er blickte hinauf zu dem schmalen Fenster, auf dessen Sims sich der Schnee anhäufte. Aber dann befand er sich schon wieder im Halbdunkel mit Nenan an seiner Seite und dem vor Angst keuchenden Hauptmann hinter sich. Danarion wußte, daß er sich nicht in Gefahr bringen durfte, indem er Chilka weiter beherrschte. Die Herrin stellte das Unbekannte dar, und sie besaß gewaltige Kräfte. Vorsichtig übergab er den Körper Chilkas Erinnerungen und dem Denken, das nun schon so lange sein Führer war, daß ihm jeder Winkel so vertraut war, als wäre es sein eigen. Chilka, mein Bruder, sagte er liebevoll, sei vorsichtig. Denke an alle deine Lebensinhalte, an alles, was wir gemeinsam durchgemacht haben. Zügle deine Leidenschaft und deinen Mut um unser beider willen. Wie stets, wenn er Chilkas Körper seinem Bewußtsein übergab, erfüllte ihn verzweifelte Sehnsucht nach Lallin. Sie stellte für Chilka einen übermächtigen Lebenssinn dar, die eine, ewig blutende Wunde.

Je näher sie kamen, um so breiter und höher schien die Empore zu werden. Der Sessel gewann an Kontur und zeigte eine große Frauengestalt. Als sie nur noch wenige Meter davon entfernt waren, löste

Yarne sich aus der Dunkelheit zu ihren Füßen und trat ihnen entgegen. Sie blieben stehen, und er tätschelte beruhigend Chilkas Schulter. Die Erschöpfung vom Morgen war verflogen. Nun war er wieder glatt und von geschmeidiger Grazie, und selbst in dieser Dunkelheit funkelten und glitzerten seine eisblauen Augen. »Du wolltest sie kennenlernen«, sagte er triumphierend, »und sie läßt dich holen. Es gibt nichts, das sie nicht weiß.« Chilka lächelte schwach. Der Hauptmann beugte sein Knie vor der Gestalt in dem Sessel. Nenan hielt den Atem an, und seine Augen schweiften über das, was sich dort kaum regte.

Dann begann ein kaltes Licht aufzuleuchten. Es schien träge aus den Wänden, dem Boden und dem Sessel selbst zu sickern, ein orangegelbes, schweres Schmollen, unter dem Chilka sich plötzlich sehr müde fühlte. Langsam wurde es heller, bis alle Finsternis vertrieben war, und trotzdem war es schwer zu durchdringen, als ob man durch trübes Wasser schauen wollte. Die Gestalt rührte sich, setzte sich auf und lehnte sich nach vorn. Chilka erblickte zum ersten Mal die Herrin von Shol.

Danarion unterdrückte schnell eine unbeherrschte Schrecksekunde, denn von dem langen Hals baumelte eine Kette herab, die stumpf im schwachen, bunten Licht schimmerte. Ihr Gold war fast zu einem Orangeton entstellt, und die Glocken daran waren so blau wie die Tiefsee. Sie war an einigen Stellen befleckt und gebrochen, doch sie war als Sholias Kette zu erkennen. Wilde ungezügelte Hoffnung erfaßte Danarion, verebbte jedoch schnell. Dieses Wesen war nicht Sholia. Die Herrin war in ein steifes, hellrotes Brokatgewand gekleidet, das am Hals hochgeschlossen war. Weite, steife Ärmel fielen von ihren dünnen Handgelenken bis zum Saum ihres Kleides und auf die zierlichen Füße in den schwarzen Schuhen. Ihr Gesicht war völlig weiß und so glatt, daß das Licht keine Falten oder Vertiefungen fand, die es mit Schatten hatte abzeichnen können und deshalb wie sanfte Öle über ihre Haut strich. Blauschwarzes, schweres, glänzendes Haar lag um ihren schmalen Schädel und paßte genau zu ihren Augen. Diese waren groß und schwarz und musterten jeden von ihnen mit einem offen abschätzenden Blick. Sie betrachtete Chilka lange Zeit, und so sehr sich dieser auch Mühe gab, konnte er ihrem Blick nicht standhalten. Er schaute zu Boden, und sie lachte; es war ein hohes, klirrendes Geräusch, wie das Brechen von Eiszapfen.

»Willkommen in meinem Palast«, sagte sie. »Euch widerfährt größere Ehre, als ihr euch vorstellen könnt. Nur Richter und Verurteilte am letzten Tag ihres Lebens haben mich zu Gesicht bekommen. Seid ihr nun Richter oder Übeltäter? Wir werden ja sehen.« Ihre Stimme flötete in die leicht durch den großen Raum streichenden Lüfte; die Töne klangen so hoch und spröde wie ihr Lachen. Weiße Finger, die in lange, geschwungene Nägel ausliefen, fächerten und kreisten, während sie sprach. »Mir ist zu Ohren gekommen, daß ein gewisses außergewöhnliches Ereignis eingetreten ist. Ich habe es als albernes Gerücht der Marktplätze abgetan, doch es wollte nicht verstummen. Es griff weiter um sich und wollte sich nicht verbannen lassen. Trotzdem verdrängte ich es, da ich dringendere Geschäfte habe, als die Lügen meiner Hausfrauen und meiner einfältigen jungen Männer anzuhören. Heute kommt nun mein Bruder ganz verstört zu mir. Er sagt mir, er hat geträumt. Nun darf ich nicht zulassen, daß mein liebster Bruder vom geringsten Kummer bedrückt wird. Deshalb muß ich diese Geschichte, die nicht verstummen will, untersuchen. Hauptmann, berichte mir, wie du einen Sklaven erschossen hast.«

Der Mann trat auf zitternden Beinen vor. Er versuchte zu sprechen, doch seine Stimme versagte. Er schluckte, und die ganze Zeit über blieb die Herrin sitzen und beobachtete ihn mit einem winzigen Lächeln auf den roten Lippen und mit auf den Armlehnen ruhenden Händen. Dann hob er erneut an und brachte ein heiseres Krächzen hervor, das im Laufe seiner Schilderung kraftvoller wurde.

»Der Sklave Chilka lief fort«, sagte er, ohne sie anzusehen. »Es war das dritte Mal, und das bedeutete seinen Tod.« Er warf einen Seitenblick auf Yarne, der wieder reglos zu Füßen seiner Herrin hockte. »Ich konsultierte nicht erst deinen Bruder. Ich nahm vier Soldaten und ritt hinter dem Sklaven her. Ich war wütend, weil Chilka mit größerer Nachsicht behandelt wurde, als sie einem Sklaven zusteht, und er es deinem Bruder mit ständigen Fluchtversuchen dankte. Ich nahm die Straße am Fuße der Felsen entlang, bog dann um den Berg der Trauer und erwischte Chilka bei den Seen in der Nähe der Vorgebirge. Er war gelaufen und nun fast am Ende seiner Kräfte. Ich nahm einen Pfeil, legte ihn in meinen Bogen und schoß auf ihn, als er sich zum Trinken niederbeugte.« Er machte eine Pause und leckte über seine Lippen. Die Herrin lächelte immer noch ermutigend. Yarne hatte sich nicht gerührt. Nenan starrte mit unergründlichem Gesichtsausdruck zu Boden. »Meine Leute und ich stiegen ab, traten zu dem Leichnam und drehten ihn um. Augen und Mund füllten sich bereits mit Sand. Das Herz schlug nicht mehr, und es war keine Atmung mehr festzustellen. Ich habe viele Male getötet«, betonte er, wobei er zum Nachdruck lauter wurde, »und dieser Mann war tot! Wir nahmen sein Messer und seinen Umhang, doch der Nachmittag hatte begonnen, und ich wollte mich nach Sonnenuntergang nicht mehr in der Nähe des Berges der

Trauer aufhalten. Ich hätte den Leichnam in die Stadt zurückschaffen sollen, hatte jedoch Angst, dadurch Zeit zu verlieren. Wir ließen ihn im Sand liegen. Das ist alles.«

Die Herrin lächelte nicht mehr. Ihre geschwungenen Nägel klapperten aneinander, als sie ihre Hände auf- und zufaltete. »Hauptmann«, flötete sie süßlich, »würdest du einen Eid auf meinen Namen schwören, daß nach deinem besten Wissen der Sklave Chilka dort am Rande des Sees von dir getötet wurde?« Sie brauchte ihren Worten keine Drohung hinzuzufügen. In der Stadt ging das Gerücht, ihr Zorn könnte einen Sterblichen das Leben kosten, ohne daß sie ihn auch nur berührte.

Der Hauptmann schürzte seine Lippen, doch seine Rede hatte ihm Selbstvertrauen eingeflößt. »Ich schwöre bei deiner Unsterblichkeit, Herrin, daß ich die Wahrheit gesagt habe.«

Sie nickte. »Nach seinem besten Wissen«, flüsterte sie halb vor sich hin, und ihr Blick wanderte zu Nenan. »Eingeist Nenan!« rief sie plötzlich mit etwas tieferem Unterton in ihrer klirrenden Eisstimme. »Ist dieser Mann dein Vater?« Ihre Nägel klapperten aneinander, als sie auf Chilka deutete. Nenan hob seinen Blick und sah Chilka in die Augen. Er versuchte, die Botschaft seines Vaters zu ergründen, sah jedoch nur Liebe und Verwirrung. Nichts Fremdartiges blitzte hinter den dunklen Augen.

»Sag die Wahrheit«, sprach Chilka ruhig.

Nenan sah ihr ins Gesicht, dann wanderte sein Blick zurück zu seinen Füßen. »Er ist es.«

»Er kann es nicht sein. Du hast gehört, daß der Hauptmann einen Eid geschworen hat. Dein Vater ist tot. Wer ist dieser Mann?«

»Er ist mein Vater. Er war nicht tot, nur verwundet. Der Hauptmann fürchtete sich vor der hereinbrechenden Nacht, und er nahm sich deshalb nicht die Zeit, sich von seinem Tod zu überzeugen. Als er fort war, fanden Freunde meinen Vater und brachten ihn nach Hause.«

»Du hast ihn doch sechs Jahre lang nicht gesehen. In der Zeit bist du vom Jungen zum Mann geworden. Du bist getäuscht worden.«

»Nein.« Nenan trat dichter zu Chilka. »Meine Mutter erkannte ihn, das ganze Dorf erkannte ihn.«

Sie rückte verdrießlich auf ihrem Sessel hin und her. »Es ist zwecklos, dir einen Eid abzuverlangen, Eingeist. Du hast kein Heiligtum, bei dem du schwören könntest, und ich traue dir nicht.«

»Ich werde bei Sholia schwören!«

Der Name rüttelte sie auf. Plötzlich stand sie auf, und sie sahen, daß sie sehr groß war. Ihre Arme wurden steif, und ihre Augen funkelten. »Bei diesem Namen wirst du nicht schwören! Ein Name aus Mythen und Träumen! Ihn auszusprechen bedeutet den Tod!«

»Du hast Yarne erlaubt, ihn auszusprechen, denn er ist Shols Geschichtskundiger.« Die Stimme gehörte Chilka. Er hatte Nenan hinter sich geschoben und stellte sich ihr mutig entgegen. Ihr Zorn verebbte so schnell, wie er gekommen war, und sie nahm wieder in ihrem Sessel Platz.

»Halt den Mund!« schalt sie ihn und verfiel in Nachdenken. Ihr Blick wanderte von einem zum andern, ihr winziges, spitzes Kinn ruhte in einer Handfläche. Chilka fühlte, wie sie ihn erforschte, und der tief eingegrabene Danarion suchte noch weiteren Schutz vor ihrem federleicht umherstreifenden Denken. »Wohin trafst du diesen Mann?« fragte sie schließlich, und der Hauptmann krächzte: »In die linke Seite.«

Chilka spürte, wie Nenan neben ihm erstarrte. Das ist richtig, in die linke Seite, sagte er sich in fieberhafter Eile. Eine blutige Wunde. Warum empfinde ich solche Angst, solche Verwirrung? Ich kann mich an die Schmerzen, an das Blut an meinen Händen und an die Mühe, den Pfeil herauszuziehen, erinnern.

Die Herrin winkte mit der Hand. Langsam zog Chilka sein Hemd heraus, um eine lange, zackige Narbe zu enthüllen, die allmählich weiß wurde. Sie hob eine Augenbraue und schnitt eine kleine, höfliche Grimasse. »So«, sagte sie. »Ich bin mit euch fertig, bis auf Chilka. Wartet draußen.« Der Hauptmann verbeugte sich und stolperte hastig davon. Nenan folgte ihm widerwillig, nachdem sein Vater ihm zugelächelt hatte. Yarne rührte sich nicht.

Es dauerte lange, bis die Türen am anderen Ende des Saales knarrend aufgingen und mit einem Klicken wieder ins Schloß fielen. In dieser Wartezeit kämpfte Chilka gegen Furcht und Panik an. Das stumpforangefarbene Licht hing noch über dem Podium, doch dahinter waren die Schatten länger geworden, als Shols Sonne ihren Lauf nach Westen antrat. Der Widerhall der zuklappenden Türen rollte über ihn hinweg und verlor sich an der hohen Decke. Die Herrin erhob sich und begann, mit lautlosen, katzenhaften Schritten auf und ab zu gehen.

Dann fragte sie: »Warum hast du ihn in die Hand geschnitten?« Ihre eigene Hand lag im Vorübergehen einen Augenblick auf Yarnes seidigem Kopf, der immer noch zusammengesunken auf der Empore saß. Er reagierte nicht auf ihre Berührung, sondern blieb mit gesenktem Kopf, ohne zu sehen und zu hören, reglos wie ein Toter sitzen.

»Es war ein Unfall, Herrin!«

Sie drehte ihm das Gesicht zu. »Warum hast du ihn in die Hand geschnitten?« Ihr Ton klang nun härter.

Chilka schüttelte hilflos den Kopf. »Ich tat es nicht absichtlich«, wiederholte er verzweifelt. »Es war...«

»Es war kein Unfall!« brüllte sie ihn plötzlich an. »Du jämmerlicher Kriecher von einem eingeistigen Lügner! Lügner! Alles an dir ist Lüge, deine Worte, deine Augen, dein Körper. Ja, dieser verlogene Körper!« Ihre Stimme sank zu einem Flüstern herab. Es war wie ein Tröpfeln von Eisregen gegen kalte Fenster. Sie sprang von dem Podium und kam auf ihn zu, so daß er erschreckt zurückzuckte. »Ich weiß, wer du bist«, zischte sie, und ihr Atemhauch in seinem Gesicht war kalt und geruchlos. »Du bist Tagar. Tagar, mein flügelloser, alter Verräter. Vor vielen Zeitaltern schleuderte ich dich wegen deines Ungehorsams vom Himmel. Erinnerst du dich noch an das Gefühl? Die rauschende Luft, den Schrecken des Sturzes, den Aufprall deiner Knochen auf der Straße?« Sie legte eine Hand um seine Kehle, und ihre Nägel gruben sich tief in sein Fleisch. »Und immer noch leistest du mir, deinem Herrn, Widerstand. Sie haben Angst vor dir, der du stets um den Berg der Trauer streichst. Eine Präsenz, sagen sie, ein lauerndes Böses. Ohnmächtiger, alter Narr! Du hast nur dir selbst Leid zugefügt, als du dir im Palast keinen Körper suchen wolltest. Aber schließlich bist du doch schwach geworden.« Sie schüttelte ihn und schleuderte ihn mit unwiderstehlicher Kraft zu Boden. Ihre Stimme flötete nicht mehr, sondern dröhnte tief und männlich durch den Saal wie ein heulender Winterwind. Chilka kauerte sich auf den Boden und hielt sich die Ohren zu. Yarne setzte sich auf und blickte selbstvergessen um sich. »Ich verstehe nicht, Herrin«, schrie Chilka. Darauf trat sie ihn und marschierte wieder auf und ab.

»Du verstehst mich sehr gut«, sagte sie. »Du sahst, wie ein Mann mit einem Pfeil in der Seite starb. Du, der du unsichtbar und einsam um den Berg strichst. Du konntest es nicht länger aushalten. Ach, dieses Gefühl von warmem Fleisch um dich, wie, Tagar? Boden unter kräftigen Füßen, Geruch von heißem Sand und feuchtem Wasser in bebenden Nasenflügeln! Ich kenne deine Lust. Beim Schöpfer, ich kenne sie. Und diesmal konntest du ihr nicht widerstehen. Es geschah so schnell, Tagar.« Sie begann zu lachen, ein heiseres Lachen nach dem anderen. »Tagar!«

»Ich bin Eingeist Chilka!« Chilka schluchzte, mit dem Gesicht auf dem kalten Stein liegend. »Eingeist Chilka!«

Doch hinter dem fassungslosen Entsetzen des Mannes beobachtete

Danarion das Ganze benommen und angewidert. Ghakazian, flüsterte er bei sich. Ghakazian, Sonnengebieter, mein alter Freund. Der Räuber von Shol. Er wagte nicht zu denken, aus Furcht, Ghakazian könnte ihn aufspüren. Die Herrin trat nahe heran, ergriff Chilka beim Arm und zerrte ihn empor. Sie umfaßte sein tränenüberströmtes Gesicht und suchte etwas hinter seinen Augen. Weiter und tiefer erkundete sie ihn, und Chilka schrie auf, als sie in seine Erinnerungen stieß und durch sein Bewußtsein streifte. Es war, als hätte sie mit ihren scharfen Fingernägeln in ihn hineingefaßt und Blut aus seinem Wesen gesogen.

»Du versteckst dich!« knurrte sie, ließ ihn aber los und wirbelte zu ihrem Sessel. »Ich kenne deine Tricks. Sag mir, Tagar, wie hat sich deine Geduld nun gelohnt? Was hast du erfahren, während du auf dem Berg umherzogst? Hast du sie gefunden?« Doch Chilka konnte weder denken noch antworten. Er stand schwankend auf den Beinen und hielt die Augen geschlossen. »Oder bist du auf dem Berg neben der leeren Wartehalle in der Hoffnung geblieben, eines Tages käme für dich die Rettung durch das Tor?« Sie setzte sich und schaute ihn unbarmherzig an. »Sholia schloß das Tor, und ich nahm es dann fort. Aber inzwischen bist du ja ans Warten gewöhnt, so daß es dir nichts ausmachen wird, zum Berg zurückzukehren und die Menschen wieder für ein paar Jahrtausende mit abergläubischem Spuk zu erschrekken. Yarne, ruf den Hauptmann zurück.« Sogleich fuhr der blonde Kopf mit einem Ruck empor. Yarne richtete sich auf und schritt die Halle hinab.

Inzwischen war es Abend geworden. Die Sonne war untergegangen. Der vor Erschöpfung zitternde Chilka bemerkte, wieviel Zeit verstrichen war, seitdem er, Nenan und der Hauptmann vor der Tür gestanden hatten. Er wollte sich zu den Füßen der Herrin niederlegen, denselben Füßen, die ihn gegen die Brust getreten und ihm blaue Flekken zugefügt hatten, um ihn in ewige Ohnmacht sinken zu lassen. Die Türen quietschten. Dann trat Yarne in das orangefarbene Licht. Der Hauptmann verbeugte sich und blieb vorsichtig abwartend stehen. Wieder einmal klapperten die Nägel der Herrin gegeneinander.

»Bring Chilka hinaus zum Berg der Trauer«, sagte sie freundlich, »und töte ihn. Schlage ihm dieses Mal den Kopf ab und bring ihn mir. Ich will ihn persönlich sehen.«

Chilka versuchte zu sprechen, doch seine Zunge wollte ihm nicht gehorchen. Nach einem erschreckten, höhnischen Blick auf ihn, nickte der Hauptmann. »Aber ich wage nicht, in der Dunkelheit aufzubrechen, Herrin«, sagte er flehentlich. »Gestatte mir, ihn morgen früh fortzuschaffen.«

Sie zuckte mit den schmalen Schultern. »Es ist gleichgültig, aber bewacht ihn gut heute nacht. Nun bring ihn fort!« Der Hauptmann trat zu Chilka und ergriff seinen Arm. Chilka stolperte neben ihm die Halle hinab. Das Licht von den Fenstern, das grau auf den riesigen Fliesen gelegen hatte, schimmerte nun in weichem Rosa, und der magische Schein der Herrin verdüsterte sich und erlosch. In den Sekunden, die es erforderte, die schweren Türen zu öffnen, drehte Chilka seinen Kopf, in dem es wie rasend hämmerte. Die Herrin hatte einen Arm um Yarnes geschmeidige Schultern gelegt und lächelte ihn an.

Nenan stützte seinen Vater die endlosen Stufen hinab, die unter ihren Füßen widerhallten, daß es wie hohles Gebell in der Finsternis schallte. Der Hauptmann lief ihnen hinterher. Mit der Abenddämmerung war eine andere Stimmung über das Haus gekommen, so daß es nun melancholisch und geheimnisvoll wirkte. Sie gingen langsam zur Halle und kamen an vielen, in die gewölbten Wände eingelassenen Türen vorüber. Als Nenan durch eine, die leicht offenstand, in den Raum spähte, erblickte er in der Ferne ein Fenster als Bogen hellerer Dunkelheit. Dagegen waren Gesichter gepreßt, die mit leeren Augen hereinstarrten und doch nichts sahen als ihre eigene, innere Qual, während ihre Körper draußen auf dem Sims schwankten. Er schauderte, dann kamen sie in die Halle, die sicher unter ihren Füßen lag und dann nach draußen in den leeren, schneebedeckten Innenhof und in den Gang mit der Reihe verschlossener Zellentüren. Dankbar zerrte Nenan Chilka hinein. Der Hauptmann rasselte mit seinen Schlüsseln. »Bis morgen«, sagte er, und der süße Genuß der Rache stand ihm ins Gesicht geschrieben. »Ich werde euch als Wache einen Soldaten schikken.« Er machte die Tür zu, und Nenan hörte, wie die Schlüssel einer nach dem andern in den Schlössern knirschten. Chilka hockte am Boden, wohin er gefallen war. Nenan trat zu ihm und schlang die Arme um ihn. »Was hat sie mit dir gemacht?« fragte er zornig, doch Chilka machte sich los. »Jetzt nicht«, sagte er. »Ich soll morgen früh hingerichtet werden. Ich muß nachdenken.« Nenan schrie auf und sank aufs Bett, und Chilka machte die Augen zu.

Nenan beobachtete, wie er sich mit um die Knie geschlungenen Armen in einer Meditation zu wiegen begann. In dieser Nacht kam ihm alles unwirklich vor. Das in sich gekehrte Gesicht seines Vaters, das Klagen und Schlurfen draußen, die dahinkriechende Zeit, die Chilka dem Tode näherbrachte und die abstoßende Schönheit der Herrin in ihrem riesigen Saal. Er fühlte sich ganz aus sich selbst losgelöst, als Zuschauer eines eigentümlichen Rituals, an dem er sein Leben lang teilgehabt hatte, und das ihn bald hierhin, bald dorthin geschleudert und ihn in eine Form gepreßt hatte, die er kaum wiedererkannte. Dieser Mann war sein Vater oder vielleicht auch nicht. Dieser Jugendliche war er, und doch hatte er irgendwie aufgehört, er selbst zu sein, als er die Hütte seiner Mutter betreten und den Mann am Tisch hatte sitzen sehen: Er war sehr groß gewesen für den kleinen Raum, und seine Anwesenheit war überwältigend. Und genau diese Präsenz erfüllte nun die Zelle und war von größerer Realität und Lebenskraft als albernes Geschwätz vom Tod im Morgengrauen und unausweichlicher denn je.

Nachdem mehrere Stunden verstrichen waren, hörte Danarion plötzlich zu schwanken auf und öffnete die Augen. »Ich weiß nicht, wo es ist«, murmelte er erschöpft. »Ich kann nicht mehr denken. Er nahm es fort, und nur der Gesetzesmacher weiß, wo es jetzt steckt. Gewiß habe ich versagt und bin nun verurteilt, für alle Zeiten Chilka zu sein.« Er rieb sich die Augen und fuhr sich durch das zerzauste Haar. »Nenan, mein Sohn, du mußt jetzt nach Hause gehen. Findest du alleine den Weg, wenn ich dir über die Mauer helfe?«

Nenan rutschte auf den Boden. »Willst du damit sagen, ich muß dich allem, was der Morgen auch bringen mag, alleine überlassen und bei Dunkelheit den Berg der Trauer erklimmen?« Er schauderte. »Ich weiß nicht, ob ich das fertigbringe.«

»Auf dem Berg kann dir nichts geschehen.«

»Wenn du bei mir bist. Komm mit mir nach Hause, Chilka! Zurück zu Lallin, dem Fluß und den alten Freunden. Warum sind wir noch hier und der Willkür dieser Hexe ausgesetzt? Du weißt, wie man aus dieser Zelle herauskommt. Wir können zusammen fliehen! Alleine am Berg habe ich Angst.«

Danarions Augen waren vor Müdigkeit und von Chilkas Angstträumen, die er nicht hatte zurückhalten können, rot und geschwollen. Er rieb sie nochmals und schaute Nenan triefäugig an. »Na schön. Ich werde dich über den Berg führen, und dann mußt du nach Hause gehen. Ich weiß nicht, was dann geschehen wird, Nenan. Ich habe nicht die Absicht zu sterben, aber ich muß weitersuchen.«

»Wonach denn?« Nenan packte ihn am Arm.

»Nach dem Tor, dem Tor, dem dummen, sinnlosen, nutzlosen Tor! Fang an, an die Tür zu hämmern, Nenan. Der Wachsoldat ist so schon nervös genug. Wenn er aufschließt, reiß die Tür auf.«

»Chilka!«

»Tu, was ich dir gesagt habe!«

Nenan ging zur Tür und begann, mit beiden Fäusten dagegenzutrommeln, und Danarion hievte sich schwerfällig auf die Füße. Nenan brüllte.

»Sei ruhig!« Die Stimme des Wächters klang gedämpft, doch sie konnten seine unterschwellige Panik heraushören. »Ich darf auf keinen Fall aufmachen.« Doch Nenan hämmerte und schrie weiter, und bald war das Knirschen von Metall auf Metall zu vernehmen. »Ruhe!« kreischte der Soldat wie eine Frau. »Ich will keine Zweigeister hier unten haben!«

Die Tür öffnete sich einen Spalt, und Nenan riß sie ganz auf. Der Wächter stolperte in den Raum, und Danarion schwenkte die geballte Faust. Der Soldat ging zu Boden und war dann still. Das tat gut, dachte Danarion, dessen Finger weh taten, aber ich hoffe, ich habe meine Kraft nicht unterschätzt und ihn umgebracht. Fast ohne nachzudenken beugte er sich hinab, zog ein langes Messer aus dem Gürtel des Wachpostens, schob es unter sein Hemd und folgte Nenan auf den Flur. Gemeinsam rannten sie zum Innenhof.

Es schneite wieder, und die Nacht hüllte sich in wogendes Grau. Das Tor war verschlossen. Nenan stürzte sich auf den Mann, der dort Wache hielt. Er war offensichtlich froh darüber, verwegen vorgehen und irgend etwas unternehmen zu können, solange es nur etwas Greifbares war. Danarion machte sich an den Schlössern zu schaffen. Dann flohen sie in die Straßen der Stadt, deren Häuser finster und fremdartig unter der Schneedecke aussahen.

Sie entfernten sich rasch vom Haus und waren bald in den kalten, verwinkelten Schatten von Ishban untergetaucht. Der Schnee dämpfte den Klang ihrer Schritte. Dunkle Gittertore, einsame Ladenfronten, eine niedrige Mauer, über die kahle Äste eines Baumes herabhingen, glitten an ihnen vorüber. Inzwischen kannte Nenan die Stadt so gut wie sein Vater, und ihre Gefahren waren für ihn abschätzbar. Die Menschen hingen wie ruhelose Geister in den Straßen herum, standen schweigsam zu zweit oder zu dritt beisammen oder klagten einsam an ihren oberen Fenstern. Schnee blies in strahlenden Flocken um sie her. Nenan blieb stehen, breitete die Arme weit aus und warf den Kopf zurück. »Lebe wohl, Ishban, du schwarzer Scherz des Universums!« schrie er höhnisch. »Dein Wahnsinn gleicht einem Blinden, der zum Spaß der Kinder in ein Loch stolpert.«

»Nun ist es aber genug, Nenan!« fuhr Danarion ihn an, riß ihn von dem verlassenen Platz und drängte ihn zur Mauer. »Du weißt ja nicht, was du redest.« Nenan verstummte, als die Mauer wie ein schwarzer Höcker drohend hinter einem grauen Vorhang vor ihnen emporragte.

Oberhalb der Stadt war es kalt. Als sie hinabkletterten, konnten sie das Meer nicht sehen, doch sie hörten es drunten gegen die Felsen donnern. Kein sommerlicher Salzduft stieg von ihm empor, nur Feuchtigkeit, die sie frösteln machte, ihre bloßen Hände erstarren ließ und Eis in jede Ausbuchtung legte, die ihre Füße ertasteten. Sie brauchten lange Zeit, bis sie den Boden erreichten, und dann trieb die Kälte sie schnell fort von der Ecke, wo sie auf ihrem Weg in die Stadt ausgeruht hatten. Sie bogen um die Mauer, fanden die Straße und gingen dort weiter, wohl wissend, daß hier um diese Zeit niemand unterwegs wäre. Allmählich ließ das Schneetreiben nach und legte sich schließlich ganz, doch der Nachthimmel blieb dicht bedeckt, und kein Stern war zu sehen. Grimmig und wortlos schleppten sie sich weiter. Als Danarion schließlich den Willen aufbrachte zurückzuschauen, war nicht zu erkennen, daß eine mächtige Stadt hinter ihnen lag. Es schimmerten keine Lichter. Kein Laut außer dem Flüstern eines müden Windes durchbrach die Stille der Nacht. Ishban war ein Trugbild, ein Zauber, der ihn gefangen hielt, und wenn er sich davon losriß, verschwand es, als hätte es niemals existiert. Er lächelte ohne wirkliche Erheiterung über die Vorstellung vor sich hin und ging weiter.

Drei Stunden später tauchten die Obstbäume als zerklüftete Schatten vor ihnen auf, und er ließ sich dankbar in ihren schweigsamen Schutz fallen. Er und Nenan ruhten sich kurz und voller Unbehagen aus. Danarions Blick streifte zu Nenan, der den Himmel absuchte. Er ist nicht nur für die Zeit auf Ishban mein Sohn, dachte er. Ich beobachte nicht nur Chilkas Erinnerungen von ihm als kleinem Jungen, ich fühle sie auch. Es ist mehr, als daß ich nur Chilkas Empfindungen teile, es ist ein Verschmelzen. Ich weiß, daß ich Nenan von seiner Geburt an geliebt habe.

»Da sind die Sterne«, sagte Nenan plötzlich. Und als Danarion durch das Gewirr schwarzer Äste emporblickte, sah er sie frostig blinken. »Wie lang ist es noch bis zur Dämmerung?« flüsterte Nenan wieder.

Danarion schauderte, da sein Körper nun, da er sich nicht mehr bewegte, schnell auskühlte. »Vielleicht noch eine Stunde, und wir haben noch den ganzen Weg zum Berg vor uns. Wir sind erst sicher, wenn wir auf das Plateau geklettert und außer Sicht sind.«

Sie standen auf und bogen nach rechts ab. Der Obsthain schien kein Ende zu nehmen, doch schließlich wichen die Bäume wie von Ehrfurcht erfüllt auseinander, und im silbernen Sternenlicht erschien die Front des Berges der Trauer wie ein alptraumhaftes Muster aus tiefen Schatten und bleichen Hängen. »Die Dämmerung bricht an«, keuchte Nenan. Tatsächlich wirkte der Himmel zwischen den Netzen der einzelnen Sternbilder jetzt etwas weniger dicht.

Sie hatten gerade den Weg über die freie Strecke angetreten, wo im Sommer dichtes Gras und schaukelnde, rote Blumen standen, als Danarion unvermittelt stehenblieb und in den Wind lauschte. Er horchte angespannt. Nenan, der ihn ängstlich beobachtete, glaubte in der Ferne das Wiehern von Pferden und das Klirren von Zaumzeug zu hören.

»Nur die Herrin hat es schaffen können, sie vor Morgengrauen hinauszujagen«, sagte er bitter. »Sie verfolgen unsere Spuren im Schnee.«

»Kannst du laufen?« fragte Danarion schnell. Nenan nickte. »Dann los!«

Sie rannten von den Bäumen los über den Schnee. Nun konnten sie einander schwach erkennen, und die bessere Sicht verlieh ihren Füßen Flügel. Die Sonne rollte unmerklich ihrer Geburtsstunde entgegen. Nenan zählte im stillen seine Schritte, um den Schmerz in seinen Knöcheln zu vergessen. Danarion konnte seine Schwäche nicht verdrängen, Chilkas Körper reagierte langsam. Seine Brust tat ihm weh, wohin ihn die Herrin getreten hatte. Der nagende Schmerz in seinem Kopf, an dem sie sich den Zugang zu seinen Gedanken erzwungen hatte, griff auf seinen Rücken über und schoß ihm hinab in die Beine. Er tappte schwerfällig hinter Nenan her.

Nun waren die Pferde und das Rufen einiger Männer deutlich zu hören. Danarion warf einen Blick über seine Schulter und sah drei Reiter zwischen den Bäumen auftauchen und aufgeregt in ihre Richtung deuten. Sie haben uns gesehen, dachte er flüchtig. Der Sonnenaufgang stand kurz bevor. Er versuchte, sich aus Chilkas keuchendem Atem und leidendem Körper zurückzuziehen, stellte jedoch fest, daß ihm das nicht gelingen wollte. Er floß in dem jagenden Blut; er war präsent in jedem rasenden Schlag des gequälten Herzens.

Und doch versuchte er nachzudenken. *Ich nahm es fort*, hatte sie gesagt. *Ich nahm es fort.* Er hörte, wie die Pferde nun über die Ebene galoppierten, doch die Bergwand war nicht mehr weit. Er sprach die Worte im Rhythmus für seine Füße. *Ich nahm es fort, ich nahm es fort.* Dann ging er langsamer.

Ich nahm...

Ich nahm...

Die Wahrheit brach wie ein Schwall Licht in sein Bewußtsein. Er heulte auf wie ein Tier und blieb stehen. »Natürlich!« schrie er. »Natürlich!«

»Vater, lauf!« schrie Nenan, doch für einen Augenblick war Danarion blind gegenüber der Gefahr, dem Berg und der beißenden Kälte des Schnees an seinen Füßen.

»Yarne!« rief er. »Yarne ist das Tor! Ich muß zurück nach Ishban!« Doch Nenan hatte sich umgedreht, schüttelte ihn, brüllte ihn an und zerrte ihn weiter. Er war wie betäubt. »Es ist Yarne, es ist Yarne«, schluchzte er, und sein Körper stolperte hinter Nenan her, ohne zu wissen, wohin er ging.

Sie gelangten an den Fuß des Berges, und Nenan stieß ihn heftig auf den gewundenen Pfad, den der groteske Leichenzug genommen hatte. Hufe dröhnten hinter ihnen. Er lachte und weinte zugleich. Nenan kroch vor ihm her und trieb ihn an. Er folgte ihm fast blind. Unten ertönte Gebrüll und das Klappern von Hufen auf dem Fels. Nenan hatte fast das Plateau erreicht und drehte sich mit ausgestreckter Hand und zur Grimasse verzerrtem Gesicht um, als Danarion ein schnelles Schwirren, wie das Stimmen einer Harfe, hörte. Er konnte nichts damit anfangen, aber Chilka kannte es und warf seinen Körper mit einem Schrei flach auf den Boden. Nenan schrie. Und gerade als die Sonne ihre ersten rotschillernden Strahlen über die Bergspitze warf, flammte Schmerz in Chilka auf und brach in seine Adern, wie die Weißglut, die ihn umtanzte. Doch diesmal erlitt nicht nur er den Schmerz. Dieser verzehrte auch Danarion. Bewußtsein rührte an seine Seele, verwob sich damit, und in der Höchstform sterblicher Angst wurden sie eins. Er schrie mit dem Geschmack von grobem Sand im Mund, zog die Knie an die Brust, versuchte den Schmerz zu umfangen, zu umschließen und grub sich tief mit den Fingern ein. Wieder schimmerte der See vor seinen Augen, aufreizendes Wasser just außer Reichweite, und seine Kehle war angeschwollen vor Durst. Die Sonne brennt mich aus, kreischte er in seinem Innern. Ich stehe in Flammen. Lallin, Lallin... Danarion hatte nie zuvor solchen Schmerz erlebt. Der Botschafter war ein Werkzeug des Antischöpfers, der ihn zu seiner Vernichtung nach Shol geführt hatte, um ihn zu verbrennen; Janthis war ein Verräter und blieb nun zurück, um Danar alleine zu regieren, ohne daß ihn jemals jemand herausfordern würde. Ein heiserer Triumphschrei erscholl. Sie plündern meinen Beutel. Ich kann mein eigenes Blut schmecken, das in der Sonne dampft, doch vor meinen Augen herrscht Dunkelheit. Lallin. Ich bin Chilka-Danarion, und ich sterbe.

Er fühlte, wie er emporgehoben wurde. Er wollte sich nicht bewegen, wollte in sich zusammengerollt auf dem Berg liegenbleiben, aber jemand keuchte, weinte und zerrte ihn nach oben. Dann waren da andere Hände und eine leise Stimme, sein Sohn, der atemlos, aber hoffnungsvoll antwortete. Dann peitschte das Meer gegen ihn, umspülte ihn gnadenlos, und er sank hinab und fand Frieden.

26

Er erwachte mit rasendem Durst, Schmerzen im ganzen Körper und tauber linker Seite. Lange Zeit lag er nur da und starrte zu dem gelben Licht empor, das über die niedrige Decke zuckte, und war zufrieden, von dieser langsamen, beruhigenden Bewegung halb träumend, halb schlafend hypnotisiert zu werden. Er war gerade zu dem Schluß gekommen, daß das Licht der Willkommengruß eines Feuers war und er behaglich in einem flachen, weichen Bett lag, als er etwas rascheln hörte, sich jemand neben ihn setzte und das einlullende, stille Wiegenlied des Feuers abbrach.

»Du bist also Eingeist Chilka, der Mann, der nicht sterben wollte«, sagte eine Stimme. Der Klang war weich und zeigte Erheiterung. »Ich habe schon von dir gehört. Du hast Glück gehabt, daß ich gestern früh am Berg draußen war, sonst wärst du diesmal gewiß gestorben. Hast du Durst? Heb deinen Kopf, damit ich die Tasse an deinen Mund führen kann.«

Alles in ihm schien zusammenzubrechen. Sein mühseliger Herzschlag verlangsamte sich. Sein Atem setzte aus, und ein Prickeln überzog seinen Körper mit einem Schaudern. Langsam und vorsichtig drehte er den Kopf, und als er ihr Gesicht sah, versuchte er zu sprechen und konnte es nicht. Sie gebot ihm zu schweigen, immer noch mit leicht amüsiertem Unterton in der Stimme.

»Sprich erst, wenn du getrunken hast. Deinem Sohn geht es gut. Ich habe ihn nach Hause geschickt, damit er deiner Frau sagen soll, daß du in drei Tagen bei ihr sein wirst. Ich verspreche es.«

Er hob die Hände. In seiner Kehle zuckte es. »Sholia!« flüsterte er. Sie erschrak so heftig, daß etwas Wasser aus der Tasse auf ihren Schoß schwappte. »Sholia, ich bin es, Danarion, ich bin es, Chilka. Chilka-Danarion...« Mit einem Ruck verbarg er sein Gesicht an ihrem Busen und weinte wie ein Kind.

Als keine Tränen mehr in ihm waren und sie ihm beim Trinken geholfen hatte, indem sie seinen Kopf im Arm hielt und die Tasse an seine Lippen führte, legte er sich zurück. Sie unterhielten sich ruhig, wobei sie einander an Händen hielten, und ihre Blicke sich immer wieder in maßloser Freude begegneten. Eine Weile sprachen sie über die Vergangenheit, über die Tage der Macht und der unbegrenzten Freiheiten, doch zu viele düstere Jahre lagen zwischen damals und jetzt, so daß es ihnen beiden weh tat. Schließlich erzählte ihr Danarion, warum er nach Shol gekommen war und wie. Sie lauschte ernüchtert mit abgewandtem Kopf. Das weißgesträhnte, goldene Haar war in ordentlichen Locken um ihren Hals gelegt. Der Feuerschein spielte auf ihrer einen Wange und dem Netz winziger Fältchen über ihrer Schläfe. Als er fertig war, seufzte sie, und ihr Körper sackte zusammen. »Über Ghakazian wußte ich Bescheid«, sagte sie leise, »noch bevor... bevor der Antischöpfer an mein Tor trat, hatte ich schon einen Verdacht. Irgend etwas an Rilla war eigentümlich. Sie jagte mir Angst ein. Und als ich später diese Höhle zu meinem Sitz gemacht hatte und hörte, wie sie die Zweigeister um sich geschart hatte und eine neue Stadt errichtete, war ich sicher. Ich trauerte um die Rilla, die ich gekannt hatte, und viele Jahre hörte ich nichts von ihrem Bruder Yarne. Als dann die Gerüchte über ihn aufkamen, waren die Berichte sehr widersprüchlich.«

Danarion nickte. »Ich habe einiges mitbekommen. Sholia, warum hast du nichts unternommen? Warum versteckst du dich hier in dieser Höhle, wo du doch Shols verbliebene Sonne befehligen kannst? Hättest du Ghakazian nicht einsperren können?«

»Nein.« Sie drehte sich mit bebenden Lippen zu ihm um. Dies war das erste Mal, daß sie in der Lage gewesen war, über die Jahre seit der Torschließung zu sprechen. Danarion sah, wie ihr Tränen in die Augen traten. Wie ich, dachte er verwundert. Wie jeder gewöhnliche Sterbliche. »Nachdem ich den Antischöpfer vertrieben und das Tor geschlossen hatte, lief ich fort. Ich war erschöpft, Danarion, erschöpfter, als du es dir vielleicht vorstellen kannst. Ich war eine Sonne gewesen, sie *gewesen,* und solange Shol sich dreht, werde ich das Hochgefühl dieses Augenblicks niemals vergessen. Aber für einen Körper, selbst für einen unsterblichen, bedeutet es eine Art Tod, sich der vollen Kraft der Sonne zu öffnen. Ich zog viele Jahre umher. Ich fand keine Ruhe. Häufig sehnte ich mich nach dem Schlaf der Sterblichen. Ich konnte mich nicht von dieser schrecklichen Erschöpfung befreien. Ich versuchte, mich in meine andere Sonne zurückzuziehen und stellte zu meinem Schrecken fest, daß sie mich nicht mehr hörte oder erkannte. Ich hatte mich ausgebrannt. Verstehst du?«

»Ja«, flüsterte er und dachte an die Leiden, die er mit Chilka geteilt hatte. »Das verstehe ich.«

»Ich bin innerlich vernarbt, ausgezehrt. Man sieht es an meinem Gesicht und an meinem Haar. Ich bin immer noch müde, doch schleppe ich nicht mehr diese unerträgliche Last, unter der ich so lange gelitten habe. Es scheint sich langsam zu legen. Doch all meine Kraft ist dahin. Ich kann der Sonne nicht mehr befehlen, Ghakazian Einhalt zu gebieten. Selbst wenn ich dazu in der Lage wäre, welchen Sinn hätte es? Das Tor ist geschlossen. Die Ghakanianer können nicht nach

Hause zurück. Letzten Endes kehrte ich zur Wartehalle zurück und fand eine große Stadt mit einer Herrscherin und einem empfindlichen Gleichgewicht von zwei Geistern in einem Körper vor. Und ich entdeckte noch etwas anderes. Wir waren keine Heiler, nicht wahr, Danarion? Unsere Aufgabe war es zu schützen, zu erhalten. Doch für die Macht, die ich eingebüßt habe, wurde mir die Fähigkeit zu heilen zuteil. Ich bin vorsichtig, will nicht auf mich aufmerksam machen, denn ich habe Angst vor Ghakazian. Ab und zu sucht er immer noch nach mir. Doch die Menschen kommen zu mir, wenn sie es wagen. Sie haben Angst vor dem Berg.«

»Fürchten Sie sich denn vor den Gerüchten um dich?«

Sie lächelte durch unvergossene Tränen hindurch. »Nein. Hier ist noch etwas anderes, etwas Klägliches und doch Bedrohliches, ein großer Geist, der nicht entfliehen kann.«

»Tagar«, murmelte Danarion. »Er beschuldigte mich, ein Geist namens Tagar zu sein.«

»Vielleicht. Ich verfüge noch über einige Tricks, so wie der, den du anwandtest, als der Leichenzug kam, und den ich benutzte, um dich und deinen Sohn zu verstecken, als die Soldaten deinen Leichnam suchten. Aber darüber brauchen wir uns nun nicht zu unterhalten, denn die Neuigkeit, die du von Yarne bringst, ist äußerst ernst. Bist du sicher?«

Er rührte sich in den engen Verbänden, und Schmerz durchflutete ihn. »Ja. Anders ist er nicht zu erklären. Er ist tot, ein Leichnam. Was immer in ihm lebendig ist, es ist nicht der Geist eines Sterblichen oder Unsterblichen, aber doch etwas mit Empfindungsvermögen. Ghakazian gibt ihm die entsprechenden Worte und den Schlüssel zu Yarnes Erinnerungen, wenn das vonnöten war. Wie hat Ghakazian das gemacht? Und warum?«

»Bleib ruhig liegen. Ich vermag schnell zu heilen, aber nicht, wenn du dich bewegst. Ich weiß nicht, wie er es gemacht hat. Wie hat er überhaupt erfahren, daß er in der Lage war, die Geister seines Volkes durch Tor und Raum zu treiben? Er muß das Buch der Überlieferung studiert haben. Vielleicht hat er darin noch andere Dinge gefunden.«

Stille trat zwischen sie. Danarion fiel in leichten Schlaf, in jenen plötzlichen Identitätsverlust, der den Verwundeten befällt. Er träumte, Lallin säße neben ihm und hielte seine Hand. Sholia beobachtete ihn, stand manchmal auf, um das Feuer zu schüren, und stellte sich an den Höhleneingang, wo der Schnee schmolz und in kalten Rinnsalen den Berg hinablief. Als Danarion wieder erwachte, war er kräftiger, konnte sitzen und essen. »Wenn ich die mir gestellte Aufgabe bewältigt hätte, wäre ein Botschafter gekommen, um mich abzuholen«, sagte er, während er verzehrte, was sie ihm zubereitet hatte. »Ich habe das Tor gefunden, aber ich bin immer noch auf Shol. Folglich bin ich aufgefordert, das Unrecht, so weit ich kann, wiedergutzumachen. Um dir die Wahrheit zu sagen, Sholia«, gestand er und lächelte ihr zu, »merkwürdigerweise mag ich gar nicht nach Danar zurückkehren. Ich denke an Janthis und sehe immer nur Nenans Gesicht. Danar ist nur ein verblassender Traum in meinem Kopf.«

»Ich wage es überhaupt nicht, an Danar zu denken«, erwiderte sie stockend. »Für mich ist es nun auf ewig unerreichbar. Nie wieder werde ich Janthis begrüßen. Ich werde auf Shol alt werden. Ich bin... einsam gewesen, Danarion.«

Er wollte sie umarmen, auf den Mund küssen, die Einsamkeit aus ihrem Körper vertreiben. Doch er erinnerte sich an seinen Traum und wußte, daß es Lallin war, die er halten wollte, nicht Sholia. »Was werden wir tun?« fragte er unsicher.

»Morgen wirst du laufen können. Am darauffolgenden Tag wird es dir wieder gutgehen. Der Pfeil durchschlug deine linke Seite, wußtest du das? Ich nehme an, Ghakazian wird kommen und persönlich nach dir suchen. Er wird inzwischen erfahren haben, daß du von einem Pfeil getroffen wurdest, aber daß dein Leichnam verschwunden ist. Er wird es mit der Angst zu tun bekommen. Er wird mit vielen Soldaten zum Berg kommen.«

»Dann gehen wir hinunter und warten an geeignetem Ort bei der Wartehalle auf ihn. Wirst du mich begleiten?«

Sie blieb lange Zeit mit unergründlichem Ausdruck sitzen. Er dachte daran, wie Angst ihr Leben beherrscht hatte, seit der Weltenschöpfer auf Danar sich vor sie gestellt und alle seine von ihm geschaffenen Welten für sich beansprucht hatte. Ihr einziger, mutiger Akt hatte ihn von Shol vertrieben. Es war ein Akt wahnsinniger Tollkühnheit, wie er selbst zu vollbringen es sich niemals zutrauen würde. Es hätte sie läutern müssen, doch er sah, daß dies nicht geschehen war. Noch immer beherrschte Furcht ihr Wesen, die sich nicht auslöschen lassen wollte. Schließlich preßte sie in einer schmerzerfüllten Geste die Hände zusammen, sah ihn an und wandte dann ihren Blick ab. »Ich werde mitkommen«, sagte sie.

Am nächsten Tag konnte er, wie sie es versprochen hatte, wieder in der Höhle umhergehen. Er fühlte sich schwach, aber war wohlauf. Sie nahm die Verbände ab, und er sah den geschwollenen, roten Wundrand, der fast identisch mit der alten Narbe war, ehe sie ihn wieder mit einem schmalen Leinenstreifen verband. Sie hatte seine Kleider gewaschen; er schlüpfte mühsam hinein und fühlte sich sogleich wieder als er selbst.

An jenem Abend saßen sie ums Feuer und unterhielten sich über belanglose Dinge: das veränderliche Wetter, die Menschen, die sie geheilt hatte. Er schlief lange und tief, während sie vor der Höhle saß und die Sternbilder am Nachthimmel betrachtete. Sie sahen wie ein Gespinst von funkelnden Formen aus, die wenig dazu beitrugen, das Gefühl der Einsamkeit zu lindern, das Danarion neu in ihr entfacht hatte.

Am Morgen bereiteten sie sich darauf vor, die Höhle zu verlassen. Danarion nahm das Messer, das er dem Wachposten abgenommen hatte, zögerte, drehte es immer wieder in den Händen, steckte es dann aber mit einem Schulterzucken in sein Hemd. Sholia hüllte sich in einen kurzen Mantel mit Ärmeln, und so traten sie in die Morgendämmerung hinaus.

Der Himmel war hell und wäßrig blau, und über ihnen flogen Möwen rauschend in Richtung zum Meer. Der Boden war feucht von geschmolzenem Schnee, obgleich hie und da an den Stellen ewigen Bergschattens weiße Flecken verblieben. Die Höhle war eine natürliche Einbuchtung, deren Eingang durch einen kurzen Seitenhang verdeckt war, welcher sich direkt davor erhob, um darüber eins zu werden mit der Hauptwand des Berges. Danarion sah, daß sie nicht weit entfernt von dem Tunnel lag, durch welchen er sich nur im Schein seines eigenen, schwachen Lichts mit Nenan hindurchgetastet hatte.

Er und Sholia gingen im Bogen um den Hang herum und machten sich an den kurzen Aufstieg zu dem unebenen, runden Plateau, wo die Totenfeier stattgefunden hatte. Der Pfad, den sie benutzten, war schmal, aber ausgetreten. Um ihn her lagen, wo immer eine Höhlung im Fels oder die Andeutung eines Schutzes war, auf den zerfetzten Überresten von Webmatten Knochen, welche die Sommersonne und der Winterregen gebleicht und der ständig umherfegende Sand abgeschliffen hatten. Viele der Leichname waren in weiße Tücher geschlagen gewesen. Diese hatten sich aber gelockert, waren vom Wind fortgetragen worden und hatten sich in dem zähen Berggestrüpp verfangen, wo nun Vögel begierig Fäden für ihren Nestbau herauspickten.

Als sie erst einmal das Plateau erreicht hatten, atmete Danarion erleichtert auf. Er blieb stehen, um seinen Blick über die Ebene schweifen zu lassen: zur Linken sah man kilometerweit Sand und Felsen, bis das braune Gras in die Obsthaine überging, aus welchen die Straße hinausführte, und in weiter Ferne den Dunst des Meeres. Er vermißte Nenan, und in diesem Augenblick war Sholia ihm fremder als sein Sohn. »Nichts rührt sich«, bemerkte Sholia. Er antwortete nicht, seine

Augen suchten weiter langsam das Blickfeld ab. Der Schnee, durch den Nenan und er sich bei ihrer wilden Flucht gequält hatten, war fort. Er war in die toten, abgestorbenen Gräser hinabgeschmolzen und hatte die Realität jener Nacht und jener Morgendämmerung mit sich genommen. »Vielleicht kommt er heute noch gar nicht. Wir werden möglicherweise lange warten müssen.«

Es ist mir gleichgültig, dachte Danarion trotzig. Alles ist mir gleichgültig geworden außer dem Wohlergehen meiner Frau und meines Kindes. Er faßte nach dem Messer, das auf seiner Haut ruhte, und machte sich an den Abstieg vom Berg.

Bis zum Mittag waren sie im weiten Bogen über die Ebene gegangen. Dem Obsthain waren sie ausgewichen, um von dort auf die Straße zu stoßen, die sich an die Längswand des Berges zu schmiegen begann. Als sie die Straße erreichten, blieb Danarion stehen. »Ich habe Hunger«, sagte er. »Ist noch Brot da?«

Wortlos setzte sie sich auf die Erde, öffnete den Beutel, den sie bei sich trug, und er schlang das Brot und die Kräuter hinab, die sie ihm anbot. Durst begann ihn zu quälen, und er fand eine kleine Pfütze von geschmolzenem Schnee. Er kniete sich nieder und schlappte das Wasser wie ein Hund auf, wobei er sich Sholias Blick im Rücken wohl bewußt war.

Kurz vor Sonnenuntergang standen sie vor der Aushöhlung der Felswand, und Ishban selbst ragte in der Ferne aus der Ebene empor. Seine Mauern und Türme standen wieder in blutrotem Licht, wie er sie damals mit Nenan gesehen hatte. Die Möwen, die am Morgen auf dem Weg zum Strand über sie hinweggesegelt waren, zogen nun an einem friedlichen, rosigen Himmel landeinwärts, und Danarion zuckte bei ihrem Anblick und ihrem Geschrei zusammen. »Wir werden in der Halle warten«, sagte er entschieden. »Zumindest haben wir dort ein Dach über dem Kopf.« Er ging voran in die Dunkelheit, unter den Holzbalken hindurch und an einem Haufen Werkzeuge vorbei. Der Sonnenuntergang folgte ihnen und legte einen Strahl roten Lichts unter seine Füße.

Sobald sie erst einmal in der Halle standen, hockte er sich mit dem Rücken zur Wand auf den Boden. Er war erschöpft. Sholia legte ihren Beutel neben ihn, begann umherzuwandern und strich über die Stellen, wo das letzte Tageslicht auf die Kupferreliefs fiel. Als sie an den Rahmen der Tür kam, die so unsinnigerweise zu nackter Felswand führte, blieb sie ganz still stehen und starrte sie mit locker an den Seiten herabhängenden Armen an.

»Sonnengebieterin«, flüsterte sie. »Es ist alles so schrecklich lange her. Ich kann schon gar nicht mehr glauben, daß ich es jemals in Wirklichkeit war.« Sie verharrte an dieser Stelle, bis die völlige Finsternis von draußen hereinschwappte, an den Wänden in lautlosen Gezeiten emporschlug und sie auslöschte. Dann drehte sie sich um und setzte sich neben Danarion. Er streckte eine Hand aus, tastete in der Dunkelheit umher, und sie nahm sie in die ihre. Er dachte daran, etwas von seinem Licht zu verströmen, um die Finsternis erträglicher zu machen. Aber er war zu erschöpft, um auch nur einen Versuch zu unternehmen, und er hatte auch fast schon vergessen, wie es ging. Auf jeden Fall hatte keiner von ihnen beiden an diesem Ort etwas zu befürchten. Sie waren ein Teil davon. Ihre Zeit war seine Zeit. Sie fühlten sich ebenso ruhig, gelassen und nutzlos, wie er es nun war, und saßen mit ineinandergeschmiegten Händen, ein jeder in ferne Träume versunken. Schließlich wurden Danarion die Augen schwer, und sein Kopf sank auf ihre Schulter herab. Es ist lächerlich, ja anmaßend, daß zwei wie wir uns einem Sonnengebieter entgegenstellen wollten, dachte er schläfrig, als sie einen Arm um ihn legte. Wir sind zwei Kinder, deren Sinne sie in Reiche unbekannter Gefahren geführt haben. Er schlief ein und träumte wieder von Nenan und Lallin und vom Gefühl des Bergflusses auf seiner Haut an heißen Sommernachmittagen. Etwas von dem alten Zauber der Halle zog sanft über ihn hinweg im Laufe der Nacht, und sein Traum zeigte nun Janthis, der neben seinem Körper in der juwelenbesetzten Ratshalle von Danar wachte, während ein Botschafter gleich weißem Sternenlicht durch den Raum schoß, um ihn abzuholen.

Als er die Augen aufschlug, erfüllte Morgenlicht den Raum, das noch schwach und farblos auf dem bearbeiteten und gesprungenen Gestein lag. Sholia war wach und schüttelte ihn sanft. »Ich höre etwas auf der Straße«, sagte sie. Er rappelte sich hoch, und sie liefen zum Eingang. Sonnenlicht lag blendend auf dem Sand, so daß sie einen Augenblick nichts sehen konnten. Aber dann gewöhnten sich ihre Augen an die Helligkeit, und sie drehten sich in Richtung der Straße. Sie sahen Fähnchen flattern mit gelben und schwarzen Sonnen auf rotem Hintergrund, und gedämpfter Trommelwirbel schallte zu ihnen herüber. Ein Zug von Reitern schlängelte sich wie ein schwarzes Band die Straße entlang, und als er langsam näherrückte, sahen sie in der Mitte eine von Sklaven getragene, schwarz-gelbe Sänfte mit fest zugezogenen Vorhängen. Danarion hörte, wie Sholia neben ihm den Atem einsog, und er selbst keuchte schwerer. »Er kommt, er kommt«, flüsterte sie aufgeregt. Danarion ergriff ihren Arm, zog sie aus dem Schatten des Eingangs, und gemeinsam bezogen sie Stellung, wo die Sonne ihnen auf die Häupter brannte und der Wind an ihren Kleidern riß.

Das Trommeln rückte näher, klang nun nicht mehr gedämpft, sondern als klares, deutliches Tam-Tam, das von der Felswand über ihnen widerhallte. Die Vorhut mit ihren flatternden Wimpeln waren nun so nahe, daß sie ihre strengen Gesichter unter den gelbschwarzen Mützen sehen konnten. Danarion und Sholia regten sich nicht. Die Posten ritten an ihnen vorüber, ohne sie zu bemerken, gefolgt von den Soldaten auf schlanken, schwarzen Pferden in Zweierreihen.

Als die Sänfte, ein schwankender, seidiger Kasten, der in der Sonne glänzte, sich auf ihrer Höhe befand, trat Danarion nach vorn. »Ich bin hier!« rief er. Sogleich gab es ein heilloses Durcheinander. Die Vorposten rissen an den Zügeln und wirbelten herum. Das Trommeln brach unvermittelt ab. Die Soldaten ritten ziellos umher, sahen ihn jedoch bald und kamen auf ihn zugaloppiert, so daß er innerhalb einer Sekunde eingekreist war. Der Hauptmann blickte auf ihn herab; sein Gesicht war bleich, und seine Hände, in denen er die Zügel hielt, zitterten. Die Sklaven, welche die Sänfte trugen, hatten einen unhörbaren Befehl befolgt und sie zu Boden gelassen. Sholia sah, wie der Vorhang zuckte und zur Seite gezogen wurde. Die Sklaven wandten die Gesichter ab. Ein langes Bein erschien, um das sich auf Schenkelhöhe eine plissierte, silberne Tunika schmiegte. Yarne stieg aus der Sänfte und kam über den Sand geschritten. Der Ring der Reiter öffnete sich, um ihn durchzulassen, und er trat zu Danarion und blieb stehen. Sholia warf er einen uninteressierten Blick zu, und seine Augen, die heller und strahlender waren als der Himmel, der Licht in das schimmernde, blonde Haar ergoß, wanderten zurück zu dem Mann vor ihm.

»Du bist wieder weggelaufen«, sagte er vorwurfsvoll. »Du versprachst mir, mich nicht zu kränken, und hast es nun doch getan.«

Sholia starrte ihn an, und Danarion legte sanft eine Hand auf die schmale, silberbekleidete Schulter.

»Es tut mir leid, Yarne«, sprach er leise. »Sie wollten mich töten. Ich mußte fort.«

»Das hätten sie niemals getan«, widersprach Yarne. »Ich hätte es nicht zugelassen. Bitte, komm mit mir zurück. Ich brauche dich so sehr.«

»Ich kann nicht«, antwortete Danarion. »Jeden Augenblick werden sie den Befehl erhalten, mich zu erschießen, und was du auch sagst, es wird nichts daran ändern. Die Herrin will meinen Tod.«

»Ich verstehe nicht, warum«, sagte Yarne leichthin. »Sie sagt, ich könnte dich behalten, solange ich wollte, wenn wir dich fänden.«

»Sie hat gelogen. Bitte, Yarne, geh zu ihr, ehe sie des Wartens müde wird, und sag ihr, daß Sholia sie zu sprechen wünscht.«

Nun betrachtete Yarne Sholia mit größerem Interesse und nickte dann. »In Ordnung, aber dieser Name wird sie sehr zornig machen. Was für ein Spiel spielt ihr? Wo ist Nenan?«

»Er ist nach Hause gegangen. Bitte geh.«

Yarne machte kehrt, und wieder bildeten die Soldaten eine Gasse für ihn. Der Hauptmann saß dort regungslos mit bereits gespanntem Bogen und aufmerksamem und von Entsetzen gezeichnetem Gesicht. Yarne hatte die Sänfte erreicht. Er zog den Vorhang beiseite, beugte sich hinab, und eine Weile lang rührte sich nichts. Dann aber fuhr eine weiße Hand heraus, ergriff seine Schulter, und die Sklaven und Soldaten, die um die Sänfte herumstanden, begannen zu murmeln und wandten ihre Gesichter ab. Langsam tauchte die Herrin auf, ein schwarzer Fuß, der Saum eines steifen, roten Gewandes, dessen eingewebte Goldfäden im Sonnenlicht glitzerten, und schließlich ein zierlicher, von Locken umrahmter Kopf. Auf ein scharfes Wort des Hauptmanns hin öffnete sich der Kreis um die beiden Gefangenen, und Yarne und die Herrin schritten auf die Felswand zu. Sholia beobachtete unerschütterlich, wie sie näher kamen. Ihr Blick war auf die Herrin gerichtet, und im Augenblick des Erkennens sah sie, wie die kleinen Füße stolperten, und der Kopf sich zu Yarne drehte.

Die Geschwister blieben stehen. Die Haut der Herrin zeigte immer noch nicht die Spur eines Fältchens. Doch als Danarion sie unter dieser unbarmherzigen Sonne genau betrachtete, hatte er den Eindruck, daß sie ein gewaltiges Alter wie eine maßlos schwere Bürde mit sich herumschleppte, das sie wie Eisenwände gefangenhielt. Am deutlichsten zeigte sich das in ihren Augen, die nun abschätzend zusammengekniffen waren: eine schwarze Anhäufung von unzähligen, faden, nicht enden wollenden Jahren.

»So, Tagar, du hast sie also gefunden«, sagte sie, wobei ihre zierlichen Hände mit den schaurigen Nägeln durch die kalte Luft fuchtelten. »Oder sie hat dich gefunden, was wohl wahrscheinlicher ist. Wo hast du die vielen Zeitalter zugebracht, Sholia? Ich habe nach dir gesucht.«

»Ich wollte mich nicht finden lassen, Ghakazian«, erwiderte Sholia, deren Stimme fast versagen wollte.

Bei der Nennung seines Namens streckte Ghakazian eine Hand vor und wich dicht zu Yarnes Körper zurück, als ob er dort Schutz suchte. »Jetzt aber doch«, fuhr die süße, hohe Stimme fort. »Warum? Bist du es müde, gejagt zu werden? Ich werde eine Spezialzelle tief im Fels unter meinem Haus für dich einrichten lassen, dort kannst du dann über die Zeit meditieren, die vor dir liegt.« Das kleine, ovale Gesicht reckte sich kurz der Sonne entgegen, und der rote Mund verzog sich. »Ich glaube, in deiner Sonne steckt noch eine Menge Kraft. Langes Leben.«

Die Drohung ähnelte so sehr jener, die der Antischöpfer ihr vor Jahrhunderten entgegengeschleudert hatte, daß Sholia stockte. Ihre Hand suchte Danarions, und sie klammerte sich an ihn, doch ihre Stimme hatte an Kraft gewonnen, und sie sah Ghakazian ruhig in die Augen.

»Längeres als in der deinen, die düster über Ghaka hängt«, gab sie zurück. »Ich werde dich überleben, Sonnengebieter.«

Die lauschenden Soldaten begannen, verständnislos über ihre Unverfrorenheit zu tuscheln, und eine Weile schwieg Ghakazian und dachte nach. Dann klapperten die Nägel, und der Rücken straffte sich unter dem schweren Brokatgewand.

»Ich kann nicht den ganzen Tag hier in der Kälte stehen. Hauptmann, erschieß diesen dummen Körper. Ich werde Tagar zum Berg zurückschicken, und du und ich, Sholia, wir werden zum Herrschaftshaus umkehren. Ich bin erleichtert, daß ich dich endlich zu fassen bekommen habe.«

Doch Danarion hob rasch einen Arm und stieß mit einer heftigen Bewegung sein Gesicht vor das der Herrin. »Schau mich an, Ghakazian«, befahl er. »Schau tief in mich hinein, ehe der Hauptmann schießt, denn seine Mühe wird vergebens sein. Mich kannst du nicht mit einem Pfeil vernichten. Schau genau her!«

Erschreckt wandte sie ihm ihre samtschwarzen Augen zu und erstarrte sogleich. Hinter Chilkas Blick entfaltete sich Danarions Geist und strömte durch Chilkas Denken. Als sie zurücktaumelte, begann Yarne plötzlich zu schwanken. »Danarion!« wisperte sie. »Danarion...« Sie besann sich auf ihre Würde, obgleich ihre Haut kreidebleich war, und ihr Gesicht nur aus den Augen zu bestehen schien, und streckte einen Arm in Richtung der Soldaten aus. »Geht!« schrie sie, und sie zogen sich ängstlich zurück. Sie klammerte sich an Yarne, der sich aufrichtete, als sie wieder Kräfte gesammelt hatte.

Danarion deutete hinter sich. »Wir wollen in die Halle gehen«, sagte er knapp. »Was gesagt werden muß, ist nicht für sterbliche Ohren bestimmt.« Er wußte nicht, ob es Sholias Anwesenheit oder Chilkas leicht entflammbares Temperament war, aber er fühlte sich von einer Zuversicht erfüllt, die Chilkas starkes Herz durch seinen Körper pumpte. Er schwenkte herum und schritt neben Sholia durch den düsteren Eingang, und die Herrin und ihr Bruder folgten ihnen.

27

Im Innern der Halle war es düster und sehr kalt. Es herrschte eine bedrückende Stille, die sie für einen Augenblick alle sprachlos machte. Dann rief Ghakazian:

»Wie bist du hierher gekommen? Es sind Zeitalter her! Du kamst nicht durch das Tor, keiner weiß das besser als ich!« Seine Stimme dröhnte in dem Gewölbe und erweckte Echos, die sie noch verstärkten und wie ein Wasserfall von Geräuschen an Danarions Ohren schmetterten.

»Janthis schaute in den Spiegel«, antwortete er ruhig. »Er sah, daß Shols Tor nicht an seinem Platz war, und schickte mich mit der Erlaubnis eines Botschafters hierher, um es zu suchen.«

Ghakazian blieb stehen und starrte ihn an. »Also *ist* Chilka am Seeufer erschossen worden! Du hast dich seines Körpers bemächtigt! Der klägliche, tölpelhafte Chilka-Eingeist als Ränkeopfer der Unsterblichen! Trotz all deines feinen Gelabers am Ratstisch hattest du keine Skrupel, ihn zu benutzen, oder?«

»Ich habe ihn nicht umgebracht, um mir seinen Körper zu nehmen!« brüllte Danarion erregt zurück und fühlte sich gedrängt, nicht sich selbst, sondern Chilka zu verteidigen. »Ich liebe ihn. Er ist mein Bruder.«

Ghakazian starrte ihn an und begann dann zu lachen. Die langen Finger wirbelten durch die Luft. Der feminin geschwungene Mund öffnete sich weit über weißen Zähnen. Doch seine Erheiterung verflog so rasch, wie sie gekommen war. »So«, sagte er leise. »Du hast ihn also verschlungen, nicht wahr? Wie gut ich dieses Gefühl kenne. Arme kleine Traumspinnerin Rilla. Du erinnerst dich doch an Rilla, Sholia? Ich schenkte ihr einen Traum, den sie nicht mehr vergessen konnte. Den größten Traum ihres langen Lebens.« Er wirbelte an die Wand und schlug dagegen, daß seine Nägel über den Stein kratzten wie die Zähne eines Raubtiers über die Knochen seiner Beute. »Aber du hättest dich nicht bemühen brauchen, Danarion, du und Janthis bei eurer kleinen Krisenberatung am Ratstisch. Das Tor ist in Sicherheit. Nichts«, – er leckte sich nervös über die Lippen –, »nichts kann hinaus oder herein. Und ich habe es fast immer im Blick. Es kommt zu mir, wenn ich es rufe.«

»Aber warum, Ghakazian, warum?« schrie Sholia auf. »Es war geschlossen. Du warst dahinter in Sicherheit!«

»Sicherheit?« Er schloß einen Augenblick die Augen und schüttelte sich. »Sicherheit. Ich mußte Gewißheit haben, daß er nicht kommen und mich holen konnte. Ich bin zu seiner rechtmäßigen Beute geworden. Der Gedanke hat mich gequält, daß das Tor da Jahr um Jahr unbewacht stand.«

»Deshalb hast du es gestohlen.« Danarion trat von Zorn gepackt auf ihn zu. Er faßte die weichen Schultern und schüttelte den zierlichen Körper mit zusammengebissenen Zähnen. »Du hast es gestohlen! Du bist schuld daran, daß ich diese Qualen durchleben mußte! Was wurde aus Yarne? Wie bist du in den Besitz des Tores gelangt?«

Ghakazian machte sich los und rannte zu dem bleichen, reglosen Wesen, das mit gesenktem Kopf dastand. »Schaut ihn an!« schrie er, legte eine Hand unter das Kinn und riß es empor, so daß sie das ausdruckslose, unveränderliche Gesicht sahen. »Ist er nicht schön? Das Schönste auf Shol und zugleich das Lebloseste.« Seine Stimme wurde lauter, heiser und überschlug sich dann vor Schmerz. »Rilla liebte ihn. Ich liebte ihn. Denkt ihr, ich wollte ihm ein Leid zufügen?« Seine Hände streichelten die sanften Wangen und strichen das wehende Haar zurück. »Ich opferte seinen Geist dem Tor. Ich tauschte sie aus. Ich entriß ihn ihm und schleuderte ihn in die Sterne hinaus und setzte an seine Stelle den Geist des Tores. Jede Nacht hauche ich Leben in das träge Fleisch, von Mund zu Mund, so daß er während des Tages lächeln kann mit diesen kalten Lippen und mit einer Grazie umhergehen, die den Blick der Männer auf sich zieht. All das tue ich, damit ich das Tor im Auge habe. Hört ihr es?« Er strich mit dem Finger über die zarte Kehle. Seine Stimme war zu einem Flüstern geworden, während er versuchte, die Beherrschung nicht zu verlieren. »Der Pulsschlag des Tores an der Ewigkeit. Das Geräusch, mit dem ich Tag und Nacht tausend Jahre lang gelebt habe.« Bei seiner Berührung war das Flattern in der Kehle des jungen Mannes als dumpfes, regelmäßiges Pochen von unveränderlichem Rhythmus zu vernehmen. Danarion lauschte diesem ominösen Takt, der erschreckender als jede Trommel klang. Sholia schlug beide Hände vors Gesicht. »Lächle, Yarne!« kreischte Ghakazian. »Lächle Chilka, deinem alten Freund, zu!« Yarnes Mund verzog sich herzlich, und seine Augen streiften langsam umher, bis sie das Gesicht des Sholaners fanden.

»Schluß damit!« brüllte Danarion entsetzt. Ghakazian strich liebevoll über Yarnes Gesicht, und dieser sackte wieder in sich zusammen. »Ghakazian«, sprach Danarion drängend, »du mußt das Tor wieder einsetzen. Wenn du Yarnes Geist nach draußen zwischen die Sterne gestoßen hast, muß es einen Augenblick gegeben haben, da das Tor offenstand. Bringe alles wieder in Ordnung! Ruf dein Volk zusammen und laß es ziehen. Stelle dich dem Urteil der Botschafter.«

Ghakazian schüttelte den Kopf. »Das verfluchte Buch hat mich getäuscht«, sagte er traurig. »Ich fiel. Ahnungslos, aber ich fiel. Die Botschafter sind gerecht, doch ihre Gerechtigkeit wird niemals durch Gnade gemildert. Ich habe Angst vor ihnen. Vielleicht könnte ich nach Ghaka zurück, wenn ich einen Weg fände, aber was sollte ich noch dort? Mein Körper ist eine verkohlte Ruine. Die Leichen meiner Menschen sind schon längst zu Staub zerfallen. Du steckst erst kurze Zeit in Chilka, doch ich bin seit vielen Sholjahren Rilla, und sie ist ich. Ich bin nicht mehr der Sonnengebieter Ghakazian. Ich bin Rilla-Ghakazian, die unsterbliche Herrscherin dieser Gegend. Und, ach, es lastet schwer auf mir, ohne die Freuden wahrer Unsterblichkeit und ohne die kleinen Vergnügungen des Zeitvertreibs, mit denen Sterbliche ihren Spaß haben, zu sein. Ich bin gleichermaßen Gefangener dieses Körpers und des Tores.«

»Weißt du, wie man das Tor wieder einsetzt?« fragte Danarion.

Ein verschlagener Ausdruck huschte rasch über Ghakazians hübsches Gesicht, und er wich zurück. »Nein«, sagte er prompt.

Doch Sholia trat nach vorn. »Doch, du weißt es«, sprach sie so laut, daß ihre Stimme von den Wänden widerschallte. »Und ich weiß es ebenfalls. Dazu ist ein anderes Opfer erforderlich, nicht wahr, Ghakazian? Aber diesmal mußt du es sein. Denk darüber nach, Danarion. Zeit ist nur auf Kosten des Lebens umkehrbar.« Sie war sehr bleich, hielt ihren Kopf aber aufrecht. Im Dämmerlicht waren ihre Falten geglättet, und er sah sie, wie sie einst gewesen war – königlich und wunderschön.

Ghakazian sah es ebenfalls. Er wich zurück, bis er an eine Wand stieß. »Das würdest du nicht wagen«, sagte er laut. »Ein derartiges Vorhaben wäre Mord. Das ist verboten!«

»Dir war es ebenfalls verboten, doch es vermochte dich nicht aufzuhalten, nicht wahr, Ghakazian«, antwortete sie leichthin, »und für mich würde es keinen Unterschied ausmachen, denn Shol ist nun eine gefallene Welt...« Dann verließ sie ihre Kraft, sie schluckte und wandte den Blick ab.

Ghakazian nutzte seinen Vorteil. »Du und ich standen einander nahe«, sagte er rasch. »Du könntest mich nicht umbringen, selbst wenn die Sonne noch deinen Befehlen gehorchte, was ich bezweifle, sonst würdest du noch in ihrer Kraft erstrahlen. Und Danarion wird nichts tun, was Danar in Gefahr bringen könnte. Auch er wird nicht zuschlagen.« Er trat von der Wand mit winzigen Schritten und fächelnden Händen nach vorn. »Ruf einen Botschafter und geh nach

Hause, Danarion«, drängte er. »Du hast gesehen, daß das Tor gesichert ist. Sholia, ich schwöre, ich werde dich freilassen. Laßt alles, wie es ist, ihr beide.« Eifrig beobachtete er ihre Gesichter, und Sholia schaute Danarion an.

Lügt er? fragte sich Danarion, dem die volle Bedeutung der anstehenden Entscheidung erst allmählich bewußt wurde. Wenn ich ihn als Chilka töte, kehre ich dann mit infiziertem Geist nach Danar zurück? Natürlich lügt er! Wie kann er in seiner Lage etwas anderes tun als lügen? Er hat nichts zu verlieren, wenn er mich zu Schwäche überredet, und ich weiß ohne alle Zweifel, daß meine Unschuld dahin ist, dahin für alle Zeit in den Erinnerungen, die ich mit Chilka teile. Was auch geschieht, ich muß unausweichlich verändert nach Danar zurückkehren. Er empfand nicht das Entsetzliche dessen, was er sich gerade eingestanden hatte, und bemühte sich, rational zu denken. Ich werde es tun, flüsterte Chilka. Ich habe schon früher getötet, ich bin dazu fähig. Aber Danarion schüttelte den Kopf. Nein, dachte er. Er fühlte die kalte Klinge des Messers an seinem Bauch, griff in sein Hemd und zog es langsam heraus. Einen Augenblick war er fast erstaunt, es in seiner Hand zu finden.

»Die Absicht wird die meine sein«, sagte er finster, »doch die fällende Hand nicht die eines Sterblichen. Yarne, komm her.«

Eine Sekunde lang war Ghakazian verblüfft, dann aber sprang er zwischen sie. »Yarne tut, was ich befehle«, sagte er kalt. »Er tut nichts aus eigenem Willen, außer den Kleinigkeiten, die in Yarnes Gedächtnis verhaftet sind. Ich befehlige das Tor!«

»Warte«, erklang Sholias Stimme leise unter dem Widerhall von Ghakazians Äußerung. »Dieses Tor steht auf meiner Welt und ist mir deshalb direkt unterstellt.« Sie schien zu sich selbst zu sprechen und runzelte nachdenklich die Stirn. »Du warst nur in der Lage, es fortzunehmen, weil ich nicht hier war, um dich daran zu hindern. Nun wird es mir wie in der Vergangenheit gehorchen, und ich brauche dazu nicht die Macht einer Sonne. Ich kann es nicht offenhalten wie einst, aber ich kann deinen Befehlen entgegenwirken, Ghakazian, wenn ich das will.«

»Aber das wirst du doch nicht wollen, oder?« sagte Ghakazian, und plötzlich erschien es Danarion, als ob die Halle, die so lange geschlafen hatte, erwacht wäre und begierig lauschte. »Du wirst mir doch kein Leid zufügen, Sholia. Erinnere dich, wie ich immer nach Shol kam, und wir Arm in Arm am Ufer spazierengingen und die Schiffe beobachteten. Und du kamst nach Ghaka, und ich nahm dich auf meinen Rücken und flog mit dir die langen Täler hinab. Wir liebten einander.

Willst du mich nun verraten?« Er breitete weit die Arme aus, daß der Brokat raschelte. »Das ist alles, was ich habe, das einzige Leben, das mir bleibt. Wenn der Botschafter mich holt, dann werden sie mich vernichten. Laß mich leben, Sholia, laß mich leben!«

Nun lag die ganze bezaubernde Süße von früher in seiner Stimme, die ganze Kraft und strahlende Schönheit, die ihn einst ausgemacht hatte. Dies rief in Danarion lebhaft ein Bild wach, wie er in seiner eigenen Halle auf Ghaka mit gespreizten Flügeln gestanden hatte, mit in den Winden aus dem Felskamin wehendem Haar, die Füße sicher auf dem Gestein und das Gesicht voller Lebensfreude. Sholia hielt die Augen geschlossen und die Hände flehentlich von sich gestreckt.

Danarion wußte, daß er sich nicht einmischen durfte. Die Situation überstieg seine Kompetenz, die abschließende Szene mußte ohne ihn gespielt werden. Er war letztlich nur ein Mittler gewesen, war von Shol gekommen, um diese beiden schneller zusammenzuführen, als wäre seine Rolle schon vorher festgeschrieben gewesen. Er hielt das Messer und wartete.

»Du willst mir etwas von Verrat erzählen«, sagte sie mit immer noch geschlossenen Augen. »Du kamst nach Shol mit meiner Vernichtung im Herzen, hast mich niedergeschlagen und meine Welt bis in ihre Grundfesten erschüttert.«

»Das wußte ich nicht! Ich bin getäuscht worden!«

»Und niemals waren Zweifel in dir aufgekommen?«

Auf diese Frage schwieg er. Nun schlug sie die Augen auf, trat zu Danarion, nahm das Messer und streckte es Yarne hin. »Nimm es und töte die Herrin«, befahl sie knapp, doch Tränen rannen immer noch ihre Wangen hinab. Ghakazian wollte etwas sagen, überlegte es sich dann aber anders. Er raffte sich empor, und seine Augen begannen zu glühen. Danarion fühlte, wie er nun seine Willenskraft auf Yarne konzentrierte, und auch Sholia spürte diesen Druck. Sie legte eine Hand an Yarnes Kehle und blieb unerschütterlich stehen. Der Raum schien sich von der Hitze ihres lautlosen Kampfes zu erwärmen, und plötzlich rann Danarion der Schweiß den Rücken hinab. Ghakazian sprach noch einmal: »Gnadenlose!« Sholia antwortete: »Mein Vertrauen in dich ist schon vor langer Zeit gestorben.«

Yarne hatte zu zittern begonnen. Stöhnen brach aus ihm heraus, als er vor- und zurückschwankte, und seine leeren Augen schweiften zu seiner Herrin und wieder zurück. Langsam, da jeder Zentimeter eine Qual für ihn bedeutete, streckte er die Hand aus und ergriff das Messer. Lange Zeit war seine Spitze unruhig; dann stürzte sich Yarne mit einem leidvollen Aufschrei auf Ghakazian. Die Klinge schimmerte stumpf, als er sie hob und zustieß. Ghakazian taumelte zurück, fiel auf die Knie, und aus seiner Kehle schoß ein Schwall Blut. Sogleich war die Halle vom pochenden Geräusch des Tores erfüllt, und jeder Schlag hörte sich an, als ob Welten aufeinanderprallten. Danarion konnte es nicht ertragen, hielt sich die Ohren zu und kauerte sich zu Boden, doch Sholia verharrte reglos.

Ein heulender Wind kam auf, peitschte gegen die Wände und die schwachen Leiber. Als Danarion mit verschwommenem Blick hochschaute, sah er, daß sich in Yarne ein Loch aufgetan hatte, das schnell größer wurde. Ein schwarzer Strudel der Macht, aus dem der Wind pfiff und der Pulsschlag lauter und schneller pochte. Dann war Danarion umschlossen. Er kam zu sich, wie er sich an den Rand des Tores klammerte; ihm war schlecht vor Angst, denn unter ihm klaffte das schreckliche Nichts des Raumes. Er rang um besseren Halt, und seine Finger und Zehen tasteten wie rasend das Gestein ab.

Aus dem Innern der Halle erscholl Sholias verwunderter Schrei: »Die Sterne! Und ein offenes Tor! Oh, ich möchte nach Hause, möchte hinausstürzen, und wenn es mich das Leben kosten sollte!«

Dann fühlte Danarion, wie er in die Halle zurückrollte und schrie vor Schmerz auf, als sein Körper gegen den Fels geschleudert wurde. Ein Botschafter versperrte das Tor; seine strudelnden Farben Grün, Blau und Gold hoben sich vom kalten Hintergrund der Sterne deutlich ab. Er sagte nichts, sondern wartete nur. Danarion zog sich unter Schmerzen neben Sholia empor und sah, daß Yarne noch immer das Tor war; er hielt die Arme ausgestreckt und den Kopf zurückgeworfen. Seine Züge waren schmerzverzerrt. Die Leere in ihm, die Danarion so oft gefühlt hatte, war nun von strahlenden Sternen erfüllt. Nicht sein Körper litt. Das Tor selbst erlitt Qualen. Danarion drehte sich zu Ghakazian um. Der zierliche Leichnam lag zusammengekrümmt zu Sholias Füßen und wirkte leicht und hinfällig wie ein Herbstblatt, ein zerknittertes Häufchen grellroten Brokats, aus dem ein bleiches Haupt baumelte. Das Haar hatte sich gelöst und fiel nun wie ein schwarzseidener Schauer über Sholias Füße. Darüber erhob sich für Chilkas sterbliche Augen finster und undeutlich ein Bild. Doch Danarion sah klar den majestätischen Schwung von Ghakazians Flügeln, die Rillas trauriges, im Schatten liegendes Gesicht umrahmten. »Nun ruf sie heraus, Ghakazian«, befahl Sholia. »Laß sie ziehen, wohin immer der Botschafter es bestimmt. Wirst du auch gehen?«

Das Bild lächelte mit Ghakazians typischem verächtlichen Zucken der Mundwinkel, und Danarion hörte seine Antwort in seinem Kopf. Ich habe keine andere Wahl mehr. Ich werde gehen. Plötzlich bewegten sich die Flügel, dieser düstere Baldachin. Ghakazian schloß die Augen. Danarion fühlte, wie Ghakazians mächtiger Ruf an ihm vorüberstrich und noch an Kraft gewann, und für eine Zeit, die ihm als Ewigkeit erschien, herrschte Frieden in der Halle. Der Botschafter verschleierte die Sterne, so daß sie bunt durch sein Netz strahlten. Die anderen waren still.

Dann flüsterte Sholia: »Tritt beiseite, Danarion«, und er gehorchte.

Die Luft in der Halle wurde kälter, und Schwaden wie Strömungen von Eiswasser durchzogen sie. Das ohnehin schon düstere Licht wurde trübe. Danarion bemerkte, daß durchsichtige, dunkle Gestalten sich zwischen ihm und dem kleinen, sonnigen Rechteck des Eingangs bewegten, deren Umrisse gerade noch zu sehen waren. Die Halle begann sich mit einer murmelnden Schar zu füllen. Zarte Flügel hoben und senkten sich. Es war ein Flattern wie von Staubmotten, als das Licht im eisigen Wind auf sie fiel. Gesichter schwebten am Rande seines Blickwinkels und waren verschwunden, ehe er begriff, was er gesehen hatte. Er drückte sich an die Wand, als Flügellose und Geflügelte sich zum Tor drängten, und ihre Gedanken überfluteten ihn wie ein Strom von Scheuheit, Erleichterung, Eile und Wehmut. Er wußte nicht, wie lange er so steif, benommen und voller Angst, sich zu rühren, dastand. Es hätte ein Tag oder ein Sholjahr sein können, und immer kamen noch weitere Geister.

Als er gerade zu der Überzeugung gelangte, die Kälte und die Schmerzen seines Körpers nicht länger ertragen zu können, wurde es heller und wärmer in der Halle. Er beugte sich hinab, um seine zitternden Knie zu reiben, schaute zu Ghakazian und sah eine letzte, flügellose Gestalt vor dem Tor erbeben. Der Botschafter war davorgetreten, damit diese nicht entweichen konnte. Ihr Entsetzen schlug bis in Danarions Denken.

So bist du letzten Endes doch der Sieger, Tagar, sagte Ghakazian, obgleich sein Mund geschlossen blieb. Deine Integrität hat den Fall zweier Welten überdauert, und nun siehst du denjenigen, der dich hinabschleuderte, selbst vernichtet daniederliegen. Es scheint, als solltest du erhalten, was mir nicht gewährt wurde. Ich wünsche dir viel Freude daran...

Tagar hatte nicht die Zeit zu antworten, denn der Botschafter veränderte seine Farbe zu einem satten, mit Gold durchwirkten Blau, nachdem er sich zusammengezogen und sich um die menschenartige Gestalt zu winden begonnen hatte. Danarion beobachtete das Ganze mit angehaltenem Atem. Die Goldsplitter formten langsam Rippen, ein Rückgrat, die langen Knochen der Gliedmaßen und schufen schließlich eine Wölbung, um den Schädel zu bilden, und schon starrte er ein goldenes Skelett an, das in der düsteren Halle erstrahlte. Das Blau des Botschafters verdichtete sich allmählich, wurde jeweils heller und leichter, um sich über die Knochen zu legen und Muskeln, Flachsen und Sehnen zu schaffen. Ein Herz begann zu schlagen, und Danarion konnte sehen, wie plötzlich neues Blut durch die schillernden Arterien strömte. Der Botschafter zog sich von seinem Werk zurück und nahm wieder seine übliche, sanft pulsierende Gestalt an. Dann zuckte eine rote Flamme aus ihm heraus, und Haut spannte sich über den Körper, verhüllte Knochen und Organe, umschloß die ausgestreckten Hände und das feingeschnittene Gesicht, in denen Danarion nun erstaunt und freudig Augen aufblitzen sah. Ein junger Mann drehte sich ihnen lachend zu, fuhr sich mit der Hand durch dichtes braunes Haar, über seine glatten Wangen und straffen Schultern. »Ich bin es, Tagar!« rief er. »Schaut mich an!« Er fiel vor dem Botschafter auf die Knie und sah dann zu Ghakazian empor. »Ich liebe dich immer noch«, flüsterte er. Er sprang auf die Beine und lief voller Freude aus der Halle in Shols helles, warmes Sonnenlicht.

Schließlich blieben nur Ghakazian, Sholia und Danarion zurück. Ghakazian betrachtete das Tor und schaute dann mit ernstem Lächeln die anderen an. Lebet wohl für immer, hauchte es in ihr Denken. Sie sahen, wie der Botschafter sich hereinbeugte, und Ghakazian sich in Richtung des Tores neigte, langsam die Flügel faltete und verschwand. Das Tor war leer. Sholia blickte hinaus und konnte nicht sprechen. Danarion versuchte, einen letzten Blick auf den zu werfen, den er geliebt hatte.

Kaum war Ghakazian verschwunden, als hinter ihnen eine Stimme ertönte, und sie wirbelten herum. Ein zweiter Botschafter wartete, dessen Rauch die Halle mit leichtem Nebel und dem Duft ferner Welten durchzog.

Nun bist du an der Reihe, Danarion, sprach er tonlos. *Deine Aufgabe ist zu Ende. Ich werde dich nach Danar zurückbringen.*

»Aber ich bin nicht bereit!« sprudelte es aus ihm heraus, während er sich zu fangen versuchte. »Ich brauche Zeit, ich muß mich vorbereiten, ich...«

Es bleibt keine Zeit. Er beobachtet alles.

Sholia erblaßte, und Angst keimte in Danarion auf. Er beobachtete alles. Natürlich. Das Tor steht offen, und der Weg nach Shol ist wieder einmal für ihn bereitet. Aber ich bin nicht bereit!

Er drehte Botschafter und Tor den Rücken zu und ließ seinen Gefühlen freien Lauf. Einfach gehen und Chilkas Körper auf dem Boden der Halle, wie etwas Verbrauchtes, etwas nutzlos Gewordenes zurücklassen! Nein, nicht nur Chilkas Körper. Meinen Körper ebenso. Er tastete seine Narben ab und die leichten Ergüsse auf seiner Brust. Er fuhr sich mit der Hand durch das drahtige Haar und strich über die Konturen seines Gesichts. »Gib mir eine Stunde«, sagte er zögernd, während der Kummer ihm die Kehle zuschnürte.

Nein, sagte der Botschafter. *Du bringst damit mich ebenso wie Shol in Gefahr.*

In diesem Augenblick platzte etwas in Danarion. »Du bist mir völlig gleichgültig«, brüllte er, »so wie ich dir gleichgültig bin! Was bedeutet mir deine Gefährdung? Nichts, gar nichts! Mein Blut strömt unter dieser Haut, mein Herz schlägt unter den Ergüssen, die ich mir eingehandelt habe. Meine von Leben erfüllte Stimme dröhnt durch diesen Körper. Meinen Körper! Meinen eigenen. Du verlangst von mir, einen Sohn aufzugeben, den ich liebe, und eine Frau, die ich nur aus Erinnerungen kenne und niemals wieder in den Armen halten soll. Gewähre mir eine Stunde, du unbarmherzige Kreatur!« Das Spektrum hellen Lichts veränderte sich, wurde dunkler und ging in graue Schwaden über. »Ich habe auf Shol meine Unschuld geopfert«, schloß er verzweifelt. »Gewähre mir eine Stunde.«

Nun gut. Die Antwort erklang in dem gleichen timbrelosen Halbflüstern. *Ich werde dich zum See bringen.*

Sholia trat auf Danarion zu, und sie umarmten einander. Zum letztenmal hielt er sie fest umschlungen, sog ihre Wärme ein, fühlte ihr Haar an seinem Mund, dann schob er sie sachte von sich. »Hänge wieder Glocken auf in Shaban«, sagte er. »Ich würde gerne wissen, daß sie läuten, wenn ich denke, daß der Wind vom Meer bläst.« Er küßte sie und lieferte sich dem Botschafter aus.

Der See lag, wie er ihn das erste Mal erblickt hatte, als ein feuchtes, grob geschnittenes Oval da, an dessen Ufern derbe Sträucher sprossen, und wo das rauhe Gras in Sand und Steine überging. In der Ferne erhoben sich die Berge, wo Lallin und Nenan auf ihn warteten, wo Sadal und Candar und die anderen auf die Jagd gegangen waren und ein Geheimnis entdeckt hatten. Er lächelte schräg und begann langsam auf und ab zu gehen, die Augen auf die Stelle gerichtet, wo Chilka tot dagelegen hatte, nachdem sein Schmerz vorüber war. Er stellte sich vor, daß die Sträucher noch immer abgeknickt waren, wo die Soldaten hineingetrampelt waren, um nach seinem Beutel zu suchen. Aber das konnte natürlich nicht sein. Nun kam der Frühling. Damals war es Hochsommer gewesen, die Erde ausgetrocknet und die Sonne gnadenlos heiß. Er war so durstig gewesen... Danarion blieb still stehen.

Der See stank abgestanden, doch der Wind roch gut, beißend und kalt mit einem Hauch Jahreszeitenduft und einer Spur von Meer. Er schüttelte sein Haar zurück und ließ es seinen Nacken umspielen. Er beugte sich hinab und grub seine Hände in den Sand. Es waren große Hände, die einen Bogen spannen und schreiben konnten, das Gesicht eines Sohnes streicheln und die Leidenschaft einer Frau wecken, und schließlich Wasser zu seinem Mund führen. Er blieb wieder stehen und drehte sich um. »Ich bin bereit«, sagte er einfach. Er wartete, während der Botschafter nach ihm griff und sein heißes Netz um ihn zog. Die Landschaft begann aus seinem Blick zu schwinden, als er Chilkas Körper entrissen wurde. Einen panikartigen Augenblick lang versuchte er, sich an die warmen, freundlichen Zellen zu klammern, von denen er sich so schwer trennen konnte. Doch dem Botschafter konnte man nicht widerstehen. Mit einem Ruck befand Danarion sich bei Chilka, der bäuchlings neben ihm lag.

Chilka schob sich mühselig weiter, nachdem er den Beutel abgeworfen hatte und streckte begierig die Hände aus. Endlich Wasser, dachte er, doch ehe er trank, legte er sich mit dem Gesicht in den Sand, bis sein Atem langsamer ging und seine Beine nicht mehr so schmerzten. Ich bin eine weite Strecke gelaufen, dachte er. Nicht mehr viel weiter, und dann bin ich in Sicherheit. Lebe wohl, Ishban, soll jeder deiner Zweigeister jämmerlich vermodern. Ich habe solchen Durst! Die Sonne brennt mir auf den Kopf. Er keuchte nun nicht mehr. Er zog sich direkt an den Rand des Wassers, beugte sich hinab, und sein Spiegelbild schimmerte ihm dunkel im schlammigen Wasser entgegen. Obwohl er angewidert die Nase runzelte, tauchte er seine Hände ein, und das Spiegelbild brach in Scherben. Er führte das Wasser an seinen Mund. Wie gut das tut, dachte er, sog es ein und wölbte seine Hände, um noch mehr zu schöpfen. Wie gut!

»Wasser schmeckt gut, wenn man durstig ist, ganz gleich, woher es stammt«, sagte eine Stimme über ihm. Chilka schrie erschreckt auf, rollte sich herum und sprang auf die Beine. Er schaute sich wild nach seinem Beutel mit dem Messer darin um, doch der Fremde kicherte. »Das brauchst du jetzt nicht«, sagte er. »Und du brauchst nicht mehr zu rennen, du kannst in Ruhe nach Hause gehen. Niemand wird dich mehr verfolgen, Chilka, ich verspreche es dir.«

Chilka blinzelte ihn mißtrauisch an. Er war groß, hatte goldene Augen und langes, braunes Haar. Auf seiner Brust trug er ein wertvolles Schmuckstück, das im kalten Sonnenlicht funkelte. Er lächelte freundlich, und irgendwie schwand Chilkas Mißtrauen, und er lächelte unwillkürlich zurück.

»Tatsächlich?« fragte er. Sein Blick fiel auf den Riemen an seiner Tasche, die daran über einem niedrigen Strauch hing, und er bückte sich, streifte ihn über und schob den Beutel auf seine Hüfte. Er hatte zu frösteln begonnen. Merkwürdig, dachte er. Man könnte meinen, es wäre Winter und nicht Sommer, obwohl mir so heiß war und ich solchen Durst hatte. »Woher weißt du meinen Namen?« fragte er. »Bist du aus dem Haus?«

»Nein. Und du hast recht, es ist Winter.«

Irgend etwas in Chilka regte sich. Dunkle Erinnerungen gingen ihm durch den Kopf und waren verschwunden, so daß er verblüfft und erschüttert zurückblieb. »Winter«, wiederholte er dümmlich. »Aber das kann nicht sein. Alle Bäume trugen Laub, als ich vor vier Tagen Ishban verließ.« Er betrachtete stirnrunzelnd Danarion. »Ich kenne dich«, sagte er langsam, »aber ich kann mich nicht erinnern, woher.«

»Das spielt keine Rolle.« Der Fremde lächelte nicht mehr, doch selbst die Ruhe in seinem Gesicht strahlte große Wärme aus. Die goldenen Augen erwiderten Chilkas Blick, und in ihnen lag Kummer und noch etwas anderes. Vielleicht ein Ausdruck von Komplizenschaft. »Ich kenne dich sehr gut. Man könnte sagen, wir sind Brüder. Du solltest nun aufbrechen, wenn du das Tal noch vor Sonnenuntergang erreichen möchtest. Grüße Lallin von mir. Sorge gut für sie, Chilka. Und geh mit ihr gelegentlich nach Shaban. Es wird ihr gefallen.«

Chilka tat einen Schritt fort, dann noch einen. Er hatte keine Angst. Und obgleich er es nicht begreifen konnte, wußte er irgendwo tief in seinem Innern, daß dieser Mann sein Freund war. »Das werde ich tun«, antwortete er zögernd, »wenn du es sagst.« Sie sahen sich an und lächelten plötzlich einander an. Chilka kehrte ihm den Rücken, aber er war noch nicht weit gekommen, als der Fremde ihn rief.

»Chilka!«

»Ja?«

»Sag Nenan, daß ich ihn liebe. Er wird es verstehen.«

»Spinner.« Chilka lachte leise und ging pfeifend von dannen. Danarion schaute ihm nach. Er wußte, was der Botschafter vollbracht hatte, und war voller Verwunderung.

Und der Botschafter ließ nicht auf sich warten. Noch ehe Chilka außer Sicht war, packte er Danarion und raste über Shol. Der Berg der Trauer schwoll von einem kleinen Fleckchen am Horizont zu einem gewaltigen Felsmassiv mit dem Eingang zum Tor an seinem Fuß an. Der Botschafter schwebte sanft hinab und trat hinein. Die Wartehalle war leer, und die Sterne funkelten noch eisig dort, wo Yarne gestanden hatte. Der Botschafter schoß hindurch, hinaus in die Finsternis, und als Danarion zurückschaute, vernahm er ein lautes Krachen. Sein Blick fand das Tor als ein schimmerndes Silberrechteck, auf dessen Oberfläche Yarnes Gesicht geprägt war, wie er mit ernstem Blick und sanftem Lächeln, umrahmt von wogendem Silberhaar ins Universum hinausblickte. Über Danarion schwebte die durchsichtige Säule, die ihn nach Shol gebracht hatte. Damals war er von Ehrfurcht, nicht aber von Angst ergriffen gewesen. Nun packte ihn Entsetzen. Jener Teil von ihm, der Chilka war und immer bleiben würde, scheute vor der lautlosen Weite um ihn her zurück und sehnte sich nach festem Boden unter den Füßen. Shol lag als schwacher Nebel, der bald nicht mehr zu erkennen war, hinter ihm, und an dessen Stelle sah Danarion eine schwarze Wolke, die die Sterne verdüsterte. Er fühlte, wie der Botschafter erbebte und sich noch schneller in die Leere stürzte. Die Wolke begann sich zu verdichten. Sie nahm Gestalt an und schoß hinter ihnen her. Der Antischöpfer. Danarion hatte gehofft, seine zornigen Worte, die er dem Botschafter in der Halle entgegengeschleudert hatte, wären eine Lüge gewesen, doch das waren sie nicht. Seine Unschuld, seine Unversehrtheit waren dahin. Er brachte einen Makel mit nach Danar. Gewalttätigkeit und Betrug, Neid und Haß lagen nun in seinem Wesen, wo es Chilkas Erinnerungen teilte. Danar würde fallen, und er wäre das Werkzeuge seiner Veränderung. Es würde keine Katastrophe werden wie der Zusammenbruch von Shol, doch ein langsames Umschlagen, ein wachsender Zugriff der Zeit, ein Abgleiten ins Willkürliche. Er wollte nun nicht darüber nachdenken. Er zwang sich zuzusehen, wie der Antischöpfer näher kam. Um ihn her explodierte der Himmel. Sterne verschmolzen mit Sternen, als der Botschafter immer schneller dahinraste, doch immer noch hing in ihrem brennenden Kielwasser der dunkle Fleck in Form einer menschlichen Gestalt. Der Botschafter brüllte auf und wurde plötzlich langsamer; Danarion sah seine eigene Sonne vorüberschießen. Dann stürzte er kopfüber auf Danar zu, ein Stecknadelkopf reflektierten Lichts, ein weißer Ball, eine bunte Kugel und die lieben, vertrauten Türme seines Palastes ragten ihm zur Begrüßung entgegen.

Dann trat ein Augenblick der Verwirrung ein, als er fühlte, daß der Botschafter ihn fallen ließ. Er schrie auf und versuchte, sich ans Nichts zu klammern. Doch bald lag er über dem schwarzen Marmortisch in der Ratshalle. Weiches Sonnenlicht umspülte seine Hände. Zitternd richtete er sich auf und blieb sitzen, um diese Hände – mit ihren unmöglich langen Fingern und dem unglaublichen Goldschimmer anzustarren. Über ihm flatterten zwitschernd Vögel durch die Fenster der Kuppel herein und hinaus. Er schob seinen Stuhl zurück, stand auf und wäre fast gestürzt. Er war so leicht. Er hatte das Gefühl, als müßte er davonschweben, wenn er die Tischecke losließe.

Schließe das Tor, Danarion.

Er erschrak. Rosenrot und strahlend stand der Botschafter hinter ihm. Danarion starrte ihn durch den langen, ruhigen Saal hindurch an.

»Wo steckt Janthis?« fragte er, und sein Kopf fühlte sich leer an. »Janthis?«

Schließe das Tor, wiederholte der Botschafter. *Beeile dich, sonst wird es zu spät sein.*

Danarion fiel alles wieder ein, und sein Herz verkrampfte sich. Stolpernd begann er zu laufen, hinaus aus dem Saal durch einen Gang, nach draußen auf den Vorplatz, wo die Corionen gähnten und ihn mit scharfem Blick beobachteten. Er flog die Treppe hinab, sprang auf den Bogen, der zur Mündung des Torschachts führte und schoß durch den Steintunnel. Das Tor stand offen. Danarion fiel gegen den Rahmen. Draußen, wo die Sterne hätten funkeln müssen, war nur die aufragende Gestalt des Antischöpfers zu sehen, und ein eisiger Wind fegte durch das Tor. Danarion blieb gar nicht erst stehen, um nachzudenken, sondern warf die Arme empor und rief: »Ich schließe das Tor von Danar! Ich, der Sonnengebieter, befehle dir, dich zu schließen. Dein Dienst ist zu Ende. Von nun an soll weder Botschafter noch Antischöpfer noch irgendein Lebewesen hierzu mehr Zutritt haben! Schließe dich! Schließe dich!«

Mit schwerfälliger Trägheit begann das Tor, sich mit Rauch zu füllen. Durch den duftenden Dunst konnte Danarion sehen, wie der Feind ihn nun fast erreicht hatte, und er mußte sich auf die Lippen beißen, um nicht laut hinauszuschreien. Der Nebel verdichtete sich, so daß der schwere, süße Duft der flammenden Haelisamen nun den Raum vor dem Tor erfüllte. Dann loderten ringsumher rote Flammen auf. Einen Augenblick brannte es lichterloh und trieb Danarion harmlose Flammenzungen und dicken, süßen Rauch ins Gesicht, dann sank es herab und glühte nur noch. Schließlich erlosch auch die Glut, und Danarion stand vor einer goldenen Wand, auf der tausend brennende Haelisamen zu Boden trudelten. Unter ihnen lag mit zum Duft emporgerecktem Gesicht und gespreizten Flügeln ein Corion. Es ist vollbracht, dachte Danarion erschöpft. Es ist vorüber. Danar ist die letzte Welt, die sich selbst eingesperrt hat.

Er drehte sich um, ging den Weg zurück, den er gekommen war, und mußte sich dabei mit einer Hand an der Wand stützen. Er überquerte den Bogen, erklomm die Treppe und sprach mit den Corionen auf dem Vorplatz, erinnerte sich aber gleich danach schon nicht mehr an das, was er gesagt hatte. In den kühlen Gängen und hallenden Echos des Palastes suchte Danarion nach Janthis. Er konnte nicht glauben, daß dieser nicht da sein sollte. Er hatte doch versprochen zu warten. Danarion rief seinen Namen, während er zwischen den strahlenden Edelsteinen und kostbaren Wandteppichen von Zimmer zu Zimmer wanderte, durch weite Bögen und an plätschernden Springbrunnen vorüber, wo einst die Sonnenmenschen umhergingen. Aber nun erklang in dieser Stadt innerhalb der Stadt kein Geräusch mehr außer dem plätschernden Wasser und dem sanften Wind.

Er kehrte zur Ratshalle zurück. Ihr Boden war dunkel. Keine Welt strahlte mehr zu ihm empor, als er hinter den Stühlen entlangging, die an die schimmernde, schwarze Tischfläche gerückt waren. Die Halsketten lagen vollkommen symmetrisch nebeneinander, und er wußte, daß sie so bleiben würden bis zum Ende der Zeit. Er trat auf das Podium und schaute auf den Saal hinab. »Janthis!« rief er. »Janthis, wo bist du?« Er erhielt keine Antwort.

Er verließ den Palast und trat zur Treppe. Er erkundigte sich bei den Corionen, aber sie konnten ihm nichts sagen. Sie hatten Janthis lange Zeit nicht gesehen. Danarion stieg in den Zeitwald hinab und schlurfte durch den Teppich aus altem Laub, der dort stets lag. Aber als ihn diesmal die sterbliche Zeit umgarnte, empfand er sie, als wäre er eines ihrer Kinder und ließ sich mit geistesabwesendem Wohlbehagen hineingleiten.

Das kleine Haus hatte sich nicht verändert. Ein Fenster stand offen, so wie er es verlassen hatte. Das Gras war üppig und kräftig unter seinen Füßen, als er von dem schwingenden Törchen zu seiner Haustür schritt. Er betrat sein Haus mit einem Gefühl, daß alles völlig unwirklich wäre. Er dachte, Janthis hätte ihm vielleicht eine Nachricht hinterlassen, doch er fand nichts. Nebenan hörte er Kinder lachen, und er ging wieder nach draußen. Sein Blick suchte das kleine Mädchen, mit dem er gesprochen hatte, als Janthis Ruf erklungen war. Aber diese Kinder waren ihm fremd. Sie hielten in ihrem Spiel inne und starrten ihn neugierig an.

»Ich wollte Tandil besuchen«, sagte er zu ihnen. »Ist sie heute zu Hause?«

Ein Kind mit dunklem Haar und großen Augen trat an die Hecke. »Tandil war meine Großmutter«, sagte sie höflich. »Sie ging schon vor langer Zeit durch das Tor. Wer bist du denn?«

»Ach, niemand«, konnte Danarion nur hervorstoßen, wandte sich dann ab und rannte unwillkürlich los über seinen Rasen, zu seinem Tor hinaus, den Weg unter den Bäumen entlang, ohne nachzudenken, wohin er lief. In einem stillen Augenblick mochte das Kind seine Erinnerungen erkunden und finden, wie seine Großmutter auf den Knien eines Fremden mit Namen Danarion gesessen hatte, dachte er, und der Gedanke schmerzte ihn unerträglich. Ich bin nicht mehr Danarion.

28

Er wanderte über Danar, während ein Sonnentag auf den anderen folgte. Er empfand kein Bedürfnis, in seine Sonne zu gehen oder sich aus sich selbst zurückzuziehen. Seine Augen beobachteten die Menschen, und manchmal lief er hinter einem Sterblichen her, dessen Haarfarbe oder dessen aufrechter Gang ihn glauben machte, es wäre Janthis. Aber er war es niemals.

Danarion schlenderte auch durch die einsamen Gegenden, wo Pfützen standen, die ihn daran erinnerten, wie begierig Chilka daraus getrunken hatte, und wo niedrige Berge sich dahinzogen, in denen er sich Flußtäler erträumte, an deren Ufern sich kleine Hütten drängten.

Schließlich stand er wieder am Fuße der langen Treppe, die zum Vorplatz hinaufführte. Es war Winter. Die Corionen waren zum Winterschlaf fortgeflogen, und die Säulen vor der Versammlungshalle wirkten nackt und kahl. Er stieg zu ihnen empor und drehte sich um. Sein Blick glitt über den Wald, die Stadtsilhouette dahinter, die sich scharf vom blauen Himmel abhob, und auf den Bogengang, der zum Tunnel mit einem geschlossenen Tor führte. Mir fehlt etwas, flüsterte er vor sich hin. Mir fehlt etwas, und ich bin einsam. Ich vermisse Chilkas Sterblichkeit, die rasche Folge seiner Tage, die Herausforderungen, die Entscheidungen zwischen Gut und Böse, die Gelegenheiten zu Mut und Feigheit. Wer hätte geglaubt, daß auf einer entstellten, gefallenen Welt solche Werte entstehen können? Die Vollkommenheit der Welten vor der Wandlung des Weltenschopfers zum Antischöpfer war ein fader, geschmackloser Zustand, so wie Danar mir nun erscheint: schal in seiner Unveränderlichkeit, erstarrt in seiner Ordnung. Ich bin verwundet, meine Unsterblichkeit zerfällt, und ich freue mich über diese Wunde und heiße sie willkommen. Wieviel Zeit ist inzwischen auf Shol verstrichen? Ist Chilka tot und Nenan ein Greis? Aber Chilka wird in mir weiterleben als Saat des Zerfalls auf Shol, und das ist gut so. Ich bin Chilka. Ich bin Danarion. Ich bin Chilka-Danarion und würde es nicht anders haben wollen.

Er trat vom Vorplatz weg und schlug den Weg durch die vielen gewundenen Gänge zur Ratshalle ein. Kein Staub trieb durch die leeren

Räume. Edelmetalle aus allen vier Himmelsrichtungen des Universums erstrahlten wie immer. Die Steinarbeiten waren so frisch und sauber wie an dem Tag, da man sie eingesetzt hatte. Er erreichte die Halle, schritt zur Empore und blieb dann stehen.

»Janthis«, sprach er. »Was ist aus dir geworden?«

Ein Botschafter holte ihn ab, Danarion. Die Stimme war leise, doch sie erfüllte den ganzen Saal mit ihrer Präsenz. Danarion wirbelte herum. Die Tür zur Linken stand offen, und in dem winzigen Raum, wo Janthis stets in seinen Spiegel gestarrt hatte, brannte ein weißes Licht. *Komm herein,* fuhr die Stimme fort. *Du brauchst keine Angst zu haben.*

Doch er hatte Angst. Nicht die Angst vor einer schrecklichen Finsternis, sondern Ehrfurcht hatte ihn befallen, und er ging mit wackligen Beinen auf das Licht zu. Janthis' Spiegelwand war kahl und grau, doch die gegenüberliegende Mauer war verschwunden und zeigte solch blendenden Glanz, daß er den Blick abwenden mußte.

»Wer bist du?« stieß er hervor, obgleich er es plötzlich wußte. Die Stimme erfüllte ihn mit Wogen von Glück.

Du weißt, wer ich bin. Ich stehe am Rande. Ich stehe jenseits von Raum und Zeit. Für mich gibt es so etwas wie einen Anfang nicht, denn Anfang und Ende sind ein und dasselbe. Ich kenne keine Zukunft und keine Vergangenheit. Es gibt nur ein ewiges Jetzt. Ich habe so lange gewartet, bis du das begreifen würdest.

»Warum hat der Botschafter Janthis mitgenommen?« Er wußte, daß er diese Frage nicht stellen sollte. Er wollte es eigentlich auch gar nicht, denn er empfand völligen Frieden. Auf seine Frage erfolgte aber sogleich eine Antwort, als hätte er sie an seinesgleichen gestellt.

Janthis stellte sich dem Botschafter, weil er zugelassen hatte, daß die Korruption in Danar Einzug hielt. So lautet das Gesetz.

Janthis muß es gewußt haben, dachte Danarion. Selbst als er mich gerufen hat, muß er den Preis erwogen haben, den er dafür zahlen würde, daß er einen Sonnengebieter auf eine verdüsterte Welt schickte und wohl wußte, daß dieser irgendwie verändert und verstümmelt zurückkehren würde.

Die Tage der Sonnengebieter sind vorüber, Danarion, sprach das Licht weiter. *Das Universum gehört nun den Sterblichen. Die Sonnengebieter waren Teil des Tagesanbruchs, und nun herrscht strahlender Morgen. Ihr habt euch gut gehalten, allesamt, angesichts eines Schrekkens, den nur ich an Macht übertreffe. Noch kannst du die Früchte eures langen Kampfes nicht erkennen, aber das wird dir noch gelingen. Deine Kräfte liegen von nun an im Heilen dessen, was verwundet ist.*

»Aber es hätte anders sein können!« brach es aus Danarion heraus, der plötzlich überwältigt wurde von der Hinfälligkeit all dessen was hinter ihm, und dem Schmerz und der Veränderung, die vor ihm lagen.

Die Stimme antwortete freundlich. *Ja, es hätte anders sein können. Der Saal hinter dir könnte noch von Sonnengebietern wimmeln und der Weltenschöpfer lächelnd seinen Platz am Kopfende des Tisches einnehmen. Die Tore könnten noch offenstehen und Leben ins Universum ergießen. Du selbst könntest noch ohne die Kenntnis dessen, was Schmerz ist, leben. Doch so war es nicht bestimmt worden.*

»Ich hatte die Entscheidung nicht getroffen«, flüsterte Danarion.

Das weiß ich. Es wird nicht vergessen werden. Nun trete ans Fenstersims und hole das Buch.

Er konnte der Stimme ebensowenig etwas versagen, wie er sich weigern konnte zu atmen. Er hatte das Gefühl, als wäre jeder Wunsch erfüllt, noch bevor er ihn empfunden, und jeder Zweifel und jede Angst ausgelöscht worden. Er trat zum Fenstersims, und dort lag ein Buch. Sein weißer Einband glänzte. Die Silberbuchstaben strahlten im Licht, das weiter den Raum durchflutete und sich nach draußen ergoß, um die kahlen Äste der Bäume weit unten in Gold zu tauchen. Er hob es empor und stieß einen gedämpften Schrei aus.

»Das ist ja das Buch Dessen, Was Sein Wird!«

Natürlich. Schlag es auf.

Danarion zögerte. »Das ist verboten.«

Ich habe es geschaffen. Und ich befehle dir, es nun zu öffnen und zu lesen.

Dieses Buch zerstörte Fallan, dachte Danarion, und Ixel und Ghaka. Mit klopfendem Herzen und zittrigen Fingern schlug er den Deckel auf. Die Blätter waren hauchdünn und flatterten in jedem seiner Atemzüge. Er blickte zaudernd auf die Seiten und blätterte sie durch. Er schlug sie zurück und begann von neuem. Dann klappte er das Buch zu und starrte es an.

»Die Seiten sind leer«, sagte er verwundert. »Es steht nichts darin.«

Die Stimme lachte, und das Licht im Zimmer flackerte. *Jawohl, sie sind leer, Danarion. Das ist mein Geschenk an alle Geschöpfe. Neben dem Buch liegt ein Schlüssel. Nimm ihn und das Buch und geh nach Hause. Verschließe den Palast des Sonnenvolkes und schau nicht zurück. Du gehörst dort nicht mehr hin. Denke an Chilka und sein Geschenk an dich. Die Zukunft gehört dir und ihm und allen Sterblichen, bis ich das letzte Wort spreche. Nun geh.*

Das Licht erlosch. Danarion lief darauf zu, aber die Wand war grau und fest. Bleiches Sonnenlicht lag auf dem Fenstersims und sprenkelte den Boden, und er konnte hören, wie der Wind durch den Saal nebenan strich. Benommen und fassungslos ergriff er den massiv goldenen Schlüssel, der auf ihn wartete. »Danke«, flüsterte er. »Ich danke dir.«

Er schritt zum letztenmal durch den Saal, das Buch und den Schlüssel in Händen. Einen nach dem anderen nannte er die Sonnengebieter, seine Artgenossen, beim Namen, doch gleichzeitig war sein Herz voller Hoffnung. Er ging unter der mit Edelsteinen besetzten Kupferkuppel hindurch, schritt die Korridore hinab und trat schließlich hinaus auf den Vorplatz, wo die hohen Türen von Anbeginn an offengestanden hatten. Er legte das Buch ab und zog sie zu. Sie bewegten sich geräuschlos und fügten sich ohne das leiseste Klicken ineinander. Er drehte den Schlüssel in dem riesigen, reich verzierten Schloß um, zog ihn dann heraus und hob das Buch wieder auf. Auf einen plötzlichen Impuls hin beugte er sich nach vorn, schmiegte die Wange an das warme, goldgemaserte Haeliholz und dachte an das dunkle Labyrinth schweigender Räume dahinter, die nun auf immer leer und unzerstörbar stehenbleiben würden. Dann lief er die Treppen hinab in die brütende Stille des Zeitwaldes. Er schaute sich nicht mehr um.